BIBLIOTHÈQUE
DE PHILOSOPHIE CONTEMPORAINE

DIEU ET SCIENCE

ESSAIS DE PSYCHOLOGIE DES SCIENCES

PAR

ÉLIE DE CYON

AVEC DEUX PLANCHES HORS TEXTE
ET LE PORTRAIT DE L'AUTEUR PAR J.-C. CHAPLAIN

PARIS

FÉLIX ALCAN, ÉDITEUR

LIBRAIRIES FÉLIX ALCAN ET GUILLAUMIN RÉUNIES
108, BOULEVARD SAINT-GERMAIN, 108

Dieu et Science

A. — PRINCIPAUX OUVRAGES SCIENTIFIQUES
DU MÊME AUTEUR

1 De Choreae Indole, Sede et Nexu cum rheumatismo Articulari, Peri- et Endocarditide. Dissert. Inaug. Berlin, 1864.
2 Die Lehre von der Tabes dorsalis. Berlin, 1867. S. Librecht.
3 Principes d'Electrothérapie Paris, 1873. J.-B. Baillière et fils (Médaille d'Or de l'Académie des Sciences, 1870).
4 Traité de Physiologie. 2 volumes. Saint-Pétersbourg, 1873-74. C. Ricker (En russe).
5 Travaux du Laboratoire physiologique de l'Académie Médico-chirurgicale de Saint-Pétersbourg. 1874. C. Ricker (En russe).
6 Methodik der Physiologischen Experimente und Vivisectionen, Mit Atlas. Giessen et Saint-Pétersbourg, 1876. Librairie Ricker.
7 Causeries scientifiques. 1 vol. Saint-Pétersbourg, 1880. C. Ricker (En russe).
8 Recherches expérimentales sur les fonctions semi-circulaires et sur leur rôle dans la formation de la Notion de l'Espace. Thèse, Paris, 1878.
9 Gesammelte Physiologische Arbeiten. Berlin, 1888. August Hirschwald.
10 Berträge zur Physiologie der Schilddrüse und des Herzens. Bonn, 1898. Martin Hager.
11 Les nerfs du cœur. Anatomie et physiologie. Paris, 1905. Félix Alcan.
12 Die Nerven der Herzens. Anatomie und Physiologie, édition augmentée. Berlin, 1907. Julius Springer.
13 Das Ohrlabyrinth als Organ der Mathematischen Sinne für Raum und Zeit. Berlin, 1908. Julius Springer.
14 Die Gefässdrüsen als Schutzorgane des Centralvernensystems. Berlin 1910. Julius Springer.

B. — PRINCIPAUX OUVRAGES POLITIQUES
ET HISTORIQUES

La Russie contemporaine (*Principes de l'Autocratie; la France et la Russie; la question des Juifs*). Paris, 1891, Calmann-Lévy.
Nihilisme et anarchie. *Etudes sociales.* Paris, 1892. *Ibidem.*
Le Bilan de la gestion financière de Wischnegradsky (En russe). Paris, 1802.
M. Witte et les finances russes. 1895. 5ᵉ édition. Avec une nouvelle Préface. Paris, Librairie Haar et Steinert, Eichler Succ.
Les finances russes et l'Epargne française. 4ᵉ édition. Paris 1895. Ibidem.
Histoire de l'entente franco-russe (1888-1894). Avec le portrait de Katkof. 1895. Paris. 3ᵉ édition. *Ibidem.*
Où la dictature de M. Witte conduit la Russie. 1897. *Ibidem.*
M. Witte et ses projets de faillite devant le Conseil de l'Empire. 1897. *Ibidem.*
Les deux politiques russes. 1898. Paris. *Ibidem.*
La guerre ou la paix. 1892. Paris. *Ibidem.*
La solution de la crise Mandchourienne. Une brochure. Paris. 1904, *Ibidem.*
Comment transformer la Russie en État constitutionnel. (En russe et en allemand). Paris. 1904-5. *Ibidem.*

ELIE FAURE

Dieu et Science

Essais de Psychologie des Sciences

PAR

ÉLIE DE CYON

AVEC DEUX PLANCHES HORS TEXTE
ET LE PORTRAIT DE L'AUTEUR PAR J.-C. CHAPLAIN

———

PARIS

FÉLIX ALCAN, ÉDITEUR

LIBRAIRIES FÉLIX ALCAN ET GUILLAUMIN RÉUNIES

108, BOULEVARD SAINT-GERMAIN, 108

—

1910

PRÉFACE

« Le plus souvent, les disciples ou imitateurs des philosophes athées ne suivent pas leur exemple; se croyant déchargés de la crainte d'une Providence sur-veillante et d'un avenir menaçant, ils lâchent la bride à leurs passions brutales et ne cherchent qu'à séduire et corrompre les autres. S'ils ont de l'ambition et pos-sèdent un cœur peu sensible, ils sont capables, pour leur seul plaisir, ou dans l'intérêt de leur seul avance-ment, de mettre le feu aux quatre coins de la terre... Des opinions et des tendances pareilles s'insinuent peu à peu dans l'esprit des hommes du grand monde et même de ceux qui gouvernent les sociétés et dont dépend la marche des affaires publiques. Exposées dans les ouvrages à la mode, ces opinions *préparent systématiquement la révolution générale dont l'Europe est menacée* et achèvent de détruire ce qui reste encore dans le monde de sentiments généreux, comme l'amour de la patrie et du bien public, le soin de la postérité et le besoin de sacrifier sa vie dans l'intérêt public. Ces *public spirits*, comme les appellent les Anglais, disparaîtront complètement, quand ils ne

seront plus soutenus par la morale et par la vraie
religion... Et si, par ambition ou par caprice, quelqu'un versait des torrents de sang, s'il renversait tout
sens dessus dessous, on compterait cela pour peu de
chose; un Érostrate passerait pour un héros... On se
moque ouvertement de l'amour de la patrie, on tourne
en ridicule ceux qui ont souci du bien public ; et, si
un homme bien intentionné s'inquiète de l'avenir de
nos descendants, on lui répond : advienne que pourra.
Mais il pourra arriver à ces personnes d'éprouver elles-
mêmes les maux qu'elles croient réservés à d'autres. Si
l'on se corrige à temps de cette maladie de l'esprit, dont
les mauvais effets commencent à être visibles, ces maux
peut-être seront prévenus; mais, si cette maladie va
croissant, la Providence corrigera les hommes par la
révolution qui en doit naître. »

Ces lignes ne datent pas d'hier, elles ne s'adressent
pas aux puissants du jour; c'est Leibniz qui les écrivait
en 1705. Avec une lucidité vraiment prophétique il
prévoyait que la grande fermentation des esprits, conséquence inévitable du complet bouleversement de nos
connaissances traditionnelles qui suivit la renaissance
de l'astronomie, de la physique et des sciences mathématiques, aux xvie et xviie siècles, conduirait fatalement l'Europe à une révolution générale. Cette renaissance, œuvre de Copernic, Kepler, Galilée, Descartes,
Newton et Leibniz, devait nécessairement exercer une
influence profonde sur les conceptions cosmogoniques
de l'époque. La lumière éclatante, qui se dégageait
de leurs grandioses découvertes et créations scientifiques, éclairait les esprits supérieurs, capables d'en
comprendre la véritable portée ; mais elle ne pouvait

qu'éblouir les philosophes et les savants de second ordre, et aveugler la foule des profanes et des ignorants.

La connaissance des lois immuables, qui régissent avec un ordre parfait le monde physique, relevait, chez les premiers, le culte du Créateur de l'univers, raffermissait leur foi en Dieu, et approfondissait leurs croyances religieuses, tandis que, de toutes les conséquences de cette merveilleuse renaissance, le renversement des doctrines cosmogoniques des grands philosophes de l'antiquité, approuvées par les scolastiques du moyen âge, fit seul impression sur les esprits de seconde catégorie. Incapables de saisir l'immense portée de la révolution scientifique qui venait de s'accomplir, ceux-ci ne s'attachèrent qu'à ses résultats négatifs ; ils crurent y trouver des prétextes suffisants pour renier l'autorité divine et s'affranchir de tout devoir et de toute obligation envers le Créateur. La vanité aidant, ils proclamèrent l'homme l'unique maître du monde.

Telle fut l'origine psychologique du scepticisme et de l'athéisme au début du XVIIIe siècle; leur ascendant sur les esprits permit à Leibniz de prédire la révolution qui éclata quatre-vingts ans après. Les philosophes du temps ont largement contribué à la réalisation de sa prédiction. Penseurs trop superficiels pour succéder dignement aux Descartes et aux Leibniz, et pour pouvoir suivre avec profit la marche triomphale des sciences de leur époque, ils se complaisaient dans la construction de systèmes matérialistes. L'athéisme et le scepticisme étaient alors seuls bien portés dans le beau monde, vers lequel ils se sentaient attirés. Aussi une profonde scission s'était-elle peu à peu opérée entre la philosophie et les sciences exactes ; scission qui, au XIXᵉ siècle, aboutit à une séparation complète, quand la merveilleuse croissance de ces sciences eut atteint son apogée.

L'introduction générale de ces *Essais de psychologie des Sciences* traite longuement des funestes conséquences de cette séparation, aussi bien pour la philosophie elle-même que pour le développement de l'esprit public au cours des deux derniers siècles. Les trois premiers chapitres sont consacrés à l'exposé des plus récentes conquêtes de la physiologie de l'homme, qui pourraient servir de point de départ pour rapprocher ces deux branches fondamentales de la connaissance humaine sur le terrain d'une psychologie vraiment scientifique. La solution que la physiologie expérimentale, après des recherches poursuivies pendant plus de trente-cinq années, est parvenue à donner au problème millénaire de l'origine de nos concepts de l'espace, du temps et du nombre, démontre suffisamment les avantages, pour la philosophie, d'une entente entre elle et la science moderne.

Tout autre est la portée des questions qui forment l'objet des chapitres suivants de cet ouvrage. La séparation entre la philosophie et les sciences a donné naissance à un phénomène paradoxal en apparence, mais nullement fortuit, et qui repose en réalité sur une connexité causale d'une haute valeur psychologique. Par cette séparation, la philosophie s'était éloignée encore davantage de Dieu et de la religion, tandis que la science, reconnaissant la vanité d'une métaphysique sans base, et éclairée par l'immensité des horizons que ses quotidiennes découvertes lui ouvraient sur l'infini de l'univers et sur la grandeur des lois immuables qui le régissent, se rapprochait de plus en plus de la religion révélée.

Un exemple célèbre expliquera aisément la psychologie de ce phénomène. L'athée Voltaire, après un long séjour en Angleterre, où lui fut révélée, dans toute son ampleur, la théorie de Newton, ainsi que sa haute portée pour les conceptions du monde physique, devint un adversaire implacable de l'athéisme; bien plus, déiste, il se montrait partisan convaincu de la morale religieuse, qu'il reconnaissait comme la seule efficace : « Un catéchisme de paroisse dit à des enfants qu'il y a un Dieu, mais Newton le prouve à des sages [1]... » « Une fausse science fait des athées; une vraie science prosterne l'homme devant la divinité [2] », proclamait Voltaire en paraphrasant la célèbre thèse de Bacon.

Il n'y a donc rien de surprenant à ce que les grands savants de l'époque soient restés fidèles aux nobles trad.... de leurs illustres prédécesseurs des XVIe et XVIIe siècles. Les liens entre la science et la religion s'étaient même fortifiés, et cela en dehors de la philosophie et en opposition avec elle. Aussi, quand la prédiction de Leibniz se réalisa et que la révolution éclata au nom de la philosophie athée, la science et la

1. *Dictionnaire philosophique*; article ATHÉE.
2. *Dialogues et entretiens philosophiques*; dialogue 24, entretien 10. Pris, en Angleterre, d'une passion pour la physique, Voltaire, à son retour, s'était retiré à Cirey, où, avec Madame du Châtelet, il se livra à des expériences sur la conservation des forces et la propagation de la chaleur. L'Académie des sciences a même récompensé un de ses travaux par une mention honorable et par l'insertion dans ses *Mémoires*.

religion se trouvèrent-elles être l'objet des mêmes persécutions haineuses. Le plus illustre parmi ces savants, le créateur de la chimie moderne, Lavoisier, fut victime de cette haine; Monge et bien d'autres n'échappèrent qu'avec peine à la guillotine : « la République n'a pas besoin de savants », proclamait le médicastre raté Marat. Un décret de la Convention supprimait l'Académie et en dispersait les membres. « Ces hommes dont le nom remplissait l'Europe, dit Cuvier, furent heureux d'être restés inconnus aux farouches dominateurs de leur patrie. Ils coururent chercher, dans les asiles les plus obscurs, quelque abri contre ce glaive épouvantable, continuellement suspendu sur tout ce qui avait eu de l'éclat, et qui n'aurait peut-être épargné aucun d'eux, si les ministres de ses fureurs n'eussent été aussi ignorants qu'ils étaient cruels[1]. »

La communauté dans la persécution n'a fait que resserrer, au XIXᵉ siècle, les liens entre les sciences et la religion. Tandis que les philosophes, égarés dans les broussailles métaphysiques de Kant, persistaient dans le culte d'une raison-déesse ou sombraient dans les ténèbres de Hegel et d'autres, les savants créateurs élargissaient leurs conceptions de l'univers, qu'ils basaient sur la connaissance spirituelle, contrôlée par l'expérimentation et par le calcul mathématique. Aussi la véritable philosophie scientifique du XIXᵉ siècle ne se rencontre-t-elle que dans les Discours et Éloges, prononcés dans les Académies des sciences, et dans les ouvrages où plusieurs grands penseurs parmi les savants, comme sir John Herschel, Ampère, K. E.

---

1. G. Cuvier. *Éloges historiques*, p. 158.

von Baer et autres, exposaient d'une manière systématique leurs conceptions philosophiques.

C'est seulement dans la seconde moitié du xix⁰ siècle que l'éclosion des théories évolutionnistes, de Darwin à Haeckel, mit en péril pendant un instant l'harmonie qui régnait entre les sciences naturelles et la religion. Le contre-coup des immenses progrès des sciences exactes commençait à se manifester, tout comme à la fin du xviiᵉ siècle. On vit ainsi un certain nombre de philosophes et même de savants de seconde catégorie [1], aux tendances métaphysiques, retourner au grossier matérialisme; quelques-uns allèrent même jusqu'à communier ensemble dans l'adoration des protozoaires et des singes, devenus, suivant eux, les aïeux de l'homme. Tandis que les athées et les sceptiques d'autrefois se contentaient de nier l'existence d'un Dieu planant au-dessus de l'homme, qu'ils préféraient considérer comme seul maître du monde, les partisans fanatiques des doctrines transformistes prétendaient ramener l'homme à la bestialité la plus inférieure.

Point n'était besoin d'être un Leibniz pour prévoir vers quels abîmes de pareilles doctrines, devenues dominantes dans l'enseignement public, prêchées par d'innombrables ouvrages de vulgarisation soi-disant scientifique, et accueillies avec trop de légèreté comme l'expression du progrès de la science, devaient conduire le monde civilisé. La lutte pour l'existence, ce faux principe économique, présenté comme l'unique moteur des actions de l'homme, comme l'*ultima ratio*

---

1. Voir la classification des savants au chapitre iii, § 9.

de ses sentiments et de ses aspirations, devait fatalement aboutir à la dégradation et à l'affolement des masses inconscientes. L'idée générale de la lutte pour l'existence, entrée dans des cervelles vides et bornées, se transformait forcément en une lutte contre l'existence d'autrui. L'invention nihiliste de l'action directe par la dynamite comme moyen efficace du progrès humain, les horreurs des sauvages destructions pendant la révolution russe en 1905-1906, ainsi que l'explosion récente de la folie destructrice à Barcelone, toutes ces manifestations de l'anarchie intellectuelle, qui a envahi l'esprit de la société moderne, eurent comme point de départ les doctrines de l'évolution transformiste par la lutte pour l'existence. Seule la vie des anarchistes, auteurs ou instigateurs responsables d'attentats destructeurs, reste encore sacrée et intangible aux yeux de la génération actuelle, complètement désemparée par l'abandon de la morale religieuse et de la foi en Dieu.

Comme professeur à la Faculté des sciences et à l'Académie médico-chirurgicale de Saint-Pétersbourg, je me trouvais, pour ainsi dire, aux premières loges, pour observer les débuts de cette anarchie dans les milieux universitaires et, dès l'année 1873, dans un discours académique, j'en ai signalé les périls. Dans de nombreux écrits publiés depuis, j'ai mené campagne contre le darwinisme et surtout contre les théories de la descendance simienne de l'homme; je prévoyais la force irrésistible qu'elles prêteraient au développement des idées destructrices et de l'anarchie naissante. Après avoir eu la douleur d'assister à la réalisation tragique de mes plus sinistres prévisions,

je crois devoir tirer de l'expérience acquise des enseignements philosophiques.

C'est dans cette intention que j'ai consacré la
troisième partie de mon ouvrage à l'analyse psychologique des erreurs scientifiques qui constituent les
bases des théories de l'évolution et du transformisme.
La décadence du darwinisme et l'écroulement scan-
daleux du haeckélisme, que j'avais prédit il y a une
trentaine d'années pour la fin du xixᵉ siècle, sont
actuellement des faits accomplis au regard de la science.
Mais leurs partisans désemparés cherchent à cacher
au public toute l'étendue de leur défaite. L'intérêt
suprême de mettre fin à l'anarchie intellectuelle, provoquée par leur triomphe passager, exige donc impé-
rieusement que l'on fasse éclater tout entière la
nullité scientifique de ces doctrines, afin de préserver
l'humanité du naufrage dans la barbarie la plus sauvage. Ce n'est même pas aux cavernes que l'anarchie
actuelle menace de ramener l'homme, comme le pro-
clament déjà avec résignation des philosophes plus
lettrés que savants, mais aux tanières et aux marais;
car les habitants des cavernes, ainsi que le montrent
les découvertes paléontologiques les plus récentes,
possédaient un culte des morts, inspiré par l'espoir
d'un au-delà et par la crainte des esprits supérieurs
qui dominent l'homme. (Voir ch. v, § 6 et ch. vi, § 1.)

Les philosophes spiritualistes, mieux éclairés, commencent à entrevoir les périls dont l'anarchie universelle des esprits, plus encore que la formidable organisation de l'anarchie active, menace le monde civilisé,
et, presque instinctivement, ils cherchent le salut dans
le retour à Dieu et à la religion. La haine féroce,

vouée par les anarchistes du monde entier à la religion chrétienne et surtout à l'église catholique, indique clairement aux philosophes le plus sûr moyen de les combattre.

Par une heureuse intuition, les philosophes spiritualistes ont compris qu'un rapprochement avec la science doit précéder toute réconciliation avec la religion. Rappelons les récents ouvrages de MM. Boutroux, Ludwig Stein et Richard Eucken, qui ont franchement pris l'initiative de cette nouvelle orientation du spiritualisme. Bien d'autres philosophes, en manifestant leur désir de se réconcilier avec la science, poursuivent le même but; mais, encore sous l'influence de cette erreur capitale que la science moderne est incompatible avec la religion, ils tâtonnent. On dirait qu'ils n'arborent les couleurs de la science que pour se mettre à l'abri du reproche d'entrer en conflit avec elle, quand ils évoluent vers la religion.

Le chapitre « Dieu et l'Homme » est justement destiné à démontrer que, loin d'être en contradiction avec l'idée religieuse, la science moderne, aussi bien dans son origine que dans ses fins, se trouve avec elle en parfaite harmonie. Désireux de ne pas abandonner dans cet ouvrage le terrain solide de la science exacte, j'ai choisi, comme point de départ pour ma démonstration, ce fait capital que la plupart des plus illustres créateurs des sciences physiques et biologiques des deux derniers siècles avaient de profondes convictions religieuses, croyaient à l'immortalité de l'âme et adoraient Dieu. Les autres étaient spiritualistes et déistes, respectueux de la religion, même quand ils ne la pratiquaient pas. La grandeur de leur œuvre scientique leur faisait reconnaître l'existence d'un créateur de l'univers, l'origine divine de leurs intuitions, et l'immortalité de leur esprit. Convaincus de l'impossibilité de comprendre Dieu et ses fins, beaucoup, parmi les plus grands savants, s'inclinaient respectueusement devant les sublimes révélations de Jésus-Christ et admettaient la haute valeur morale et historique de l'Évangile.

C'est une erreur, commune aux théologiens et aux philosophes, d'affirmer que les savants naturalistes sont conduits vers Dieu par la reconnaissance des limites de la science. L'enquête sur la psychologie des savants du siècle passé, dont les résultats authentiques sont exposés au cours du chapitre vi, démontre le contraire. Les grands créateurs des sciences exactes qui ont fait reculer le plus loin les limites du savoir humain, se trouvent justement être des croyants sincères. Ils considèrent la science comme illimitée dans ses progrès et infinie dans sa tâche, tout en reconnaissant qu'elle est inaccessible en ses fins.

Une analyse minutieuse du mécanisme des sensations et des perceptions m'a récemment permis de montrer que ce qu'on désigne comme limite de notre entendement n'est, en réalité, que la limite de nos organes des sens et de nos centres cérébraux. L'entendement, par lui-même, est illimité comme l'esprit. Rien ne s'oppose à l'hypothèse que le savoir de notre conscience générale sera illimité, une fois qu'elle sera séparée de notre conscience du moi. (Voir chapitre iii, § 10 et 11.)

Le célèbre Gallien, enthousiasmé par ce qu'il devinait de la destination fonctionnelle des organes, avait déclaré qu'expliquer leurs fonctions c'est chanter un hymne à la gloire divine. Quoi de surprenant qu'un physiologiste, après avoir consacré quarante-cinq ans de sa vie à des recherches expérimentales, destinées à élucider les fonctions des organes les plus mystérieux du corps humain, la termine par un ouvrage « *Dieu et Science* »? *Primo experiri, deinde philosophari.* La découverte des deux sens mathématiques, qui a permis la solution du problème de l'origine de nos notions de l'espace, du temps, du nombre, et de l'infini, est le dernier échelon qui l'a conduit au problème de Dieu. Le Créateur règne et son Esprit gouverne, telle est la conclusion de mes recherches physiologiques sur les manifestations de l'esprit humain.

P. S. — Forcé, par l'état de ma santé, d'interrompre mes recherches de laboratoire, j'ai tenu à encourager leur continuation dans les trois domaines qui présentent un intérêt capital pour la psychologie de l'homme. Dans cette intention, je viens de fonder à l'Académie des sciences de Bologne, dont je suis membre correspondant depuis des années, un prix biennal de Physiologie expérimentale de 3 000 francs pour récompenser les recherches qui porteront sur les nerfs du cœur, sur le labyrinthe de l'oreille, ou sur les glandes vasculaires (thyroïde, hypophyse et pinéale). Le règlement de ce prix paraîtra prochainement dans les Comptes Rendus de l'Académie des sciences de Bologne. Je serais très heureux si mes études sur la différenciation des fonctions psychiques, résumées plus haut dans le chapitre « Corps, Ame, et Esprit », servait de guide aux physiologistes que les problèmes les plus élevés de la pensée humaine intéressent.

E. C.

Paris, le 25 novembre 1909.

DIEU ET SCIENCE

INTRODUCTION GÉNÉRALE

LE CRÉPUSCULE DE LA MÉTAPHYSIQUE
ET LA RENAISSANCE
DE LA PHILOSOPHIE NATURELLE

Après l'achèvement d'un grand ouvrage destiné à exposer les résultats de longues recherches scientifiques qui ont permis de résoudre des problèmes séculaires, le savant consciencieux se voit obligé de reconnaître qu'il pourrait en doubler l'étendue s'il voulait indiquer seulement tous les points de ces problèmes restés énigmatiques et répondre aux nouvelles questions surgies dans le courant de ses études. Toute connaissance nouvelle, acquise par voie expérimentale, ouvre à notre esprit de nouveaux domaines d'investigation et lui révèle de nouvelles méthodes pour remplir les inévitables lacunes de ses précédentes recherches. Aussi toute extension de notre savoir nous fait mieux entrevoir l'immensité de ce qui nous reste encore à apprendre. Loin d'amoindrir la valeur des conquêtes réalisées et des solutions acquises, la découverte de nouveaux problèmes et l'invention de méthodes inédites pour en aborder la solution sont un sûr garant de la fécondité du travail accompli. Le naturaliste, dont la vie a pour but de dévoiler les lois mystérieuses de la création, ne se laisse pas décourager par les difficultés et les obs-

tacles nouveaux qui se dressent devant lui. Au contraire,
cela lui rappelle que « la science est éternelle en sa source,
illimitée dans le temps et dans l'espace, incommensurable en
son étendue, infinie dans ses problèmes, mais inaccessible en
ses fins » (K. E. von Baer). Et c'est heureux, parce qu'autrement l'atteinte du but final de ses recherches équivaudrait
pour le naturaliste à son arrêt de mort.

Tout opposées sont les méthodes et les conceptions de
travail du métaphysicien. Dans la conviction de pouvoir
résoudre les problèmes les plus ardus par de pures opérations
d'esprit, le métaphysicien n'est satisfait de son œuvre que
quand il a édifié un système complet qui semble en effet
résoudre tous les problèmes ayant jamais agité l'esprit
humain, et dévoiler tous les mystères de l'univers. Peu lui
importe que son système manque entièrement de bases, que
les concepts et les définitions servant de point de départ à
ses spéculations soient arbitraires, et que les prétendues
solutions ne soient que le produit d'une dialectique plus ou
moins sophistiquée et volontairement obscure.

Il s'imagine avoir pénétré l'essence et la nature de toutes
les choses visibles ou invisibles, et considère son œuvre comme
heureusement achevée. Il pressent vaguement que le temps
emportera ses solutions et explications, et que son système
sera tôt ou tard renversé par ses successeurs en métaphysique. Mais il se console à la pensée que leurs systèmes
subiront à leur tour le même sort.

Pareille consolation échappe aux métaphysiciens lorsqu'un
de ces problèmes vient de recevoir, à l'aide de méthodes
expérimentales impeccables, une solution purement scientifique, et par cela même définitive.

Le succès de la science leur apparaît comme un crime de
lèse-impuissance. Le vrai naturaliste, qui se contente de
découvrir les lois qui régissent les phénomènes du monde
physique, seul accessible à nos sens, est considéré par les
métaphysiciens comme un outsider, un intrus dans le

domaine des univers imaginaires créés par leur fantaisie et
qu'ils explorent depuis des milliers d'années, on sait avec
quel succès.

Je parle des métaphysiciens purs et non des philosophes,
ceux-ci se rapportant à ceux-là comme les astronomes aux
astrologues, selon la comparaison heureuse de Helmholtz.
Les nuances entre eux ne sont pas toujours aussi tranchées
quel'exigerait l'intérêt de la véritable philosophie. Néanmoins,
on distingue le philosophe du métaphysicien par son attitude en face de la marche triomphale des sciences naturelles;
s'il ne s'en réjouit pas, il en reconnaît au moins la grande portée
pour la connaissance humaine et admet la nécessité pour la
philosophie de profiter de leurs succès. Il cherche à rattacher
la philosophie à la science et espère la voir reprendre ainsi
la place qui lui revient dans le développement de la culture
humaine. Le métaphysicien, au contraire, jaloux de sa superbe
ignorance des réalités du monde, à chaque nouvelle conquête
des sciences exactes, préfère fermer les yeux et se boucher les
oreilles; il s'accroche avec plus d'acharnement encore aux
systèmes vermoulus de ses prédécesseurs, Kant, Fichte,
Hegel et autres, dans le vain espoir d'échapper à la marée
montante des sciences exactes qui menace de submerger
la philosophie spéculative tout entière.

Un éclatant exemple de ces triomphes de la science exacte
sur la métaphysique éternellement stérile nous est donné par
la découverte, dans le labyrinthe de l'oreille, de deux sens
mathématiques : le sens géométrique, dont le fonctionnement nous sert à former notre concept d'espace à trois
dimensions; et le sens arithmétique, auquel nous devons
l'origine de notre connaissance du nombre, ainsi que le
concept de temps. Cette découverte qui a permis à la physiologie, après plus d'un siècle de recherches expérimentales,
de résoudre des problèmes contre lesquels s'était brisé l'effort
des métaphysiciens pendant des milliers d'années, ouvre
en même temps au philosophe et au naturaliste les plus

larges voies pour pénétrer les mystères de la vie psychique[1].

L'introduction à la première partie de mon ouvrage a pour but d'indiquer aux philosophes le seul moyen possible de rattacher la philosophie aux sciences naturelles, ce qui, de l'avis unanime des maîtres de la philosophie moderne, même des Néo-Kantiens allemands comme Riehl, est l'unique salut de la grave crise qu'elle traverse depuis un siècle.

L'apriorisme de Kant était le principal obstacle qui s'opposait à un pareil rattachement. La réfutation scientifique de cet apriorisme par la démonstration de l'origine sensorielle des idées d'espace, de temps et de nombre écarte définitivement cet obstacle.

Les naturalistes et les mathématiciens qui attaquaient jusqu'ici la théorie de Kant étaient dans l'impossibilité d'indiquer, même approximativement, l'organe sensoriel dont les perceptions nous donnent par abstraction les concepts de temps et d'espace. Aussi tous les efforts faits pour opposer une théorie nativiste ou empirique valable à l'hypothèse *a priori* de Kant ont-ils échoué devant cette impossibilité.

Kant n'eut d'ailleurs recours à l'apriorisme qu'après s'être vainement efforcé, pendant de longues années, d'expliquer nos représentations de temps et d'espace à l'aide des cinq sens connus. « Au moyen de notre sens externe qui est une qualité de notre esprit (*Gemüth*), nous nous représentons les objets comme hors de nous et réunis dans l'espace. C'est là que leur figure, leur grandeur et leurs rapports sont déterminés ou déterminables. » Telles sont les paroles par lesquelles Kant commence la partie de son ouvrage consacrée à l'espace. Plus loin, parmi les conclusions, nous relevons : « L'espace n'est autre chose que la seule forme de tous les phénomènes des sens externes, c'est-à-dire qu'il est la condition subjective de la sensibilité qui seule permet l'aperception (*Anschauung*) extérieure. Mais comme la réceptivité du sujet (ou

---

1. E. von Cyon. *Das Ohrlabyrinth als Organ der mathematischen Sinne für Raum und Zeit*, 1908. Berlin, chez Julius Springer.

la capacité d'être impressionné par les objets) doit nécessairement précéder toute aperception de ces objets, on peut comprendre comment la forme de tous les phénomènes serait
donnée *a priori* dans l'esprit, antérieurement à toute percep-
réelle. » Chacune des affirmations précédentes prouve
abondamment que Kant pensait à un sens extérieur comme
cause de notre représentation d'espace. Ce n'est que l'ignorance où l'on était à son époque du mode de fonctionnement
des organes des sens et des véritables rapports entre l'excitation, la sensation et la perception, qui le porte à considérer
le sens extérieur comme « phénomène de notre esprit », et à se
raccrocher à la supposition formulée conditionnellement que
« les formes de tous les phénomènes sont données *a priori*
dans l'esprit». De même, le temps est pour Kant « la forme
du sens interne, c'est-à-dire de l'intuition de nous-mêmes et
de nos états intérieurs ». Ici encore, ignorance de la signification physiologique des fonctions sensorielles ! Comment
pourrait-il être question d'une intuition intérieure du temps
quand nous *voyons* la vitesse des mouvements et que nous
entendons la durée et le rythme des sons?

Kant n'a d'ailleurs jamais désavoué franchement l'importance initiale de l'expérience. « Il n'y a aucun doute que
toute notre connaissance commence par l'expérience »; tel
est le début du premier paragraphe de la *Critique de la
raison pure*... « Nulle connaissance en nous ne précède l'expérience dans le temps, et par elle tout commence » ; ainsi se
termine le passage en question. « Dès lors, nos affirmations
nous apprennent la réalité empirique du temps, c'est-à-dire
sa valeur objective à l'égard de tous les objets qui peuvent
jamais tomber sous nos sens. Et comme notre aperception
est toujours sensorielle, nous ne pouvons jamais rencontrer
dans l'expérience un objet qui ne soit pas conditionné par le
temps. »Dans ses « Explications », il déclare : «Cette réalité de
l'espace et du temps laisse d'ailleurs intacte la certitude de
la connaissance par l'expérience. »

Les citations qui précèdent ont pour objet de rappeler ce fait, trop souvent négligé par les Kantiens, que Kant lui-même n'a considéré son hypothèse de l'apriorisme que comme un expédient nécessaire, la physiologie des sens, encore dans l'enfance à l'époque, ne pouvant lui fournir aucune explication viable du temps et de l'espace. « Si toute notre connaissance commence avec l'expérience, il ne s'ensuit pas qu'elle procède tout entière de l'expérience. Car il pourrait bien se faire que même la connaissance acquise par l'expérience fût un composé de ce qui nous vient des impressions et de ce que produit notre propre faculté de connaître (simplement stimulée par les impressions sensorielles), élément ajouté que nous ne discernons de l'élément fondamental que lorsqu'une longue pratique nous y a rendus attentifs et nous a appris à faire la distinction. »

D'ailleurs Kant n'a-t-il pas déclaré autrefois : « Toute connaissance des objets procédant uniquement de la raison pure ou de l'intelligence pure n'est autre chose qu'apparence illusoire, et c'est dans l'expérience seule que réside la vérité. »

C'est seulement quand il cherche à formuler les concepts d'espace et de temps que les contradictions éclatent et que la confusion commence :

« L'espace est représenté comme une grandeur infinie donnée. Or, tout concept doit être pensé comme une représentation contenue dans un nombre infini de différentes représentations possibles (dont elle constitue le signe commun), qu'elle contient par conséquent en elle; mais aucun concept, comme tel, ne peut être pensé comme contenant un nombre infini de représentations. C'est pourtant ainsi que l'espace est pensé (car toutes les parties de l'espace à l'infini sont en même temps). Donc la représentation originaire de l'espace est une intuition *a priori* et non un concept. » L'incorrection logique de tout ce raisonnement, et plus particulièrement de la conclusion, saute aux yeux. La citation suivante, également empruntée à la *Critique de la Raison pure*, est de nature à montrer quel chaos sont susceptibles de produire des concepts dépourvus de toute base sensible ou positive : « L'œuvre de notre raison consiste en grande partie pour ne pas dire principalement, à analyser les concepts, que nous possédons déjà des objets. Il en résulte une foule de connaissances qui, tout en n'étant pas autre chose que des explications et des éclaircissements de ce qui était déjà contenu (quoique d'une façon confuse) dans nos concepts, n'en sont pas moins appréciées comme des connaissances nouvelles, et cela d'après leur forme, quoique, en ce qui concerne leur matière ou leur contenu, elles ne fassent qu'expliquer nos concepts, sans les élargir. Ce procédé fournissant une véritable connaissance *a priori*, d'une application sûre et utile, la raison, dupe de cette illusion, se laisse aller, sans s'en apercevoir, à des assertions d'une tout autre espèce; et elle ajoute ainsi aux concepts donnés des notions étrangères et *a priori*, sans qu'on sache comment elle y est parvenue et sans qu'on songe même à se poser cette question [1]. »

Combien différente sera désormais la notion de l'espace basée, non sur des « assertions furtives », « complètement étrangères aux notions auxquelles elles sont ajoutées *a priori* », mais sur des expériences sensibles et sur des perceptions précises ! Combien sont artificielles, confuses, peu sincères même, toutes ces explications à l'aide desquelles Kant s'efforce d'édifier une hypothèse sur du sable mouvant, et dont personne n'aurait dû mieux voir l'inanité que le logicien Kant. Schopenhauer parlait même ouvertement de « l'hypocrisie » de Kant. Ce jugement est trop sévère et trop injuste. Mais après avoir longtemps balancé entre Hobbes et Hume pour aboutir finalement, après un bref séjour chez Svedenborg, à l'idéalisme de Berkeley, Kant était forcé de recourir souvent à des artifices de dialectique pour masquer ses évolutions.

On ne peut prétendre à la sincérité des convictions quand,

---

1. Immanuel Kant. *Kritik der reinen Vernunft*, 6e édit. Leipzig, 1818; p. 7.

dans la même étude, on débute par glorifier « la toute-puissance de Dieu » et qu'on proclame ensuite avec orgueil :
« Donnez-moi de la matière et je vous montrerai comment
naît un univers[1]. » Le manque de franchise dans la construction des concepts d'espace et de temps ressort déjà
avec évidence de la seule comparaison des préfaces de la
première et de la seconde édition de la *Critique de la Raison
pure*. L'accueil plutôt glacial fait à la première édition, surtout à cause des jugements sévères portés sur la métaphysique, déconcerta Kant et le décida à écrire une *nouvelle*
préface pour les éditions suivantes. Nous lisons dans celle-
ci : « Essayons un peu si, en admettant que les objets doivent se diriger selon notre connaissance, nous n'avancerons
pas davantage avec les problèmes de la métaphysique »; et
encore : « Je suppose que les objets ou, ce qui revient au même,
l'expérience qui seule nous fait connaitre les objets donnés,
s'adapteront à nos concepts. » Ainsi les objets réels dans le
monde objectif doivent s'adapter aux concepts tels que le
métaphysicien se plaît à les formuler ! Voilà qui rappelle
trop les fameuses paroles de Hegel : « Cela ne concorde
pas avec les faits? Tant pis pour les faits ! » Quel monde
extravagant, quels objets bizarres nous donnerait leur
création selon les concepts de Kant que nous venons de citer !

L'apriorisme de Kant est d'ailleurs aussi vieux que la philosophie elle-même. Il n'est pas bien éloigné, au fond, de ce
que les scolastiques avaient l'habitude de désigner par
l'expression *universalia ante rem*, au sens qu'Aristote attribuait à Platon. Seulement les *universaux* s'appliquaient à
des notions générales infiniment plus nombreuses que chez
Kant qui, lui, ne les applique qu'aux notions de temps,
d'espace et de causalité. Suivant en cela l'exemple de son

---

1. « Je pense beaucoup de choses avec une conviction très claire, que je
n'aurai jamais le courage de déclarer; mais je ne dirai jamais ce que je
ne pense pas », écrivait Kant à Moses Mendelssohn en 1766, à la veille de
la publication de sa *Critique*.

compatriote[1], le scolastique Jean Duns Scott, Kant avait cherché, lui aussi, à concilier l'apriorisme avec les *universalia post rem*, c'est-à-dire avec l'empirisme. Les passages que nous venons de citer montrent avec quel succès !

On ne détruit que ce qu'on peut remplacer. Cela est aussi vrai pour les systèmes philosophiques que pour les religions et les institutions. La démonstration du fonctionnement physiologique du labyrinthe comme organe de deux sens mathémathiques, auxquels nous devons nos concepts de temps, d'espace et de nombre, sape définitivement les bases principales sur lesquelles repose la *Critique de la raison pure.*

Dans ces conditions, que peut-il subsister de l'œuvre capitale de Kant et de toute sa théorie de la connaissance? A cette question, le savant, comme le philosophe au courant des progrès de la science, peut répondre : rien que le souvenir de l'anarchie de la pensée humaine, créée par sa *Critique de la raison pure.* Les tentatives des Néo-Kantiens pour réconcilier la science avec la philosophie sur la base de la *Critique de la raison pure* ont dorénavant perdu toute raison d'être. *Ils devraient plutôt profiter de la réfutation scientifique de l'apriorisme de Kant pour rompre à jamais avec la métaphysique, qui fut si funeste à la philosophie en forçant les plus grands mathématiciens et naturalistes du siècle dernier à prendre position contre elle* et à combattre une doctrine qui, *par son essence même, rendait tout progrès des sciences positives irréalisable.* En effet, à la question capitale de sa *Critique,* les jugements synthétiques *a priori* sont-ils possibles, Kant a répondu affirmativement. En appuyant son argumentation sur la prétendue certitude apodictique des axiomes d'Euclide, il ne s'est pas contenté d'affirmer la possibilité des jugements synthétiques *a priori dans la métaphysique,* mais également *dans les sciences naturelles.* En soutenant, d'autre part, l'inadmissibilité d'autres jugements analytiques que ceux

1. On sait que Kant était le fils d'un Écossais établi à Königsberg et qui s'appelait Cant.

a priori, Kant partait de la proposition, plus erronée encore, qu'il était impossible de déduire des idées générales de l'expérience. Les jugements *a posteriori* étaient pour lui sans valeur. Il rendait ainsi toute science positive exacte impossible. La théorie de la connaissance, développée par lui dans la *Critique de la raison pure*, péchait ainsi par les deux *bases*, dont l'égale fragilité est démontrée actuellement.

Ces quelques citations ont suffisamment montré combien peu sincère était Kant en défendant sa proposition de l'impossibilité des jugements *a posteriori*. Il connaissait trop bien la grande évolution, provoquée dans les sciences exactes par Copernic, Galilée et Newton, pour douter sérieusement de la réalité complète des phénomènes de la nature et de la portée décisive de l'observation et de l'expérience, aussi bien en astronomie qu'en physique et dans les sciences naturelles. Le remplacement de la réalité des *objets* existants par *la chose en elle-même* (*das Ding an sich*) n'était qu'un artifice de dialectique, destiné à rendre plus plausible une argumentation très serrée et très précise en apparence, mais où les sophismes éblouissants simulaient les syllogismes. Ses célèbres antinomies sont, en effet, de vrais chefs-d'œuvre dans ce genre de dialectique.

En fait de sophismes, Kant arrive presque à la hauteur de Zénon. Tout en citant sur ce subtil dialecticien le jugement sévère de Platon, « sophiste téméraire qui, pour prouver son art, démontre par des arguments factices une proposition qu'il cherche ensuite à réfuter par des arguments aussi décisifs », Kant n'a pas hésité à l'imiter par ses antinomies [1]. Mais cet art de défendre avec autant de virtuosité la thèse et l'antithèse, Kant était loin de le manier avec la même maestria que Zénon. La souplesse, la précision et la finesse du langage, en général l'art d'écrire lui faisaient complètement défaut. Ses phrases entortillées, embrouillées sou-

---

1. D'ailleurs Platon, lui aussi, oscillait souvent entre le respect pour la précision mathématique de Pythagore et l'admiration pour Socrate.

vent à dessein, gênées par la pensée tortueuse et imprécise, évitaient soigneusement les mots qui auraient pu trahir ses idées de derrière la tête.

Zénon, comme la plupart des penseurs grecs, se souciait fort peu de la recherche de la vérité. Pour lui, la philosophie était plutôt un art de jouer avec des sophismes habiles, de plaider le pour et le contre avec la même maîtrise, avec l'esprit d'un sceptique indifférent aux conclusions finales, dont il sait d'avance ne pas pouvoir garantir la justesse. Tout autre fut la psychologie de Kant. Torturé par le désir ardent de saisir la vérité absolue, il évoluait, comme je l'ai dit plus haut, entre Hobbes et Berkeley, n'ayant pour guide que la *raison*.

Or, la raison constitue pour la recherche de la vérité un guide illusoire, assez apte à orienter le penseur vers le but de ses idées préconçues, de ses sentiments, et même de ses appétits et intérêts, plutôt que vers les cimes inaccessibles où trône la vérité voilée. Une bien mince cloison sépare la raison de la déraison. *Raisonner* n'est pas toujours synonime de *penser*. Le raisonnement échoue aisément dans l'ergotage quand la discussion manque de base réelle, saisissable et démontrable. Le méta-mathématicien, comme le métaphysicien, quand il part d'une proposition fausse, aboutit fatalement à des conclusions absurdes, et cela d'autant plus sûrement que son raisonnement était plus logique. Lorsqu'il s'agit de défendre la thèse et l'antithèse par le pur raisonnement, on oublie d'habitude en les formulant qu'en réalité elles peuvent être également fausses l'une et l'autre. C'est ce qui est arrivé trop souvent dans les antinomies de Kant. Il ne prévoyait jamais une troisième possibilité, qui était pourtant la vraie, comme par exemple pour l'apodicticité des axiomes d'Euclide.

Kant était plutôt un philosophe *de raison* qu'un philosophe *intellectuel*. Or, l'entendement (*der Verstand*) seul est d'essence purement spirituelle. Tandis que la raison se laisse dominer dans ses jugements par les sentiments, les désirs et les passions, et s'inspire trop souvent des pures subtilités de la dialectique, l'entendement, au contraire, ne choisit pour le travail intellectuel que des propositions effectivement démontrées ou démontrables par des faits réels ou logiquement induits par la voie expérimentale. C'est en effet le désaccord entre la raison et l'entendement qui sert de véritable point de départ pour la plupart des antinomies de Kant et nullement, comme il le déclare, une lutte de la raison contre elle-même. C'est tout arbitrairement que le plus souvent il se prononce en faveur de la raison. Entre l'entendement et la raison la victoire devrait, en principe, revenir toujours à l'entendement.

Les actes des animaux conduits par l'instinct sont presque toujours raisonnables, même quand ils ne sont pas purement réflexes, mais guidés par le choix. Ce qui manque aux animaux, c'est l'entendement, qui est une pure manifestation de l'esprit, et non la faculté de raisonner. Le charbonnier du coin peut souvent agir plus raisonnablement qu'un professeur de métaphysique; il peut même avoir raison contre lui dans certaines questions de la vie pratique. C'est pourquoi Kant a bien fait d'écrire la *Critique de la raison pratique* ; mais la « Critique de l'entendement *pur* » (*Kritik des reinen Verstandes*) était plus indiquée que la Critique de la raison *pure*, qui n'existe pas en réalité.

La vérité ne ressort ni de la lutte entre la raison et l'intelligence, ni des antinomies de la raison. Seul l'accord entre l'entendement et la raison conduit à la connaissance de la vérité, parce qu'un tel accord doit forcément résulter de la prédominance de l'intelligence sur les entraînements de la vie affective et du triomphe de la logique pure sur la sophistique.

Pour expliquer, ou plutôt pour excuser l'anarchie des systèmes innombrables et contradictoires de la philosophie actuelle, anarchie si nuisible à la considération et à l'influence légitime qui lui reviennent dans le développement de la pensée humaine, les philosophes modernes essayent, depuis quelque temps, de classer en catégories les créateurs de ces systèmes, selon la diversité de leurs facultés ou de leurs caractères. La plus récente de ces classifications appartient à William James. Ce pragmatiste, — ou plutôt ce pluraliste — divise les philosophes en deux catégories (on dirait presque en deux *trusts*): les esprits tendres (*tender-minded*), et les esprits endurcis (*tough-minded*). Cette division, M. James la motive par la diversité des tempéraments des philosophes.

C'est pourtant une entreprise bien téméraire que de vouloir juger la valeur des grands créateurs d'écoles philosophiques qui, depuis des siècles, ont laissé leur empreinte sur la vie intellectuelle des hommes, par les seules propriétés physiologiques ou pathologiques de leur système nerveux, dont l'ensemble constitue le fond du tempérament.

Il serait infiniment plus logique de les classer, selon leurs qualités d'esprit, en intellectualistes (*Verstandesphilosophen*), et rationalistes (*Vernunfsphilosophen*). Aristote, Thomas d'Aquin, Locke, Descartes et Leibniz sont les plus brillants représentants des intellectualistes. Leurs systèmes reconnaissent la réalité du monde existant et la valeur de l'expérience dans la connaissance ; leurs doctrines se laissent aisément concilier avec les conquêtes les plus récentes des sciences naturelles. Comme rationalistes, on peut citer Platon, Albert le Grand, Berkeley, Pascal et Kant. Leurs systèmes reposent sur des idées innées ou *a priori* (*universalia ante rem*) [1]. Ils méconnaissent la valeur de l'expérience sensible et nient la réalité des objets extérieurs qui nous entourent, souvent même celle de leur propre personnalité. Leurs doctrines sont presque toujours inconciliables avec les données de la science; tout progrès scientifique fait crouler leurs châteaux de cartes, érigés en systèmes philosophiques par la pure spéculation.

---

[1] Cette division est bien plus intelligible et plus précise que celle des scolastiques en réalistes et nominalistes.

Tel est, dès maintenant, le sort inévitable du Kantisme et même du Néo-Kantisme.

C'est la philosophie, et non la science, qui traverse actuellement une crise périlleuse. La tendance des philosophes à chercher leur salut dans un rattachement aux sciences naturelles est légitime, mais elle ne peut aboutir qu'à la condition d'une rupture complète avec le Kantisme. C'est à la physiologie triomphatrice, qui a démontré le néant de l'apriorisme de Kant, de faire le premier pas vers un rapprochement avec la philosophie; mais c'est aussi à elle qu'appartient le *choix du terrain* sur lequel doit s'opérer la réconciliation entre les deux plus hautes branches de la connaissance humaine.

En Allemagne, les plus éminents représentants de la philosophie moderne commencent à se rendre compte de la nécessité de déblayer entièrement le terrain des derniers vestiges du Kantisme. Seuls, quelques Néo-Kantiens impénitents et quelques dilettantes en métaphysique résistent encore. Ils prétendent même aux hautes fonctions de juges suprêmes de toute science, qui leur appartiendraient de droit, comme théoriciens de la connaissance par la grâce de Kant ! Aussi se targuent-ils à tort de leur prétendue victoire sur le physiologiste Helmholtz dans la polémique relative à l'origine de la géométrie euclidienne. J'ai déjà fait observer ailleurs[1] que, dans cette polémique, ce n'est pas le physiologiste, mais le mathématicien Helmholtz qui cherchait à acquérir pour la géométrie non euclidienne les mêmes droits d'origine que ceux qu'on attribue à la géométrie d'Euclide. Il se trouvait ainsi dans la fausse position d'avoir refusé la certitude apodictique aux axiomes d'Euclide, tout en étant dans l'impossibilité de prouver l'origine empirique de nos représentations d'un espace à trois dimensions. Dans cette lutte entre la métaphysique de Kant et la géométrie imaginaire non euclidienne, les deux partis se trouvaient être dans

---

1. Voir la préface de mon ouvrage, *Das Ohrlabyrinth* : « La fin de l'apriorisme de Kant. »

leur tort. La démonstration de l'origine sensorielle de ces axiomes, comme nous le verrons dans les chapitres suivants, clôt d'une manière définitive le débat au profit de la physiologie.

Ce n'étaient pas d'ailleurs les mathématiciens et les naturalistes seuls qui, dès le début et durant tout le siècle passé, combattaient avec acharnement les erreurs du Kantisme; c'étaient encore nombre de philosophes, comme Herbart, Schopenhauer, Benecke et Ueberweg, dont nous exposons plus loin (§ 5. ch. 1) l'essai général d'une construction synthétique de la géométrie euclidienne à l'aide des lois du mouvement des corps solides. Il y a quelques années à peine, le Nestor de la philosophie allemande, le professeur Julius Baumann, à Göttingue, a reproduit presque intégralement, dans son *Anti-Kant*, la réfutation complète des principales doctrines de Kant, donnée à la fin du XVIIIe siècle par le célèbre Tiedemann, dans son traité de psychologie. Cette réfutation, Baumann la renforce considérablement par ses propres objections et la met ainsi en accord avec les données nouvelles des sciences naturelles et mathématiques. Tout l'édifice vermoulu de Kant se trouve ainsi démoli presque pierre par pierre [1]. Récemment, Baumann a complété pour ainsi dire son « Anti-Kant » par une analyse détaillée et très exacte de ma théorie des sens de l'espace et du temps [2], et il est en train de poursuivre son œuvre par une critique très aiguë des nouvelles géométries non euclidiennes et autres. Le cri de Riehl, « Retour à Kant », qui retentit encore de temps en temps en Allemagne, ne trouve plus que peu d'écho.

Ce n'est pas seulement avec la science moderne que le Kantisme est inconciliable. En proclamant la raison comme l'infaillible critérium de la connaissance humaine, en attribuant aux jugements synthétiques *a priori* une valeur déci-

1. Julius Baumann. *Anti-Kant;* Gotha, 1905.
2. Du même : « Von Cyon's neuere Grundlegung der Mathematik. » *Annalen der Naturphilosophie v. Ostwald.* Vol. VII ; 1908.

sive dans la solution des problèmes les plus ardus de la pensée humaine, Kant porta en même temps un coup fatal à la
religion. « Dans l'intérêt de la morale (*der Gesittung*) et de la
religion, je sacrifierais, par exception, ma passion pour la
vérité », déclarait Kant[1]. *Par ces paroles mêmes il créa une
opposition entre sa philosophie et la religion révélée, mise
ainsi en contradiction avec la vérité.* En même temps que par
son apriorisme et son dédain de l'expérience Kant enlevait les
bases principales de la connaissance aux sciences expérimentales, par ses innombrables et contradictoires définitions des
mots, Dieu, religion, par ses raisonnements entortillés, ses
arguties volontairement obscures, destinées à justifier ses
définitions, il dérobait au spiritualisme contemporain ses
plus solides assises. Privée de ses deux bases, Dieu et la
science, la philosophie du XIXe siècle s'est débattue en vain
parmi les ruines des systèmes érigés, pendant des milliers
d'années, par les esprits les plus élevés de tous les peuples.

C'est en vain que Kant essaya ensuite de préserver de son
œuvre destructrice la morale, en débaptisant les commandements de la Bible par la formule barbare de l'impératif catégorique[2]. Le jargon abstrus, prolixe et stérile, dans lequel il
emmaillotait son argumentation, ne pouvait remplacer la
haute autorité des commandements de Dieu, qu'il cherchait
à détruire au nom d'une prétendue raison.

En France, le mouvement philosophique étranger arrive
toujours avec un retard d'une quarantaine d'années. Aussi le
Kantisme a-t-il commencé à envahir la pensée française au
moment où, en Allemagne, se dessinait déjà sa décadence
définitive. Le terrain était d'ailleurs admirablement préparé

---

1. Voir la note dans ma préface à *Ohrlabyrinth*, p. XIV.

2. Dans son célèbre mémoire sur la morale, présenté à l'Académie de
Copenhague, Schopenhauer a déchiré en loques ce déguisement des commandements de Moïse et démontré, avec sa logique impitoyable, toute l'inanité de la phraséologie obscure qui entortille l'impératif catégorique. Aussi
l'Académie s'est-elle empressée de refuser à Schopenhauer le prix mérité,
pour manque de respect envers Kant!

pour cette invasion. Rassasiée des extraits à l'eau de rose de la philosophie édulcorée, dont Cousin et les autres éclectiques la saturaient depuis tant d'années, la pensée française était avide d'une nourriture plus substantielle et plus relevée. La *Critique de la raison pure* de Kant, rien que par son titre, fut prise pour la manne céleste tombée à point. Elle parlait de Dieu, de la morale, de la religion, mais en même temps elle préconisait la science, tout cela en des termes ambigus et obscurs, qui simulaient la profondeur de la pensée; enfin elle glorifiait la raison en se basant sur sa critique. La dialectique de l'ouvrage était un peu trop embroussaillée, trop brumeuse pour l'esprit clair et précis du Français. Mais il s'agissait d'un plat exotique, dont la sauce pimentée empêchait de distinguer les éléments hétérogènes et déjà légèrement avancés qui le composaient.

La doctrine de Kant fut introduite en France par le distingué philosophe Lachelier, il y a plus de quarante années. Mais ce sont surtout les admirables et lucides leçons de M. Boutroux qui, en enveloppant du charme de la langue française les obscurités et les aspérités de l'allemand rébarbatif de Kant, ont rendu accessible aux philosophes français la *Critique de la raison pure.* On était alors sous la dépression des cruelles défaites subies en 1870, et la tendance était générale d'attribuer le triomphe inattendu du vainqueur à sa supériorité intellectuelle, due à une instruction plus large, plus libérale, et répandue dans les masses profondes du peuple allemand. De là à vouloir introduire en France les méthodes d'instruction germanique il n'y avait qu'un pas. L'anarchie philosophique, qui datait de Kant, les divagations insensées de Hegel, de Karl Marx et de Haeckel, ce trio des métaphysiciens à l'esprit le plus antiscientifique qui aient jamais égaré d'une manière funeste la pensée humaine, se glissèrent par la frontière avec bien d'autres invasions.

La contagion kantienne agit peu à peu sur la mentalité des philosophes, et même des savants appartenant aux écoles

les plus diverses et les plus hostiles entre elles. Les multiples variations des doctrines de Kant, dont nous avons parlé plus haut, ne pouvaient que contribuer à la facilité de leur pénétration. Les spiritualistes goûtaient chez Kant le sensualisme de Berkeley, les phénoménistes, comme Renouvier, s'accrochaient aux réminiscences de Hume, et les matérialistes anti-cléricaux savouraient tout particulièrement chez Kant la glorification de la matière dans des phrases semblables à celle que nous avons citée plus haut (page 8), ainsi que la concordance de ses idées sur la création du monde avec la célèbre hypothèse de Laplace. Certains philosophes catholiques, de leur côté, se laissaient séduire par l'encens que Kant se croyait obligé d'offrir à la religion; ils ignoraient que, malgré la noblesse de sa vie et la grande élévation de sa pensée, Kant n'a pas trouvé grâce devant l'église protestante · ce n'est qu'en dehors de la cathédrale, sous les colonnes, que ses dépouilles furent admises !

En vain Taine et d'autres positivistes, ses disciples, avaient entrepris la lutte contre les ravages que le Kantisme exerçait jusque dans les rangs des savants naturalistes français. Ainsi, Berthelot, l'athée professionnel, était engoué de l'apriorisme de Kant. Je m'en étais aperçu au moment de lui remettre ma dernière note sur le sens de l'espace, parue dans les Comptes Rendus, en 1899. Mais je pouvais à peine croire à la justesse d'une impression qui jurait avec les convictions que Berthelot affichait avec tant d'ostentation. Ce n'est qu'en parcourant le quatrième volume de la *Vie et Correspondance* de Taine, que j'ai trouvé une lettre de 1876 confirmant cette impression. Taine, s'adressant à Renan, lui écrivait en termes pressants : « Tâchez que Berthelot[1], lorsqu'il se sentira trop las de souffler ses fourneaux, nous donne son *De natura rerum*, sa science idéale, comme il l'appelle, l'ensemble de ses conjectures sur le

1. La préface des *Dialogues et Fragments philosophiques* de Renan est adressée à M. Marcelin Berthelot.

monde physique; mais, pour Dieu, qu'il laisse là son Kant, un philosophe surfait, dont pas une théorie n'est debout aujourd'hui, et qu'Herbert Spencer, Stuart Mill, toute la psychologie positive ont relégué à l'arrière-plan derrière Hume, Condillac, et même Spinoza. »

Recourir à Spencer ou à Mill pour combattre le Kantisme, c'était se vouer à l'insuccès. Tous les deux étaient des philosophes de haute valeur, mais l'adjectif *positive*, par lequel Taine qualifiait leur psychologie, ne la rendait pas plus scientifique que ne l'était, d'ailleurs, la sienne propre. Les mots positif et positiviste, qu'à l'exemple d'Auguste Comte on attribue à certaines écoles philosophiques, ne leur enlèvent nullement leur caractère de spéculation pure. Spéculations pour spéculations, celles de Hume, de Spinoza, de Condillac et de Kant sont bien supérieures à celles de Spencer, de Mill, et surtout à celles de Taine, aprioriste sans s'en douter. Les premiers avaient au moins l'excuse de ne recourir qu'à la spéculation pure, la physiologie de nos organes des sens n'étant à leur époque que dans les langes. Il en est tout autrement de Spencer, de Mill, de Taine, qui vivaient après Jean Müller, qui étaient contemporains de Helmholtz, Hering, Hensen, Donders et autres.

Seule la physiologie psychologique, créée par Wundt, introduite en France par M. Ribot et ses élèves, pouvait prétendre à donner la réfutation de l'apriorisme de Kant, c'est-à-dire à fournir des preuves expérimentales de l'origine empirique de nos concepts de temps et d'espace. Malheureusement, tous les efforts de Wundt, dans cette direction, ont échoué, comme on aura l'occasion de s'en convaincre dans le courant des deux chapitres suivants. Cet échec est dû à la raison très simple que la fusion de deux sciences, aussi différentes dans leur méthode et dans leur but que la physiologie et la philosophie, était prématurée. Comme toutes les créations hybrides, elle fut, dès son origine, condamnée à la stérilité.

L'échec subi par la psychologie physiologique ne doit pas rejaillir sur la physiologie elle-même. La solution du problème de l'espace et du temps est une preuve éclatante que les méthodes de la physiologie pure peuvent être appliquées avec succès à l'élucidation des problèmes les plus ardus de la philosophie et de la psychologie. On trouvera dans les chapitres suivants l'exposé des méthodes de travail parallèle de la physiologie et de la philosophie, après une délimitation précise de leur domaine respectif.

Le Kantisme étant définitivement écarté, il s'agit de faire le choix du système philosophique qui faciliterait plus que tout autre le rattachement de la philosophie aux sciences naturelles exactes, et en première ligne à la physiologie. Le choix ne peut porter que sur les représentants d'un système philosophique intellectualiste, et naturellement sur le plus grand et le plus moderne d'entre eux, sur *Leibniz*. L'appel, « Retour à Leibniz », fut lancé pour la première fois par Ludwig Stein, l'un des philosophes modernes les plus au courant de la véritable portée de l'évolution nouvelle des sciences naturelles. Le retour à Leibniz sera salutaire pour la philosophie à un autre point de vue encore: il signifiera la rupture définitive avec la métaphysique de Kant, aussi bien sur le terrain scientifique que sur celui de la religion. Avec sa glorification de la raison comme critérium infaillible de la connaissance humaine et avec ses jugements synthétiques *a priori*, Kant a creusé un abîme entre la philosophie et la science d'une part, et la religion révélée d'autre part. Les systèmes philosophiques du XIXᵉ siècle, ainsi privés de leurs bases fondamentales, sont restés suspendus dans le vide. Aussi, au début du XXᵉ siècle, voit-on la pensée philosophique osciller au-dessus des ruines des anciens systèmes et chercher en vain un point d'arrêt: il n'est plus même question de *systèmes*, mais de *courants* philosophiques. On peut s'en rendre compte par les titres des deux principaux ouvrages philosophiques parus récemment : « Courants de l'esprit »

(*Geistige Strömungen*), de R. Euken, et « Courants philosophiques » (*Philosophische Strömungen*), de L. Stein.

Le retour à Leibniz permettra à la philosophie de retrouver
ses deux bases perdues et de reprendre la position prépondérante qui lui revient dans le développement spirituel de
l'humanité.

Les mathématiciens et les naturalistes n'ont jamais perdu
contact avec Leibniz ; les premiers, grâce au calcul différentiel créé par lui ; les physiologistes et les physiciens, grâce à
ses intuitions géniales dans les domaines de leurs recherches,
intuitions qui furent peu à peu brillamment confirmées par
voie expérimentale. Rappelons seulement les trois points
principaux qui rattachent les doctrines de Leibniz à la science
moderne. L'harmonie préétablie a de nouveau rendu aux
« entéléchies » d'Aristote la place d'honneur dans l'étude du
monde physique. La téléologie, ou plutôt la tendance vers la
finalité (*die Zielstrebigkeit*, de K. E. von Baer) a fait ses
preuves comme puissant levier de travaux féconds en biologie et surtout en physiologie. La découverte de la cellule
végétale et animale, comme élément autonome des organismes vivants, devait naturellement être rapprochée de la théorie des monades de Leibniz ; les découvertes de la bactério-
logie ont forcément rendu plus étroit ce rapprochement.
Enfin, *last not least*, l'énergétique moderne doit à Leibniz
le concept de l'énergie, qui bouleverse actuellement les bases
des sciences physiques et chimiques, et commence à envahir
le domaine principal de la biologie.

De toutes les sciences biologiques, la physiologie expérimentale est la plus exacte ; elle seule, jusqu'à présent, a pu
recourir avec profit à la haute analyse mathématique ; c'est
donc elle qui se prête le plus facilement à un travail parallèle avec la philosophie sur le terrain de la conception du
monde de Leibniz. Malgré la division des domaines de leur
travail, développée plus loin dans le chapitre III, ce travail
sera certainement fécond dans la poursuite du but principal,

celui de créer une philosophie naturelle. Je me sers de cette expression dans le sens que lui a donné Newton, dans ses « *Philosophiæ naturalis principia mathematica* », pour les sciences physiques, et dans le sens qui lui fut donné par K. E. von Baer pour la biologie. Nonobstant les vives polémiques entre Leibniz et Newton à propos de la priorité de la création du calcul différentiel, leurs conceptions mondiales coïncident parfaitement dans leurs lignes principales[1].

Dans la marche vers la création d'une philosophie naturelle, la prééminence doit appartenir à la physiologie de l'homme. Au cours de cet ouvrage, de nombreuses preuves sont données de son droit à cette prééminence. Les problèmes fondamentaux d'une conception du monde ne peuvent être résolus qu'à l'aide de la connaissance humaine, dont les premiers éléments nous sont fournis par les expériences de nos organes des sens.

« Si l'on pouvait faire dater une science du moment où l'homme expérimenta pour la première fois les phénomènes qui en constituent le domaine, la physiologie pourrait revendiquer hardiment le titre de la plus ancienne des sciences. A l'origine, ce ne furent pas les phénomènes environnants, tels que le lever et le coucher du soleil, la succession des jours et des nuits, la signification des astres, etc., qui excitèrent la curiosité de l'homme; il dut se demander en premier lieu quelle pouvait bien être la cause de ces sensations douloureuses que nous appelons la soif et la faim, et quels

1. Je ne résiste pas à la tentation de citer, de cet ouvrage capital de Newton, à titre de preuve de la puissance de l'intuition géniale, sa façon de concevoir l'espace infini. Newton le considère comme un véritable *sensorium*, par lequel Dieu perçoit les existences dans leur intime et profonde réalité. Il suffirait de remplacer, dans ces paroles de Newton, *Dieu* par l'*esprit*, pour reconnaître dans le système des canaux semi-circulaires le *sensorium* dont, il y a plus de trente ans, j'ai établi expérimentalement le rôle dans la perception des objets réels de l'espace infini. A ce propos, les Béotiens reprochaient à Newton son mysticisme, comme si le véritable savant naturaliste, qui cherche à pénétrer les mystères du monde réel, pourrait ne pas être mystique.

étaient les moyens de les calmer. Ainsi, la première question que l'homme se posa, le premier problème qu'il résolut, avaient un caractère nettement physiologique. C'est à ces mêmes questions que les physiologistes modernes cherchent à répondre aujourd'hui. »

Cette citation est empruntée à un discours académique [1] que j'ai prononcé en 1873, et où j'indiquais la marche et le développement des sciences. J'en ai trouvé récemment la pleine confirmation dans les admirables recherches du regretté Paul Tannery. Voici en quels termes l'éminent professeur Zeuthen résume les résultats de ces recherches : « Jusqu'à Platon, les penseurs hellènes ont été non pas des philosophes, dans le sens actuel de ce mot, mais des physiologues, comme on disait, c'est-à-dire des savants; malgré toutes les erreurs et les hypothèses inconsistantes par où commence le chemin de l'ignorance à la vérité, le noyau des systèmes des anciens physiologues n'a jamais été une idée métaphysique; c'est de leurs conceptions concrètes qu'ils ont pu s'élever à des abstractions encore insolites. Alors seulement ces conceptions ont pris un caractère métaphysique. » On voit jusqu'à quel point l'histoire des sciences justifie la prééminence de la physiologie dans le travail parallèle avec la philosophie. La fin à atteindre ne vise pas les conceptions de la métaphysique, mais les conceptions d'une philosophie naturelle.

Si la philosophie naturelle de Schelling, Ocken et Oerstedt a subi un échec si lamentable, c'est justement parce que, dès le début, les naturalistes et les philosophes qui se trouvaient à la tête du mouvement n'étaient au fond que des métaphy-

1. Ce discours, « Le Cœur et le Cerveau », paru en français dans la *Revue Scientifique* de la même année, reproduit presque intégralement par M. Henri de Parville dans le *Journal des Débats*, analysé par M. Papillon dans la *Revue des Deux-Mondes*, a obtenu un grand succès en France. Il produisit en Russie un effet tout opposé. L'esprit philosophique qui l'anime fut le point de départ des attaques violentes de la presse révolutionnaire, qui aboutirent, en 1874, à la première révolte des Écoles supérieures dans la rue.

siciens. Au lieu de délimiter tout d'abord les domaines de recherches et les méthodes qui conviennent le mieux à un travail productif, naturalistes et philosophes se sont laissé entraîner vers la spéculation métaphysique sans base et sans frein. L'œuvre commencée devait fatalement aboutir à la faillite et au discrédit de la philosophie naturelle.

Il faut remarquer à l'honneur de la physiologie exacte, créée par Jean Müller, qu'elle est restée complètement étrangère à ce mouvement. Plusieurs de ses disciples, comme Virchow, Helmholtz, du Bois-Reymond et bien d'autres, n'ont pas hésité à combattre l'invasion de la métaphysique biologique dans les sciences naturelles. La physiologie moderne fut ainsi préservée de toute compromission avec les exagérations fantaisistes de certains naturalistes, qui ont leur part de responsabilité dans l'anarchie intellectuelle des demi-savants et des dillettantes en métaphysique, anarchie qui a si puissamment contribué à l'abrutissement des masses. Si plusieurs de ces derniers, comme Büchner, Lange et autres, complètement étrangers à la physiologie, se permirent de parler en son nom, ce ne fut que par abus[1].

Deux causes ont empêché la philosophie naturaliste de renaître de ses cendres, malgré les efforts d'esprits très éminents, aussi bien en philosophie qu'en science, qui s'étaient attachés à cette résurrection : la participation de trop de métaphysiciens et l'abstention regrettable des véritables physiologistes. Il s'est produit ainsi, dès le début, une scission entre les chefs du mouvement de la philosophie naturelle par l'antagonisme de leurs conceptions des problèmes fondamentaux de la connaissance, qui en réalité ne peuvent être résolus que par la physiologie expérimentale des organes sensoriels. Ainsi, par exemple, le Kantien

[1]. Les deux ou trois physiologistes professionnels qui ont pris une part peu glorieuse, mais hélas ! avec succès, à cette œuvre destructrice, comme Setschenow et Paul Bert, n'étaient pas des physiologistes, au vrai sens du terme.

Th. Lipps est encore partisan de *l'apriorisme* et de *la chose en elle-même*; il ne reconnaît que les méthodes déductives comme valables dans les sciences naturelles, si celles-ci prétendent à l'exactitude et à l'idéalisme des recherches. Le célèbre physicien Wilhelm Ostwald n'admet comme source de notre connaissance que les résultats des recherches obtenus par les voies inductives; encore n'accorde-t-il à ces résultats qu'une valeur relative. Il est difficile de déterminer qui, dans cet antagonisme de principes, est plus métaphysicien, le philosophe idéaliste, ou le savant naturaliste.

En réalité, l'expérience scientifique, même dans la physiologie expérimentale, a maintes fois démontré qu'il n'existe pas d'antagonisme inconciliable entre les deux méthodes, inductive et déductive; l'une et l'autre peuvent aboutir à des résultats également valables. Dans toutes les recherches qui admettent un contrôle expérimental, les deux méthodes peuvent se compléter et augmenter la valeur des propositions obtenues, jusqu'à la certitude. « Les conclusions tirées par la méthode inductive d'expériences d'une précision incontestable, écrivais-je dernièrement [1], donnent au savant naturaliste la garantie de la valeur de ses hypothèses ou théories; mais cette valeur s'accroît considérablement quand les bases de ces théories sont confirmées à nouveau à l'aide de déductions par voie mathématique ou de l'expérimentation secondaire. » C'est justement parce que trois déductions de ma théorie du sens de l'espace, construite par voie expérimentale à l'aide de la méthode inductive, furent ensuite pleinement confirmées [2], et par mes recherches personnelles et par celles d'autres expérimentateurs, que je me crois autorisé à attribuer aux bases de ma théorie la certitude complète.

1. Voir *das Ohrlabyrinth*, chapitre IV, § I, p. 167.
2. *Première déduction:* Les sourds-muets de naissance ne peuvent connaître le vertige visuel, ni pendant la rotation de leur corps autour de l'axe vertical (par exemple dans la valse), ni pendant le mal de mer : confirmée

La différenciation des fonctions de l'âme, développée dans
le troisième chapitre, démontrera, je l'espère, même aux
philosophes idéalistes qui voudront se donner la peine d'étudier à fond les bases de ma théorie de l'espace et du temps,
que dorénavant ils n'auront plus besoin de s'attacher à
l'apriorisme et à *la chose en elle-même*, définitivement écar-
tés : ils pourront reconnaître la *réalité de choses existantes*,
sans compromettre le moins du monde l'idéalité de l'esprit.
« Le concept d'une chose existante implique la certitude que,
dans les circonstances appropriées de l'observation, je saurai
toujours recevoir les mêmes impressions sensibles », disait
avec raison Helmholtz. Cette certitude est encore plus grande
quand il ne s'agit pas d'une simple observation, mais de faits
expérimentaux. Quand le savant parvient à dominer à tel
point les phénomènes de la nature, qu'à l'aide de lois déjà
reconnues il peut avec certitude prédire les résultats de
nouvelles expériences, il est autorisé à considérer sa tâche
de recherches comme « définitivement terminée ».

Le naturaliste a dès lors le droit de regarder comme sans
portée les controverses avec les philosophes et les mathématiciens, dont les hypothèses et les objections éventuelles
contre les acquisitions de la science ne reposent que sur des
doctrines traditionnelles d'anciens méthaphysiciens, doctrines
depuis longtemps réfutées.

par les expériences de William James, Strehl, et beaucoup d'autres.
Seconde déduction : Si les animaux possédant trois paires de canaux
semi-circulaires se déplacent librement dans les trois directions cardinales de
l'espace, les animaux avec deux paires de canaux ne devraient pouvoir se
déplacer que dans deux directions : démontrée sur les lamproies par moi et
sur certaines souris dansantes par le professeur Ravitz, moi et d'autres.
Les animaux avec une seule paire de canaux ne se meuvent que dans
une seule direction : démontrée par M. Ravitz et moi sur des souris dansantes qui ne possédaient qu'une paire de canaux intacte, et observée par
M. Edinger sur les myxines.
Troisième déduction : Chez les invertébrés, qui ne possèdent pas de canaux semi-circulaires, les otocystes remplacent ces canaux pour l'orientation dans l'espace : confirmée expérimentalement par M. Yves Delage, par
Victor Hensen et autres.

Le XIXᵉ siècle fut l'époque du crépuscule de la métaphysique et de l'aurore des sciences expérimentales. A moins
que la civilisation chrétienne ne s'écroule sous les coups des
barbares de l'intérieur et de l'extérieur, le XXᵒ siècle assis-
tera à la renaissance d'une philosophie naturelle, strictement
scientifique. Les esprits transcendants, qui ne se contentent
pas de l'étude du monde accessible à nos sens, mais qui veulent à tout prix approfondir les mystères de l'univers entier et
même de plusieurs univers, purement imaginaires, n'ont
qu'à se tourner vers la métaphysique religieuse, la seule
encore admissible, basée sur la révélation et dont la fécondité
a été démontrée par l'expérience de milliers d'années.

PREMIÈRE PARTIE

TEMPS ET ESPACE

———

CHAPITRE PREMIER

LE SENS GÉOMÉTRIQUE ET LES BASES PHYSIOLOGIQUES DE LA GÉOMÉTRIE D'EUCLIDE

§ I. — HISTORIQUE.

Platon assigne aux mathémathiques une place intermédiaire entre la connaissance philosophique et la connaissance sensible : et c'est avec raison. Le philosophe procède par postulats, le mathématicien par déductions; quant au naturaliste, il décide, à l'aide de la connaissance sensible, si les postulats, et lesquels d'entre eux et d'entre les propositions qui en sont déduites, reposent sur la vérité réelle. Depuis que la puissance de nos organes sensoriels a été considérablement augmentée par l'invention du télescope, du microscope et d'appareils de précision pour l'évaluation des mesures et poids, et depuis que les naturalistes, de plus en plus pénétrés de la pensée mathématique, ont appris à se servir de l'analyse supérieure pour tirer de leurs conquêtes expérimentales les conséquences les plus éloignées, ils ont enrichi la science de résultats d'une haute portée pour la solution des problèmes du monde physique qui ont de tout temps préoccupé l'esprit humain.

En 1878, à la fin du premier exposé détaillé de diverses séries d'expériences poursuivies pendant plusieurs années sur le labyrinthe de l'oreille, j'écrivais : « Les canaux semi-circulaires constituent les organes périphériques du sens de l'espace; autrement dit, les sensations d'orientation, provoquées par l'excitation des fibres nerveuses qui se ramifient dans leurs ampoules, nous servent à construire notre concept des trois dimensions de l'espace. Les sensations de chaque partie de ces canaux correspondent à l'une des trois directions cardinales... Nous comprenons à présent pourquoi c'est précisément un espace à trois dimensions qui sert de base à la géométrie d'Euclide. Les axiomes géométriques nous apparaissent ainsi comme imposés par les limites mêmes de nos organes sensoriels[1]. » Ce fut là le résultat de mes recherches d'alors qui portait le plus loin; car il permettait de résoudre l'un des problèmes les plus difficiles de la psycho-physiologie et de la philosophie. La démonstration faite que l'appareil des canaux semi-circulaires sert à l'orientation dans l'espace, ainsi que l'explication apportée par mes recherches aux phénomènes si mystérieux de Flourens, présentait un intérêt exclusivement physiologique.

La conclusion que je viens de citer m'imposait le devoir d'étudier plus à fond, à l'aide des résultats acquis, les bases naturelles et les axiomes de la géométrie euclidienne. Cependant, le développement extraordinaire de la géométrie non euclidienne, sans avoir réellement transformé le problème de l'espace, l'a pourtant considérablement compliqué. La part prise par Helmholtz à la création de la géométrie imaginaire et la grande autorité avec laquelle il s'est prononcé, dans son

---

1. *Recherches sur les fonctions des canaux semi-circulaires.* Thèse, Paris

fameux discours de Heidelberg, en faveur des espaces à
n dimensions, ont dû nécessairement rendre plus difficile la
marche de nouvelles recherches dans ce domaine. En réalité,
Helmholtz a entièrement abandonné aux mathématiciens
le problème de l'espace, considéré jusqu'ici comme psycho-
physiologique. Heureusement, les preuves analytiques de la
possibilité d'espaces d'un nombre *n* de variétés n'ont pas
porté la moindre atteinte aux résultats purement physiologiques de mes recherches, ni aux conclusions que j'en ai tirées
concernant la géométrie euclidienne. Helmholtz lui-même a
été obligé d'accorder que nous n'étions ni capables de nous
faire une *représentation* des nouveaux espaces, ni en état
d'expliquer, à l'aide de ces nouveaux points de vue,
l'origine de notre conception forcée de l'espace extérieur
comme d'une variété à trois dimensions. Je ne me crus pourtant pas autorisé à me servir de mes expériences pour établir les bases naturelles des axiomes et des définitions de la
vieille géométrie, sans tenir suffisamment compte de la géométrie transcendante.

C'est seulement vers la fin du siècle dernier que j'ai trouvé
les loisirs nécessaires pour me familiariser avec la géométrie
non euclidienne, au point de pouvoir entreprendre la solution du problème posé en 1878. La première édition des
Bases physiologiques de la géométrie euclidienne n'a pu être
publiée qu'en 1901. Cette étude a nécessairement attiré l'attention des philosophes et surtout des mathématiciens sur
la grande portée des fonctions du labyrinthe de l'oreille. A
cette occasion, plusieurs mathématiciens, tels que MM. Poincaré, Couturat et autres, ont publié des observations critiques sur ma théorie.

Ces publications, ainsi que la correspondance que j'ai
échangée avec divers mathématiciens connus, m'ont permis de constater que ni mon exposé historique de la géométrie nouvelle, ni la façon dont j'ai précisé ses vrais rapports
avec les bases physiologiques de la géométrie euclidienne

ne pouvaient donner lieu à des objections sérieuses. Celles qui ont été formulées d'une façon générale par quelques critiques étaient d'ordre exclusivement métaphysique. A proprement parler, elles se réduisent toutes à cette affirmation que le problème de l'espace ne saurait, en thèse générale, être résolu par les naturalistes et n'appartient pas au domaine de la recherche scientifique expérimentale. Dans la *Revue philosophique* (janvier 1902), j'ai déjà fait justice de cette dernière objection, élevée principalement par M. Couturat. Comme la plupart des méta-mathématiciens français, M. Couturat s'était placé au point de vue de la théorie *a priori* de Kant. En Kantien convaincu, il ne s'est pas donné la peine d'étudier sérieusement et de comprendre les bases expérimentales de mes recherches et leurs résultats. Ses objections passaient donc à côté de ma théorie. Après avoir éclairci ce point, j'ai conclu : « Certes, le méta-mathématicien a, dans de pareilles discussions, une très grande supériorité sur le métaphysicien, — mais cela seulement quand tous les deux partent d'un principe vrai. Dans le cas contraire, l'avantage se trouve plutôt du côté du philosophe pur. Le premier, grâce à la précision rigoureuse de ses déductions, doit, en partant de prémisses fausses, aboutir forcément à des conclusions absurdes, tandis que le métaphysicien, dans le même cas, peut encore arriver à une conclusion juste, si par hasard son raisonnement déraille sur la voie vraie. »

M. Couturat a d'ailleurs changé d'avis. Dans un ouvrage récent, *Les Principes des Mathématiques*, il cite les paroles de B. Russel : « La mathématique est une science où l'on ne sait jamais de quoi on parle ni si ce qu'on dit est vrai (p. 4). » Il juge donc la méta-mathématique encore plus sévèrement que moi. Dans un appendice à ce même ouvrage, intitulé *Philosophie des Mathématiques de Kant*, il apparaît non plus comme Kantien, mais comme partisan de Leibniz.

Je dois constater avec regret que M. Poincaré, lui aussi, s'est étrangement mépris sur mes recherches et le sens de ma théorie. « Les trois paires de canaux, écrit-il, auraient pour unique fonction de nous avertir que l'espace a trois dimensions. Les souris japonaises n'ont que deux paires de canaux ; elles croient, paraît-il, que l'espace n'a que deux dimensions, et elles manifestent cette opinion de la façon la plus étrange... » (*La Valeur de la Science*, p. 134). « Il est évident, écrit-il plus loin, qu'une semblable théorie n'est pas admissible. *On ne comprend pas pourquoi le créateur nous aurait donné des organes destinés à nous crier sans cesse : souviens-toi que l'espace a trois dimensions*[1]. » Ces paroles de M. Poincaré indiquaient clairement que les premiers éléments de ma théorie sur le fonctionnement des canaux semi-circulaires lui étaient inconnus. Aussi, dans mon ouvrage, consacré entièrement à l'exposé de mes expériences sur le labyrinthe, me suis-je abstenu de commenter ces citations, laissant aux lecteurs le soin de juger eux-mêmes à quel point les objections portaient à faux. J'ai tenu, pourtant, à aviser M. Poincaré de ce malentendu et je le priai de bien vouloir m'expliquer sur quoi il basait son étrange conception de ma théorie. L'échange des lettres qui s'en est suivi n'a fait que souligner ces erreurs d'interprétation. Ainsi, il a échappé complètement à M. Poincaré qu'il s'agit chez moi de trois *sensations de direction*, provoquées par *les ondes sonores*, et nullement de notions *innées* d'un espace à deux ou à trois dimensions. De là, cette illusion singulière que, selon moi, les souris japonaises seraient forcées de s'orienter dans deux directions, parce qu'elles ne possédaient que la *notion* de deux dimensions !

L'exposé de ma théorie, donné dans le paragraphe suivant, mettra les choses au point. Je n'ai jamais attribué de notions ou de concepts d'un espace à trois ou à deux dimensions aux animaux, même possédant un labyrinthe aussi parfait que celui de l'homme. Les animaux ne reçoivent que les sensations d'une, deux ou trois directions du son, qui les

---

1. Les italiques sont de moi.

forcent à se mouvoir dans une de ces directions et leur permettent d'orienter leur corps dans l'espace extérieur.

Je me permettrai de répéter ici aux méta-mathématiciens français ce que je disais, il y a cinq ou six ans, à M. Couturat : « Les méta-mathématiciens qui voudront bien étudier sérieusement les bases sur lesquelles a été édifiée ma solution du problème de l'espace, y trouveront, avec des points de départ solides, des déductions fertiles en conclusions d'une grande portée pour la géométrie. » Je comprends très bien que la démonstration de l'origine sensorielle de nos concepts d'un espace à trois dimensions porte un coup irréparable aux adeptes de la géométrie non euclidienne, à 4 ou à n dimensions. Mais la physiologie ne saurait renoncer aux faits incontestables, dont l'exactitude a été démontrée par plus d'un siècle de recherches expérimentales, et cela uniquement pour le plaisir de reconnaître l'équivalence d'une géométrie purement imaginaire avec l'indestructible géométrie euclidienne. J'aurai donc le regret de revenir encore sur certains jugements, d'ordre purement métaphysique, que, dans ses ouvrages de vulgarisation, M. Poincaré ne craint pas d'opposer souvent aux théories, aux hypothèses, et même aux données les plus positives de la physiologie et d'autres sciences exactes.

§ 2. — LE SENS DE L'ESPACE ET LES SENSATIONS DE DIRECTION. LES SOI-DISANT SENSATIONS D'INNERVATION. LES POSITIONS DES YEUX ET LEUR DÉPENDANCE DES CANAUX SEMI-CIRCULAIRES.

Les trois propositions les plus importantes de ma théorie sur les fonctions du labyrinthe de l'oreille, telles qu'elles ont été définitivement établies à la suite de mes recherches poursuivies pendant près de quarante ans, sont les suivantes :

1° *Les sensations produites par l'excitation des canaux semi-circulaires sont des sensations de direction. Elles ne parviennent*

à la conscience que lorsqu'on concentre l'attention sur elles. C'est
sur la base des perceptions des trois directions cardinales
que se forme notre représentation de l'espace à trois
dimensions. Nous obtenons ainsi directement l'intuition d'un
système de trois coordonnées perpendiculaires les unes aux
autres, système sur lequel nous projetons les sensations qui
nous parviennent du monde extérieur par l'intermédiaire de
nos autres organes sensoriels. L'image rétinienne négative se
transforme en même temps en une image positive. Notre
conscience correspond au point O de ce système de coordonnées rectangulaire. Les animaux qui n'ont que deux paires
de canaux (par exemple le pétromyzon fluviatilis) ne reçoivent
que des sensations de deux directions et ne peuvent par conséquent s'orienter que dans ces deux directions (chap. IV, § I) [1].
Les animaux n'ayant qu'une paire de canaux (certaines
souris dansantes japonaises et les myxines) n'ont que des
sensations d'une seule direction et ne peuvent s'orienter
que dans celle-ci (chap. IV, §§ 2-5).

2° L'orientation proprement dite dans les trois plans de
l'espace, c'est-à-dire le choix des directions dans lesquelles
doivent s'accomplir les mouvements, ainsi que la coordi-
nation des centres nerveux nécessaires pour s'engager et se
maintenir dans ces directions, reposent presque exclusivement
sur le fonctionnement des canaux semi-circulaires. Chez les
invertébrés, le fonctionnement seul des otocystes suffit pour
l'orientation du corps dans l'espace environnant (Yves Delage, Victor Hensen).

3° La régulation et la gradation requises des innervations,
selon les besoins de l'orientation, leur intensité, leur durée
et leur succession, aussi bien dans les centres nerveux qui
assurent l'équilibre que dans ceux qui président à d'autres
mouvements rationnels, sont assurées principalement par
l'intermédiaire du labyrinthe de l'oreille. A défaut du laby-

---

1. Ces citations se rapportent à mon ouvrage *Das Ohrlabyrinth*, etc.

rinthe, cette régulation peut être assurée, quoique d'une façon moins parfaite, par les autres organes des sens (l'œil, les organes du tact, etc.).

Ces trois propositions ne font que reproduire les résultats concrets des nombreuses expériences et observations. Leur utilisation pour déterminer l'origine de nos représentations de l'espace sera expliquée plus bas, après que nous aurons précisé davantage les problèmes à résoudre en exposant l'attitude actuelle des philosophes et des mathématiciens par rapport au problème de l'espace. Ici je n'examinerai de plus près que la première de ces trois propositions, celle qui concerne les sensations de direction, auxquelles revient le principal rôle dans le problème de l'espace.

De même que pour les sensations de tous nos organes sensoriels extérieurs, nous projetons au dehors les causes des sensations qui nous viennent des nerfs ampullaires. Nous reconnaissons, grâce aux sensations de direction du son, les trois directions de l'espace et les trois étendues des corps solides : la profondeur, la hauteur et la largeur. Lorsque nous décomposons en deux chaque sensation de direction, par exemple la direction verticale en *haut* et en *bas*, nous ne faisons que rapporter ainsi à notre *moi* conscient la désignation de la direction correspondante de l'espace extérieur. Notre conscience correspond, dans ce cas, au point O du système de coordonnées rectangulaire. C'est en ce point O *que les directions fondamentales, haut-bas, avant-arrière, droite-gauche changent de signe.* J'ai désigné le haut, le droit et l'avant comme les directions verticale, transversale et sagittale *positives;* le bas, le gauche et l'arrière comme les *négatives.* Lorsqu'on parle des *sens* d'une direction, on a seulement en vue le *signe* d'une des trois sensations spécifiques de direction.

Une des lois les plus importantes, déduite de mes nombreuses recherches sur les erreurs de perception des sensations de direction, veut que toutes les erreurs de ce genre portent seulement sur le *sens* de la direction, c'est-à-dire sur le signe en question. Ainsi par exemple, lorsque nous voyageons en chemin de fer, nous nous trompons uniquement sur ce point : sommes-nous emportés en avant ou en arrière? Mais nous ne confondons jamais la direction sagittale avec la direction transversale. Dans une ascension en ballon, nous pouvons confondre la sensation de l'ascension avec celle de la descente, mais jamais avec celle du mouvement latéral. De même, lorsque nous plongeons dans l'eau en fermant les yeux et en nous bouchant les oreilles, ce qui produit la confusion la plus complète entre les sensations de direction, nous ne nous trompons que sur le *sens* des directions[1].

L'origine de nos sensations de direction a été attribuée jusqu'ici au sens de la vue ou aux soi-disant sensations de mouvement. Nous reviendrons plus bas sur le rôle du sens de la vue. Occupons-nous d'abord des sensations de mouvement, auxquelles les non physiologistes surtout attachent une si grande importance. En fait d'actions régulières des nerfs musculaires centripètes, le physiologiste ne connaît, à proprement parler, que les modifications réflexes qui surviennent dans les battements du cœur et dans la pression sanguine, par l'intermédiaire des nerfs du cœur et des nerfs vasculaires. Ces actions sont surtout destinées à régler la masse sanguine, dont la substance musculaire a besoin

---

1. Même les enfants du plus bas âge se rendent compte des directions et ne se trompent que sur leur sens. Ils savent très bien distinguer le côté gauche du côté droit, et ne se trompent le plus souvent que lorsqu'il s'agit de désigner l'un ou l'autre sens. Les enfants intelligents choisissent souvent un point de repère quelconque à droite pour reconnaître le côté droit ; pour d'autres, on fait des marques artificielles, en leur nouant, par exemple, autour du bras droit un ruban de couleur. Mon fils fut traité, à l'âge de sept mois, par l'auriste Lœwenberg, pour une obstruction d'oreille ; deux ans après, on consulta de nouveau pour son oreille le même docteur. « Je me rappelle avoir déjà soigné son oreille droite », dit-il. Et le petit de le reprendre aussitôt : « Pas la droite, l'autre ; » et il montrait l'oreille gauche. Et en effet, c'est son oreille gauche qui fut obstruée lorsqu'il avait sept mois.

aux différentes phases de son activité et de son repos. De temps à autre, nous recevons de nos muscles une sensation de fatigue, de raideur ou de contracture, surtout après leur surmenage et lorsque de grands obstacles s'opposent à leurs contractions. Quant à la douleur musculaire, en tant que phénomène pathologique, nous n'avons pas à en tenir compte ici.

Il est maintenant établi que toutes les excitations des nerfs musculaires centripètes, qui se produisent au cours des contractions musculaires, parviennent par les racines postérieures aux centres cérébraux et médullaires pour s'y accumuler, en tant que forces d'excitation, et contribuer à maintenir le tonus musculaire (voir plus bas, chap. III, § 2).

Quant à des sensations de mouvement ou de contraction musculaire, qu'on désigne habituellement sous le nom de sensations musculaires, il est bien établi que nous n'en recevons aucune. Aussi les physiologistes compétents n'essaient-ils plus d'invoquer ces sensations problématiques pour expliquer les images rétiniennes, donnant des perceptions d'espace. Les hypothèses que des philosophes empiriques, tels que Bain, par exemple, ont édifiées à l'aide de ces sensations de mouvement, ne peuvent être prises au sérieux par le physiologiste, ne serait-ce que pour cette raison que les phénomènes de vision, provoqués à l'aide d'étincelles électriques, prouvent que des perceptions d'espace peuvent avoir lieu lors même que les yeux restent immobiles. Déjà E. H. Weber avait réfuté la théorie de Bain, en citant ce fait, que nous percevons l'étendue et la figure en dehors de tout mouvement proprement dit, ayant la main au repos complet, si toutefois nous nous sommes préalablement rendu compte de la position relative des différents nerfs du toucher, ce que l'on peut faire facilement en promenant l'objet choisi sur la main. « *Originairement*, écrivait Weber, *nous ne savons rien non plus des mouvements de nos membres, que nous provoquons par un effort de notre volonté.* Ce n'est pas grâce à un

pouvoir de sensation inhérent à nos muscles que nous percevons les mouvements de ces derniers; nous n'avons connaissance de ces mouvements qu'à la condition qu'ils puissent
être perçus par d'autres sens. Lorsqu'un muscle accomplit
des mouvements, sans produire de modifications susceptibles d'être constatées par la vue, par l'ouïe, ou par le toucher, nous n'avons nullement conscience de ses mouvements,
comme il a été dit plus haut, grâce à un pouvoir de sensation qui lui serait propre. On en a une preuve très nette dans
les mouvements du diaphragme. Nous sentons les tensions
de la peau de l'abdomen; mais, ni dans le diaphragme même,
ni dans les organes comprimés, nous ne sentons la pression
que ses contractions exercent sur le foie et sur les organes
voisins. » (*Sur le sens de l'espace*) [1].

Comment la sensation isolée d'un muscle en contraction
pourrait-elle d'ailleurs produire la perception d'une direction,
et à plus forte raison celle d'une étendue? Ceci n'est pas
moins impossible qu'une perception de rouge résultant de la
sensation d'amertume. Un empirique convaincu comme
Wundt s'est vu obligé de renoncer à la possibilité d'utiliser
les sensations musculaires de l'œil à titre de signes locaux.
Cette question est discutée plus au long dans mon ouvrage
(*das Ohrlabyrinth*), où il est prouvé, entre autres, que la
connaissance de la direction doit précéder le mouvement et
que, par conséquent, ce dernier ne peut fournir aucun
renseignement préalable sur la direction.

Pour conserver aux contractions musculaires le rôle désiré,
on eut alors recours aux soi-disant *sensations d'innervation*.
Ce ne serait pas la contraction elle-même, mais l'innervation
des muscles qui parviendrait à notre conscience. Si séduisante
que puisse paraître cette hypothèse, elle ne résiste pas à un
examen quelque peu attentif. En ce qui concerne d'abord les
innervations des muscles de la tête, du tronc, et des extrémi-

tés, les sensations d'innervation dont il s'agit, *à supposer
même qu'elles existent*, ne peuvent nous être d'aucune utilité
pour la détermination des directions, et cela pour la raison
suivante : lors de chaque mouvement, même le plus simple,
il se produit des contractions non seulement des muscles
appelés à réaliser directement le mouvement désiré, mais
encore d'un grand nombre d'autres muscles, dont les uns,
antagonistes des premiers, sont chargés de veiller à ce que le
mouvement ne dépasse pas le but, tandis que d'autres, qui
sont des muscles auxiliaires, sont destinés à fixer les extrémités ou le tronc, etc. *Deux mouvements poursuivant des buts
différents et orientés dans des directions différentes peuvent être
produits par l'innervation des mêmes muscles.* Dans ces conditions, comment supposer que des sensations d'innervation
quelconques puissent nous renseigner sur le but et sur la direction d'un mouvement? En ce qui concerne les muscles de
l'œil, nous nous heurtons à la même difficulté d'utiliser les
sensations d'innervation pour distinguer les directions; c'est
que, dans les changements de position des yeux, les muscles
antagonistes jouent également un rôle indispensable, soit en
facilitant, soit en empêchant leurs mouvements.

Dans son discours de 1879, Helmholtz lui-même ne manifeste plus grande confiance à l'égard des sensations d'innervation.« L'impulsion de mouvement qui résulte de l'innervation de nos nerfs moteurs est *quelque chose d'immédiatement perceptible.* Nous sentons que nous faisons quelque chose lorsque
nous communiquons une pareille impulsion. *Mais nous ne savons pas d'une façon immédiate ce que nous faisons. C'est seulement
la physiologie qui nous apprend* que nous mettons les nerfs
moteurs dans un état d'excitation ou que nous les *innervons*,
que leur excitation se propage dans les muscles, ce qui produit la contraction de ceux-ci et le mouvement des membres. »
Les passages que nous avons soulignés laissent facilement
reconnaître les contradictions et l'incertitude des arguments.
Ce que nous« ne savons pas d'une façon immédiate » ne peut

être « immédiatement perceptible », et, quoique la physiologie nous apprenne que des *innervations* se produisent, celles-ci ne parviennent quand même pas à être perçues par nous[1].

Mais il y a plus : un fait incontestable, reconnu aujourd'hui par tous les physiologistes, c'est que les canaux semi-circulaires servent à régler et à mesurer la durée et l'intensité des innervations, aussi bien dans les mouvements volontaires que dans les mouvements réflexes (*Ohrlabyrinth*, ch. III, § 7-8). En d'autres termes : ils gouvernent complètement les inner-vations. Comment les soi-disant sensations d'innervation pourraient-elles servir de leur côté à la perception des sensa-tions de direction et d'espace? Un seul et même phénomène ne peut être à la fois effet et cause de cet effet !

E. Hering est le premier physiologiste qui ait cherché à éviter la supposition d'un mécanisme aussi invraisemblable, et cela en attribuant aux terminaisons nerveuses de la rétine la propriété de percevoir *directement* la largeur, la hauteur et la profondeur. Hering a posé ainsi le problème de l'espace sur le seul terrain admissible par le naturaliste : *sans l'existence d'appareils sensoriels spéciaux servant à reconnaître les trois directions de l'espace, aucune solution satisfaisante du pro-blème de l'espace n'est en effet possible.*

Les différentes objections formulées par les partisans du point de vue *empirique* et du point de vue *nativiste* contre les hypothèses de Hering et de Helmholtz sont connues et n'ont pas besoin d'être discutées ici. Ces objections étaient assez sérieuses pour qu'il ne fût pas possible de se pronon-cer entre les deux hypothèses. Celle de Hering présentait l'avantage d'une simplicité plus grande. Elle ne semblait pas avoir besoin d'hypothèses auxiliaires ultérieures, de nature purement spéculative et, tout en bornant ses expériences à l'espace visuel, elle n'en pouvait pas moins les utiliser beau-coup plus aisément pour la détermination de l'espace réel.

1. Dans la dernière édition de ce discours : *Die Thatsachen in der Wahr-nehmungen*, Helmholtz renonce explicitement à son opinion première.

Malgré sa vraisemblance plus grande, elle trouva peu de partisans, à cause du manque de preuves directes. Dans son étude, *Zur Theorie der räumlichen Gesichtswahrnehmungen*, Wundt soumit à une critique serrée les théories de Hering et de Helmholtz et chercha à démontrer leur insuffisance au point de vue purement psychologique. Pour pouvoir expliquer les perceptions d'espace de la rétine, l'une et l'autre de ces hypothèses sont obligées d'avoir recours à des hypothèses auxiliaires, purement philosophiques, qui, ou bien sont tout à fait invraisemblables en soi (dans le cas de Hering), ou s'appuient sur des concepts purement *a priori* (tel est le cas de Helmholtz qui attribue au principe de causalité une origine *a priori*). Autant alors conserver la théorie *a priori* pure et simple. C'est donc encore avec raison que Wundt n'admet pas le rôle des sensations d'innervation.

Malheureusement, l'hypothèse empirique de Wundt, qui repose sur des signes locaux complexes, ne se trouve pas dans une meilleure posture. Pour s'en convaincre, il suffit d'examiner de plus près les objections que Wundt formule contre sa propre théorie. Pour échapper à l'alternative des deux théories adverses, c'est-à-dire de celle qui considère les perceptions visuelles de l'espace comme innées et de celle qui les fait dériver de l'expérience, Wundt recourt à une troisième possibilité, notamment à celle « d'un développement de nos perceptions qui précéderait l'expérience proprement dite ». Il qualifie sa théorie de *génétique*, ou plus justement de « théorie des signes locaux complexes ». Les avantages que présenterait cette hypothèse sur les hypothèses empiriques antérieures sont plus que problématiques, parce que Wundt, lui non plus, n'a pu introduire de nouveaux éléments quelconques, *soit dans les perceptions, soit dans l'expérience*. Il oppose lui-même à son hypothèse la plus grave des objections qui aient ruiné les hypothèses empiriques antérieures : « Y a-t-il un moyen de rendre intelligible le fait qu'une combinaison de divers éléments de sensation donne naissance à une représentation qui ne se trouve dans aucun de ces éléments, tant qu'il reste isolé ? » Wundt n'a pas réussi à réfuter cette objection.

« Il ne s'agit pas d'ailleurs, continue-t-il, *de faire dériver l'espace de rien*, mais uniquement de savoir si l'action combinée de sensations intérieures de tact, fournies par l'œil, et de signes locaux de la rétine renferme les causes d'un ordre extensif, causes qui n'apparaissent dans aucun de ces éléments pris à part. » Dans les précédents chapitres de son étude, Wundt lui-même a prouvé jusqu'à l'évidence que c'était impossible, lorsqu'il opposait la même objection à la théorie de Helmholtz et, en général, à toutes les théories empiriques. Lotze, dans son dernier ouvrage[1] dont nous avons cité ailleurs de nombreux passages (voir *Ohrlabyrinth*), avait déjà, d'une façon beaucoup plus nette et à peu près irréfutable, formulé la même critique sur les théories empiriques, et Wundt reconnaît lui-même l'importance décisive de l'ouvrage de Lotze. Le seul reproche qu'il adresse à cet écrit publié en français, celui d'être rempli de fautes d'impression, ne peut être pris au sérieux et n'est d'ailleurs pas justifié.

Seule la perception des trois directions à l'aide des sensations spécifiques fournies par les nerfs ampullaires, perception dont l'existence a été prouvée par de longues recherches expérimentales, peut fournir aux théories empiriques de la vision binoculaire la source du concept de trois étendues, qui leur manque. Si, à l'époque où il écrivait l'étude dont nous venons de parler, Wundt avait été plus au courant de mes recherches, il lui aurait suffi, pour pouvoir développer sa théorie sur une base inébranlable, d'y introduire la perception des trois directions à l'aide d'un organe sensoriel spécial, le labyrinthe de l'oreille.

Ni l'hypothèse de Hering, ni celles de Helmholtz et de Wundt ne peuvent rien contre ce fait bien établi que *les aveugles-nés*

---

1. Sur la formation de la notion de l'espace. *Revue Philosophique*, 1877, n° 10.

possèdent des représentations exactes de direction et d'espace. C'est ainsi que l'aveugle-né Saunderson a pu écrire une géo- métrie, étudier l'optique et les mathématiques pures. L'exemple d'Euler qui, devenu aveugle, établissait les lois de la dioptrique et enseignait le polissage des objectifs est aussi pro- bant. C'est à peine si l'on peut prendre au sérieux la supposi- tion que les sensations fournies par les organes du tact rem- placeraient chez les aveugles-nés celles de l'organe de la vue. L'œil nous renseigne sur la position et les mouvements des objets extérieurs dans le grand espace visuel; tandis que les organes du tact ne nous renseignent que sur les objets avec lesquels nous nous trouvons en contact *immédiat* dans l'étroit espace tactile. Ce que E. H. Weber désignait sous le nom de *sens spatial de la peau* n'était le plus souvent que le *sens du lieu (Ortssinn)*.

Comme l'a montré Donders, les aveugles-nés accomplissent des mouvements oculaires tout à fait réguliers. Ceci est déjà de nature à nous faire supposer que ces mouvements n'ont pas besoin, pour se produire, de nos sensations visuelles. A quel point les concepts de direction devraient-ils être confus chez l'aveugle-né, si les sensations de direction étaient liées aux « innervations » de ses muscles oculaires ! L'origine de ces concepts doit donc nécessairement être cherchée ailleurs que dans les organes de la vue et du tact : ce point était déjà acquis avant mes recherches sur le labyrinthe de l'oreille (voir aussi le cas d'un aveugle-né, raconté par Delbœuf, dans *Ohrlabyrinth*, ch. III, § 2).

Pour beaucoup de raisons d'ailleurs, l'œil est moins apte que le labyrinthe à servir d'organe aux sensations de direc- tion et d'espace.

1° La structure anatomique et la position de l'appareil des canaux semi-circulaires, ainsi que la distribution des termi- naisons nerveuses dans les ampoules et les otocystes selon trois plans perpendiculaires les uns aux autres, sont tout particulièrement appropriées, comme nous l'avons déjà montré à plusieurs reprises, pour remplir le rôle d'organe du sens de l'espace.

2° Le nerf dit auditif se compose de deux branches nerveuses, entièrement distinctes quant à leur origine, à leur structure et à leurs ramifications centrales: le nerf vestibulaire, auquel j'ai donné le nom de nerf de l'espace, et le nerf cochléaire, qui est le nerf auditif proprement dit. Même au point de vue de l'embryologie comparée, il existe entre ces deux nerfs une différence frappante. Tandis que, chez les animaux inférieurs, c'est le labyrinthe de l'oreille qui apparaît généralement le premier, il en serait autrement de l'homme chez lequel, d'après Flechsig, les ramifications centrales du nerf purement auditif n'apparaîtraient que plus tard, et même après la naissance.

Comme l'ont montré les recherches faites par Eichler dans le laboratoire de Ludwig, et restées malheureusement inachevées, la circulation sanguine ne s'accomplit pas de la même façon dans les canaux semi-circulaires et dans le limaçon. A ces différences sont probablement liées les oscillations pulsatoires de l'endolymphe et de la périlymphe, que j'ai décrites pour la première fois en 1878. Le labyrinthe de l'oreille possède donc deux organes sensoriels indépendants et morphologiquement distincts, dont l'un est destiné à recevoir les sensations de la hauteur des sons, et l'autre les sensations de direction des sons dans l'espace.

3° L'aptitude de la rétine à recevoir des sensations du monde extérieur est bornée, en ce qui concerne l'espace, au champ visuel situé devant elle, tandis que l'organe de l'ouïe est capable, *grâce à la conductibilité osseuse* du crâne, de recevoir, *simultanément* et *sans changement de position*, des excitations venant de toutes les directions de l'espace. Pour que les objets extérieurs situés dans des directions différentes puissent impressionner les points sensibles de la rétine, il est, au contraire, indispensable que les positions des yeux, et éventuellement celles de la tête et du corps entier subissent des changements. Sous ce rapport, l'avantage de l'espace auditif sur l'espace visuel est tout à fait frappant.

4° Enfin, le mode de fonctionnement de l'organe visuel, comme d'ailleurs de la plupart des autres sens connus, présente une particularité qui ne se rencontre pas dans l'organe de l'ouïe. Lors des excitations de la rétine, de la peau ou de la langue, on perçoit en même temps et la *qualité* de l'excitation et la *position* du corps excitant. Grâce à l'aptitude particulière (mentionnée au numéro 3°) de l'oreille à *percevoir simultanément* des excitations provenant de toutes les directions de l'espace, la *position* du corps excitant, ou plus exactement *la direction dans laquelle il est situé* doit nécessairement être perçue indépendamment de la *qualité* de l'excitation. Nous percevons le son immédiatement; quant à l'endroit où il a été produit, nous n'en reconnaissons tout d'abord que la direction[1]. *Ce n'est qu'après avoir précisé plus exactement cette direction que nous pouvons déterminer la cause de l'excitation et son siège précis, et cela avec l'aide des autres organes des sens et du sens visuel au premier rang*[2].

Le processus physiologique qui s'accomplit alors est à peu près le suivant : nous orientons notre regard dans la direction d'où nous vient la perception, afin de reconnaître le siège et la nature de l'excitation, c'est-à-dire de l'objet ayant produit le son ou le bruit; *l'excitation des terminaisons nerveuses des ampoules provoque à cet effet des mouvements des globes oculaires*, et éventuellement aussi de la tête et du tronc.

Cette nécessité où se trouve le labyrinthe de l'oreille de mettre en activité les muscles de ces organes fournit la raison génétique du fait que les centres nerveux de ces appareils moteurs sont dominés par les nerfs ampullaires.

1. L'organe de l'odorat présente sous ce rapport une analogie avec l'organe de l'ouïe; ce qui explique peut-être son aptitude à servir en même temps, chez les animaux inférieurs, de moyen d'orientation (voir *Ohrlabyrinth*, ch. IV, § 8).

2. Sur les avantages du labyrinthe de l'oreille par rapport à l'œil, en tant qu'appareil de mesure et de calcul voir plus bas, ch. II, § 5.

Depuis que ce fait a été établi et décrit en 1878, il occupe la première place dans la plupart des observations sur l'appareil des canaux semi-circulaires. Mais peu d'expérimentateurs ont assumé la tâche difficile de reproduire et de compléter mes expériences, afin d'arriver à une interprétation plus exacte de cette dépendance des mouvements oculaires à l'égard des canaux semi-circulaires respectifs. On préféra accepter de confiance les résultats de mes recherches et les publier comme une découverte nouvelle, tout en taisant leur origine. Mon interprétation fut déguisée par des désignations dépourvues de sens, telles que *tonus labyrinthique*, ce qui ne pouvait qu'amener une confusion des concepts.

Pour aboutir à une interprétation exacte de la dépendance en question, il n'y a qu'un seul moyen, celui qui consiste à chercher le but essentiel des phénomènes. La conformité absolue de tous les phénomènes de la nature à des lois immuables est déterminée par leur finalité. La téléologie, si injustement abandonnée, sera toujours pour notre esprit un levier puissant lorsqu'il s'agit d'arriver à l'entendement des phénomènes naturels complexes.

Quel peut être le but d'une organisation, en vertu de laquelle toute excitation artificielle d'une paire de canaux semi-circulaires provoque des mouvements réguliers des globes oculaires, de la tête ou du tronc, dans le plan même où est situé ce canal? Chez différents animaux, on voit prédominer les mouvements tantôt de l'une, tantôt de l'autre de ces parties du corps. Mais, ainsi que je l'ai montré, on peut forcer tout animal, en rendant impossibles les mouvements de son corps et de sa tête, à n'exécuter, lors des excitations susdites, que des mouvements oculaires. *Le déplacement du rayon visuel constitue donc le premier but de tous ces mouvements ayant leur origine dans les canaux semi-circulaires. Il en résulte que la direction du rayon visuel dépend régulièrement de la qualité de la sensation de direction provoquée par l'excitation des nerfs ampullaires affectés.* C'est là seulement que réside l'entière signification de la dépendance de l'appareil oculo-moteur par rapport au labyrinthe de l'oreille [1].

Pour les animaux, comme pour l'homme primitif, il est d'une nécessité impérieuse de reconnaître la *cause* d'un bruit, ainsi que la distance de *l'objet* produisant ce bruit, et cela en vue de la défense aussi bien que de l'attaque. Dès qu'ils en ont reconnu la direction, ils cherchent, avec l'aide de l'organe visuel, à en découvrir la cause. Ce faisant, ils apprennent progressivement à exécuter les mouvements musculaires nécessaires pour atteindre leur but. C'est ainsi qu'achevèrent de se former au cours des âges les rapports réflexes entre les nerfs ampullaires et les nerfs moteurs, rapports qui ont trouvé leur expression la plus parfaite dans le mécanisme en vertu duquel les derniers sont gouvernés par les premiers. La distribution des intensités d'innervation dans les muscles à mettre en activité, la suppression de l'inhibition de la part des muscles antagonistes, en un mot tout le jeu de cet admirable mécanisme s'accomplit, ainsi que nous l'avons montré (voir *Ohrlabyrinth*, chap. IV, § 10), par l'élimination de résistances, à peu près comme dans la distribution des forces électriques entre de nombreux conducteurs. Répondant au but de la conservation personnelle, ce mécanisme finit par fonctionner automatiquement : l'excitation des nerfs ampullaires peut éventuellement produire les mouvements nécessaires par voie purement réflexe, sans intervention de la conscience.

L'ordre de succession de tous ces processus dans le temps montre à quel point on se trompait en voulant voir dans le labyrinthe de l'oreille un organe de sens présidant aux positions de la tête, ou assurant l'équilibre du corps. Ce serait là une fonction tout à fait singulière. Les excitations des nerfs sensitifs des muscles, de la peau, des articulations, des tendons,

---

1. La théorie erronée de la soi-disant nature *compensatrice* de certains mouvements oculaires a le plus contribué à retarder l'intelligence claire de tous ces processus. (Voir *Ohrlabyrinth*, ch. II, § 7.)

etc., au lieu de parvenir directement à la conscience, devraient, dans cette hypothèse, prendre la voie détournée d'un autre organe sensoriel *périphérique !*

Ainsi que nous l'avons montré plus haut, il ne serait pas moins absurde de considérer les mouvements musculaires, provoqués par les sensations de direction, comme la source même de nos perceptions de direction. E. H. Weber a déjà insisté sur ce fait que la motilité fine ne peut être mise en jeu que lorsque nous pouvons la diriger volontairement vers des points déterminés, ce qui suppose l'existence préalable du sens de l'espace.

Une régulation complète des intensités d'innervation des muscles de l'œil, de la tête ou du corps, par le labyrinthe de l'oreille, doit avoir lieu aussi bien pour la localisation des objets extérieurs dans l'espace visuel que pour l'orientation de notre propre corps.

La simple perception de ces intensités d'innervation, à supposer même qu'elle fût possible, serait à peine utile pour la simple mesure par l'œil. Ainsi que nous l'avons exposé ailleurs (*Ohrlabyrinth*, ch. III), la graduation des innervations, d'après leur intensité et leur durée, constitue l'une des fonctions les plus importantes du labyrinthe de l'oreille et de ses appareils ganglionnaires centraux. Cette graduation doit, bien entendu, être d'une précision toute particulière lorsqu'il s'agit de provoquer les mouvements des muscles de l'œil. Le moindre déplacement des axes oculaires par rapport aux axes des canaux semi-circulaires joue naturellement, dans les appréciations des mesures par l'œil, un grand rôle, bien plus grand, en tout cas, que celui qui appartiendrait à des sensations qui pourraient être provoquées par la tension des muscles, des tendons, ou par des modifications survenant dans la pression intérieure de la cavité orbitaire.

Les trois plans principaux, que l'optique physiologique considère comme ceux de l'espace *réel*, ont été choisis arbitrairement. Dans l'état de nos connaissances actuelles relatives à la dépendance normale dans laquelle les mouvements de l'œil se trouvent par rapport aux canaux semi-circulaires, *seuls* les trois plans de ces canaux devraient être considérés comme les plans principaux de l'espace réel.

Les axes autour desquels s'accomplit la rotation des globes oculaires doivent donc être rapportés au système des trois coordonnées rectangulaire de l'appareil des canaux semi-circulaires. « Si l'on pense, dit Hering, que le lieu sur lequel l'attention se porte à un moment donné est déterminé par un processus psycho-physique, on peut en même temps considérer ce processus comme le moment physique qui détermine l'innervation correspondante. » Le processus psycho-physique qui requiert notre attention consiste dans la perception d'une direction déterminée, produite par l'excitation des ampoules; c'est donc cette excitation, peut-on affirmer actuellement, qui forme le moment physique amenant un changement dans la position des yeux.

' La dépendance régulière de l'appareil oculo-moteur par rapport à l'état d'excitation des nerfs ampullaires plaide contre la supposition de Helmholtz que « là la connexion existant entre les mouvements des deux yeux n'est pas le produit d'un mécanisme anatomique, mais peut plutôt être modifiée par un simple effet de notre volonté » (*Physiologische Optik*, p. 633). Le simple fait que chaque excitation d'un canal semi-circulaire provoque des mouvements réguliers des deux yeux prouve déjà, à lui seul, l'existence de connexions anatomiques entre les nerfs moteurs des deux globes oculaires. Mais nous en avons une preuve plus décisive encore dans l'effet produit sur le nystagmus oculaire par la section du nerf auditif du côté opposé (*Ohrlabyrinth*, 1, 9).

Le plus souvent, la volonté ne gouverne les mouvements des globes oculaires qu'en agissant sur les nerfs des canaux semi-circulaires. La contradiction qui existe entre Helmholtz et Hering sur la réalité des observations bien connues d'images doubles s'explique maintenant très facilement. C'est Hering qui, dans cette controverse, avait parfaitement raison contre Helmholtz (voir *Beiträge zur Physiologie*, etc., de Hering, *Heft* 4, p. 274).

Pour préciser davantage le mécanisme grâce auquel le déplacement des axes oculaires sur le système des coordonnées de l'appareil des canaux semi-circulaires nous met à même de déterminer, au moyen de la mesure par l'œil, la place de l'objet fixé et la distance entre les objets que nous voyons, il est nécessaire d'opérer au préalable une révision des lois qui règlent les mouvements des globes oculaires dans leur dépendance des canaux semi-circulaires. Pour des raisons faciles à comprendre, cette révision doit être faite à l'aide d'expériences sur des singes, telles que je les ai indiquées dans mon travail de 1900 (*Arch. de Pflüger*, vol. 79).

Il est évident que les mécanismes sur lesquels repose l'association des mouvements oculaires doivent être cherchés dans les centres cérébraux où les terminaisons des nerfs vestibulaires se rencontrent avec celles des nerfs optiques et oculomoteurs. Les rapports psychologiques entre les concepts de *direction* et de *distance* s'établissent dans les mêmes centres nerveux, attendu que ces deux concepts ont leur origine dans les sensations fournies par le sens de l'espace et par le sens de la vue.

§ 3. — ÉTAT DU PROBLÈME DE L'ESPACE AVANT MES RECHERCHES.

A. — L'espace a-t-il une existence réelle propre, indépendante de la matière qui se déplace en lui, ou s'identifie-t-il avec cette dernière?

B. — Sur quoi repose la nécessité pour l'esprit humain d'envisager l'espace comme ayant trois dimensions? D'où vient l'impossibilité de disposer les impressions de nos sens sous une forme autre que cette forme géométrique?

C. — Quelle est l'origine des axiomes géométriques d'Euclide, et sur quoi repose leur certitude apodictique, puisque leur exactitude n'a jamais pu être démontrée?

Dans ces trois questions tient tout le problème de l'espace, quels que soient les aspects qu'il ait revêtus au cours des siècles. Des philosophes, des mathématiciens et des physiologistes ont cherché à résoudre de préférence l'une ou l'autre de ces questions, selon le but spécial que visaient leurs recherches. Bien que le nombre des solutions soit grand, on peut les ranger sous deux catégories bien distinctes : les *empiriques* et les *nativistes*.

Locke, qui renonça à donner une définition de l'espace et de l'étendue, admettait l'existence d'un véritable espace vide où se meut la matière. Notre connaissance de cet espace nous vient des expériences de nos organes sensoriels, en particulier de la vue et du toucher. Adversaire résolu des idées innées, Locke peut être considéré comme le créateur de la théorie *empirique* de l'espace[1].

Berkeley rejeta la notion d'un espace réel et prétendit que notre conception de l'espace provenait d'expériences fournies par le mouvement : « Est-il possible que nous ayons l'idée de l'étendue avant d'avoir accompli des mouvements? En d'autres termes, un homme qui n'a jamais accompli de mouvements pourrait-il se représenter des objets situés à une certaine distance l'un de l'autre? » Ainsi formulées, ces deux questions contiennent déjà *in ovo* toutes les solutions que donnent au problème les adeptes modernes de la théorie empirique, tant philosophes et mathématiciens que physiologistes, à cette différence près que les physiologistes admettent pour la plupart la réalité de l'espace absolu.

Kant fit faire un grand pas au problème en formulant sa célèbre théorie aprioristique de l'idée de l'espace. Il la conçut à une époque déjà avancée de sa carrière. Kant admettait au début l'existence d'un espace absolu, tout à fait indépen-

---

1. Voir *Ohrlabyrinth*, ch. I, Introduction.

dant de la matière. Dans son ouvrage paru en 1768, *Raisons premières de la différenciation des objets dans l'espace*, il regardait même l'existence de l'espace objectif comme une condition préalable nécessaire à l'existence de la matière. Mais déjà en 1770 il formula une doctrine tout opposée, qui trouva son expression définitive dans la *Critique de la raison pure* (1781). Cette doctrine domina pendant un siècle tout le problème; nous la reproduisons telle que Kant la formula :

« 1° L'espace n'est pas une notion empirique tirée d'expériences extérieures. Pour que je puisse avoir la sensation de quelque chose se trouvant en dehors de moi (c'est-à-dire dans un autre endroit que celui où je me trouve moi-même), comme aussi pour que je puisse me représenter plusieurs objets à côté les uns des autres, autrement dit occupant des endroits différents, il faut que les représentations de l'espace soient déjà au fond de mes concepts. »

« 2° L'espace est une représentation *a priori*, qui est au fond de toutes les notions extérieures. On ne peut pas se figurer qu'il n'y a point d'objets dans l'espace. L'espace n'est pas un concept général de relations entre objets, mais une pure idée. »

Comme argument principal en faveur de l'apriorisme de notre idée de l'espace, Kant présente l'*apodicticité* des axiomes géométriques qui passent pour absolument exacts, bien que cette exactitude n'ait jamais pu être démontrée. « Les propositions géométriques sont apodictiques, c'est-à-dire qu'on a conscience de leur nécessité. Ainsi: l'espace n'a que trois dimensions; mais de telles propositions ne peuvent être empiriques, ni tirées de l'expérience. »

La doctrine de Kant présentait l'avantage apparent de résoudre le problème de l'espace. Mais on lui reprochait de n'être qu'une hypothèse, un postulat dont il faudrait démontrer l'exactitude et qui d'ailleurs n'expliquait rien.

Un postulat peut être d'une grande utilité au philosophe ou au mathématicien pour des déductions et des développements ultérieurs. Le naturaliste, qui s'efforce d'expliquer le mécanisme des phénomènes, doit réclamer des preuves du bien fondé de ce postulat. Aussi recherchera-t-il avant tout l'origine et les causes organiques de l'idée *a priori*.

La solution philosophique opposée à celle de Kant a été développée systématiquement au siècle dernier par J. Stuart Mill. Mill conteste avec raison que les sciences mathématiques aient une certitude plus grande que les sciences expérimentales. Les théories aux développements purement mathématiques ont dû être confirmées par l'expérience avant de pouvoir prétendre à la certitude[1].

D'après Mill, les définitions géométriques n'ont qu'une exactitude relative. Les axiomes sont, il est vrai, admis par tous, mais n'en est-il pas de même pour beaucoup de vérités des sciences expérimentales? Les définitions ne sont que des généralisations de certaines perceptions d'objets extérieurs ; le point est le *minimum visible;* la ligne, à dimension unique, est l'abstraction d'un trait à la craie ou d'un fil tendu; le cercle complet est la reproduction de la coupe transversale d'un arbre. Les définitions géométriques ne peuvent donc prétendre qu'à une valeur approximative.

On reconnaît aisément ce qu'il y a de risqué dans une pareille argumentation. Les définitions de la géométrie d'Euclide se rapportent à un point *idéal* sans étendue, à une ligne qui est une longueur sans largeur, à une droite idéale qui peut être prolongée à l'infini, etc. Les points, les lignes, les droites, etc. *réels*, sur lesquels se font nos expériences, ne possèdent pas ces propriétés. Comment, alors, de ces expériences grossières aurait-on pu tirer des conclusions *idéalisées*, conduisant à des axiomes absolument exacts? Pour échapper à l'objection, Stuart Mill a recours à l'association d'idées

---

1. L'identité des ondes électriques avec les ondes lumineuses ne fut définitivement établie que par les expériences géniales de Hertz. La théorie électro-dynamique de Maxwell, basée uniquement sur des déductions mathématiques, n'a fait qu'indiquer la *possibilité* d'une pareille identité.

entre des représentations toujours liées ensemble. Mais il doit reconnaître qu'il est très malaisé de séparer de semblables représentations, quand les sensations correspondantes ne se présentent jamais séparément à l'esprit humain.

Néanmoins, les philosophes et les mathématiciens, pour démontrer l'origine *empirique* de la géométrie, furent contraints de recourir à l'*idéalisation* des expériences fournies par les objets réels.

Une pareille idéalisation est-elle justifiée? « Les axiomes sont-ils tirés de l'expérience? demande F. Klein, un des plus éminents mathématiciens modernes. On sait que Helmholtz s'est prononcé pour l'affirmative de la façon la plus catégorique. Toutefois son explication semble, sous un certain rapport, incomplète. Quand on y réfléchit, on admet volontiers, à la vérité, que l'expérience ait une part importante dans la formation des axiomes, mais on remarque que Helmholtz omet, sans l'examiner, précisément le point qui intéresse avant tout les mathématiciens. Il s'agit d'un procédé que nous employons dans toute discussion théorique de données empiriques quelconques, et qui peut sembler tout simple à un naturaliste. Pour m'exprimer d'une manière plus générale, je dirai : les résultats d'observations, quelles qu'elles soient, ne sont valables que dans des limites d'exactitude déterminées et dans des conditions spéciales; en posant des axiomes, nous remplaçons ces résultats par des énoncés d'une précision et d'une généralité absolues. C'est sur cette « idéalisation » des données empiriques que repose, selon moi, la nature essentielle des axiomes. »

Klein est loin de trouver toute naturelle l'*idéalisation* des expériences faites sur des objets réels. Il n'en admet la nécessité que dans la physique théorique. Mais les axiomes de la géométrie euclidienne jouissent d'une certitude absolue, tandis que les hypothèses de la physique théorique n'ont qu'une *valeur temporaire*. L'origine de ces axiomes doit donc se trouver ailleurs et non dans la simple idéalisation de

faits empiriques. Tant de mathématiciens éminents de toutes
les époques se seraient-ils appliqués avec autant de zèle à
rechercher des preuves pour le onzième axiome d'Euclide, si
l'*idéalisation* d'expériences grossières avait été une base suffisante? A l'aide de quelques traits de craie ils auraient pu
trouver des preuves en abondance.

Ce défaut de cuirasse dans les théories empiriques a dû
frapper les grands penseurs qui les soutenaient surtout pour
échapper à la thèse de Kant. Ainsi, par exemple, Taine,
après avoir essayé de déduire nos idées géométriques des sensations de mouvements, aboutit enfin à une tout autre
manière de voir : « *Le temps est le père de l'espace* », ce qui veut
dire, sans doute, que la *coïncidence* de sensations analogues
produit la représentation de l'espace. Mais une pareille *coïncidence* peut tout au plus conduire à la notion de *distance*, non à
celle d'*espace* et moins encore d'un espace à trois dimensions.

Un seul philosophe a essayé, au milieu du siècle dernier, de
développer les bases d'une théorie empirique de l'espace à
l'aide de l'analyse des mouvements des corps solides. De cette
analyse il déduisit l'origine des axiomes géométriques. Ce fut
Ueberweg, disciple de Benecke, et l'un des plus vigoureux
adversaires de la doctrine aprioristique de Kant. Bien entendu,
Ueberweg ne put donner une solution complète du problème,
une pareille solution n'étant pas possible sans l'aide des
fonctions d'un organe sensoriel spécial. Néanmoins, ses
*Principes de la Géométrie reconstruite sur des bases scienti-
fiques* sont d'une portée considérable. Ce fut en réalité le
premier essai rigoureux d'établir les lois des déplacements
des corps, pouvant servir de point de départ à une théorie
empirique de l'espace. A l'aide de trois principes fondamentaux, Ueberweg essaya de faire la synthèse de la géométrie d'Euclide. Avec une intuition vraiment géniale, il a
déduit ensuite les propriétés principales de l'espace. Un corps
solide matériel peut, selon le témoignage de nos sens : 1° s'il
est libre de toute attache, atteindre tout point non occupé

par un autre corps solide ; 2° ce corps, fixé à un seul point, ne peut plus se déplacer sans entrave dans tous les sens, mais il n'est pas privé de la possibilité de se mouvoir ; 3° fixé en outre à un second point, il ne peut plus exécuter les déplacements encore possibles dans le 2° cas, mais il peut encore être déplacé ; 4° s'il est fixé à un troisième point, resté libre dans le 3° cas, tout déplacement lui devient impossible.

Comme l'a justement observé Killing, dans son *Introduction aux fondements de la Géométrie*, ces points de départ de Ueberweg sont presque identiques aux trois propositions admises par Helmholtz, en 1867, dans ses célèbres recherches sur les formes de l'espace de Riemann, qui furent ensuite continuées par Sophus Lie dans sa *Théorie des Transformations de Groupes*. Les résultats obtenus par Ueberweg concordent en grande partie avec les conclusions de Helmholtz et de Sophus Lie. Ainsi Ueberweg a également réussi à déduire des déplacements des corps les trois propriétés de l'espace : homogénéité, continuité et infinité. Il put également constater la valeur exacte du *groupe*, qu'il appelait série. Bien entendu, les méthodes de démonstration de Helmholtz et de Sophus Lie sont développées avec une précision plus rigoureuse qu'on n'en trouve chez Ueberweg. C'est plutôt par une intuition géniale que ce dernier est parvenu à certaines vérités, qui plus tard furent démontrées par ses successeurs. Ses analyses n'en méritent que plus d'admiration[1]. L'usage que M. H. Poincaré a fait récemment des théories du groupe des déplacements dans ses discussions sur l'es-

---

1. Ueberweg est l'auteur de la célèbre *Histoire de la Philosophie* qui fait autorité jusqu'à nos jours. Depuis sa mort, cette histoire continue à être éditée par l'éminent philosophe Heintze. Considérablement développée, augmentée et tenue à jour par celui-ci, elle est devenue l'Histoire classique, dont les éditions nouvelles se succèdent avec régularité tous les trois ou quatre ans. Ueberweg a, en outre, publié un *Traité de Logique*, arrivé à trois éditions en quelques années, et qui, par l'amplitude et l'originalité instructive de ses développements, présente encore aujourd'hui un intérêt considérable.

pace a pour première origine les recherches de l'empiriste Ueberweg.

§ 4. — LES FORMES D'ESPACE NON EUCLIDIENNES ET LE PROBLÈME DE L'ESPACE.

Quelle est l'origine des axiomes de la géométrie d'Euclide et sur quoi repose leur certitude apodictique? Telle est, dans la solution du problème de l'espace, la question qui préoccupe surtout les mathématiciens. Le onzième axiome, dit des parallèles, a, dès l'antiquité, frappé les mathématiciens par son caractère particulier. « Pour la théorie des parallèles nous ne sommes pas plus avancés qu'Euclide. C'est la *partie houleuse* des mathématiques, qui tôt ou tard devra prendre un autre aspect », dit Gauss[1]. Le onzième axiome, ou, tel qu'on le désigne à présent, le cinquième postulat est formulé chez Euclide comme suit: « Si une ligne droite coupe deux autres lignes droites situées dans le même plan, en sorte qu'elle fasse des angles intérieurs du même côté, moindres que deux angles droits, ces deux lignes prolongées à l'infini se rencontreront du côté où les deux angles sont moindres que deux angles droits. » Comme on le voit, cette proposition fondamentale diffère des autres axiomes qu'Euclide a présentés avec raison comme « notions communes ». Il a besoin, en apparence au moins, d'être démontré preuves à l'appui. Les tentatives faites pour trouver ces preuves ont abouti à la création de la *géométrie imaginaire*, ou *géométrie des formes d'espace non euclidiennes*.

Nous présenterons ici un bref historique de la formation de cette géométrie, en tant qu'elle touche directement au problème de l'espace.

Le célèbre mathématicien Legendre essaya de prouver l'axiome des parallèles en démontrant l'exactitude absolue

1. C. F. Gauss. *Werke*, vol. VIII. Leipzig, 1900. (*Grundlagen der Geometrie*).

d'une proposition équivalente : la somme des angles d'un triangle est égale à deux angles droits. Il réussit en effet à prouver que cette somme ne peut être *plus grande* que deux angles droits. Par contre, ses efforts pour prouver qu'elle ne peut être *plus petite* échouèrent. Vers 1840, le grand mathématicien russe Lobatchewsky[1] tenta une autre méthode de démonstration. Développant un postulat opposé à cet axiome, il chercha s'il ne se heurterait pas à des contradictions insurmontables et s'il ne pourrait pas, par cette voie, démontrer la validité de l'axiome. Mais ses déductions synthétiques le conduisirent à ce résultat inattendu, qu'il n'existait pas de telles contradictions. En effet, on pouvait imaginer une forme d'espace où la somme des angles d'un triangle était *plus petite* que deux angles droits, où par conséquent l'axiome d'Euclide et les théorèmes auxquels il sert de base ne seraient plus valables. Presque à la même époque que Lobatchewsky, un capitaine d'artillerie hongrois, Johann Bolyai, guidé par son père, ami et ancien condisciple de Gauss, arrivait au même résultat. Ainsi fut créée la nouvelle géométrie imaginaire.

Dans la seconde moitié du siècle dernier, la géométrie non euclidienne prit un nouvel essor quand, en 1854, Riemann eut démontré la possibilité d'une troisième forme d'espace, une forme sphérique, où l'axiome des parallèles d'Euclide est également inapplicable et où la somme des angles d'un triangle peut être *plus grande* que deux angles droits. Dans une variante de cette forme d'espace, le douzième axiome d'Euclide serait également inexact : deux droites y peuvent renfermer un espace, c'est-à-dire s'y croiser plusieurs fois. Riemann[2] prit pour base de ses déductions une expression algébrique, la mesure de courbure (*Krümmungsmaass*), qui serait le fondement essentiel de toute géométrie ; c'est une

1. Lobatchewsky. *Neue Anfangsgründe der Geometrie*, Bd. 1.
2. B. Riemann. *Ueber die Hypothesen, welche der Geometrie zu Grunde liegen.* (Gesammelte Werke. Leipzig, 1876).

expression par laquelle on donne la distance de deux points dans une direction quelconque, et en premier lieu de deux points à une distance infiniment petite l'un de l'autre. Riemann pose comme axiome que, dans tout espace où le libre mouvement de corps solides est possible, cette mesure de courbure a une *valeur constante.*

La forme d'espace de Riemann a surtout été étudiée par Helmholtz. Partant des trois propositions sur le libre mouvement des corps solides[1], Helmholtz établit à l'aide de la géométrie analytique la grande portée de la mesure de courbure de Riemann. Helmholtz a également accepté comme axiome le postulat, posé par Riemann, que l'espace pouvait être considéré comme une grande multiplicité de nombres (*Zahlenmannigfaltigkeit*). Le résultat principal des raisonnements analytiques de Helmholtz fut que les différences entre les diverses formes de l'espace se caractérisent par leur mesure de courbure (*Krümmungsmaass*). Dans une conférence retentissante, faite à Heidelberg, en 1870, il sut attirer l'attention générale du monde savant sur la nouvelle géométrie.

Cette géométrie non euclidienne admet donc aujourd'hui comme *également possibles* trois formes d'espace et les caractérise de la manière suivante : 1° la forme *euclidienne*, où l'axiome des parallèles est exact, et où la somme des trois angles d'un triangle est égale à deux angles droits et la mesure de courbure est égale à *zéro*; 2° l'espace de Lobatchewsky, où la somme des angles d'un triangle est *plus petite* que deux droits; la mesure de courbure a un *signe négatif*; 3° l'espace de Riemann-Helmholtz, où la somme des angles d'un triangle est *plus grande* que deux droits et où la mesure de courbure a un *signe positif*; dans une variante de cette forme, deux droites pourraient aussi renfermer un espace. La forme d'espace d'Euclide est, selon Riemann, un *espace-plan*; la forme de Lobatchewsky est désignée par Beltrami sous le nom de

1. Helmholtz. *Ueber den Ursprung und die Bedeutung der geometrischen Axiome.* (Vorträge und Reden, vol. II, Braunschweig.)

pseudo-sphérique; la forme de Riemann-Helmholtz est l'espace sphérique.

Nous allons examiner de plus près jusqu'à quel point les espaces 2 et 3 peuvent être considérés comme réellement existants. Pour rendre plus compréhensible au lecteur non initié la véritable portée des espaces non euclidiens, nous formulerons les propositions 2 et 3 en langage non mathématique. Pour montrer que dans un triangle la somme des angles peut être plus petite que deux angles droits, Lobatschewsky construit un triangle dont les côtés ne sont pas rectilignes, mais convexes, c'est-à-dire courbés à l'intérieur : c'est là la signification de la *mesure de courbure négative*. Helmholtz a comparé l'espace pseudo-sphérique, où pourraient se présenter des triangles pareils, à une selle turque. Dans un triangle, dont la somme des angles est plus grande que deux angles droits, les côtés sont également supposés non rectilignes, mais concaves ou courbés à l'extérieur; ce triangle répond aux mesures de courbure positive.

Pour justifier un pareil remplacement des lignes droites par des lignes courbes dans un triangle rectiligne, M. Poincaré a recours à l'argumentation suivante : « Donner aux côtés des premiers triangles (avec côtés rectilignes) le nom de droites, c'est adopter la géométrie euclidienne; donner aux côtés des derniers (avec des côtés curvilignes) le nom de droites, c'est adopter la géométrie non euclidienne. De sorte que demander quelle géométrie convient-il d'adopter, c'est demander à quelle ligne convient-il de donner le nom de droite. » M. Poincaré ajoute qu'on est autant en droit de désigner une ligne courbe comme ligne droite que de la désigner par AB ou par CD. « Je ne puis dire non plus que je n'ai pas le droit de donner le nom de droites aux côtés des triangles non euclidiens, parce qu'ils ne sont pas conformes à l'idée de droite que je possède par intuition. » La question de l'existence de deux espaces non euclidiens est réduite ainsi à un simple jeu de mots. Depuis des milliers d'années, le concept

de la ligne droite n'a pas varié, quelles que fussent les
expressions dont on se servait pour la définir. Archimède la
définit comme la ligne la plus courte entre deux points.
Legendre désigne la droite comme le plus court chemin d'un
point à un autre. Nous verrons plus bas (§ 5) que ces
deux définitions concordent parfaitement avec la définition d'Euclide, et, ce qui est encore plus important, avec
l'origine sensorielle du concept de la ligne droite. Il ne
suffirait pas de désigner nos perceptions visuelles comme perceptions auditives pour que la rétine pût entendre, et *vice
versa*.

Pour être autorisé à conclure l'existence des espaces
de *n* dimensions avec toutes les conséquences qu'elle comporte, les simples jeux de mots et les sophismes évidents ne
peuvent-ils suffire?

La création de la nouvelle géométrie paraissait devoir déplacer le problème de l'espace. Gauss, qui avait déjà entrevu
la possibilité d'une géométrie indépendante du onzième
axiome, avait même prédit qu'elle aurait pour conséquence
la solution de ce problème, ou au moins qu'elle lui donnerait
un aspect tout nouveau. Dans la partie de sa correspondance
qui traite de la nécessité d'une géométrie non euclidienne,
on trouve de nombreuses indications sur la manière dont
cette solution devra s'opérer. Nous en reproduirons quelques-
unes. Il écrit à Olbers (28 avril 1817) : « Je me persuade de
plus en plus que la nécessité de notre géométrie ne peut être
démontrée, du moins par l'esprit d'un homme à l'esprit d'un
homme. Peut-être dans la vie future comprendrons-nous ce
qu'il nous est impossible de comprendre maintenant, la nature de l'espace. Jusque-là, nous *devons comparer la géométrie
à la mécanique et non à l'arithmétique, qui est fondée sur des
combinaisons* a priori. »

Il résulte du passage en italiques que Gauss ne reconnaissait pas à la géométrie une origine aprioristique. Il s'en
tenait plutôt à l'opinion que Newton formulait en ces termes :

« Fundatur igitur geometria in praxi mechanica et nihil aliud quam mechanicae universalis pars illa quae artem mensurandi accurate proponit ac demonstrat. »

« Je ne sais pas si je vous ai déjà exposé mes idées à ce sujet », écrivait Gauss à Bessel, le 29 janvier 1829. « Ici aussi j'ai consolidé plusieurs points, et ma conviction s'est encore affermie qu'on ne pouvait absolument pas établir la géométrie sur des fondements *a priori*. »

En plusieurs passages, Gauss se prononce carrément contre la doctrine de Kant, notamment dans sa lettre à Wolfgang de Bolyai (6 mars 1832). « ...L'impossibilité de décider *a priori* entre Σ et S prouve de la façon la plus claire que Kant avait tort d'affirmer que l'espace n'était qu'une forme de notre intuition. J'ai indiqué une autre raison non moins valable dans un petit travail publié par *Göttingische Gelehrte Anzeigen*, 1831, ch. VI, p. 625. »

Lobatchewsky, à qui il fut donné de présenter la solution vers laquelle tendaient les recherches de Gauss, avait de la doctrine de Kant une opinion analogue. « La vérité n'est pas inhérente aux notions géométriques; comme les lois physiques, elles doivent être confirmées pas l'expérience, par des observations astronomiques. »

« Dans la nature, dit encore Lobatchewsky, nous ne percevons, à proprement parler, que le mouvement, sans lequel les impressions des sens sont impossibles. Tous les autres concepts, par exemple les concepts géométriques, étant empruntés aux propriétés du mouvement, sont acquis par notre esprit artificiellement... Nos premières notions sont acquises par les sensations; on ne doit pas ajouter foi aux notions innées. »

En un mot, Lobatchewsky pense, comme Gauss, que les vérités géométriques sont déduites de l'expérience et qu'aucune certitude apodictique ne leur est propre.

Riemann se prononça d'une façon tout aussi nette en faveur de l'origine empirique de nos notions de l'espace. Il en voit la preuve dans ce fait « qu'une grandeur de dimensions multiples est susceptible de différents rapports métriques et que l'espace n'est, par suite, qu'un cas particulier d'une grandeur à trois dimensions ». Il admet, par conséquent, que les axiomes ne peuvent aucunement se déduire des concepts généraux de grandeur, mais que les propriétés par lesquelles l'espace se distingue de toute autre grandeur imaginable à trois étendues ne peuvent être empruntées qu'à l'expérience.

Dans la conférence, déjà mentionnée, sur l'origine et la signification des axiomes géométriques, Helmholtz a eu recours à plusieurs reprises à la géométrie non euclidienne pour combattre l'origine *a priori* de nos notions de l'espace. « Dès lors que nous pouvons nous représenter différentes formes de l'espace, dit-il, l'opinion qui veut que les axiomes géométriques soient les conséquences nécessaires d'une forme transcendentale et *a priori* de notre intuition, dans le sens kantien du mot, devient insoutenable. »

L'origine purement empirique de ces axiomes est donc prouvée, selon Helmholtz, de la façon la plus indubitable par la possibilité d'imaginer des espaces pseudo-sphériques et sphériques, où les axiomes d'Euclide ne seraient pas valables.

Ces opinions unanimes des créateurs de la géométrie imaginaire sont-elles réellement justifiées? Ont-ils vraiment réussi à réfuter l'origine *a priori* ou nativiste [1] de nos notions de l'espace et à en prouver l'origine empirique? En d'autres termes, Gauss, Lobatchewsky, Riemann et Helmholtz ont-ils fourni une solution réellement satisfaisante du problème de l'espace dans le sens de la thèse empirique? La réponse à ces questions est négative. Ni sur la réalité de l'espace absolu, ni sur la provenance de nos représentations de l'espace à trois dimensions, ni sur l'origine des axiomes d'Euclide, la géométrie non euclidienne n'a apporté d'éclaircissements décisifs.

---

1. Ces deux hypothèses ne sont pas *nécessairement* identiques.

Pour Gauss, l'espace est une réalité. Lobatchewsky prétend que l'espace en soi n'a pas d'existence réelle. Helmholtz, qui ne pouvait méconnaître l'origine purement transcendentale des formes non euclidiennes de l'espace, cherche néanmoins à leur conquérir l'équivalence avec la géométrie d'Euclide. Ce n'est que pour les axiomes de cette géométrie qu'il revendique encore une origine empirique. Malheureusement il s'est trouvé hors d'état de fournir des preuves expérimentales en faveur de cette origine empirique. Il a dû se contenter de l'indication que l'espace physique, c'est-à-dire le seul accessible à nos sens, concorde parfaitement avec les données de la géométrie euclidienne.

Ainsi Helmholtz reconnaît « que tous les systèmes pratiques de mensuration géométrique où les trois angles de grands triangles rectilignes ont été mesurés isolément, notamment tous les systèmes de mensurations astronomiques, qui donnent une valeur égale à zéro aux parallaxes des étoiles fixes éloignées,... confirment empiriquement l'axiome des parallèles et montrent que, dans notre espace et avec nos méthodes de mensuration, la mesure de courbure ne diffère pas de zéro ». En ceci Helmholtz est d'accord avec les affirmations de Lobatchewsky : « J'ai prouvé ailleurs, écrit ce dernier, en m'appuyant sur quelques observations astronomiques, que, dans un triangle dont les côtés sont de la même grandeur à peu près que la distance de la terre au soleil, la somme des angles ne peut jamais différer de celle de deux angles droits d'une quantité qui puisse surpasser 0,0003 en secondes sexagésimales. Or, cette différence doit être d'autant moindre que les côtés du triangle sont plus petits. » Cette quantité minime ne dépasse d'ailleurs pas les limites des erreurs d'observation.

L'expérience nous confirme donc la validité absolue de l'axiome des parallèles d'Euclide dans l'espace du monde physique, seul accessible à nos sens. *Comment alors la géométrie non euclidienne, qui s'affranchit de cet axiome, pourrait-*

elle nous démontrer l'origine empirique de nos concepts de l'espace?

D'ailleurs, sommes-nous vraiment en état de nous former une représentation nette de l'espace sphérique ou pseudo-sphérique, ou plutôt des perceptions que nous aurions si nous étions tout à coup placés dans un tel espace? Les tableaux que nous fait Helmholtz de ces perceptions, et que Klein appelle avec raison « un mélange de vrai et de faux», ne constituent pas des preuves. Les « séries de sensations » qu'un monde sphérique ou pseudo-sphérique nous donnerait, s'il existait, sont déduites tout à fait arbitrairement. Elles sont aussi problématiques que l'existence même de ce monde. Ces déductions, obtenues par la méthode purement abstraite de l'analyse, n'étaient pas faites pour réfuter l'origine transcendentale des définitions et des axiomes de l'espace euclidien. Au contraire, elles pourraient plutôt servir aux Kantiens d'argument en faveur de la conception *a priori*; car jusqu'à présent les formes d'espace de Riemann-Helmholtz n'admettent point de *démonstrations par l'expérience*. Elles n'ont pas non plus une *origine empirique*.

D'autre part, les créateurs de la géométrie non euclidienne ont reconnu *expressément* l'impossibilité d'expliquer, au moyen de cette géométrie, les causes qui nous forcent à limiter à trois dimensions nos concepts de l'espace.

« Il en est autrement des trois dimensions de l'espace. Tous les moyens dont disposent nos sens se rapportant à un espace à trois dimensions et, la quatrième dimension n'étant pas une simple variation de la réalité, mais quelque chose de tout à fait nouveau, nous nous trouvons, par notre *organisation physique même*, dans l'impossibilité absolue de nous représenter une quatrième dimension », reconnaît Helmholtz.

Ainsi Helmholtz admet que l'espace à *n* dimensions de Riemann est inaccessible à la perception des sens, qu'il est, par conséquent, un simple produit de l'esprit et non de l'expérience. Gauss est du même avis. (Voir la lettre à Gerling, 1844, citée dans *Ohrlabyrinth*, p. 366.)

Récemment, l'éminent mathématicien M. Poincaré a, dans plusieurs études, exposé d'une façon détaillée les rapports de la géométrie non euclidienne avec le problème de l'espace. M. Poincaré prend pour bases de ses considérations psychologiques sur les fondements de la géométrie, d'une part, les prétendues sensations de mouvements, surtout de mouvements oculaires; d'autre part, les développements donnés aux recherches de Helmholtz par Sophus Lie dans le troisième volume de ses *Groupes de transformations*.

Ce que M. Poincaré dit, au sujet des sensations musculaires, de l'impossibilité où nous serions d'avoir conscience du mouvement des corps solides, si notre œil et nos organes du toucher n'étaient pas mobiles, de la non existence des sensations de direction, etc., — tout cela est en contradiction flagrante avec les données physiologiques les mieux établies[1]. Sa psychologie de l'espace, en tant qu'elle repose sur le mouvement des corps solides, se rapporte en réalité à l'*espace visuel* et non à l'*espace réel*. Elle se trouve déjà réfutée par le fait que des aveugles-nés possèdent des notions d'espace assez complètes. (Voir plus haut, § 2.) Les lois des *déplacements* des corps solides dans l'espace visuel ne peuvent nous renseigner que sur les *distances* et nullement nous donner des notions sur l'espace réel. Elles peuvent encore moins nous imposer le concept d'un espace à trois dimensions.

Nous venons de voir (p. 57) que, dès 1850, Ueberweg déduisait de l'analyse des mouvements l'homogénéité, la continuité et l'infinité de l'espace d'Euclide. Les études de Sophus Lie sur les groupes de transformations ont déduit avec bien plus d'ampleur les mêmes propriétés également pour les formes de l'espace non euclidien.

Mais, malgré leur valeur au point de vue des mathé-

---

1. Le sens musculaire n'existe pas. Le grand physiologiste E. H. Weber l'a démontré déjà en 1852. Voir plus haut, § 2, et p. 49.

matiques pures, les travaux de Sophus Lie n'ont réussi à
établir ni les bases naturelles des axiomes d'Euclide, ni
l'origine de notre concept d'un espace à trois dimensions.
M. Poincaré le reconnaît nettement : « La notion de ces
corps idéaux (les figures géométriques), dit-il, est tirée de
toutes pièces de notre esprit, et l'expérience n'est qu'une
occasion qui nous engage à l'en faire sortir. » M. Poincaré se
prononce tout aussi catégoriquement dans le sens de la conception kantienne au cours d'une étude plus récente : « Geo-
metry is not an experimental science : experience forms
merely the occasion for our reflecting upon the geometrical
ideas, wich pre-exist in us [1]. »

A cette occasion, M. Poincaré déclare qu'il est à ce sujet
en accord complet avec Helmholtz et Lie : « I differ from
them in one point only, but probably the difference is in the
mode of expression only and at bottom we are completely in
accord. » En réalité, les différences entre Helmholtz, Lie et
M. Poincaré sont considérables. Helmholtz, quoique l'un des
principaux protagonistes de la géométrie non euclidienne,
était trop physiologiste et trop physicien pour verser dans la
métaphysique, qu'il considérait comme aussi funeste à la
philosophie que l'astrologie le fut à l'astronomie. Helmholtz
admettait la *réalité des objets dans l'espace et l'existence d'un
espace absolu.* Nous venons de citer son avis sur l'impossibilité de nous représenter un espace à quatre dimensions.

Tout autre est la manière de voir de M. Poincaré. Mathématicien illustre, il est resté personnellement étranger
aux recherches expérimentales. Pour lui, l'analyse supérieure
est en première ligne un jeu avec des équations, destiné
plutôt à procurer aux mathématiciens des jouissances esthétiques, qu'à élucider les lois du monde physique, seul accessible à nos sens. Dans ses ouvrages destinés au grand public,
comme *la Science et l'Hypothèse, la Valeur de la Science,*

1. H. Poincaré. *Revue de Métaphysique et de morale*, etc., 1895 ; et *The
Monist* § 2, 1898.

et *Science et Méthode*, c'est en métaphysicien pur qu'il porte des jugements sur les plus grandes conquêtes de l'esprit humain pendant ces derniers siècles. « L'espace absolu, dit-il, c'est-à-dire le repère auquel il faudrait rapporter la terre pour savoir si réellement elle tourne, n'a aucune existence objective. Dès lors, cette affirmation « la terre tourne » n'a aucun sens, parce qu'aucune expérience ne permettra de la vérifier. S'il n'y a pas d'espace, peut-on tourner sans tourner par rapport à quelque chose? » (*La Science et l'Hypothèse*.) Dans *La Valeur de la Science* (p. 272), M. Poincaré revient sur ce sujet et se prononce exactement dans le même sens.

M. Poincaré est donc en opposition complète avec tous les autres non euclidiens, avec Helmholtz et Sophus Lie, comme avec Gauss et Riemann. Les lois de la gravitation, qui constituent les bases de l'astronomie et de la physique moderne, M. Poincaré les met en doute. La révolution produite par Copernic, Galilée et Newton dans nos connaissances du monde physique est pour lui sans portée sérieuse. La brillante démonstration de la validité des lois de Newton par la découverte de Neptune faite par Leverrier « au bout de sa plume » (Arago), ce plus grand triomphe des sciences mathématiques au XIXᵉ siècle, ne prouverait rien en faveur de la réalité de l'espace; M. Poincaré lui oppose l'impossibilité d'une confirmation expérimentale et dédaigne ainsi l'expérience célèbre de Foucault. Les groupes des déplacements de Sophus Lie, auxquels M. Poincaré a recours pour ses déductions d'un espace à quatre dimensions, ont leur origine dans les recherches de l'empiriste Ueberweg, qui fut le véritable précurseur de Helmholtz et de Sophus Lie dans cette voie. Leurs études sur les déplacements avaient une raison d'être parce qu'ils *admettaient* tous les deux l'existence d'un espace *réel* à trois dimensions. En effet, l'existence d'un espace réel est une condition préalable et absolue pour que les déplacements des corps solides y soient possibles. *La représentation* d'un espace à trois dimensions doit nous être familière pour que nous puissions y étudier les déplacements.

« L'espace euclidien n'est pas une forme imposée à notre sensibilité, puisque nous pouvons *imaginer* l'espace non euclidien », écrit M. Poincaré (*La Valeur de la Science*, p. 65). Le mot *imaginer* signifie-t-il « nous représenter » ? Or, nous pouvons très bien nous représenter un espace à trois dimensions, mais nullement un à quatre, et cela justement parce que cette représentation de l'espace euclidien est « imposée à notre sensibilité », ou, pour employer le langage précis de la physiologie des sens, nous est imposée par les perceptions des trois directions des ondes sonores qui, grâce aux fonctions des trois paires de canaux semi-circulaires, nous donnent la représentation des trois coordonnées de Descartes.

Si « imaginer » veut dire que nous pouvons *discuter*, à l'aide de l'analyse ou d'une dialectique métaphysique plus ou moins subtile, l'existence d'une quatrième dimension, alors aucune analogie n'est admissible entre les deux géométries. La *réalité* de la géométrie euclidienne est confirmée par toutes les expériences depuis plus de deux mille ans, tandis que la géométrie non euclidienne a été désignée par ses fondateurs eux-mêmes comme une géométrie *imaginaire*, — c'est-à-dire ne reposant sur rien de réel. Pour prouver, à l'aide du groupe des déplacements, la possibilité d'imaginer une quatrième dimension, M. Poincaré a recours au sens musculaire qui nous donnerait « nos sensations étendues » (p. 129) Or le sens musculaire n'existe pas (voir § 2 et ch. II, § 5), pas plus d'ailleurs que les sensations étendues. Ces sensations musculaires, purement imaginaires, M. Poincaré les groupe en séries « classées en trois classes correspondant aux trois dimensions de l'espace »... « Si je veux imaginer une quatrième dimension, dit-il, je supposerai une autre série de sensations musculaires, faisant partie d'une quatrième classe. » Ce raisonnement ne revient-il pas à créer une géométrie imaginaire à l'aide d'une physiologie imaginaire ?

Dans l'ouvrage auquel sont empruntées les citations précédentes, M. Poincaré traite de la *géométrie qualitative*. Cette nouvelle géométrie, créée par Riemann, Cremona et Bait, et baptisée du nom d'*Analysis situs*, fait abstraction de toute idée quantitative. « Les théorèmes de l'*Analysis situs* ont donc ceci de particulier qu'ils resteraient vrais si les figures étaient copiées par un dessinateur malhabile, qui altérerait grossièrement toutes les proportions et remplacerait les droites par des lignes plus ou moins sinueuses... » « Les mêmes questions qui s posaient à propos des vérités de la géométrie euclidienne, se posent de nouveau à propos des théorèmes de l'*Analysis situs*. Peuvent-ils être obtenus par un raisonnement déductif? Sont-ce des conventions déguisées? Sont-ce des vérités expérimentales? Sont-ils les caractères d'une forme imposée soit à notre sensibilité, soit à notre entendement? Je veux simplement observer que les deux dernières solutions s'excluent, ce dont tout le monde ne s'est pas toujours bien rendu compte. Nous ne pouvons pas admettre à la fois qu'il est impossible d'imaginer l'espace à quatre dimensions et que l'expérience nous démontre que l'espace a trois dimensions. »

Il serait plus juste de dire : « Nous ne *voulons* pas admettre », puisque depuis des milliers d'années des milliers d'expériences l'ont démontré. Et pourquoi M. Poincaré ne veut-il pas l'admettre? « L'expérimentateur pose à la nature une interrogation : est-ce ceci ou cela? et il ne peut la poser sans imaginer les deux termes de l'alternative. S'il était impossible de s'imaginer l'un de ces termes, il serait inutile et d'ailleurs impossible de consulter l'expérience[1]. » Il ne s'agit, comme l'on voit, que de purs sophismes ou plutôt de simples jeux des mots. Comme la représentation de l'espace euclidien, celle de la géométrie qualitative nous est possible. M. Poincaré reconnaît même que « le théorème le plus important de l'*Analysis situs* est celui que l'on exprime en disant que l'espace a trois dimensions ». En effet, comme la géomé-

1. H. Poincaré. *La Valeur de la Science*, chap. III, pp. 67-69.

trie de Thalès, la géométrie qualitative repose entièrement
sur les perceptions des sensations de *direction*, c'est-à-dire
sur les fonctions du sens géométrique du système des canaux
semi-circulaires. Le sens arithmétique du limaçon, qui, grâce
à la perception des *hauteurs* des sons, nous fournit la connaissance des nombres, n'y participe nullement.

« Rarement une année se passe sans qu'un essai paraisse
destiné à combler cette lacune (quant à l'origine des axiomes
euclidiens), mais nous devons reconnaître franchement que
nous n'en sommes pas beaucoup plus avancés qu'Euclide il y
a 2000 ans. Un tel aveu, franc et loyal, nous parait plus digne
de la science que les vains efforts pour cacher, par un tissu
éphémère de démonstrations factices, une lacune que nous
sommes hors d'état de combler !» Ainsi parlait Gauss en
1816. Malgré la création de la géométrie non euclidienne, ces
paroles ont gardé toute leur valeur par rapport au problème
de l'espace, — jusqu'à la découverte des organes de sens
généraux pour la perception des trois directions, découverte
qui nous a permis d'établir l'origine physiologique des définitions et des axiomes d'Euclide.

§. 5 — L'ORIGINE PHYSIOLOGIQUE DES DÉFINITIONS ET DES AXIOMES D'EUCLIDE.

Lorsqu'on suit au cours des siècles les efforts réitérés des
mathématiciens pour prouver les axiomes d'Euclide, et plus
particulièrement le onzième, on constate que la notion de
direction est le « *Leitmotiv* » de la plupart des solutions
proposées. Jusqu'au milieu du XIXᵉ siècle, mathématiciens et
philosophes se sont servis de cette notion, en apparence si
claire, pour formuler leurs théories les plus satisfaisantes.
Même plusieurs promoteurs de la géométrie non euclidienne
espéraient encore|baser sur la direction l'axiome des paral-
lèles. Dans ses premiers essais géométriques, Lobatchewsky

définissait les parallèles, comme on l'avait fait avant lui, « les lignes de même direction ». Dans les passages de l'œuvre posthume et de la correspondance de Gauss où il est question des premiers fondements de la géométrie, l'auteur a souvent recours à la direction quand il cherche l'origine de l'axiome des parallèles. Dans les célèbres articles de la *Quarterly Review*, par lesquels sir John Herschel prit une part décisive à la polémique entre Stuart Mill et Whewell, nous lisons : « La seule notion claire que nous possédons de la ligne droite est l'uniformité de la direction ; car l'espace, en dernière analyse, n'est qu'une quantité de distances et de directions [1]. »

Le philosophe Ueberweg, après avoir tenté, dans son travail déjà cité, de déduire analytiquement, des mouvements des corps solides, les principales formes géométriques, passe enfin à une construction synthétique de la géométrie, où il prend comme base la notion de la direction qu'il cherche à définir. Une très remarquable tentative de résoudre le problème de l'espace à l'aide des sensations de direction fut encore celle de Riehl. Malheureusement, Riehl voulut expliquer les sensations de direction par de problématiques sensations de mouvement, et cela fit échouer sa tentative. En 1890, Heymans reprit l'idée de Riehl, qu'il essaya de développer d'une façon des plus intéressantes. Mais nos travaux des années 1876-1878, sur l'existence d'un organe spécial qui nous fournit les sensations de direction, étaient inconnus à Heymans. Réduit aux seules sensations de mouvement, il ne pouvait réussir mieux que son devancier.

Si, à l'aide de la notion de direction, on ne pouvait aboutir à aucune solution décisive, cela tenait à la difficulté de donner une définition satisfaisante de la direction. En reconnaissant l'importance capitale de la direction, les mathématiciens s'attachaient surtout à la définir. Gauss cherchait

---

1. Sir John Herschel. *Quarterly Review*, juin 1841.

en vain à réagir contre cette tendance, et le passage suivant montre qu'il avait très justement pressenti l'origine
physiologique de la notion de direction :

« La différence entre droite et gauche ne peut pas être
définie, mais seulement indiquée ; il y a entre elles une corrélation analogue à celle qui existe entre doux et amer. Mais
omne simile claudicat ; la dernière comparaison n'est valable
que pour des êtres qui possèdent les organes du goût, la première existe pour tous les esprits auxquels la perception du
monde matériel est accessible. Deux esprits de cet ordre ne
peuvent pourtant s'entendre *directement* sur *droite* et *gauche*
que si quelque objet individuel et matériel vient jeter entre
eux un pont. Je dis *directement*, car A peut aussi s'entendre
avec Z au moyen de ponts matériels jetés successivement
entre A et B, B et C, etc. J'ai indiqué brièvement dans les
Göttingische gelehrte Anzeigen, 1831, p. 635, quelle en est la
portée en métaphysique, et j'ai ajouté que j'y trouvais la
réfutation de la chimère de Kant que l'espace serait uniquement une forme de notre intuition. » (Lettre à Schumacher,
du 8 février 1840). *Ces paroles du plus éminent mathématicien
du siècle dernier pourraient presque servir d'épigraphe à notre
étude, car on y trouve le fond même de la solution donnée ici au
problème de l'espace.*

Les directions *gauche* et *droite* (de même que avant et
arrière, haut et bas) sont des sensations comme *doux* et *amer*,
rouge et *vert*. La différence entre ces sensations ne peut pas
être *définie*, mais seulement *indiquée*. Les « ponts » qu'il s'agissait d'établir entre les différents esprits, afin qu'ils pussent
s'entendre sur les directions et arriver à une solution du problème de l'espace, ces ponts sont jetés par les travaux qui
ont reconnu l'existence d'un organe de sens *ad hoc*, destiné à
nous donner des sensations de direction de trois qualités
différentes, « lesquelles nous rendent accessible la perception
du monde matériel ».

Ces idées si claires de Gauss sur l'importance de la direction dans le problème de l'espace n'ont été révélées que récemment par la publication de ses œuvres posthumes. Elles n'ont donc pas pu empêcher que, faute de définition, la direction ne fût presque bannie de la géométrie dans la solution du problème de l'espace au moyen du concept de la *distance*.

Déjà Proklos avait essayé de démontrer le onzième axiome en remplaçant la *direction* par la *distance*. En développant l'idée de Proklos, on arriva à définir les parallèles « comme lignes équidistantes », au lieu de « lignes de même direction » ainsi que les définissait Lobatchewsky d'après Jacobi et autres. La *distance* fut redevable de sa victoire sur la *direction* à la physiologie ou, plus exactement, à l'optique physiologique. En effet, la notion de la *distance* comme grandeur métrique repose sur l'estimation visuelle (*Augenmass*).

En étudiant par voie analytique les mouvements des corps solides, on prend en considération presque exclusivement l'espace visuel. Pour ces études, la notion de *distance* a donc pu fournir une base tangible. Et lorsqu'on chercha ensuite à appliquer *directement* les expériences de l'espace visuel à la connaissance de l'espace absolu, la *distance* devait forcément remplacer la direction [1]. Aussi Helmholtz cherchait-il à combattre la légitimité de l'emploi de cette dernière notion : « Comment définirait-on la direction, sinon précisément par la ligne droite? Ici nous tournons dans un cercle vicieux. »

Nous pouvons moins encore définir exactement les sensations de doux et d'amer, de rouge et de vert que les trois di-

---

1. Comprenant fort bien que la géométrie des formes non euclidiennes de l'espace doit rester purement transcendantale et sans aucun rapport avec l'expérience de nos sens, plusieurs partisans autorisés de cette géométrie désirent également renoncer à la *distance*. Ainsi Killing dit : « De même que la géométrie a dû écarter la notion de direction dans le sens employé pour l'axiome des parallèles, de même la notion de distance comme notion fondamentale ne pourra être maintenue et par suite ne pourra être d'une grande utilité pour les formes d'espace non euclidiennes dans le sens strict. » (*Die nicht-euklidischen Raumformen.* Leipzig, 1885.)

rections fondamentales (sagittale, transversale et verticale).
Néanmoins, les notions des couleurs et des directions sont
claires pour nous. A l'aide des notions de couleur, Young,
Helmholtz et autres ont pu formuler la théorie des couleurs.
Pourquoi Euclide n'en aurait-il pu faire autant pour la géo-
métrie avec les notions de directions?

Le présent essai, le premier qui tende à ramener les définitions et les axiomes d'Euclide à leur origine physiologique,
aux sensations de l'appareil des canaux semi-circulaires, ne
pourra donner que des indications générales sur l'origine des
notions qui avaient servi à les formuler. Aussi sommes-nous
loin de considérer comme définitifs les détails de notre
démonstration. Si nous réussissons à faire partager notre
conviction que la géométrie d'Euclide a pour bases naturelles les perceptions du sens de l'espace, le développement
ultérieur de cette démonstration ne tardera pas à être donné
par des géomètres compétents. C'est pourquoi nous ne consi-
dérerons ici que quelques formes géométriques d'Euclide les
plus importantes.

La ligne droite est définie ainsi par Euclide : « La ligne
droite est celle qui est également située entre ses extrémités. »
« *Recta linea est, quæcunque ex æquo punctis in ea sitis iacet* »
(traduction König). La traduction allemande que donne
Lorenz, aussi d'après le texte grec, a le même sens : « Eine
gerade Linie ist diejenige welche zwischen allen in ihr
befindlichen Punkten auf einerlei Art liegt [1]. »

La notion de la ligne droite qu'Euclide a voulu définir
apparait clairement : une ligne située *d'une seule façon*, ou
également, par rapport à tous ses points; cela signifie une
ligne qui ne dévie ni ne se courbe d'aucun côté, c'est-à-dire
qui conserve la même direction.

La ligne droite est la ligne de direction constante, comme

---

1. Clavius propose encore une autre traduction :

« Nullum punctum intermedium ab extremis sursum aut deorsum *vel
huc vel illuc flectendo subsaltat.* »

le disait avec raison Ueberweg. Ce philosophe essaya de donner à la définition une base plus strictement scientifique, en déduisant la *direction* du mouvement des corps solides. « Nous nommons *droite* la ligne qui, dans sa rotation autour de deux points fixes, ne sort pas d'elle-même. » Sans compter que la *rotation* présuppose déjà la notion de *direction*, cette origine ne peut répondre à la définition d'Euclide, car celui-ci a certainement, de propos délibéré, exclu de son premier livre la notion de mouvement. Cette exclusion indique assez clairement que la notion de mouvement était étrangère aux idées qui l'inspiraient dans ces définitions. Les idées devenues familières aux non euclidiens, grâce à certaines hypothèses émises seulement au cours du siècle dernier, n'ont pu évidemment exercer aucune action sur Euclide.

On invoque, il est vrai, l'axiome de la congruence comme preuve qu'Euclide, dès son premier livre, avait déjà en vue le mouvement. Même s'il en était ainsi, cela ne prouverait nullement que dans ses autres définitions il s'inspirât de notions analogues. En réalité, la congruence n'est basée que sur la similitude. Comment s'exprime l'axiome d'Euclide sur la congruence? « Quæ sibi mutuo congruunt sunt æqualia. » « Les grandeurs qui coïncident sont égales et semblables. » (König.) Lorenz traduit : « Was einander *deckt* ist einander gleich. » Lambert : « Ausgedehnte Grössen, die *auf einander passen*, sind einander gleich. »

Où voit-on là l'expérience tirée du mouvement? Si la congruence avait pour base l'expérience, elle nous serait inconnue encore aujourd'hui. En effet, où l'expérience nous montre-t-elle des choses qui coïncident complètement ou qui soient parfaitement égales? Une congruence strictement exacte des corps solides est impossible, et ce n'est que sur des corps solides que l'expérience peut s'appuyer. En réalité, la seule congruence parfaite que nous connaissons est celle qui est produite dans notre conscience par la fusion de deux images ou de deux directions identiques. La notion de la congruence nous vient peut-être justement d'une fusion pareille. Au fond, on ne trouve dans les définitions et les axiomes du premier livre d'Euclide que les notions de *direction* et de *position*.

Nous avons rappelé plus haut le fonctionnement normal du labyrinthe en tant qu'organe périphérique des sensations de direction, et montré le mécanisme intime par lequel ces sensations provoquent des mouvements oculaires. Il s'agit ici d'indiquer comment nos perceptions de la direction du son peuvent conduire à la représentation de la ligne *droite comme ligne d'une seule direction*.

En même temps que l'animal perçoit une sensation de direction simultanément avec la sensation du son ou du bruit provoquée par la même cause extérieure (vibration de l'air), la même excitation des nerfs ampullaires produit des mouvements oculaires destinés à diriger son regard dans la *direction* perçue, afin d'en découvrir la cause. Si ces mouvements ne suffisent pas pour diriger la ligne visuelle dans cette direction, des mouvements de la tête et, éventuellement, du corps entier interviennent, déterminés eux aussi par la même excitation des terminaisons nerveuses des canaux semi-circulaires.

Le chemin le plus court qui conduit de la source d'excitation des nerfs de l'ampoule au point où a lieu la perception de la direction est la ligne droite de cette direction. Cette ligne droite coïncide avec la ligne visuelle (*Blicklinie*). Elle est limitée d'une part par le point d'excitation, d'autre part par le point de perception; elle en indique ainsi la *distance*. La *direction idéale*, comme telle, n'a pas de limites ; elle peut s'étendre à l'infini. Aussi pouvons-nous, dans notre esprit, prolonger des deux côtés la ligne droite, en suivant la direction à laquelle elle correspond.

C'est cette propriété de la ligne droite idéale, déterminée par son origine même, qui explique et justifie la seconde demande d'Euclide : « Toute ligne droite peut toujours être

prolongée en direction droite. » Psychologiquement, d'après
le mécanisme exposé, on pourrait dire : La ligne droite est
la représentation immédiate d'une sensation de direction.

Cette origine de la notion de la ligne droite détermine également sa qualité d'être la ligne la plus courte entre deux
points (Archimède) et justifie aussi la définition de Legendre:
« La droite est le plus court *chemin* d'un point à un autre. »
On a reproché à cette définition de nécessiter la définition
préalable du *chemin* ; l'origine physiologique de la *direction* en
indique directement le sens précis. Ainsi donc, la définition
de Legendre correspond encore beaucoup plus exactement
à l'origine physiologique de la *droite idéale.*

Par la seconde demande citée plus haut, Euclide montre
peut-être encore plus nettement que par sa définition que la
notion de la droite est déterminée par l'aperception (*Anschauung*) de la direction.

Le douzième axiome le fait d'une façon non moins con-
vaincante : « Deux droites ne peuvent pas renfermer un
espace », ou : deux droites ne peuvent se croiser qu'une fois et
divergent ensuite à l'infini. Ceci résulte directement *de la projection au dehors de deux sensations de directions différentes.* Il
suffit de fixer un instant notre attention sur deux directions
de qualité différente pour avoir la certitude qu'elles ne
peuvent plus jamais se rencontrer. Cette certitude résulte de
nos perceptions mêmes.

La preuve la plus évidente que la notion de la ligne droite,
comme ligne de direction constante et comme chemin le plus
court entre deux points, a son origine dans les sensations du
labyrinthe de l'oreille, nous la trouvons dans ce fait : non seulement l'homme, mais tous les animaux qui possèdent
cet organe, et *eux seulement, connaissent la ligne droite comme
le chemin le plus court.* Ils se dirigent avec la plus grande précision dans la ligne droite pour parvenir le plus rapidement
possible à leur but. Par contre, les animaux auxquels manque
cet organe spécial et qui s'orientent à l'aide de leur vue ou de

leur odorat seulement *sont incapables de suivre la ligne droite.*

Qu'on observe, par exemple, les pigeons voyageurs quand ils retournent au colombier, les chiens quand ils traversent une rue, les bêtes poursuivies à la chasse, et l'on verra avec quelle sûreté ils savent, en changeant brusquement de direction, prendre la diagonale pour raccourcir leur chemin. Par contre, les animaux, même ceux qui, comme les abeilles et les fourmis, sans labyrinthe, s'orientent pourtant à la perfection, ne se meuvent qu'en arcs ou en demi-cercles. La ligne droite leur est inconnue.

Dans la classe des animaux vertébrés, des défauts innés ou accidentels des canaux semi-circulaires peuvent entraîner l'absence ou la perte de cette connaissance de la direction en ligne droite. Ce fait s'observe chez certaines souris dansantes japonaises et chez les lamproies[1], comme chez les pigeons, les lapins, les grenouilles et autres animaux qui ont subi certaines mutilations du labyrinthe, et cela, même quand leur vue est restée intacte.

L'homme peut perdre la connaissance de la ligne droite, momentanément ou pour un temps plus ou moins long, par suite de maladies du labyrinthe, d'intoxication, de mouvements inaccoutumés, tels que le balancement et la rotation prolongée autour d'un axe longitudinal, ou de toute autre cause accidentelle qui, conséquemment, parvient à troubler l'harmonie des rapports normaux entre le sens de l'espace et celui de la vue[2].

Les expériences et observations innombrables qui ont établi ces faits d'une façon indiscutable n'admettent qu'une *seule* interprétation : nos notions de la ligne droite, cette

1. Ces êtres à une ou deux paires de canaux, c'est-à-dire qui ne connaissent qu'une ou deux directions de l'espace, ne se meuvent jamais en ligne droite, mais en zigzags et en cercles.

2. Voir, sur la portée physiologique de ces rapports, les chapitres de mon ouvrage (*Ohrlabyrinth*) consacrés au vertige, à la rotation et aux observations sur les sourds-muets.

figure fondamentale de la géométrie d'Euclide, proviennent des sensations de direction dues au labyrinthe.

Une fois que la définition de la ligne droite idéale se trouve expliquée par son origine physiologique, les difficultés que présentait jusqu'ici l'axiome des parallèles d'Euclide disparaissent: sont parallèles les lignes droites qui, situées dans le même plan, ne se rencontrent d'aucun des deux côtés, à quelque distance qu'on les prolonge. Dans leurs tentatives pour préciser cette définition et établir l'exactitude de l'axiome XI, qui en est la conséquence, les mathématiciens se heurtaient à une difficulté capitale, à l'impossibilité de démontrer que les lignes *tracées* étaient vraiment des *droites* idéales situées dans un plan, telles qu'Euclide les exigeait. C'est aux notions de direction ou de distance qu'ils avaient le plus souvent recours pour pouvoir donner cette démonstration : sont parallèles les lignes qui ont une seule et même direction ; ou : les lignes parallèles sont celles qui, dans leur parcours, conservent la même distance entre elles [1].

Comme nous l'avons vu, ces deux notions, ramenées à leur vraie signification physiologique, ont été déterminantes pour l'origine de la définition euclidienne de la ligne droite, ce qui indique par conséquent la même origine naturelle à la définition par Euclide des droites parallèles. S'il en est ainsi, la notion des parallèles doit être connue également des animaux et des enfants. En effet, les uns et les autres savent très bien que les directions et les chemins parallèles ne peuvent se rencontrer. Dans les jeux des enfants entre eux ou avec des animaux et dans la poursuite de ces derniers, on constate facilement ceci : l'animal, poursuivi sérieusement ou par jeu, cherche dans sa fuite à garder la *même direction* que celui qui le poursuit ; tandis qu'au contraire celui-ci cherche à saisir le fugitif en déviant de la direction parallèle et en prenant la diagonale. Quand le poursuivant change de direction, le

1. Voir plus bas, pp. 85 et suivantes.

poursuivi choisit, lui aussi, la direction nouvelle, et cherche en même temps, d'un coup d'œil, à rester à égale distance du poursuivant. Quand le jeu a lieu dans un espace limité, on s'aperçoit que la poursuite s'opère en zigzags [1]. Or, si le poursuivi n'avait pas conscience qu'en gardant la direction parallèle il rend une rencontre impossible, il aurait, pour échapper à la poursuite, choisi plutôt une direction opposée à celle qu'avait adoptée le poursuivant.

Il ne peut être question chez les animaux d'idéalisation ou d'abstraction d'expériences acquises antérieurement. La notion des parallèles leur est donc donnée directement par des sensations particulières. L'existence de pareilles sensations et leur siège me furent révélés au cours de mes nombreuses recherches relativement à l'homme sur nos illusions dans la détermination des directions.

Ces recherches, exposées ailleurs en détail [1](*Ohrlabyrinth*, ch. V, § 12), portèrent également sur l'origine de nos sensations de parallélisme. Leur résultat principal est que ces sensations ont leur siège dans un organe de sens situé dans la tête, et notamment dans les quatre canaux verticaux. Le vertical gauche est parallèle au sagittal droit ; le vertical droit, au sagittal gauche.

Ces observations nous donnent un nouvel exemple de la collaboration harmonieuse du labyrinthe de l'oreille avec l'organe de la vue, sur laquelle sont basés les rapports entre l'espace réel et l'espace visuel. Les nerfs vestibulaires jouent dans ces rapports le rôle déterminant, grâce à leur action sur les nerfs oculo-moteurs. La notion des trois directions de l'espace doit déjà exister pour que notre orientation dans l'espace visuel soit possible. Il en est de même pour l'orientation dans les directions parallèles.

La notion de l'*infinité* de la ligne droite, telle qu'elle résulte de la seconde demande d'Euclide, a été également utilisée par

1. Sur le jeu des animaux en zigzags, voir, entre autres, l'ouvrage très intéressant de Groos, *Die Spiele der Thiere*. Iéna, 1896.

plusieurs mathématiciens pour démontrer l'axiome des parallèles. Il résulte des expériences que la notion du parallélisme est également une conséquence de la notion de direction idéale, telle qu'elle nous est donnée par les sensations du labyrinthe de l'oreille.

La définition du plan adoptée par Euclide : « une surface située d'une seule façon entre toutes les lignes qui se trouvent en elle », est considérée par tous les géomètres comme analogue à sa définition de la ligne droite. Avec notre connaissance actuelle de l'origine physiologique de la notion de la ligne droite, il ne serait pas difficile de déduire la notion du plan des sensations de directions identiques, perçues par les extrémités des nerfs situés tous dans le plan d'*un seul* canal semi-circulaire. Les propriétés du plan pourraient sans difficulté s'accorder avec une semblable origine de nos représentations de cette forme d'espace.

La notion de l'angle, tel qu'Euclide le définit, nous est donnée par intuition directe de la même manière : un angle plan est l'*inclinaison* de deux lignes qui se rencontrent dans un plan sans être situées en ligne droite. *Inclinaison* ne peut vouloir dire autre chose que *différence de direction*, car les mots *en ligne droite* n'admettent que la seule signification : *en direction droite*. Ueberweg qui, dans la partie synthétique de son très important travail, a donné tant d'exemples de divination vraiment extraordinaire, formule de la manière suivante cette définition d'Euclide : « La différence des directions de deux lignes partant d'un point s'appelle angle. » Il a suffi à Ueberweg d'avoir présente à l'esprit la notion de direction, lorsqu'il déduisit les formes d'espace d'Euclide, pour deviner juste que cette notion provient des sensations. Car, même avec la connaissance actuelle de l'origine physiologique de la notion de *direction*, on ne pourrait définir l'angle d'une façon plus exacte. Il suffirait de remplacer « *partant* d'un point » par « se *rencontrant* en un point », puisque nous projetons nos sensations à l'extérieur.

La disposition des canaux semi-circulaires en trois plans perpendiculaires les uns aux autres a pour conséquence que l'idée de l'*angle droit* nous est donnée directement. Aussi la définition de cet angle précède-t-elle chez Euclide celle des autres angles, aigu et obtus.

Il ne serait pas difficile de ramener à une origine analogue les autres définitions du premier livre d'Euclide. La notion du cercle pourrait, par exemple, être déduite de la rotation des globes oculaires, ou, éventuellement, de notre tête et de notre corps, autour de leur axe longitudinal, au moment de la détermination de la direction ressentie.

Nous ne nous arrêterons un moment qu'à la définition du point telle qu'elle a été formulée par Euclide : « *Un point est ce qui ne peut être divisé.* » On a proposé diverses autres définitions : « les extrémités d'une ligne se nomment points » (Legendre) ; « le point est le lieu où deux lignes se coupent» (Blanchet). Ces définitions peuvent sans difficulté, après ce que nous venons d'exposer, être ramenées à leur origine naturelle. Cependant celle d'Euclide nous paraît encore la plus exacte au point de vue physiologique. On lui a reproché d'être trop générale, et de convenir aussi à la conscience, à l'intelligence, ou à l'âme[1]. Mais, peut-être, ce reproche même fait mieux ressortir la notion qu'Euclide avait en vue en formulant sa définition : le point où toutes les sensations de direction se rencontrent est précisément la *conscience du moi* (*Selbstbewusstsein*), qui n'admet ni division ni étendue. Ce point répond au point *O* d'un système de trois coordonnées rectangulaires. C'est dans notre *moi conscient* que se croisent les trois directions, et c'est là qu'elles *changent de signe*, c'est-à-dire de *positives* deviennent *négatives* : dans la direction verticale, — le haut passe au bas ; dans la transversale, — le droit passe au gauche ; dans la sagittale, — l'avant passe à l'arrière. Ces changements de désignation des sens de

---

1. Voir le développement de ce point capital pour la psychologie de la conscience plus bas, ch. III, §§ 5-6.

la direction n'indiquent en effet que la *relation* entre la direction de l'espace réel et le *moi conscient.*

Les définitions d'Euclide, comme je viens de le montrer, ne sont donc point des *postulats* ou des *hypothèses*, mais l'expression de notions géométriques qui nous sont fournies directement par les perceptions de nos sens. Les figures géométriques sont des *grandeurs idéales d'espace perçues* et non des *corps géométriques idéalisés.* Elles se présentent déjà à notre conscience comme *formes idéales* et ne proviennent pas de l'idéalisation d'expériences brutes sur des objets réels. Les tentatives, aussi nombreuses que vaines, pour prouver les axiomes d'Euclide échouèrent par suite de l'impossibilité de démontrer la légitimité d'une pareille idéalisation. Euclide lui-même basait ses définitions et axiomes (notions communes) sur des notions intuitives; il tint donc pour superflu, ou pour impossible, d'en donner la démonstration. Mais il n'était pas moins convaincu de leur exactitude. Les mathématiciens qui cherchaient la démonstration du onzième axiome le faisaient précisément parce qu'eux aussi ne doutaient pas de son exactitude absolue[1]. La première partie de l'axiome, que deux droites situées dans un même plan, quand elles forment avec une droite qui les coupe deux angles intérieurs moindres que deux angles droits, étant prolongées, doivent se *rapprocher*, demandait à peine à être prouvée. Le reproche qu'on adressait à Euclide était d'avoir ajouté, sans fournir de raisons péremptoires, que de telles droites situées dans le même plan, suffisamment prolongées, devaient se rencontrer à la fin. La raison de cette nécessité se trouvait pourtant déjà dans la deuxième demande d'Euclide, laquelle, comme nous l'avons vu, est légitimée par l'origine même de notre notion de la ligne droite.

Avec la connaissance de l'origine physiologique de la notion

---

[1] *Euclides ab omni ævo vindicatus*, tel est, par exemple, le titre de la remarquable étude de Saccheri, l'un des précurseurs de la géométrie non euclidienne.

des parallèles idéales, le onzième axiome d'Euclide aurait peut-être pu se formuler ainsi : si une ligne droite coupe deux autres lignes droites *non parallèles* situées dans le même plan, les deux angles intérieurs que fait cette ligne droite seront inférieurs à deux droits du côté où ces deux lignes prolongées finissent par se rencontrer. Ainsi formulé, le onzième axiome serait devenu une vraie notion commune. Mais aurait-il suffi pour démontrer la proposition 29?

Les géomètres qui, comme Ramus, Clairaut, etc., prétendaient qu'il était inutile de chercher à démontrer ce qui était en soi parfaitement clair, partageaient l'avis d'Euclide. D'ailleurs, maintenant que nous savons que les bases naturelles de la géométrie euclidienne se trouvent dans les perceptions de nos sens, les démonstrations fournies par Wallis, Lambert, Saccheri et autres[1] acquièrent leur pleine et entière valeur.

A la démonstration donnée en 1878 que nos idées des trois étendues de l'espace reposent sur les sensations de direction de notre appareil de canaux semi-circulaires, s'ajoute désormais cette autre certitude que les définitions et les axiomes les plus importants d'Euclide[2] ont aussi leur origine dans les fonctions de cet appareil et dans ses rapports physiologiques avec l'appareil de la vue. De tout temps, les mathématiciens considéraient la *direction* et la *distance* comme les deux bases fondamentales sur lesquelles doit être édifiée la géométrie : notre démonstration vient d'établir qu'elles constituent en effet les bases naturelles de la géométrie d'Euclide.

Cette origine établit très nettement la différence essentielle entre les formes d'espace de la géométrie d'Euclide et celles de la géométrie non euclidienne. Les premières nous sont imposées par les fonctions d'un organe *des sens ad hac*. L'expérience de milliers d'années a démontré leur certitude absolue. Par là-même apparaît la parfaite concordance des

1. En particulier, les preuves physico-géométriques de Saccheri.
2. A partir de la 29° proposition. presque toute la géométrie d'Euclide est construite sur le 11° axiome.

perceptions de cet organe avec les propriétés de l'espace qui nous entoure (voir § 4).

La géométrie non euclidienne, par contre, a son origine dans de pures opérations de l'*esprit*. Elle ne repose que sur la négation de la valeur absolue de l'axiome des parallèles d'Euclide ou, pour employer l'expression usuelle, sur l'indépendance des formes d'espace par rapport à cet axiome. Les espaces qu'elle admet ne concordent ni avec les perceptions de nos sens, ni avec aucune de nos expériences tirées jusqu'ici de l'espace physique. C'est avec raison que Lobatchewsky l'avait dénommée la géométrie *imaginaire*, par opposition à la géométrie *naturelle* d'Euclide. Ses formes d'espace sont purement transcendentales et presque inaccessibles à notre représentation. La preuve reste encore à faire qu'elles existent dans le monde réel.

Les mouvements des corps solides dans ces espaces transcendentaux peuvent être déduits analytiquement au moyen d'équations variables. Mais les formules algébriques ne peuvent pas prouver que les lois de ces mouvements trouvent leur application quelque part dans l'espace réel. La possibilité, par exemple, de la déduction des groupes qui correspondent à la géométrie de Lobatchewsky ne prouve ni que la « notion des groupes continus » nous est innée, ni que « l'espace (réel) est un groupe » (Poincaré).

La possibilité pour notre esprit d'*imaginer* des formes d'espace indépendantes du onzième axiome n'infirme donc nullement l'exactitude ou la validité de cet axiome. Par conséquent, il ne peut pas être sérieusement question d'une équivalence des deux géométries, et encore moins est-il permis de considérer la géométrie d'Euclide comme un cas spécial (*Specialfall* selon Klein) d'une géométrie générale, qui ferait abstraction de l'axiome des parallèles. Le fait que les axiomes d'Euclide ont leur origine naturelle dans les perceptions de nos sens indique clairement que l'indépendance réciproque des axiomes (du premier livre du moins) est tout à fait illusoire.

« Si la représentation de l'espace, a dit très justement Taurinus, l'un des précurseurs de la géométrie non euclidienne peut être considérée comme une simple forme des sens extérieurs, il est incontestable alors que le système d'Euclide est le seul vrai. » Qu'il en soit réellement ainsi, cela doit paraître hors conteste après la preuve établie de l'origine physiologique des définitions euclidiennes de la droite et des parallèles.

Comme je l'ai déjà dit, la géométrie d'Euclide trouve ses bases naturelles les plus importantes dans les fonctions physiologiques du labyrinthe de l'oreille. Mais cette géométrie ne repose pas uniquement sur des axiomes et des définitions. Depuis Pythagore. la géométrie est devenue une théorie des grandeurs; ses propositions peuvent être vérifiées par la mesure et l'expérience. C'est ainsi que leur exactitude et leur validité pour l'espace physique accessible à nos sens ont toujours pu être pleinement confirmées, aussi bien en physique qu'en astronomie. Toute mesure exige la connaissance du nombre. Or, cette connaissance, nous la devons également aux fonctions de certaines parties de notre organe auditif. Tandis que les canaux semi-circulaires nous fournissent les perceptions *de trois directions* des sons sur lesquelles repose notre concept d'un espace à trois dimensions; les fonctions des autres parties de notre appareil auditif nous font connaître les nombres par les sensations *de la hauteur des divers sons. Sur cette connaissance des nombres repose également notre concept du temps* (voir le chap. suivant). C'est grâce à cette connaissance du nombre que s'accomplissent dans nos centres cérébraux la distribution des forces d'innervation à nos appareils moteurs et celle des forces psychiques dans les centres sensibles et sensoriels (voir ch. III, § 2,).

§ 6. — LA SOLUTION DU PROBLÈME DE L'ESPACE.

Des trois questions essentielles au problème de l'espace (voir § 3), deux ont trouvé leur solution dans le fait de ramener la géométrie d'Euclide à ses bases naturelles. L'espace euclidien est l'espace physiologique, c'est-à-dire que les formes géométriques dont Euclide s'occupe nous sont données par les perceptions de nos sens, spécialement du *sens géométrique de l'espace*.

La troisième partie du problème, celle qui porte sur la réalité de l'espace, ne peut guère être discutée par le naturaliste; car une réponse négative entraînerait la négation de l'existence des organes des sens, de l'entendement humain et de celle du naturaliste lui-même. La loi de causalité est le premier fondement de toute connaissance humaine. Elle nous contraint de reconnaître l'existence d'un espace réel, sans lequel ne seraient possibles ni les mouvements des corps solides, ni, en général, les sensations quelconques.

Le pur phénoménalisme de Berkeley ne pourra jamais être professé par le naturaliste, quelle que soit l'admiration que puissent inspirer la profondeur d'esprit et l'extraordinaire habileté de ce penseur. S'il n'y avait d'autre vérité que la *vérité psychique*, tous les hommes devraient être *du même avis*. Or, on ne trouverait peut-être pas deux métaphysiciens qui soient *complètement* d'accord sur n'importe quelle question théorique de la connaissance.

Ce n'est certes pas un hasard que les physiologistes n'aient commencé à s'intéresser au problème de l'espace que depuis que Kant, par la doctrine de la « chose en soi », essaya de concilier le système de Berkeley avec les plus élémentaires exigences de la raison humaine. La doctrine de l'origine *a priori* de nos représentations de l'espace a du moins fourni une base possible à la discussion scientifique. On a vu plus haut que Kant n'eut recours à cette doctrine qu'après avoir reconnu l'impossibilité de déduire de l'expérience, basée sur les perceptions des *cinq sens connus* (à proprement parler même du sens de la vue), l'existence de nos idées d'un espace à trois dimensions.

Cette impossibilité a aussi ramené à la doctrine de Kant

les créateurs de la géométrie non euclidienne, bien qu'ils se
déclarassent, à l'exception de M. Poincaré, partisans résolus des
idées empiriques. La constatation de l'existence d'un sens déterminé, auquel nous devons les perceptions des trois directions
de l'espace, a écarté cette impossibilité. Sont innés ou pré-
existants, non pas nos représentations de l'espace ou nos
idées géométriques, mais les organes qui nous fournissent ces
représentations. Les animaux emploient les perceptions des
trois directions de l'espace à orienter leurs mouvements et à
localiser les objets extérieurs dans l'espace visuel ou tactile.
L'homme s'en sert en outre pour la représentation des trois
étendues de l'espace et des trois dimensions des corps solides.
Sur le système des trois coordonnées rectangulaires, formé
par les sensations des trois canaux semi-circulaires disposés
dans trois plans perpendiculaires les uns aux autres, l'homme
transporte les sensations de ses autres organes des sens (voir
ch. III, § 5).

Ces mots de Kant : « l'espace n'est pas autre chose que la
forme de tous les phénomènes de nos sens extérieurs », n'ont
plus de valeur dans le sens strict des termes. Au point de
vue physiologique, la pensée de Kant devrait être formulée :
les propriétés de l'espace nous sont données par la *qualité* des
perceptions du sens de l'espace. *L'organisation physique*, que
Helmholtz présupposait pour expliquer l'idée nécessaire d'un
espace à trois étendues, est basée non seulement sur les fonctions de l'appareil périphérique des canaux, mais aussi sur l'aptitude des centres cérébraux, auxquels aboutissent les nerfs
spatiaux, à percevoir les excitations de ces derniers sous la
forme de directions de trois qualités différentes.

Les trois directions de l'espace perçues correspondent-elles
à *trois étendues réelles de l'espace extérieur*, et les trois dimensions sont-elles des *propriétés réelles des corps solides?* La
structure anatomique des canaux et leur position res-
pective indiquent réellement dans cet organe des sens une
grande concordance entre la nature de nos perceptions et les

propriétés de la « chose en soi ». Ueberweg, qui ne connaissait pourtant pas l'existence de l'organe du sens de l'espace, pressentait déjà la nécessité d'une telle concordance entre nos sensations d'espace et les propriétés de l'espace extérieur. « Si ces dernières étaient sujettes à d'autres lois que celles que nous pouvons tirer de la nature même de nos perceptions géométriques de l'espace, nous pourrions bien édifier une géométrie *pure*, harmonique en elle-même, mais non une géométrie *appliquée*, et surtout nous ne pourrions pas donner une explication géométrique des phénomènes physiques. » Comment, en effet, toutes les mensurations physiques et astronomiques exécutées jusqu'à ce jour auraient-elles pu confirmer les lois de la géométrie d'Euclide, si nos perceptions des trois directions de l'espace ne correspondaient pas à des propriétés réelles de l'espace véritable?

Cet espace n'a-t-il que trois étendues, ou ce nombre trois tient-il aux limites de l'organisation de notre labyrinthe? Des êtres possédant un système de quatre paires de canaux pourraient-ils avoir la *représentation* d'une quatrième étendue de l'espace (non des corps solides)? Dans l'état actuel de la science, comme nous venons de le montrer au paragraphe précédent, il nous paraît impossible de l'affirmer. Ainsi que l'a dit très justement Krause : « Au caractère de la notion d'espace *comme ayant trois directions perpendiculaires les unes aux autres*, une méthode algébrique traitant d'une *quatrième direction* ne changerait absolument rien. »

D'autre part, nous ne *voyons* aussi qu'un nombre limité de vibrations d'éther d'une longueur d'onde déterminée et nous *n'entendons* que des vibrations aériennes de quelques octaves. Malgré cela, nous *connaissons* des vibrations d'éther et d'air qui ne peuvent exciter ni notre rétine ni nos nerfs auditifs. Nous pouvons bien *entendre* les ondes hertziennes invisibles et *voir*, grâce à R. König, plusieurs octaves insaisissables pour l'oreille. Pourquoi donc l'hypothèse de Newcomb, qui suppose que les lois des mouvements dans la quatrième dimension sont valables pour les mouvements des molécules, ne serait-elle pas confirmée un jour, peut-être même pour les vibrations qui provoquent des phénomènes psychiques? La confirmation de cette hypothèse serait le triomphe le plus éclatant de Riemann, qui, dans sa thèse célèbre, prédisait que les rapports métriques de l'espace *dans l'infiniment petit* seraient conformes aux propositions de sa géométrie. L'invraisemblable ne doit pas effaroucher le naturaliste. La plupart des découvertes des quarante ou cinquante dernières années paraissaient aussi inattendues qu'invraisemblables : c'est même pourquoi, comme nous le verrons plus loin, l'expérience les a confirmées.

CHAPITRE II

LE SENS ARITHMÉTIQUE : NOMBRE ET TEMPS

§ I. — INTRODUCTION

Tous les phénomènes de la nature que nous percevons s'accomplissent dans l'espace et le temps. Toutes les sensations qui nous parviennent par l'intermédiaire de nos organes des sens, qu'elles soient produites par des excitations extérieures ou intérieures, sont donc perçues dans l'espace et le temps. Kant disait avec raison que nous ne pouvions rien percevoir du monde extérieur sans situer l'objet perçu dans un temps déterminé et en un lieu fini. Cela est également vrai de tout ce qui se passe dans notre propre corps. Partant de cette proposition que nous pouvons connaître la nature de nos fonctions psychiques à l'aide d'opérations intellectuelles purement spéculatives, le philosophe aborde à la fois le problème de l'espace et celui du temps. Mais la tâche du naturaliste est plus modeste. Il cherche à pénétrer les lois du *monde de la réalité;* aussi l'*expérience sensible* constitue-t-elle un outil indispensable à son travail de recherche et d'exploration. Il connaît la stérilité de tous les systèmes métaphysiques, édifiés jusqu'ici par la méthode purement spéculative, qui devaient nous révéler l'origine et l'essence de toutes choses, et il préfère, même en ce qui concerne les processus psychiques, les soumettre d'abord séparément et dans leurs manifestations perceptibles à l'observation et à l'expérience. Ce n'est qu'après avoir reconnu et établi les mécanismes des processus les plus simples, qu'il procède à la généralisation et à la déduction des lois.

Déjà, lors de mes premières recherches expérimentales sur la structure des canaux semi-circulaires, j'étais parvenu à des résultats réels, grâce auxquels j'avais acquis la conviction qu'il devait y avoir une corrélation étroite entre cette structure et la formation de nos représentations d'espace.

Après avoir établi d'une façon plus précise la destination des canaux semi-circulaires, en tant qu'organes sensoriels servant à la perception des trois directions cardinales de l'espace, j'ai fait entrer dans le domaine de mes études, qui s'étendent sur un intervalle de trente ans, le problème de l'espace proprement dit.

L'effort naturel de chercher simultanément l'origine de nos représentations de temps se heurtait à un grand obstacle. La plupart de mes expériences sur le labyrinthe ont été exécutées sur des animaux. Ce n'est que trente années après le début de mes recherches expérimentales sur les animaux que j'ai pu en confirmer les principaux résultats par une série d'expériences sur l'homme [1]. Or, les animaux se prêtent très peu à des recherches sur les perceptions ou même seulement sur les sensations de temps ; car, d'une façon générale, nous ne pouvons obtenir aucune donnée *directe* sur leurs sensations quelconques. Aussi, lorsqu'il y a plusieurs années MM. Aubert et Yves Delage me mirent en demeure, « puisque j'assigne au sens de l'espace un organe spécial, d'en indiquer un également pour le sens du temps, dont la représentation est, au point de vue métaphysique, parfaitement identique à celle de l'espace ».

---

1. Voir *Ohrlabyrinth*, chap. V.

je déclinai simplement cette invitation : les exigences de la métaphysique n'engagent pas le naturaliste.

Ce n'est qu'après avoir achevé définitivement mes longues études sur le sens de l'espace et donné à ma théorie une forme définitive que j'ai été amené à soumettre à un examen plus attentif la question concernant l'origine de notre représentation de temps. Depuis qu'il fut établi, au début de mes recherches, que l'appareil des canaux semi-circulaires avec ses ganglions cérébraux centraux remplit l'importante fonction physiologique consistant à régler et à mesurer avec une grande précision, lors de l'accomplissement des mouvements volontaires ou réflexes, l'intensité, la *durée* et la *succession* des innervations de nos muscles, cette partie de ma théorie a reçu un développement considérable, grâce à mes propres travaux comme à ceux d'autres chercheurs.

Un des principaux résultats qui se dégage de toutes ces recherches est que, dans certaines terminaisons nerveuses du labyrinthe de l'oreille et dans leurs centres cérébraux, il existe de véritables appareils automatiques de calcul, qui jouent un rôle fonctionnel de première importance dans les innervations des muscles moteurs. L'action de ces appareils de calcul et de mesure, régis par le labyrinthe de l'oreille, ne se borne pas à déterminer les intensités des innervations, mais elle s'exerce aussi sur leur succession et leur durée dans le temps. *Dans notre sphère d'activité motrice, les fonctions du labyrinthe de l'oreille comprennent donc non seulement les processus relatifs à l'espace, mais encore les processus relatifs au temps.* Cette constatation m'a facilité la tâche de faire entrer le problème du temps dans le domaine de mes recherches sur le labyrinthe de l'oreille. Malheureusement, l'application des méthodes expérimentales à l'étude des appareils de mesure automatiques de la durée des innervations n'a pu être faite jusqu'ici que dans des limites très étroites. Pendant les contractions musculaires, il est extrêmement difficile, aussi bien chez les animaux que chez l'homme, de mesurer avec une précision scientifique suffisante les valeurs de ces durées d'innervations. Ainsi que nous l'avons clairement démontré au § 2 du chap. I, les innervations des muscles ne nous fournissent aucune sensation. Ni le profane, ni le physiologiste, quelque attention qu'ils y prêtent, ne découvrent la moindre trace de *perceptions immédiates* de ces innervations.

Mais, au point de vue de la physiologie des perceptions de temps et de la formation de nos représentations de temps, la simple constatation de l'existence de centres cérébraux, chargés de la fonction de régler et de mesurer automatiquement la durée et la succession des innervations, était déjà d'une portée décisive. Non moins importante était la constatation que les centres cérébraux investis de cette fonction se trouvaient, pendant qu'ils l'accomplissaient, sous la dépendance de certaines parties du labyrinthe de l'oreille. Dans l'exposé qui suit, nous verrons que les données acquises par les nombreuses études expérimentales de divers investigateurs autorisés sur la succession et la durée des sensations de nos cinq organes sensoriels spéciaux peuvent être appliquées presque entièrement aux processus analogues qui s'accomplissent dans la sphère d'activité motrice. *Ces deux éléments importants de notre représentation de temps reposent, en effet, sur le fonctionnement des organes des sens pour la direction et pour le nombre, organes renfermés dans le labyrinthe de l'oreille.*

§ 2. — LES SENS GÉNÉRAUX DE E. H. WEBER
ET DE KARL VIERORDT.

La succession et la durée constituent, on le sait, les éléments les plus importants des représentations de temps. Aussi ces deux valeurs de temps ont-elles formé jusqu'ici les principáux objets de la plupart des recherches expérimentales faites par des psychológues et des physiologistes sur les représentations de temps et sur la conscience du temps.

La plupart de ces recherches ont consisté à mesurer, aussi exactement que possible, le temps qui s'écoule entre l'excitation et la perception de la sensation, ainsi que la durée de cette sensation et de ses suites éventuelles. Les sensations dont la durée a été le plus souvent soumise à de pareilles mesures étaient les sensations tactiles, visuelles et auditives. Les difficultés inhérentes à l'exécution de ces mesures sont de deux sortes : la nécessité d'employer des méthodes de mesure parfaitement précises, et les complications inévitables qui se produisent lors de l'appréciation des résultats obtenus, puisqu'il s'agit de distinguer ceux qui doivent être imputés aux sensations proprement dites, soumises à la mesure, de ceux qui appartiennent aux perceptions de temps. De nombreux facteurs psychologiques, tels que la concentration de l'esprit, la tension produite par l'attente, l'excitation provoquée par la surprise, l'état physiologique ou pathologique des sujets soumis à l'expérience, et surtout leur sensibilité personnelle spéciale pour telles ou telles impressions sensitives, font que la comparaison des résultats obtenus par les essais de mesure se heurte quelquefois à des difficultés insurmontables.

Mais bien plus grande encore, au point de vue des recherches fécondes dans ce domaine, est l'importance des deux facteurs suivants : 1° la conception plus ou moins juste de la nature des perceptions de temps et de leurs rapports avec les sensations fournies par les autres sens, conception qui sert de point de départ à l'investigateur dans ses expériences de mesure ; 2° le choix plus ou moins heureux de l'organe sensoriel à utiliser pour la mesure des valeurs de temps. Ce fut donc, pour la théorie du sens du temps, une coïncidence particulièrement favorable, quand Karl Vierordt, qui introduisit le premier dans la physiologie les expériences de mesure précise du temps, fit choix, dès le début, de deux procédés extraordinairement heureux. Par sa façon de concevoir la détermination physiologique du sens du temps, il se plaça entièrement sur le terrain solide préparé par les études expérimentales classiques sur le sens de l'espace, que Weber avait poursuivies pendant plus d'un quart de siècle. Cela lui permit en même temps, dans l'élaboration de ses procédés expérimentaux, d'imiter les méthodes modèles auxquelles Weber devait ses plus beaux succès. Ainsi que nous le verrons tout à l'heure, son deuxième procédé, à savoir le choix de l'organe de l'ouïe pour la mesure des valeurs de temps des sensations, n'a pas été moins fécond en résultats.

Vu l'importance tout à fait extraordinaire que présente la théorie de Weber sur le sens de l'espace relativement aux recherches de Vierordt sur le sens du temps, il nous paraît nécessaire de citer ici textuellement quelques-unes des propositions capitales de cette théorie, telles que Weber les a formulées, en 1852, devant la Société des Sciences de Saxe, dans son dernier travail, *Sur le sens de :'espace*, etc.

« *Le sens de l'espace est un sens différencié; il n'est toutefois pas un sens spécial, mais un sens général.* » C'est par ces mots significatifs que Weber commence son mémoire qui renferme la formule la plus complète des résultats obtenus par ses études psycho-physiologiques de vingt-cinq ans sur les organes de sens périphériques. Voici comment se termine son introduction : « Les perceptions de l'espace et des rapports d'espace appartenant ainsi à la catégorie des perceptions générales, ce qui les distingue essentiellement des perceptions de couleurs, de températures, de sensations de pression, de sensations de sons et d'odeurs, lesquelles reposent sur les sensations d'une classe particulière de mouvements influençant nos nerfs, on peut avec raison qualifier le sens de l'espace de sens *général*, afin de le distinguer des sens *spéciaux* que nous venons de nommer. » (*Comptes rendus de la Société saxonne des Sciences*, p. 87.)

Les méthodes expérimentales, à l'aide desquelles Weber a examiné « la finesse et l'acuité » des perceptions d'espace des sens spéciaux, consistaient en mensurations exactes et comparées qui étaient exécutées exclusivement sur les sensations de pression et de température de la peau et sur les sensations visuelles de la rétine. Nous avons déjà exposé avec quelque détail (chap. I, § 2) certains points des conceptions de Weber concernant l'espace; nous reviendrons plus bas sur les autres points.

Karl Vierordt considérait le sens du temps comme étant lui aussi un sens général, dans l'acception que Weber avait donnée à cette désignation.

« A mesure que l'espace et le temps concrets augmentent de grandeur, écrit-il[1], on a la représentation d'un espace *objectif plus grand*, d'un temps *objectif plus long*. C'est simplement l'excitation à la sensation qui a augmenté, sans que le contenu même de la sensation ait changé, ou ait besoin de changer. Nos sensations d'espace et de temps sont loin d'avoir ce cachet entièrement subjectif qui caractérise les sensations des sens spéciaux. Le concret et le senti et par conséquent le perçu sont, dans la sphère des sens généraux, réellement et immédiatement comparables, parce que, dans certaines limites tout au moins, l'un et l'autre se superposent, sinon exactement, du moins de très près... Les sensations spécifiques nous procurent, en plus du contenu qualitatif de la sensation, la représensation de différents degrés d'intensité... Mais, quelque larges que puissent être les limites entre lesquelles oscille la force de ces sensations intenses, le sujet... n'en est pas moins incapable de les mesurer d'une façon plus ou moins exacte. Cette lumière-ci nous paraît bien plus intense que celle-là, mais non pas trois fois plus intense... Les sens spéciaux ne peuvent donc pas, ainsi que l'a fait ressortir avec raison Weber, déterminer d'une façon générale les *multiples* des sensations, et ceci les distingue essentiellement de nos perceptions d'espace et de temps. Cette ligne-ci ne nous paraît pas seulement plus longue que celle-là, mais *deux fois plus longue; telle impression auditive nous paraît*

1. Karl Vierordt. *Der Zeitsinn*, Tübingen, 1868, p. 12.

avoir le tiers de durée de telle autre, etc. *Les sens généraux sont donc des sens mathématiques ;...* les valeurs quantitatives d'espace et de temps des excitations sensorielles pénètrent pour ainsi dire immédiatement dans notre conscience. »

Karl Vierordt prit ainsi pour point de départ de ses recherches expérimentales sur nos perceptions de temps la conception du sens de l'espace déterminée par E. H. Weber. Et, si je ne me trompe, c'est lui qui le premier employa le mot *sens du temps*, par analogie avec le sens de l'espace et le sens du lieu.

Vierordt adopta également cette conception de son illustre prédécesseur, d'après laquelle il n'y aurait pas *d'organes de sens particuliers* permettant au sens de l'espace et à celui du temps d'exercer leurs fonctions physiologiques en tant que mensurateurs des sensations des cinq organes de sens spéciaux. Cette conception, qui était *encore inévitable alors*, fut pour les deux théories une cause de faiblesse. On sait qu'en ce qui concerne le sens de l'espace Weber avait adopté l'hypothèse des circuits de sensations : les dispositions anatomiques spéciales des fibres nerveuses partant des organes centraux et se distribuant dans les organes de tact périphériques seraient destinées à nous fournir des impressions relatives aux mesures d'espace des sensations tactiles ou visuelles.

Malgré les nombreuses lacunes que présente l'hypothèse de Weber et malgré les attaques qu'elle a subies, au point de vue de son substratum anatomique, de la part de Kölliker, de Volkmann et d'autres, on n'en doit pas moins, en tenant compte de l'état des connaissances à cette époque, la considérer comme ayant frayé la voie. Et cela d'autant plus que, pendant une trentaine d'années, E. H. Weber a fourni de nombreuses preuves expérimentales à l'appui de la justesse générale de sa conception du sens de l'espace. Le mérite tout particulier de Karl Vierordt, c'est d'avoir choisi pour ses expériences le labyrinthe de l'oreille, sans se laisser ébranler par ce fait que Weber avait presque complètement exclu de ses recherches le sens de l'ouïe et celui de l'odorat, et cela pour la raison qu'ils seraient complètement exempts de perceptions d'espace. « Il manque aux organes de l'ouïe et de l'odorat, disait en effet Weber, ces mécanismes que le sens de l'espace puisse utiliser, et c'est pourquoi nous ne percevons pas de formes à l'aide de sons et de bruits. » Ces « mécanismes », ce sont précisément les circuits de sensations des différentes régions de la peau et de la rétine.

La théorie des circuits de sensations ne pouvait en aucune façon s'appliquer au sens du temps et, en commençant ses recherches, Vierordt ne pouvait pas non plus songer à une autre explication physiologique de l'origine des perceptions de temps. Il se contenta donc de créer de nouvelles méthodes de mesures, et, suivant en cela l'exemple donné par Weber, de réunir de nombreux matériaux à l'appui de sa conception générale relative à la détermination physiologique du sens du temps. Il faut reconnaître que, sous ce rapport, ses efforts personnels et ceux de ses élèves, Camerer, Höring et autres, ont vraiment ouvert la voie. Les méthodes élaborées par Vierordt, ainsi que les considérations à l'aide desquelles il a justifié le choix des valeurs de temps qui devaient être mesurées par ces méthodes, ont pu dès lors servir de modèles à tous ses successeurs dans ce domaine. Ceux-ci employèrent dans leurs essais de mesure des appareils qui se distinguaient par une précision et une finesse plus grandes. Mais c'est seulement sous ce rapport qu'ils surpassèrent les recherches expérimentales de Vierordt. La plupart d'entre eux, en s'éloignant de la conception des sens généraux, telle que l'avaient formulée Weber et Vierordt, se heurtèrent souvent à des difficultés insurmontables lorsqu'il s'agit d'utiliser les résultats, d'ailleurs très importants, de leurs mesures. Notamment ils n'ont pas toujours pu éviter la confusion entre les sensations sensorielles spéciales, dont ils cherchaient à mesurer les valeurs de temps, et les perceptions de temps elles-mêmes. Aussi se sont-ils trouvés dans l'impossibilité absolue de présenter une hypothèse viable concernant l'origine et la détermination physiologique de ces perceptions (voir §§ 6 et 7 de ce chapitre).

Les considérations qui vont suivre ont un but trop limité pour que je puisse m'étendre ici sur les résultats concrets des nombreuses recherches faites dans ce domaine, depuis Vierordt, par Wundt, Exner, James et leurs disciples, ainsi que tout récemment par F. Schumann, Meumann et d'autres. Nous n'insisterons donc que sur les valeurs de temps les plus importantes qui ont fait l'objet de leurs scrupuleux essais de mesure, et nous ne le ferons qu'en tant que ces valeurs peuvent entrer en considération pour la théorie de l'origine des représentations de temps.

§ 3. — LA SUCCESSION ET LA DURÉE DES TEMPS.

De tous les éléments de la représentation de temps, la succession dans le temps est le plus immédiatement perceptible. Quelle est donc l'origine physiologique de sa perception? Nous avons la sensation de la succession des phénomènes extérieurs et intérieurs comme se suivant dans un ordre ou dans une direction déterminés. Plus la succession de ces phénomènes est régulière, plus il est facile pour notre perception de les isoler et de les suivre les uns après les autres dans les intervalles qui les séparent; c'est pourquoi nous percevons les sensations auditives de la façon la plus précise et la plus immédiate. Physiologistes et psychologues sont unanimes à reconnaître que la succession dans le temps ou l'arrangement dans le temps doivent être considérés comme une direction ou une étendue. « Le temps n'a qu'une dimension; différents temps ne sont pas coexistants mais successifs, tandis que différents espaces ne sont pas successifs, mais coexistants. » Ainsi parle Kant, et les adversaires les plus résolus de sa conception du temps sont ici d'accord avec lui. « Le temps poursuit-il, n'est pas un concept empirique qui serait déduit d'une expérience, car la simultanéité ou la succession elle-même ne pourraient être perçues, si la représentation de temps ne se trouvait *a priori* à la base de cette perception. » La véritable difficulté consiste à savoir quelle direction pourrait bien avoir cette étendue de temps en longueur. A la suite d'une analyse minutieuse de la plupart des facteurs impliqués dans cette question, je suis arrivé, il y a des années de cela, à la conviction que la succession ou la suite des phénomènes et des mouvements ne pouvait être exprimée que par la direction sagittale : *elle correspond donc à la coordonnée de même nom du sens de l'espace.*

Il est bien entendu que le point O de la coordonnée du temps doit coïncider parfaitement avec celui du système des coordonnées rectangulaires de l'espace, ce dernier correspondant à notre *moi* indivisible et conscient (voir, entre autres, ch. I, § 2). D'après ma théorie du sens de l'espace, la perception des sensations de direction prend une part importante à la formation de notre conscience et nous permet de considérer notre *moi* comme distinct du monde extérieur ou, ainsi que le dit Hensen qui a très bien rendu ma pensée, de « nous considérer, par un sentiment originel, comme le point central autour duquel tournent tous les corps ».

Le passé et l'avenir, c'est-à-dire ce qui est situé derrière nous et ce qui se trouve devant nous, correspondent à la direction postéro-antérieure. « Derrière nous » et « devant nous » sont les deux directions du temps, les deux signes de la même coordonnée sagittale. En d'autres termes : *les sensations de direction, fournies par l'appareil des canaux semi-circulaires et auxquelles nous devons la représentation de l'espace à trois dimensions, nous servent également à former la représentation de l'étendue du temps à dimension unique.*

La connaissance ainsi acquise de la direction réelle du temps va nous faciliter la compréhension du rapport étroit qui existe entre les représentations d'espace et celles de temps. Seulement ce rapport nous apparaît maintenant sous

un autre jour qu'à Kant et aux partisans de sa théorie
a priori. On ne doit plus, en effet, considérer la *succession* des
phénomènes et des mouvements dans le temps comme étant
en opposition absolue avec leur *coexistence* dans l'espace. Il
existe un parallélisme des phénomènes dans le temps (la simultanéité) qui correspond parfaitement au parallélisme dans le
sens géométrique du terme : l'un et l'autre reposent, nous le
savons maintenant, sur une excitation *simultanée* de certains
canaux semi-circulaires.

C'est Meumann qui, parmi les psychologues, a tout particulièrement attiré l'attention sur l'importance de la simultanéité comme facteur constant et principal de nos perceptions
de temps. Dans ses excellentes « Études », il a su mettre en
relief la vraie valeur de la simultanéité. Aussi la découverte
que nous exposons ici de l'origine physiologique de cette
valeur de temps apporte-t-elle un appui à plus d'une de ses
propositions.

Ainsi qu'on l'a dit plus haut, la plupart des psychologues
sont d'accord avec les physiologistes pour admettre que
l'étendue de temps d'après Kant doit être comprise comme
représentant la succession dans le temps. Mais la conception
exposée ici, qui fait correspondre cette étendue à la *flèche de la
direction antéro-postérieure*, sera probablement accueillie avec
hésitation par plusieurs psychologues. Comme le font prévoir
les ouvrages et les études qui existent de nos jours sur la
nature des perceptions de temps, ma thèse soulèvera deux
sortes d'objections. La première sera d'ordre dialectique et
portera principalement sur la définition des mots « présent »
et « maintenant », ou sur les différences entre « longueur de
temps » et « étendue de temps ». Le fait de voir dans le « présent » un point qui, étant en mouvement continuel, donne
naissance à la ligne du temps, pourrait, d'après F. Schumann,
conduire à des conclusions erronées. On a, par exemple, conclu, écrit-il : « Le temps se compose du passé et du futur,
séparés par le point mobile « présent ». Comme le passé

n'existe plus et que le futur n'est pas encore, le temps serait quelque chose de réel, composé de deux moitiés dont aucune n'est réelle. » Une pareille conclusion repose sur des prémisses qui ne sont plausibles qu'en apparence, mais sont en réalité de purs sophismes. La mobilité du point est une supposition superflue, qui devient caduque par le fait de la conception du point O de la coordonnée du temps. Notre conscience du *moi* est immuable et indivisible; seuls les contenus de la conscience générale changent. Il n'y a de *mobile* que ce qui s'est produit avant nous et ce qui doit venir après nous; mais cette mobilité n'entame en rien la réalité de l'un et de l'autre. Rien ne peut prétendre à la réalité avec plus de *droit* que les événements du passé. En se produisant progressivement, les événements futurs *deviennent réels* et en plongeant dans le passé ils subissent, sur la coordonnée du temps, un déplacement et changent de signe [1].

La seconde objection portera sur ce point de ma thèse que notre *moi* conscient correspond au point O de la coordonnée du temps. Schumann qui, dans ces dernières années, a fait de très belles recherches sur les perceptions de temps, et avec lui d'autres investigateurs qui se sont occupés de la même question considèrent le présent ou « l'à présent » comme une étendue de temps qui a une durée juste aussi longue qu'il en faut pour prononcer ou penser le mot. Cette idée paraît d'autant moins admissible qu'en pareil cas l'importance du moment présent dépendrait uniquement de la longueur de ce mot dans les différentes langues [2]. Il faut toujours avoir en l'esprit ce fait capital que *les trois coordonnées des directions*

---

1. Certains psychologues considèrent la conscience, le *moi* conscient, comme identique à la conscience générale. C'est pourquoi ils ne peuvent admettre l'existence simultanée, dans notre conscience, de contenus différents. Ces difficultés disparaissent lorsqu'on sait faire la distinction entre les deux consciences, ce qui est bien plus rationnel, et cette distinction est rendue possible par la considération de la simultanéité des contenus.

2. Dans le langage courant de tous les peuples, la durée de temps la plus courte n'est d'ailleurs pas désignée par les mots « à présent » ou « présentement ». Déjà K. E. von Baer a fait observer très justement que

de l'espace, aussi bien que la seule coordonnée du temps, auxquelles nous sommes obligés de rapporter nos perceptions sensibles dans l'espace et dans le temps, *se rapportent seulement à notre moi conscient.* Quant à ce que peuvent être l'espace absolu ou le temps absolu, le naturaliste n'a pas plus à édifier des hypothèses sur cette question que sur l'origine de l'univers. Le domaine de ses recherches scientifiques comprend uniquement les phénomènes du monde physique accessibles à ses perceptions sensorielles portées au plus haut degré de leur puissance.

Ainsi que nous l'avons rappelé plus haut (chap. I, § 5), quelques philosophes ramènent aussi à notre moi conscient l'origine du point mathématique; raison de plus pour que les impressions de temps à un moment donné soient rapportées à ce point indivisible.

Ce n'est qu'après la publication de ma première étude sur les deux sens mathématiques (*Revue générale des Sciences,* 1907), que mon attention fut appelée sur l'important travail de Karl Stumpf, *Ueber den psychologischen Ursprung der Raumvorstellung,* qui date de 1873 et qui m'avait échappé jusque-là. Disciple de Lotze, Stumpf a donné un exposé complet de son point de vue scientifique d'alors avec une pénétration d'esprit remarquable et une connaissance approfondie de toutes les théories physiologiques concernant le problème de l'espace. Ce fut pour moi une véritable satisfaction de trouver dans cet ouvrage, sur la signification exacte des représentations « droit » et « gauche », « haut » et « bas », « avant » et « arrière », qui « déterminent encore d'une façon particulière toutes nos représentations d'espace », des idées concordant d'une façon étonnante avec celles que j'ai

---

la durée la plus courte est exprimée, dans la plupart des langues, par le mouvement corporel qui nous paraît avoir la plus courte durée, à savoir par le clignement des yeux : *Augenblick* en allemand, *Mig* en russe, *clin d'œil* en français, etc. Le mot *momentum* dérive de *movere.* Le *punctum temporis* des Romains désignerait peut-être, d'après von Baer, le temps nécessaire pour percevoir la sensation d'une piqûre.

développées plusieurs années après. « C'est un avantage très précieux pour une nouvelle théorie scientifique de rencontrer des points d'appui dans les recherches d'esprits éminents des périodes antérieures », écrivais-je en 1900, à l'occasion de la découverte de l'écrit de Spallanzani sur l'existence d'un sens d'orientâtion dans l'oreille de la chauve-souris. C'est pourquoi je tiens à citer textuellement quelques-unes des propositions capitales de Stumpf, qui se rapportent, il est vrai, aux trois dimensions de l'espace, mais qui peuvent s'appliquer également à la dimension unique du temps.

« Si, d'après mes explications, tout ce qui se trouve dans l'espace est déjà représenté comme situé dans trois dimensions, il n'en résulte pas, bien entendu, que nous puissions distinguer les unes des autres ces dimensions comme telles, ni que nous soyons à même, lorsqu'un point dans l'espace attire tout particulièrement nos regards, de déterminer la situation de ce point par rapport à d'autres relativement aux trois dimensions. Si nous n'avions pas la représentation de notre corps, nous ne serions probablement parvenus à cette distinction et à cette détermination que très tard, grâce à des réflexions scientifiques, et en outre les déterminations auxquelles nous serions arrivés ne seraient que celles de la géométrie analytique, c'est-à-dire que nous aurions construit un schéma des trois dimensions à l'aide de lignes perpendiculaires les unes aux autres et nous aurions ensuite distingué sur chacune de ces lignes deux côtés, + et —, sans que ceci signifiât autre chose que l'opposition entre ces deux côtés. Mais en réalité nous opérons relativement vite certaines distinctions qui,'au point de vue pratique, ne sont pas seulement équivalentes aux distinctions mathématiques, mais ont une signification plus grande. Haut, bas, etc. désignent des distinctions tout à fait déterminées, et qui ne sont pas interchangeables à volonté, comme + et —[1]. »

1. Carl Stumpf. *Ueber den psychologischen Ursprung der Raumvorstellung.* Leipzig, 1873.

Ces lignes étaient écrites avant que j'eusse achevé d'édifier ma théorie de l'espace sur les bases qui m'avaient été fournies par la constatation des trois sensations spécifiques de direction dans les canaux semi-circulaires. Stumpf cherchait alors à expliquer la représentation des trois directions par les différences qui existent entre nos sensations cutanées ; aussi ne voyait-il dans son idée qu'une aide éventuelle. Aujourd'hui que nous connaissons l'origine réelle de notre faculté de distinguer les différences de directions des diverses parties du corps, on ne saurait assez admirer la pénétration avec laquelle Stumpf pressentait l'état de choses réel, surtout quand on lit les lignes suivantes : « D'après ces axes de coordonnées naturels, nous déterminons aussi la position de l'objet extérieur, tout comme la géométrie analytique détermine la position d'un point d'après ses axes artificiels. Mais c'est le centre d'espace naturel qui forme le point initial des coordonnées. »

Quoi qu'il en soit, les recherches expérimentales faites jusqu'à ce jour sur l'origine de nos sensations de direction nous autorisent dès maintenant à admettre que c'est aux excitations des canaux semi-circulaires sagittaux que nous devons la possibilité de percevoir la succession dans le temps ou, pour employer l'expression de certains psychologues, l'ordre dans le temps. *Ces perceptions forment une des composantes de notre représentation de temps.* Quant à la question spéciale et qui présente surtout un intérêt psychologique, celle de savoir si le point O des coordonnées de temps et d'espace coïncide ou non avec le moi conscient, nous aurons encore plus d'une occasion d'y revenir.

§ 4. — LES MESURES DE LA DURÉE ET DES AUTRES VALEURS DE TEMPS.

L'une des composantes de ce qu'on appelle le sens du temps, la succession, est donc formée à l'aide des perceptions d'un organe sensoriel périphérique. Quel est le cas des autres composantes : la durée et la vitesse ? Au fond, la vitesse n'est qu'une fonction de la durée, mais ces deux valeurs de temps peuvent aussi être mesurées séparément. Il faut donc rechercher d'abord laquelle des deux est plus accessible aux perceptions sensorielles, et peut par conséquent être plus facilement soumise à l'analyse expérimentale.

Une pareille recherche est en outre essentiellement liée à la question de l'origine de nos représentations de temps. La conception la plus simple en apparence de l'origine des perceptions de vitesse serait de les rapporter à nos perceptions visuelles. La vitesse des processus extérieurs saute effectivement aux yeux. Il n'y a donc pas lieu de s'étonner que certains philosophes, et même des physiologistes comme Czermack dans ses *Idées sur la théorie du sens du temps*, aient cherché dans les impressions visuelles la source d'où se seraient formées nos représentations de temps. Une pareille conception paraissait d'autant plus séduisante qu'on espérait découvrir également le mécanisme des perceptions de vitesse dans la convergence des axes oculaires et dans l'accommodation. Aussi Carl Ludwig se montra-t-il disposé à considérer cette conception comme parfaitement fondée, « parce que nous voyons effectivement le degré de la vitesse ».

Cette conception soulève pourtant de nombreuses objections, et parce qu'elle néglige complètement les autres éléments constitutifs de la représentation de temps, et parce que, même en la supposant fondée, il ne nous serait pas moins impossible de considérer les perceptions de temps comme ayant leur origine principalement dans l'œil. Depuis qu'il a été établi, en 1875-1876, que l'appareil oculo-moteur se trouve sous la dépendance continue et régulière des canaux semi-circulaires, « la vision de la vitesse » comporte une interprétation toute différente. Les déplacements des axes oculaires, ainsi d'ailleurs que tous les mouvements des muscles de l'œil, étant en réalité produits par les excitations des nerfs des canaux semi-circulaires, la mesure de la vitesse de nos perceptions de temps s'effectue donc principalement par le sens de l'ouïe, non par celui de la vue.

Wundt néglige dans les mesures la vitesse en tant que valeur de temps, et cela pour la raison qu'une pareille mesure du mouvement visible doit nécessairement conduire à une mesure de l'étendue d'espace. La possibilité, et même la nécessité de mesurer simultanément dans les mouvements l'étendue d'espace et l'étendue de temps, loin de constituer une complication et une cause de trouble, ne peut, au contraire, à notre avis, que faciliter la tâche de l'expérimentateur.

Vierordt s'est fort bien rendu compte de cet avantage lorsqu'avec Camerer il a dirigé ses recherches de ce côté. « Dans la perception d'un mouvement et l'appréciation de la vitesse avec laquelle ce mouvement s'accomplit, dit-il, le sens du temps et celui de l'espace interviennent simultanément. »

Vierordt donna en même temps la formule simple $g = \dfrac{r}{z}$ permettant de calculer la vitesse g et dans laquelle r exprime le rapport entre l'espace parcouru et l'unité de longueur, z le rapport entre le temps nécessaire à cet effet et l'unité de temps. Cependant, d'après nos connaissances actuelles, les valeurs obtenues dans les mesures de vitesse et de durée ne peuvent plus être attribuées uniquement au sens de la vue. En utilisant les données fournies par mes recherches pour la théorie des perceptions de temps, on doit aussi tenir compte du mécanisme qui nous permet de mesurer la vitesse visible.

Les beaux résultats obtenus par Vierordt et ses élèves, au cours de leurs expériences, décidèrent tous ceux qui après lui se consacraient aux mêmes recherches à employer d'une façon générale les méthodes de mesure qu'il avait imaginées, et cela aussi bien pour le choix des valeurs de temps à déterminer que pour le choix des perceptions sensorielles spéciales dont ils voulaient mesurer la durée. Malheureusement la plupart des successeurs de Vierordt ont complètement banni du domaine de leurs considérations *le point de départ* qui seul l'avait guidé dans ses recherches, à savoir la conception des *sens généraux*, due à Weber. *Ils se sont ainsi mis dans l'impossibilité de donner leur plein développement aux résultats qu'ils ont obtenus.*

Comme nous l'avons fait ressortir au § 2, Vierordt, dans ses mesures des valeurs de temps, avait eu l'heureuse idée de choisir l'organe de l'ouïe de préférence à tous les autres organes sensoriels. Cet heureux choix lui permit aussi de déterminer avec plus de précision la plupart des valeurs qui entrent principalement en ligne de compte dans l'étude expérimentale des processus de temps. C'est ainsi qu'en choisissant les sensations auditives pour la mesure de la durée, il réussit à mettre en lumière la véritable signification des *différences de temps*, du rythme, de la cadence et des *intervalles de temps*. Le choix fait par Vierordt de ces valeurs et d'autres analogues a donc été heureux d'une façon générale. Ce qui l'a été moins, c'est d'avoir introduit le concept du *seuil de temps* et du *vide* dans le domaine des valeurs de temps à mesurer. Vierordt a probablement été amené à commettre cette erreur par la seule raison qu'à l'exemple de E. H. Weber il employait parfois l'expression *perceptions de temps* comme équivalente à celle de *sensations de temps*.

Mais les *valeurs de temps* que Vierordt a déterminées à l'aide de ses mesures se rapportaient en réalité non pas aux *sensations de temps*, mais à la perception de la *durée* des sensations auditives. Il en est naturellement de même lorsqu'on mesure la durée des autres sensations sensorielles. *Les seuils d'excitation eux aussi ne se rapportent qu'aux excitations qui produisent les sensations sensorielles spéciales correspondantes et nullement aux soi-disant sensations de temps.* Beaucoup de successeurs de Vierordt ont également omis de faire cette simple réflexion en effectuant des mensurations de ce genre. Suivant son habitude lorsqu'il s'agit d'une erreur, Mach a pris les devants et donné le plus mauvais exemple ; ainsi il a prêté aux mots *sensations de temps* une signification fausse et il a exécuté ses mesures en conséquence[1]. Un simple coup d'œil sur les valeurs des seuils de temps, obtenus en millièmes de seconde, aurait dû suffire à instruire Mach de son erreur. Il obtint notamment pour l'ouïe 16,0, pour le tact 27,7, pour la vue 47,0. Ces valeurs très discordantes prouvent assez qu'il s'agit des seuils d'excitation des sensations correspondant à ces sens et nullement de ceux des sensations de temps.

Wundt admet également que « le seuil de temps est déterminé avant tout par les propriétés physiologiques des organes sensoriels ». « Toutefois, ajoute-t-il, on sera obligé de considérer le seuil de temps, de même que le seuil d'espace, comme une grandeur psycho-physique, la conception des impressions, ainsi que celle d'une succession, impliquant à la fois un fait psychique. Cette manière de voir est confirmée par l'observation qu'une attention et une habitude plus grandes sont susceptibles de modifier ce seuil. » Rien de plus juste en soi que cette dernière affirmation ; mais elle ne modifie pas l'origine véritable des seuils d'excitation. Dans la pensée de Weber, les sens généraux sont destinés à fournir la mesure exacte des propriétés quantitatives des autres sens. *Ils ne sont donc ni plus ni moins que des appareils de mesure de l'espace et du temps.* Cette idée se trouve pleinement d'accord avec la vérité physiologique. Les recherches exposées dans les chapitres précédents l'ont suffisamment démontré en ce qui concerne le sens de l'espace. Mais elle est également valable pour le sens du temps, et la preuve en est fournie par le résultat des recherches que de nombreux investigateurs ont faites au cours de leurs mesures pendant plus de cinquante ans.

1. Il est à peine utile de relever toutes les autres erreurs des conceptions de Mach relatives au sens du temps, erreurs qu'il maintient dans son dernier ouvrage. Il suffit de citer le titre de la section correspondante : « Le temps physiologique *en opposition* avec le temps métrique », pour s'apercevoir à quelle distance se trouve Mach de la vraie conception du problème du temps.

Dans mes communications sur les origines des perceptions d'espace (1907), j'ai déjà relevé l'importance de ce fait, et j'y reviendrai avec plus de détails au § 6. Les seuils d'excitation qui produisent les sensations des sens spéciaux ne peuvent naturellement nous fournir aucun renseignement sur la précision de l'appareil physiologique qui mesure le temps; et pourtant les expériences de Vierordt, aussi bien que celles de ses successeurs, n'avaient pas en réalité d'autre but que d'éprouver la précision de l'organe mesureur du temps. Pas plus que la valeur d'un télescope ne saurait être déterminée par les lois qui régissent les mouvements des planètes, les seuils d'excitation des sensations sensorielles spéciales ne peuvent exercer aucune influence sur le fonctionnement du sens du temps. Ils peuvent seulement faire naître, lors de nos essais, des erreurs d'expérimentation et d'observation, analogues à celles qui proviennent des fautes personnelles de l'observateur.

L'introduction par Vierordt du mot « vide » a eu des conséquences encore plus fâcheuses relativement à l'interprétation des essais de mesure du temps. En proposant ce mot, Vierordt ne faisait encore que suivre l'exemple de Weber qui, dans ses circuits de sensations, avait prêté une attention toute particulière aux *intervalles*, dont il a pu d'ailleurs donner une explication assez satisfaisante. *Mais, en réalité, il ne se produit pas de vides dans la sphère de nos sensations.* Les discontinuités de temps n'interviennent pas plus dans nos sensations que dans tous les autres processus vitaux, et il n'en existe pas plus dans ces derniers que dans les mouvements des planètes. Il y a seulement des oscillations dans *l'intensité* de notre activité nerveuse et dans la fixation de notre attention sur les différentes qualités des sensations. C'est la perception de telle ou telle sensation qui pénètre alternativement dans notre conscience. *Toute excitation de nos nerfs n'est au fond qu'une augmentation subite de leur état d'excitabilité;* ce fait a été établi par Pflüger, il y a une cinquan-

taine d'années. Seuls les nerfs paralysés ou morts sont complètement inexcitables. Encore moins peut-on parler de périodes
vides ou caractérisées par *l'absence totale de toute excitation*
lorsqu'il s'agit de sensations auditives.

La confusion créée par cette conception d'intervalles
soi-disant *vides* ou caractérisés par *l'absence totale d'excitation*
s'est manifestée tout particulièrement dans les réflexions sur
notre représentation de temps, faites par des métaphysiciens
et des méta-mathématiciens qui cherchèrent à utiliser ce prétendu vide en faveur de l'origine *a priori* de notre intuition
du temps au sens kantien. C'est ainsi que M. Poincaré écrivait récemment encore (*La valeur de la Science*, p. 36) :
« Nous classons nos souvenirs dans le temps, mais nous
savons qu'il reste des cases vides. Comment cela se pourrait-
il si le temps n'était une forme préexistant dans notre esprit ?
Comment saurions-nous qu'il y a des cases vides, si ces cases
ne nous étaient révélées que par leur contenu ? » Mais, ainsi
que nous venons de le dire, ces « cases vides » n'existent nullement dans nos centres cérébraux. Les souvenirs de perceptions de temps antérieures qui s'y trouvent accumulés sont,
volontairement ou involontairement, évoqués dans notre
conscience *avec tout leur contenu* quantitatif et qualitatif. La
représentation de la succession *continue* des sensations et de
leurs perceptions nous est donc déjà fournie, dès notre plus
tendre jeunesse, par les expériences de tous nos sens. Herbart
avait parfaitement raison lorsqu'il déclarait que la succession des représentations ne peut, en aucune façon, être identifiée avec la représentation d'une succession. Mais cela
n'empêche nullement que notre perception de la succession
ne se soit formée grâce à la continuité des différentes sensations spéciales.

Plusieurs psycho-physiologistes ont vainement essayé de
remplir avec un contenu quelconque ces intervalles soi-disant
vides ; c'est ainsi, par exemple, que Münsterberg cherchait à
expliquer par la sensation de la tension continue de nos

muscles notre aptitude à mesurer les intervalles de temps. Il
est parfaitement vrai que, même au repos, les muscles se
trouvent dans un certain état de tension, le tonus, dont le
mécanisme a été exposé ailleurs en détail (*Ohrlabyrinth*,
ch. III). Nous devrions donc, d'après Münsterberg, pouvoir
mesurer la durée de cette excitation tonique dans l'intervalle
entre deux contractions musculaires. Sous cette forme, l'idée
de Münsterberg serait admissible, mais au cas seulement où
il nous serait possible, d'une façon générale, d'éprouver des
sensations musculaires ou des perceptions quelconques de
contraction. Or, nous avons déjà insisté à plusieurs reprises
sur l'impossibilité où nous sommes de connaître des sensations musculaires au sens courant du mot; ni le profane, ni
le physiologiste ne peuvent, même avec l'attention la plus
soutenue, recevoir une perception quelconque à l'aide du
sens musculaire problématique. C'est sans succès que l'on
avait fait appel aux sensations musculaires pour expliquer
nos représentations d'espace (voir plus haut, ch. I, § 2).
C'est également faire fausse route que de vouloir les utiliser
pour expliquer les perceptions de durée.

Nos cellules ganglionnaires mesurent, il est vrai, assez
exactement la durée de l'innervation des muscles, comme on
l'a prouvé par de nombreuses expériences (*Ohrlabyrinth*,
III, 7-10). Mais ces mesures s'accomplissent *d'une manière
automatique, par l'intermédiaire de certaines parties du labyrinthe* (otocystes), sans que nous en ayons jamais conscience.
D'ailleurs, ainsi que nous l'avons dit, le fait de ne pas réussir
à combler des intervalles vides de cette nature ne prouve rien,
puisque ces intervalles vides n'existent pas. Pour la conscience
pleine et entière, il n'y a pas de véritable discontinuité dans
les perceptions de temps. Quant à ce qui se passe pendant le
sommeil, nous l'apprenons seulement par les fragments de
rêves qui parviennent à notre conscience. Si la succession des
souvenirs dans le temps nous paraît s'y accomplir avec une
rapidité vertigineuse, c'est vraisemblablement parce que les

influences inhibitrices de l'attention *tendue* manquent pendant le sommeil.

§ 5. — LE LABYRINTHE COMME ORGANE SENSORIEL DES PERCEPTIONS DE TEMPS.

Si nous nous sommes étendu un peu longuement ici sur les
deux valeurs de temps introduites à tort par Vierordt
dans ses essais de mesures, c'est parce que plusieurs de ses
successeurs, qui se sont occupés de la même question, leur ont
attribué une importance tout à fait extraordinaire dans la
formation de nos concepts de temps. Ces légères erreurs ne
diminuent pas le grand service que ce physiologiste a rendu
à la science en contribuant à résoudre le problème du temps
par sa découverte que le labyrinthe de l'oreille est l'organe
le plus important pour l'étude des perceptions de temps.

Comme nous l'avons déjà dit, il a eu l'intuition que
*l'oreille joue le rôle prédominant dans la formation de nos
représentations de temps.* « Nous commençons par le sens dont
la sensibilité pour les quantités de temps et pour les différences entre quantités de temps se manifeste le plus chez chacun d'entre nous, par le sens de l'ouïe » : c'est ainsi que
Vierordt justifie son choix. En même temps, il traçait aux
chercheurs à venir la voie à suivre. Un petit nombre seulement de ses successeurs essayèrent de fournir les raisons précises qui les avaient déterminés à choisir l'organe auditif
pour leurs mesures [1]. La façon dont Wundt motive le choix
de l'organe de l'ouïe pour l'explication des représentations de
temps est particulièrement intéressante : « Tandis que les
représentations tactiles de temps restent constamment liées
aux conditions mécaniques des organes moteurs et aux
organes centraux correspondants, ayant pour fonction de
régler les innervations, les représentations auditives de

1. Mach se contenta de répéter que le sens de l'ouïe était le sens de temps
le plus distingué; et cette fois il ne se trompait pas.

temps se meuvent dans des limites beaucoup plus larges. Tout changement possible des formes de sons et de bruits, dans la mesure où il est consécutif à des conditions objectives quelconques, et autant que l'ouïe est capable de le suivre dans les limites posées à la sensation auditive relativement à l'intensité, au nombre de vibrations et à la durée des impressions, peut parfaitement être considéré comme le substratum des représentations de temps variables à l'infini. » (*Grundzüge* etc., 5ᵉ éd., vol. III, p. 20.) Considérée en soi, la conclusion contenue dans la deuxième de ces propositions est exacte.

Au contraire, l'hypothèse qui sert à Wundt de point de départ montre qu'il est peu au courant des recherches physiologiques dont le labyrinthe de l'oreille a été l'objet au cours de ces trente dernières années. Il n'est pas exact que nos sensations tactiles « restent liées aux conditions mécaniques de nos organes moteurs et aux organes centraux correspondants, ayant pour fonction de régler les innervations ». Les sensations tactiles peuvent, à l'occasion, être produites aussi par nos mouvements. Mais leurs rapports avec les organes centraux réglant les innervations ne doivent être compris que dans le sens indiqué ailleurs par nous (*Ohrlabyrinth*, ch. III, §§. 7-8). Ces mécanismes de régulation sont liés aux fonctions de notre organe de l'ouïe, auxquelles ils ne sont pas seulement subordonnés, mais dont *ils subissent la domination complète relativement au temps aussi bien qu'à l'espace*. Toutefois, comme nous venons de le dire, la conclusion de Wundt et même les déductions qu'il en tire sont tout à fait justes, à l'exception de ce qu'il allègue au sujet du soi-disant vide ou, comme il l'appelle, du trajet exempt d'irritation.

Nous avons fait ressortir en détail, au § 2 du chapitre précédent, les principaux avantages que l'oreille présente sur l'œil relativement à la formation de nos représentations d'espace. Nous nous proposons de montrer ici, avec tous les détails nécessaires, que, dans une certaine mesure, les avantages du labyrinthe de l'oreille ne sont pas moins importants pour la formation de nos représentations de temps.

Dans le chapitre sur les *Bases physiologiques de la géométrie d'Euclide*, nous avons spécialement relevé, parmi les avantages de l'oreille sur l'œil, relativement à la perception des directions, ceux qui jouent un rôle si décisif en géométrie. Quant aux avantages que présente l'oreille, comparativement à l'œil, en tant qu'appareil de mesure des grandeurs géométriques, nous n'avons fait que les mentionner, et cela seulement à propos de l'estimation des distances. Nous avons rappelé à cette occasion que l'appareil oculo-moteur, dont dépend la mesure des distances par l'œil, se trouve sous la dépendance complète des innervations des canaux semi-circulaires, considérés comme organe sensoriel des sensations de direction.

Toutefois, la destination physiologique du labyrinthe de l'oreille comme appareil de mesure ne repose qu'en seconde ligne sur le mécanisme des canaux semi-circulaires. L'élément essentiel, dans l'exécution des mesures d'espace aussi bien que de temps, est fourni par la connaissance des nombres, et cette connaissance, nous la devons exclusivement au limaçon de l'organe auditif. Les appareils de calcul automatique, commandés par le limaçon, jouent un rôle décisif dans la mesure de l'intensité et de la durée des innervations.

Aux avantages que l'oreille présente sur l'œil, en tant qu'organe sensoriel des trois sensations de direction, il faut donc encore ajouter ce fait qu'elle possède des appareils périphériques auxquels nous devons notre conscience des nombres. «La comparaison entre l'oreille et l'œil est instructive sous ce rapport, écrit Helmholtz; car les objets de l'un et de l'autre de ces organes, à savoir le son et la lumière, sont des mouvements vibratoires qui, selon la rapidité de leurs vibrations, provoquent des sensations différentes : celles des différentes couleurs dans l'œil, celles des différentes hauteurs de son dans l'oreille. Si, pour plus de précision, nous désignons les rapports entre les vibrations lumineuses par le nom emprunté aux intervalles musicaux formés par les vibrations sonores correspondantes, nous obtenons ce qui suit : l'oreille perçoit *dix octaves environ de différents sons*, l'œil une *sixte* seulement, quoique par delà ces limites, pour le son comme pour la lumière, il existe des vibrations que les méthodes physiques peuvent nous révéler. L'œil, dans son échelle réduite, ne reçoit que trois sensations fondamentales différentes, toutes les autres se formant par l'addition de celles-là, qui sont le rouge, le vert, le bleu-violet. Ces trois couleurs se mélangent dans la sensation, sans se troubler mutuellement. L'oreille, au contraire, distingue un nombre extraordinaire de sons de hauteurs différentes. Il n'y a pas d'accord qui ressemble à un autre accord composé d'autres sons, tandis qu'en ce qui concerne l'œil les analogies sont le cas ordinaire[1]. »

Un autre avantage de l'organe auditif sur l'organe visuel doit encore être relevé ici, d'après Helmholtz : le nerf acoustique est considérablement supérieur au nerf optique par son aptitude à suivre rapidement le changement d'intensité de l'excitation en plus ou en moins. Un pareil changement dans l'intensité de l'excitation se produit lorsque des sons de même hauteur approximative ajoutent alternativement leur action à celle de phases égales et à celle de phases opposées ; c'est là-dessus que repose le phénomène des flottements (*Schwebungen*). Chacune des fibres du nerf acoustique n'est sensible, respectivement, que pour les sons compris dans un intervalle très limité de l'échelle, tandis que chaque fibre du nerf optique est sensible pour toute l'étendue du spectre.

Toutes ces causes de supériorité de l'oreille sur l'œil, qu'on vient de mentionner, offrent d'importants avantages en ce qui concerne les mesures artificielles de la durée des sensations. Mais la supériorité la plus grande que possèdent les sensations auditives pour la perception de la durée et son estimation exacte est intimement liée au *rythme* et à la

1. *Die Thatsachen der Wahrnehmungen*. Berlin, 1879.

cadence des excitations sonores. La succession d'impressions auditives d'égale durée, séparées par des intervalles égaux, est de la plus haute importance même pour la *perception immédiate de la durée*. Dans la perception *de la succession périodique de sensations auditives*, la supériorité de l'oreille sur la constatation visuelle de la vitesse consiste encore en ceci que, comme nous l'avons déjà dit, les sensations auditives comme telles, ne comportent pas nécessairement de mesure d'espace, tandis que la vitesse appréciée par l'œil forme un quotient dont le temps est le dividende et le trajet parcouru dans l'espace le diviseur.

§ 6. — LE RYTHME ET LA CADENCE DANS LA MESURE DE LA DURÉE DES SENSATIONS ET DES MOUVEMENTS.

C'est la périodicité des phénomènes de la nature qui fournit à l'homme l'occasion première des perceptions de temps. Le lever et le coucher du soleil, le flux et le reflux de la mer, la succession des jours et des nuits, le retour régulier des saisons, lié à des changements déterminés de température, ont dû conduire l'homme, aussi bien que certains animaux, à la perception de la succession et des intervalles de temps. Les sensations internes ont également appris à l'homme à reconnaître l'importance de la périodicité. Le caractère rythmique des pulsations cardiaques et des mouvements respiratoires, la régularité qui caractérise l'apparition et la disparition de la faim et de la soif devaient nécessairement attirer l'attention de l'homme. De nos jours encore, les sauvages déterminent le temps d'après le retour régulier des repas (K. E. von Baer). Ainsi qu'on peut l'observer sur des animaux domestiques, tels que chevaux, chiens, etc., comme sur des oiseaux migrateurs et même sur des poissons élevés artificiellement dans les rivières, la faculté de reconnaître les saisons à retour périodique n'est pas exclusive à l'homme.

La reproduction de certaines perceptions sensorielles à

des intervalles rythmiques impose nécessairement à notre
conscience la représentation de leur régularité. L'idée de
choisir ces phénomènes réguliers, périodiques ou rythmiques,
pour en faire des unités de temps, a donc dû venir à l'esprit
de l'homme dès les âges les plus reculés. Il commença naturellement par prendre pour échelle de mesure les valeurs de
temps les plus brèves, de même qu'il choisit pour les mesures
d'espace les longueurs les plus courtes que lui offraient le
plus facilement soit son propre corps, soit le milieu environnant. Le pied fut chez tous les peuples la mesure d'espace la
plus primitive et la plus répandue. Pour le temps, on choisit
la succession périodique du jour et de la nuit. K. E. von
Baer a exprimé cette conviction que la mesure de temps la
plus petite, appelée par nous seconde et employée comme
unité artificielle, nous a été suggérée par les battements
rythmiques de notre pouls; à l'âge avancé, le cœur bat en
effet 60 fois environ par minute. Depuis que cette idée a été
émise, elle a gagné en vraisemblance et en intérêt grâce à
l'observation des pulsations rythmiques au niveau des canaux
semi-circulaires membraneux. Nous sommes en effet à même
de percevoir intérieurement ces pulsations et même de les
utiliser pour des essais expérimentaux; l'artério-sclérose
serait la cause la plus fréquente de la perceptibilité des bruits
entotiques. Ce n'est donc pas sans raison que von Baer a
insisté sur le nombre de 60 pulsations par minute.

Étant donnée la reconnaissance universelle de la grande
importance que présentent pour le sens du temps la périodicité et le caractère rythmique des processus de temps, intérieurs et extérieurs, accessibles à notre observation, il était
naturel que la plupart des investigateurs, suivant en cela
l'exemple fécond de Vierordt, prêtassent au rythme et à la
cadence une attention toute particulière dans leurs mesures
expérimentales de ces processus. Cependant le choix des
processus rythmiques n'a pas toujours été également heureux. Ainsi, dans ses recherches sur les perceptions de temps,

Wundt, par exemple, accorde la première place, parmi les phénomènes rythmiques du corps humain, aux mouvements normaux de la marche. C'est à tort, et pour deux raisons. Tout d'abord, dans la vie normale, les mouvements de la marche sont très souvent arythmiques. Ce n'est que dans les études du mécanisme des mouvements pendulaires de nos jambes, exécutées pendant les expériences des frères Weber, que les mouvements de la marche furent accomplis d'une façon vraiment rythmique. Ensuite, à supposer même que notre marche s'exécute d'une façon rythmique régulière, il ne s'ensuit pas encore que les sensations provoquées par les mouvements de la marche présentent, elles aussi, un caractère rythmique. Nous n'avons pas la sensation de la marche comme telle; nous avons les sensations des tensions de la peau, de l'extension des tendons et des muscles, des frottements dans les articulations, etc. La perception de ces sensations, si variées en qualité, pourrait difficilement nous donner la représentation de la succession de sensations se reproduisant rythmiquement.

Les processus de temps, qui accompagnent les mouvements volontaires et réflexes des différentes parties de notre corps, se manifestent principalement dans les *mesures de la durée et de la succession des innervations des muscles qui participent à ces mouvements*. Ces mesures se trouvent, d'après nos connaissances actuelles, sous la dépendance des terminaisons nerveuses du labyrinthe de l'oreille et sont réglées par elles. Mais nos mouvements ne deviennent rythmiques que lorsqu'ils sont *produits et entretenus par des sensations auditives rythmiques*, comme dans la marche militaire, la danse, etc. La mesure exacte de la durée et de la succession des innervations doit, il est vrai, avoir lieu dans *tous les mouvements musculaires rationnels*, qu'ils soient rythmiques ou arythmiques; mais *c'est seulement* lorsque les excitations provoquant les innervations se succèdent à des intervalles réguliers que les muscles innervés se contractent à leur tour rythmiquement.

Ce ne sont pourtant pas les *mouvements* rythmiques, mais les *sensations* rythmiques dont on doit avant tout tenir compte dans les études expérimentales portant sur les processus de temps. Depuis que Vierordt a choisi les sensations auditives comme se prêtant le mieux aux études de ce genre, tous les investigateurs ont pu acquérir la conviction qu'entre ces sensations auditives et nos perceptions ou nos représentations de temps il existe des rapports tout à fait particuliers, qu'on ne retrouve pas dans les sensations tactiles ou visuelles. On a déjà montré plus haut que la succession, qui constitue l'élément le plus immédiatement perceptible de notre représentation de temps, repose sur le fonctionnement des canaux semi-circulaires.

Aucun des investigateurs en question n'a pensé jusqu'ici à ce dernier rapport. Tous sont, en revanche, unanimes à reconnaître que l'estimation mathématiquement exacte des excitations qui provoquent les sensations auditives rend suffisamment compte de l'importance décisive que présentent ces dernières relativement aux perceptions de temps. Les intervalles, les pauses, les rythmes et les cadences, à l'aide desquels les ondes sonores influencent notre oreille, pour provoquer des sensations de sons harmoniques, obéissent à des lois arithmétiques très précises. Si les successeurs de Vierordt dans le domaine des recherches sur le temps n'avaient pas complètement laissé de côté sa conception du sens du temps comme d'un sens général, destiné à mesurer et à graduer la durée des sensations de nos sens spéciaux et de nos mouvements, les résultats de leurs mesures, si nombreux et si précieux en soi pour la plupart, auraient abouti depuis longtemps à des conceptions claires et certaines sur la nature et l'origine de nos représentations de temps. Dans l'état actuel des recherches portant sur le problème du temps, il est à peu près impossible, malgré la concordance remarquable des résultats obtenus, en ce qui concerne au moins les points principaux, de trouver seulement deux chercheurs qui ne soient pas en désaccord flagrant sur l'interprétation de ces résultats.

Heureusement les résultats concordants des mesures obtenues au cours des recherches sur les sensations auditives parlent assez clairement en faveur des rapports fonctionnels[1] entre nos perceptions de temps et le mécanisme du labyrinthe de l'oreille. L'analyse précise des éléments de ces perceptions, c'est-à-dire de la durée et de la succession, et leur comparaison avec les résultats des recherches expérimentales sur le rôle du labyrinthe de l'oreille dans la régulation et la mesure de la succession et de la durée des innervations des organes moteurs, fournissent également des preuves non équivoques et convaincantes en faveur de ces rapports. *Elles prouvent jusqu'à l'évidence que ce sont les mêmes organes qui président aux processus de temps aussi bien dans notre sphère sensitive que dans notre sphère d'activité motrice.* Bien plus : les résultats obtenus à la suite d'expériences pratiquées sur des animaux, et relatifs au fonctionnement des différentes parties du labyrinthe de l'oreille, autorisent à admettre que *les excitations auditives graduées, au point de vue du temps, avec une telle finesse et une telle précision sont, dès l'origine, destinées à mettre nos centres cérébraux moteurs en état d'exécuter les mouvements rationnels des différentes parties du corps en économisant le plus possible les forces d'excitation accumulées.*

Il a déjà été prouvé, en ce qui concerne les animaux inférieurs, qu'il existe, entre les excitations des terminaisons nerveuses de leurs otocystes et la régulation de leurs mouvements, un rapport causal de la plus grande importance physiologique. (*Ohrlabyrinth*, ch. IV, § 10.)

Avec les progrès du développement morphologique et de la différenciation physiologique des diverses parties du labyrinthe

1. Tous les physiciens et astronomes qui ont mesuré ce qu'on appelle le « temps physiologique » sont unanimes à reconnaître que l'oreille occupe la première place, quant à la durée la plus courte. C'est ainsi que dans les mesures de l'astronome Hirsch la durée de ce temps a été de 0,149 de seconde pour l'oreille et de 0,200 pour la vision d'une étincelle. L'oreille possède donc la plus grande sensibilité pour les perceptions de temps.

de l'oreille, les rapports entre les sensations auditives et les mouvements musculaires qu'elles régissent atteignent, chez les animaux supérieurs, une perfection beaucoup plus grande. *Ce pouvoir des excitations auditives et des sensations de l'ouïe sur les muscles volontaires atteint chez l'homme son apogée dans les mouvements des globes oculaires et dans la formation du langage : nulle part l'importance fonctionnelle de nos perceptions de temps et de leur origine, due au fonctionnement du labyrinthe de l'oreille, ne trouve une démonstration plus claire que dans l'admirable mécanisme de la voix et du langage humains.*

Le génial E. H. Weber avait déjà eu l'intuition de cette vérité qu'il a exprimée, il y a une soixantaine d'années, avec une clarté et une précision incomparables :

« Les sourds de naissance, qui *n'entendent pas leur voix, son précisément muets parce qu'ils ne perçoivent pas, à l'aide de l'oreille, les actions produisant les mouvements de leurs muscles vocaux* et qu'ils ne peuvent par conséquent pas apprendre à produire les efforts musculaires nécessaires à la *production d'un son déterminé...* De tous les muscles, ce sont ceux de la voix et de l'œil que nous avons le plus en notre pouvoir. Nous pouvons ici, avec la plus grande précision, mesurer le degré de raccourcissement des muscles et *la tension résultante que nous produisons.* Il s'agit de *degrés de raccourcissement musculaire tellement minimes qu'il faudrait un microscope et un micromètre pour les rendre visibles et mesurables. Cette mesure est, pour les muscles de la voix, d'autant plus précise que la perception des sons par l'oreille est plus fine.* Quelles modifications minimes dans la longueur et la tension des muscles vocaux ne faut-il pas pour que le son ne s'écarte pas, dans les limites perceptibles, de la pureté exigée ! Et pourtant un chanteur exercé produit des séries entières de sons tout à fait purs. »

Ces lignes sont empruntées au dernier travail de Weber, *Sur le sens de l'espace,* elles ont été écrites à propos de sa démonstration que nous n'éprouvons pas de sensations musculaires immédiates, mais que nous nous en rendons compte seulement par les actions que produisent les contractions des muscles [1] (voir ch. I, § 2).

Dans l'apprentissage de formes de mouvements compliquées et nouvelles, comme ce fut le cas lors de la formation originelle du langage humain, le labyrinthe a nécessairement joué un rôle décisif. Privé des moyens de mesurer avec une précision mathématique la durée des innervations des groupes musculaires intéressés dans le langage, l'homme, à l'exemple des animaux, n'aurait jamais dépassé la phase des sons inarticulés [2]. Dans l'enseignement du langage aux sourds-muets, le maître cherche à remplacer par des *impressions visuelles* le fonctionnement du *sens auditif* qui fait défaut. Les pigeons dont on a détruit les deux appareils de canaux semi-circulaires agissent d'une façon analogue : ils cherchent à réapprendre la marche en s'aidant des sensations visuelles et des sensations tactiles, afin de récupérer le pouvoir sur les innervations de leurs muscles dans les mouvements volontaires. Mais ils n'y réussissent que dans une mesure très restreinte : la suppléance des fonctions du labyrinthe de l'oreille par les

---

1. Dans le premier appendice à ses « *Wahrnehmungen* » (p. 49), Helmholtz, après avoir exposé les mouvements du voile du palais, du larynx et de l'épiglotte, ainsi que les sensations provoquées par ces mouvements, arrive également à cette conclusion que ce ne sont pas les innervations d'un nerf ou d'un muscle déterminé « que nous percevons », mais seulement « l'action extérieure ».

2. Dans son très intéressant ouvrage : *Histoire primitive, histoire et politique*, Berlin, 1903,- Rawitz a développé cette idée fort ingénieuse que le langage humain, associé aux impressions de la vie nomade primitive, aurait abouti à la formation de la conscience personnelle, ou plutôt du *moi* conscient. Au cours de mes recherches sur le fonctionnement des canaux semi-circulaires et sur le rôle qu'ils jouent dans la formation de nos représentations de temps et d'espace, j'ai acquis la conviction que ce sont ces représentations qui nous procurent la conscience de notre *moi* opposé au monde extérieur. Notre conscience personnelle correspond au point O du système idéal des coordonnées rectangulaires, formé par les vraies sensations de direction de nos canaux semi-circulaires (voir ch. I, § 2, et plus haut, § 3). Il existe donc une concordance curieuse et qui mérite d'être approfondie entre l'hypothèse purement psychologique de Rawitz et les résultats de mes recherches physiologiques.

impressions visuelles et tactiles est très imparfaite, aussi bien chez les vertébrés que chez les invertébrés[1]. *Et ceci est vrai pour l'orientation non seulement dans l'espace, mais aussi dans le temps, et non seulement pour l'orientation de notre corps qui, grâce à l'exercice et à l'apprentissage, s'accomplit le plus souvent d'une façon purement automatique et réflexe, mais encore pour l'orientation de notre esprit dans les opérations intellectuelles conscientes*[2]. D'où l'infériorité intellectuelle des sourds-muets de naissance.

Il ne faut pas voir, dans l'influence des mouvements *visibles* du bâton du chef d'orchestre sur la mesure avec laquelle l'orchestre exécute un morceau (surtout lorsqu'il s'agit d'instruments à cordes), *une contradiction avec ce que nous avons dit de l'importance secondaire du sens de la vue relativement à la régulation de la succession des innervations.* Cette influence repose en partie sur l'imitation purement réflexe de mouvements visibles, mais principalement sur la reproduction d'impressions auditives qui, pendant l'étude, se sont accumulées dans la mémoire.

La perception des sensations auditives est loin de constituer une condition indispensable pour que le labyrinthe de l'oreille intervienne d'une façon décisive dans la distribution des innervations musculaires. Dans les mouvements de déglutition, la mesure exacte de la durée et de la succession n'est pas

1. Les observations faites pas W. Jérusalem sur Laura Bridgman, aveugle et sourde, qui s'efforçait de suppléer aux sens de la vue et de l'ouïe par un développement particulier de ses impressions tactiles, ne font que confirmer la justesse de cette proposition. Toute sa « conscience du temps » se bornait en réalité à la reconnaissance de certains moments déterminés, tels que les heures de la journée, les jours de la semaine, etc., au moyen de signes sur lesquels on attirait son attention.

2. Le bégaiement tient le plus souvent à de simples troubles dans la puccession des innervations aussi bien des muscles de la parole que de ceux de la respiration. C'est pourquoi le traitement du bégaiement consiste principalement dans l'exécution de mouvements respiratoires rythmiques réguliers et dans des exercices de parole d'après une cadence et un rythme connus.

moins nécessaire que dans la parole et dans le chant, mais les sensations auditives n'y interviennent en aucune façon; les appareils de calcul dépendant du labyrinthe de l'oreille fonctionnent en ce cas d'une manière purement réflexe.

Le rythme et la cadence des excitations auditives, sans aucun mélange de sensations musicales, suffisent à faciliter, souvent même à rendre possibles des efforts musculaires particulièrement difficiles, et cela en agissant sur la distribution de l'excitation dans l'innervation des muscles correspondants : c'est ce qui arrive, par exemple, lorsqu'il s'agit de soulever de lourdes charges, ou dans le remorquage des navires, ou encore dans les marches militaires épuisantes, etc. *La durée des intermittences d'excitation se règle d'après la cadence des appels ou des cris lancés sur un mode rythmique, ou des bruits produits par le battement des pieds.*

Étant donnée la grande importance des mouvements rythmiques pour la formation de nos perceptions de temps, il est regrettable que les psychologues, dans leurs essais de mesures, aient accordé si peu d'attention aux pulsations cardiaques. Par la régularité extraordinaire de son rythme, qui se maintient sans interruption pendant la durée entière de la vie, le cœur se prête d'une façon toute particulière à la mesure d'intervalles de temps rythmiques. Le fait que les pulsations cardiaques aient été négligées dans les recherches expérimentales de ce genre, Wundt l'explique, il est vrai, par cette circonstance que les mouvements cardiaques, « ainsi que les variations des autres processus vitaux internes », ne fournissent « aucune donnée de conscience, et par conséquent aucune sensation ni aucun sentiment ». Mais cette explication est peu plausible, ne serait-ce que pour la raison que c'est précisément le cœur qui, par les changements de son rythme, réagit le plus rapidement sur nos états d'âme, lors même que cette réaction ne parvient *pas toujours* à la perception consciente. Cette dernière circonstance est loin de constituer un obstacle insurmontable à l'étude des modifications du rythme cardiaque chez l'homme et chez les animaux. Les nombreux appareils de mesure qui servent à l'enregistrement des variations du pouls dans le temps et dans l'espace permettent à l'expérimentateur de suppléer au manque de sensations conscientes. Dans beaucoup de cas, ce manque peut même être un avantage pour l'interprétation des réactions cardiaques, puisqu'il empêche l'intervention de réactions émotionnelles *secondaires*[1].

Les données obtenues jusqu'ici dans cette voie se rapportent principalement à l'influence qu'exercent sur le rythme cardiaque les *sensations de sons harmoniques*, c'est-à-dire à des réactions purement émotionnelles. Il serait assurément intéressant de rechercher si les excitations rythmiques des terminaisons nerveuses du labyrinthe de l'oreille sont capables de régler aussi la durée et la succession en ce qui concerne les muscles à contractions *involontaires*, ceux du cœur par exemple, lorsque ces excitations ne sont pas accompagnées de sentiments musicaux esthétiques.

Quelques observations qu'un hasard m'a permis de faire sur moi-même semblent plaider en faveur de cette possibilité, du moins lorsqu'il s'agit d'un cœur à réactions hypersensibles. On avait installé, en 1893-1894, dans un établissement pneumatique, à proximité de mon habitation d'alors (rue Copernic), une nouvelle machine à vapeur qui travaillait avec un bruit extraordinaire. Pendant le silence de la nuit, le bruit produit par cette machine influençait à tel point le rythme de mes pulsations cardiaques, qu'elles suivaient presque la cadence du moteur. De 80 à la minute, mes pulsations tombaient au-dessous de 60, tandis que leur intensité augmentait d'une façon douloureuse. Mon affection cardiaque ayant subi une aggravation notable, j'ai dû changer de logis. Depuis lors, j'ai eu l'occasion de faire une couple de fois des observations du même genre dans des hôtels qui

1. Voir ch. III, § 6 de mes *Nerfs du Cœur*. Paris, 1905.

employaient des moteurs particuliers pour la production de la lumière électrique.

Ces observations personnelles doivent nous rendre très circonspects en ce qui concerne les conclusions à formuler au sujet de l'influence des émotions musicales sur le cœur. Certains observateurs, par exemple, ont tiré de leurs expériences des conclusions un peu hâtives en faveur de la théorie des émotions de Lange et James, et cela parce que le cœur changerait de rythme avant que les *sentiments* fussent éprouvés. Même abstraction faite de cette considération que la théorie mentionnée repose sur une méconnaissance complète du vrai mode de fonctionnement des nerfs du cœur et des nerfs vasculaires (voir plus bas, ch. III, § 3), il est visible que ces observateurs ont confondu les actions *directes du rythme comme tel* avec celles des *sentiments*. Beaucoup de personnes, absolument insensibles à la musique, voient les battements de leur cœur s'accélérer à la suite de la seule accélération du rythme et de la cadence des excitations sonores.

K. E. von Baer qui, comme nous l'avons dit plus haut, attribue au rythme des pulsations cardiaques l'origine de la seconde prise pour unité de temps, attire également l'attention sur l'influence que la fréquence de ces pulsations exerce incontestablement sur la *durée* de nos perceptions sensorielles. « D'une manière générale, le pouls semble *présenter certains rapports avec la rapidité des sensations et des mouvements.* L'homme ayant des pulsations cardiaques plus fréquentes vit davantage au cours de la mesure générale du temps, par exemple au cours d'une heure. » Pour rendre sensible son idée très juste, von Baer a développé plusieurs exemples qui témoignent d'une conception très fine de la nature des perceptions de temps [1].

---

1. K. E. v. Baer. *Quelle est la conception la plus juste de la nature vivante ?* Discours prononcé en 1860. *Reden*, etc., t. I. Braunschweig, 1886.

§ 7. — LES SENSATIONS DES SONS ET LE SENS ARITHMÉTIQUE

« Si la science parvenait jamais à fournir une réponse positive à la question si discutée de l'origine des sensations de
temps, le résultat n'en serait pas moindre que de nous conduire à la connaissance de la nature et de l'essence de l'âme,
ainsi que des relations réciproques entre elle et l'activité nerveuse et musculaire. En effet, concevoir la genèse progressive
des sensations et des perceptions de temps n'est pas autre
chose que construire génétiquement notre « psyché » depuis
ses premiers tressaillements. » C'est par ces paroles significa-
tives que Vierordt commençait, il y a quarante ans, le
dernier paragraphe de son ouvrage classique sur le *Sens du
temps*[1]. Pour résoudre un problème d'une portée psychique
aussi grande, le devoir de la physiologie, d'après Vierordt,
serait de répondre péremptoirement à la question suivante :
« Comment un organisme doué de certaines dispositions et
de certaines propriétés psychiques rudimentaires, tout à
fait inexplicables en soi, en arrive-t-il à différencier progressivement son moi du monde extérieur et à connaître les rapports d'espace et de temps qui existent entre les choses de ce
monde extérieur ? » (p. 182)

En ce qui concerne « les rapports d'espace », il a été possible,
après les recherches expérimentales poursuivies pendant une
trentaine d'années, de donner une solution satisfaisante
de ce problème psycho-physiologique. L'exposé de mes recherches dans un précédent ouvrage (*Das Ohrlabyrinth*) l'a
suffisamment démontré. Mettant à profit le grand nombre
des expériences et des résultats concrets dès lors acquis, j'ai
cherché, au cours du présent chapitre, à déterminer l'origine
physiologique et la signification des valeurs de temps parvenant à notre perception et à mettre en lumière la part qu'elles

---

1. Karl Vierordt. *Der Zeitsinn*. Tübingen, 1868.

prennent à notre conscience du moi. C'est en reconnaissant les véritables rapports qui unissent d'une part les excitations sonores et d'autre part les mesures de temps relatives à la succession et à la durée des innervations musculaires ainsi que des sensations des organes sensoriels spéciaux, qu'il a été possible de ramener le sens du temps proprement dit à sa destination fonctionnelle capitale, c'est-à-dire à un mécanisme de mesure.

Dans le sens du temps, comme dans tous les appareils servant à mesurer, les nombres jouent un rôle essentiel. Sans la connaissance ou la conscience des nombres, le sens du temps ne pourrait pas satisfaire à sa destination. La construction de nos représentations d'un espace à trois dimensions repose uniquement sur les perceptions de trois directions fournies par notre appareil de canaux semi-circulaires, sans aucune intervention des nombres; il peut y avoir une géométrie sans théorie des grandeurs. Il n'en est pas de même pour le sens du temps, dont une seule composante, la succession, n'a besoin que de la perception de la direction. Sans nombres, il n'y a pas de valeurs de temps et, par conséquent, la formation de notre concept de temps ou de notre représentation de temps devient impossible. Étant donnée l'extraordinaire précision avec laquelle doit s'effectuer, dans les processus considérés, la mesure des innervations ainsi que le choix du moment où chaque innervation particulière doit commencer et finir, il s'agit ici le plus souvent de nombres infinitésimaux. Ces mesures, effectuées dans les centres cérébraux moteurs faisant fonction d'« énerginomes » et d'« énergimètres », exigent une précision beaucoup plus grande que celle qu'obtiennent les physiologistes dans leurs mesures artificielles des valeurs de temps. (Voir *Orhlabyrinth*, ch. III, §§ 7 et 8.)

Essayons de donner une idée seulement approximative de la nature des calculs qui entrent en ligne de compte dans les mesures de temps relatives aux innervations. Chaque mouvement approprié à un but, fût-il même aussi simple que celui de soulever un poids par flexion du bras, exige le concours des impulsions d'un grand nombre de muscles : les fléchisseurs, auxquels appartient le rôle capital dans l'exemple donné; leurs antagonistes, qui doivent s'opposer à l'exagération du mouvement à exécuter; les abducteurs et les adducteurs, qui fixent l'avant-bras; les muscles de la nuque et du dos, qui donnent à la tête et à la partie supérieure du corps la position la plus favorable pour exécuter le travail voulu avec la moindre dépense possible de forces d'excitation et de forces musculaires, etc. *Chacun des muscles qui participent au mouvement doit recevoir, pendant qu'il est innervé, un nombre différent d'excitations dans l'unité de temps. Les moments où l'innervation commence pour chaque muscle et sa durée pour chacun d'eux doivent également être déterminés et mesurés avec précision. Dans ces opérations, les valeurs arithmétiques ne dépassent pas les limites de millièmes de seconde.*

La finesse et l'acuité avec lesquelles fonctionnent les merveilleux mécanismes à calculer de la substance corticale, commandés par les terminaisons nerveuses du labyrinthe de l'oreille, quand ils distribuent les impulsions volontaires réflexes, doivent donc être déjà tout à fait extraordinaires dans les mouvements simples du tronc et des membres. Elles le sont encore bien davantage quand il s'agit de mouvements plus complexes de groupes musculaires analogues, comme dans les exercices d'un acrobate ou d'un danseur de ·corde, où une erreur de quelques millièmes de seconde dans la durée peut devenir et devient souvent funeste.

Les opérations des appareils à calculer qui siègent dans nos cellules ganglionnaires exigent une précision vraiment prodigieuse quand il s'agit de l'innervation des muscles de la parole et de la voix et surtout des muscles oculo-moteurs. Ici, en effet, il n'est pas seulement question de calculs portant sur des nombres infinitésimaux; pour que le but soit atteint, il faut encore que ces opérations mathématiques s'effectuent avec une extraordinaire rapidité. Les opérations elles-mêmes se réduisent vraisemblablement aux quatre règles élémentaires : addition, soustraction, multiplication et division. Elles sont commandées et conduites, c'est chose prouvée, par les nerfs sensitifs terminaux de certaines parties du labyrinthe de l'oreille, chez les invertébrés exclusivement par ceux des otocystes, chez les vertébrés supérieurs et chez l'homme particulièrement par les nerfs du limaçon.

E.H. Weber avait montré que des musiciens exercés peuvent percevoir une différence, dans la hauteur des sons, correspondant au rapport de 1000 à 1001 vibrations. C'est l'équivalent d'un 64e de demi-ton, une grandeur plus petite que la distance qui sépare les fibres de Corti. Depuis lors, les nombreuses mesures de nos perceptions de temps, faites par des physiologistes et des psychologues à l'exemple de Vierordt, sont toutes concordantes pour établir avec quelle finesse nous savons reconnaître les différences de temps les plus minimes. *Cette aptitude du limaçon à conduire avec une telle précision des opérations de calcul aussi délicates ne peut provenir que des propriétés des terminaisons nerveuses dans le limaçon, dont chacune n'est sensible ou n'est accordée que pour être excitée par un certain nombre de vibrations par seconde. Ceci nous oblige à admettre que c'est là un véritable organe sensoriel arithmétique et que c'est à la perception des hauteurs des sons que nous devons directement la connaissance des règles élémentaires du calcul.* Comme, à l'exception des sensations immédiates de succession, nos perceptions de temps reposent sur cette connaissance des nombres, nous sommes autorisés à conclure que le sens du temps se trouve en rapport fonctionnel étroit avec cet organe sensoriel arithmétique.

De même que les sensations de trois directions, dues à l'appareil des canaux semi-circulaires, nous rendent possible, ou plutôt nous imposent la représentation d'un espace à trois dimensions, de même, quant aux deux composantes du concept de temps, c'est-à-dire la direction et le nombre (pour la durée du temps), nous pouvons localiser la première dans l'appareil semi-circulaire, la seconde dans le limaçon. L'organe de sens du temps a donc son siège dans l'oreille. Le concept de temps est formé par l'association des perceptions de *direction* avec les perceptions des *hauteurs* des sons auxquelles est due la connaissance du nombre. Nos expériences antérieures ont montré que l'appareil des canaux semi-circulaires doit être considéré comme l'organe sensoriel géométrique. Nous venons de voir que l'organe de Corti peut revendiquer le droit d'être l'organe du sens arithmétique.

Jusqu'à ces dernières années, même les adversaires de l'origine *a priori* des représentations d'espace et de temps admettaient tacitement que le concept de nombre était un pur produit de notre esprit. Le développement extraordinaire des sciences mathématiques avait suffi à faire adopter cette opinion, sans plus ample informé. Comme ce développement reposait incontestablement sur des opérations intellectuelles, on en concluait que dans ces opérations, même les plus simples et les plus primitives, les perceptions des sens n'avaient joué et ne jouaient aucun rôle.

On a cité au précédent chapitre plusieurs lettres de Gauss, dans lesquelles il se range, non sans regret toutefois, à cette opinion généralement admise. C'est ainsi qu'il écrit : « ...Ma conviction la plus intime est que la théorie de l'espace a, dans notre conscience *a priori*, une place toute différente de celle qui appartient à la pure théorie des grandeurs... Nous devons reconnaître en toute humilité que, si le nombre est un simple produit de notre esprit, l'espace a aussi en dehors de notre esprit une réalité à laquelle nous ne pouvons tout à fait imposer *a priori* ses lois. » Gauss admet donc l'opinion courante qui attribue au nombre (donc aussi au temps) une origine *a priori*. Pour le naturaliste qui réfléchit, la question de la *réalité extérieure* du temps et du nombre mérite à peine la discussion, étant donné que tout l'ordre du monde physique repose sur des lois rigoureusement mathématiques d'espace et de temps. Bien que l'origine physiologique des sensations et perceptions d'espace, de temps et de nombre fût restée inconnue jusqu'à nos recherches personnelles, cependant des observations et des expériences quotidiennes innombrables permettaient de démontrer la validité de ces lois et par conséquent la réalité des phénomènes qu'elles gouvernent.

D'autre part, pas plus qu'à la géométrie, nous ne pouvons imposer complètement à la science des nombres, c'est-à-dire à l'arithmétique, ses principes fondamentaux. Les quatre règles de l'arithmétique ont leur valeur absolue comme les axiomes de la géométrie euclidienne.

Mais des lois obtenues par des opérations intellectuelles ne peuvent prétendre à une valeur absolue qu'à la condition que leur origine se trouve dans l'expérience sensible et qu'elles puissent être confirmées expérimentalement.

En vérité, ce sont les nombres qui nous imposent les règles et les lois comprises en eux. Les premiers progrès de l'arithmétique ont consisté à abstraire progressivement, du fonds concret des perceptions provoquées par les excitations sonores et parvenant à notre conscience, les premiers éléments des rapports numériques, à les reconnaître d'après leur vrai caractère, à les appliquer durant des milliers d'années aux processus extérieurs, et à en établir ainsi les règles et les lois objectives. Les quatre règles élémentaires de l'arithmétique nous sont donc données par les perceptions sensorielles des fibres nerveuses de l'organe de Corti, spécialement accordées pour certains nombres de vibrations sonores. Nous avons dû d'abord aux excitations de ces terminaisons nerveuses la capacité de mesurer nos impulsions motrices, de constituer la phonétique et de développer notre langage. Il fallut bien des milliers d'années avant que l'homme apprît à utiliser les sensations sonores pour la musique et à reconnaître les lois de l'harmonie, qui sont données dans les rapports numériques des excitations sonores.

En d'autres termes, pas plus que les sensations de direction, dues à l'appareil des canaux semi-circulaires, n'étaient

destinées originairement à la constitution de la géométrie
euclidienne, comme science, de même les sensations sonores
harmoniques n'avaient pas davantage pour but de nous faire
goûter le *Requiem* de Mozart et les messes de Bach, ou de
nous faire développer les équations de Maxwell. Le sens
géométrique des canaux semi-circulaires et le sens arithmétique du limaçon servirent d'abord à notre orientation dans
l'espace et le temps, ainsi qu'au plein développement de notre
langage et de notre voix. Ce n'est qu'après des milliers
d'années d'évolutions ontogéniques qu'ils nous conduisirent
à la constitution de la science mathématique, à la création des
arts plastiques et de la musique.

Accumulées depuis un demi-siècle, les nombreuses découvertes sur l'histoire des sciences mathématiques chez les
Chaldéens, les Assyriens, les Égyptiens, et particulièrement
chez les Grecs, montrent toutes assez clairement l'origine
empirique de nos connaissances mathémathiques[1].

Il m'est impossible d'insister ici sur les résultats de ces recherches, malgré le grand intérêt qu'ils présentent même
pour les sciences naturelles. De la documentation si riche,
fournie par l'histoire du développement des sciences mathématiques, nous ne ferons ressortir que ce résultat capital, qui
fortifie notre doctrine de l'origine sensorielle de la géométrie
et de l'arithmétique. Presque à l'unanimité, on reconnaît aujourd'hui l'origine empirique des sciences mathématiques,
principalement en ce qui concerne la géométrie et les règles
élémentaires de l'arithmétique. Il est vrai que les mathématiciens n'entendent pas toujours par origine empirique une
origine résultant de l'expérience d'organes sensoriels *ad
hoc*, comme le physiologiste est forcé de le faire. De même
que personne[2] avant moi n'avait eu l'idée de considérer les

---

1. Voir les ouvrages de M. Cantor, de M. Couturat et en particulier les
récents écrits de Paul Tannery.

2. Pas même Autenrieth, qui a pourtant cherché aussi à démontrer expérimentalement l'importance de la disposition morphologique des trois

sensations de direction provenant des trois paires de canaux semi-circulaires comme les sensations formant la source du concept d'étendue, sans lequel aucune doctrine empirique de nos représentations d'espace ne peut tenir debout, de même, à ma connaissance, personne jusqu'ici, pas même Helmholtz, n'a émis une seule fois l'hypothèse que nous possédions, dans les sensations des hauteurs des sons, une source de perceptions qui peuvent conduire par abstraction à la formation du concept de nombre. C'est là une chose beaucoup plus surprenante en soi que le fait de pouvoir attribuer aux sensations émanant du labyrinthe de l'oreille la connaissance des nombres et des règles fondamentales de l'arithmétique, ainsi que la genèse de nos concepts de nombre. Qu'une pareille relation causale ne soit pas déjà tombée sous le sens d'une centaine de savants, cela doit d'autant plus surprendre qu'à travers toute l'histoire du premier développement des mathématiques on voit souvent reparaître comme un *Leitmotiv*, chez les philosophes et les mathématiciens, des considérations sur les rapports remarquables qui existent entre les lois de l'harmonie et celles des mouvements planétaires.

Pythagore, qui a déterminé exactement les rapports entre l'harmonie musicale et la longueur des cordes vibrantes, et beaucoup d'autres philosophes grecs avec lui, ont attribué à la musique une importance cosmogonique et même sociale très étendue, non pas à cause des jouissances esthétiques que nous lui devons, mais en raison de forces mystiques toute particulières qui seraient inhérentes aux nombres et dont la portée serait universelle. Les lois de l'harmonie des nombres devaient gouverner le monde ! Ces aspirations mystiques ont passé d'Égypte et d'Assyrie en Grèce en même temps que les premiers fondements de la géométrie. Jusqu'à Confucius qui a exprimé des idées analogues sur la musique et l'ordre du

paires de canaux semi-circulaires pour les trois directions cardinales de l'espace ; ni Venturi, qui plaçait même dans l'oreille l'organe du sens de l'espace sans connaître l'appareil des canaux semi-circulaires.

monde ! Tout récemment, des inscriptions assyriennes auraient été trouvées qui représentent déjà le nombre célèbre de Platon et qui ont également conduit à des interprétations et à des commentaires tout à fait mystiques.

Dans l'antiquité, prêtres et philosophes considéraient la géométrie et la théorie des nombres comme une des sciences qu'il fallait dérober à la curiosité publique. A l'entrée de l'école philosophique de Platon on lisait ces mots : « Nul n'entre ici, s'il n'est géomètre. »

Au vᵉ siècle avant l'ère chrétienne seulement, la géométrie de Pythagore pénétra dans le domaine public par la trahison de deux de ses disciples. Cette géométrie, où la théorie des nombres fut appliquée pour la première fois à des lignes, à des surfaces et à des volumes, contenait déjà les éléments de la géométrie d'Euclide. Celle-ci nous a été transmise jusqu'à aujourd'hui sans changement et avec toute sa valeur qu'elle conservera toujours, malgré les doutes élevés à son sujet depuis quelque vingt ou trente ans, et malgré les attaques des néo-géomètres non euclidiens. Et cela pour cette raison simple, mais décisive, que ses axiomes et ses définitions essentiels reposent sur les sensations et les perceptions d'un organe sensoriel *ad hoc*. De même, les quatre règles élémentaires de l'arithmétique, ayant une origine analogue, garderont toujours leur valeur intégrale.

Pendant des milliers d'années, mystiques et métaphysiciens ont philosophé en vain sur les vertus secrètes du nombre et les merveilles des formes géométriques. Pour soulever le voile mystique qui avait si longtemps caché la vérité à notre esprit, il a suffi de démontrer expérimentalement que nous possédons, dans le labyrinthe de l'oreille, des organes sensoriels qui gouvernent toute notre sphère d'activité motrice[1] et qui, par l'intermédiaire des sensations de direction et d'ap-

---

1. En 1876-77, j'ai fait les premières communications sur cette démonstration à l'Académie des Sciences de Paris, par l'intermédiaire de Claude Bernard. Mais déjà, dans mes travaux de l'année 1873, cette influence de

pareils de calcul particuliers, nous rendent possible l'orientation dans l'espace et le temps, ainsi que la formation du langage humain. Il faut signaler cette victoire des sciences expérimentales sur la métaphysique éternellement stérile, même dans le domaine de la psychologie.

Le problème de l'origine de nos concepts de l'infini de l'espace et du temps est en relation étroite avec les questions traitées ici. Le véritable obstacle qui s'oppose à nos représentations de cet infini, c'est que nous percevons comme fini non seulement l'étroit espace tactile, mais même l'immense espace visuel. (Voir ch. III.)

On a rappelé plus haut que E. H. Weber avait dénié à l'odorat et à l'ouïe toute espèce de sens du lieu et de l'espace, parce qu'ils ne nous font percevoir aucune forme. Plusieurs éminents philosophes eux aussi, tels que M. Stumpf, par exemple, crurent devoir refuser toute qualité d'espace aux sensations auditives. Cela tenait à ce que nous ne pouvons pas percevoir les limites de l'espace auditif ou olfactif. En réalité, les qualités d'espace et de temps ont une importance bien plus grande dans le sens de l'ouïe que dans le toucher et la vue, grâce aux sensations de direction dues à l'appareil des canaux semi-circulaires : c'est en effet à ces sensations que nous devons notre représentation, ou mieux, notre concept de l'espace mondial; *la direction, par son essence même, est indivisible et illimitée.* Aux sensations sonores, en tant qu'elles nous donnent la connaissance des nombres, nous devons notre concept de l'infini de l'espace et du temps ; car le nombre, par son essence même, peut se développer à l'infini.

Si le sens de l'odorat, d'après E. H. Weber, n'a pas de qualités d'espace, il n'en est pas de même du sens de la quête, qui sert à s'orienter au loin et que j'ai également localisé dans le labyrinthe nasal. Cet espace de quête nous paraît, lui aussi, illimité et propre par conséquent à faciliter la

l'impression auditive rythmique était devenue l'un des points de départ de mes recherches expérimentales.

représentation ou le concept de l'infini de l'espace. Comme pour d'autres sens, que nous trouvons beaucoup plus développés chez l'animal que chez l'homme, parce que le progrès de la civilisation en a à peu près supprimé l'usage, c'est aussi le cas pour le sens de la quête. Mais si l'on doit voir se confirmer la pensée exprimée par le psycho-physiologiste Vaschide, à savoir que les odeurs résultent non d'émissions de particules matérielles mais de vibrations ou d'ondulations, comme cela est vraisemblable, alors le sens de la quête deviendra certainement l'objet d'expériences intéressantes, même sur l'homme. Suppléé aujourd'hui par les boussoles, les cartes géographiques et les indicateurs, le sens de la quête reprendra peut-être sa valeur.

Bien résolu à ne pas abandonner, autant que faire se peut, le terrain solide de la physiologie expérimentale, je n'insisterai pas sur les hypothèses psycho-physiologiques relatives à la nature des perceptions de temps, hypothèses suggérées par les nombreuses tentatives de mesure. Cette abstention me sera d'autant plus facile que la plupart des psychologues, dans ces derniers temps, ont considéré avec raison comme prématurée l'édification de pareilles hypothèses. Vierordt, après une longue discussion des solutions opposées, empiriques et nativistes, du problème du temps, en avait déjà montré l'insuffisance et les défauts. Il était arrivé à cette conclusion qu'on se trouvait *provisoirement* forcé de s'en tenir à la conception de Kant : « L'idée d'espace et de temps est une intuition pure *a priori.* » Mais Vierordt était bien éloigné de considérer nos représentations de temps et d'espace comme de simples catégories subjectives de notre conscience; en vrai savant, il ne doutait nullement de leur réalité objective.

Les psycho-physiologistes plus récents, qui se sont consacrés à l'étude expérimentale des perceptions de temps, reconnaissent tous l'impossibilité de créer des hypothèses viables. Ils se contentent de déterminer aussi scientifiquement que possible les concepts des valeurs de temps, sans pouvoir ensuite utiliser plus sûrement les résultats de leurs expériences. Malheureusement, ils sont encore loin de s'entendre sur la terminologie et les définitions des valeurs de temps. Ce que les uns, comme B. F. Schumann, par exemple, appellent justement perception de temps, est considéré par Wundt et par Meumann comme représentation immédiate de temps. Après une longue et peu solide discussion sur la signification de la représentation immédiate de temps, d'où ressort seulement avec clarté l'effort personnel d'accommoder la représentation subjective de temps au concept du savant obtenu par abstraction, Wundt conclut que les représentations de temps peuvent être définies : « des formations psychiques qui s'écoulent régulièrement, mais qui, dans certaines portions déterminées de leur cours, sont constamment données simultanément, et qui, en partie d'après l'étendue d'une telle formation, en partie d'après le changement s'effectuant dans les limites d'une étendue donnée, sont soumises à des rapports de mesure comparables. Le périmètre naturel des représentations de temps dont la portée est décisive, nous le nommons la durée du temps, et nous nommons vitesse du cours du temps la mesure du contenu de la représentation ». (*Grundzüge der phys. Psychologie*, t. III, p. 87).

Comme mainte autre opinion de Wundt extraite de ses écrits sur l'espace et le temps et déjà citée, ses idées sur la représentation immédiate ne sauraient satisfaire vraiment ni le physiologiste, ni le psychologue[1]. L'impossibilité où sont les psycho-physiologistes de donner des explications définitives sur l'origine et la nature de nos concepts d'espace et de temps ne saurait leur être imputée personnellement; c'est la psychologie physiologique elle-même qui doit en être tenue responsable.

La psychologie physiologique repose sur l'emploi de certaines méthodes physiologiques qui, malgré la finesse des

---

1. Comment, par exemple, une représentation immédiate subjective peut-elle naître de concepts objectifs abstraits?

instruments employés, ne sont pas toujours assez précises, et sur des définitions et discussions psychologiques, ordinairement insuffisantes au point de vue scientifique. Dès le début, la psychologie physiologique était condamnée à la stérilité jusqu'à ce que la physiologie eût résolu le problème de l'origine de nos représentations d'espace et de temps. C'est ce que Vierordt avait déjà nettement reconnu. (Voir ch. III, § I.)

Nous ajouterons ici encore quelques mots sur le développement différent des deux organes sensoriels généraux, dont l'un nous donne nos formes d'espace géométriques, et dont l'autre nous fournit la connaissance des nombres et des règles arithmétiques. Tout le monde sait qu'il y a deux espèces de mathématiciens, les uns surtout doués pour la géométrie, les autres pour l'analyse, et cette différence s'observe non seulement chez les mathématiciens formés, mais même chez les débutants. Les professeurs de mathématiques savent bien par expérience qu'au commencement des cours de géométrie une partie des élèves considèrent comme superflues les démonstrations d'un grand nombre de théorèmes. Ils en sentent l'exactitude par pure intuition et s'étonnent de l'accumulation des preuves. Ces élèves se distinguent généralement plus tard par leur habileté dans les dessins géométriques et par leur facilité compréhensive de la géométrie dans l'espace. D'autres élèves dessinent mal et s'assimilent difficilement la géométrie descriptive, tandis qu'ils se montrent heureusement doués pour le calcul et l'algèbre. La trigonométrie et les théories arithmétiques leur offrent, en général, un attrait particulier.

Ces différences sont surtout frappantes, on le comprend, chez les mathématiciens éminents. Ainsi, parmi les contemporains, Riemann et Bertrand étaient surtout géomètres; ils avaient besoin de l'intuition des sens pour pouvoir développer leurs vastes déductions. D'autres, au contraire, comme Hermite et Weierstrass, évitaient avec une certaine aversion toute espèce d'intuition; c'est l'analyse abstraite, à l'aide d'équations algébriques compliquées, qui était le domaine préféré de leurs recherches scientifiques. J'eus l'occasion d'observer la même différence chez mes deux professeurs de mathématiques. Le professeur Zöllner, qui m'initia à la géométrie analytique à Leipzig, en 1867, était un pur géomètre, même quand il s'occupait de physique et d'astronomie. Boltzmann, qui me donna à Vienne, en 1868, des leçons particulières de calcul intégral et différentiel, ne rêvait qu'équations. C'est l'admiration pour les équations de Maxwell qui dirigeait toute son activité créatrice en physique.

Dans l'état présent de nos connaissances sur les fonctions du labyrinthe de l'oreille, on peut présumer avec quelque vraisemblance que ceux qui sont surtout géomètres possèdent un appareil de canaux semi-circulaires particulièrement parfait et les centres cérébraux correspondants très développés pour la perception des sensations de direction. Chez les mathématiciens, au contraire, qui ne cherchent à résoudre leurs problèmes que par des grandeurs abstraites et des équations analytiques, la structure des organes nerveux du limaçon, ainsi que des centres cérébraux correspondants, doit être d'une finesse toute spéciale. Chez les premiers domine l'activité du système nerveux vestibulaire; chez les seconds, celle du système nerveux cochléaire.

Cet autre fait n'est pas moins connu que les dons musicaux, comme les dons mathématiques, se manifestent de très bonne heure chez les enfants. Dans aucune autre branche de la science ou de l'art humains on ne trouve des exemples de précocité aussi extraordinaires que ceux de Pascal ou de F. Bertrand, de Mozart ou de Bizet. Le cas de Inaudi est cité partout et bien connu. Plus curieuses encore sont les observations faites sur un garçon de quatre ans, Otto Pohler, et dont Stumpf[1] a donné une très fine analyse. Indépendamment de la mémoire des nombres, tout à fait rare à son âge,

---

1. Stumpf. Un enfant extraordinaire. *Revue Scientifique*, 1897.

et d'une intelligence exceptionnelle pour les rapports des nombres en relation avec certaines impressions visuelles, cet enfant se comportait d'une façon tout à fait singulière relativement à la musique. Il était d'une sensibilité presque maladive pour les sons. Il les distinguait très finement, non d'après leur hauteur, mais d'après leur « poids » : pour lui, un son grave pesait deux cents livres ; un son aigu, une livre seulement. (Ce fait ne se rattachait-il pas à l'influence des excitations sonores sur les organes moteurs ?) Le calcul lui paraissait aussi pénible, aussi douloureux que certaine musique. Il exécutait avec déplaisir les calculs, même ceux qu'il connaissait depuis longtemps ; il pleurait en entendant jouer du piano et ne pouvait supporter ni l'orgue ni la musique militaire.

L'explication s'impose : le sens musical et le sens mathématique sont fonction d'un même organe. Plus d'un profane pourra s'étonner d'entendre des mathématiciens passionnés parler de l'esthétique des groupes numériques ou de l'harmonie des équations. Pour apprécier judicieusement cet ordre d'idées, considérons seulement qu'entre tous les organes des sens, c'est l'oreille qui nous procure les jouissances esthétiques immédiates.

L'introduction du problème du temps et du nombre dans le champ de mes expériences sur le labyrinthe de l'oreille n'a pas modifié sensiblement ma théorie des fonctions de l'appareil semi-circulaire pour l'orientation dans l'espace et de son rôle comme organe du sens de l'espace, théorie développée dans un précédent ouvrage (*Ohrlabyrinth*) et résumée plus haut (voir chapitre I, § 2).

Il suffit donc de rappeler ici en quelques propositions les points essentiels de cette théorie des fonctions du labyrinthe, sur lesquelles repose la formation de nos concepts de temps et de nombre.

1º L'orientation dans le temps et la formation de nos concepts de temps, de même que l'orientation dans l'espace et la formation de nos représentations d'espace, dépendent principalement des fonctions du labyrinthe de l'oreille.

2º Pour la simple orientation dans le temps, il suffit de la sensation de succession, c'est-à-dire de la perception immédiate de la direction du temps dans laquelle se déroulent les phénomènes extérieurs, que nous connaissons par les sensations de nos cinq sens spéciaux. C'est au fonctionnement de l'appareil semi-circulaire que· nous devons la connaissance de cette direction.

·3º La durée et la vitesse, qui nous fournissent l'élément essentiel pour la formation de nos concepts de temps, parviennent à notre perception par l'évaluation approximative ou par la mesure exacte des laps de temps dont se compose la succession continue.

4º La continuité de nos perceptions de temps résulte de ce fait qu'il n'y a pas d'intervalles libres, c'est-à-dire pas de vide de temps dans les excitations et les sensations de notre système nerveux sensitif. Vu la nature de ces perceptions, il ne saurait non plus être question de seuils d'excitation.

5º Les parties du labyrinthe qui règlent dans l'espace notre activité motrice par la mesure et la graduation de l'intensité des innervations distribuées aux muscles dans les centres cérébraux gouvernent aussi nos mouvements dans le temps, puisqu'elles règlent et mesurent exactement la succession et la durée de ces innervations. C'est de la précision et de la finesse de cette régulation et de cette mesure que dépend chez l'homme la formation du langage.

6º La connaissance des nombres, indispensable pour la mesure des processus de temps dans le domaine de nos sensations et de notre activité motrice, nous est fournie par les excitations sonores, correspondant aux sons de diverses hauteurs, des ramifications nerveuses finales dans le limaçon et peut-être aussi dans les otocystes.

7º Dans les centres cérébraux, où sont transmises et employées à des mesures ces excitations des terminaisons nerveuses, nous possédons de véritables appareils à calculer.

Aussi peut-on appeler le limaçon l'organe du sens arithmétique, par analogie avec le sens géométrique de l'appareil
semi-circulaire. Le rôle que les sensations de direction remplissent pour ce dernier organe, les sensations des hauteurs
des sons le remplissent pour le premier.

8° La localisation du sens de l'espace et du sens du temps
dans le labyrinthe de l'oreille et la mise en lumière du vrai
mécanisme de leur fonctionnement ont donné une base physiologique solide à la conception de Weber-Vierordt, d'après
laquelle ces sens sont des sens généraux.

En tant que ce fonctionnement est assuré par les organes
sensoriels géométrique et arithmétique, la dénomination de
« *sens généraux mathématiques* », donnée par ces savants aux
organes en question, apparaît comme inspirée par un juste
pressentiment de la réalité.

9° Les recherches sur l'origine de notre représentation d'un
espace à trois dimensions, représentation résultant des perceptions des trois directions cardinales, provoquées elles-
mêmes par les excitations des nerfs ampullaires, m'ont donné
l'occasion, il y a une trentaine d'années, d'affirmer que nous
devons la formation de notre conscience du moi au mécanisme
du labyrinthe de l'oreille.

Le point O du système des coordonnées de Descartes formé
par ce mécanisme doit correspondre à notre *moi* conscient.
La localisation des perceptions de temps, établie précédemment, a confirmé cette origine de notre conscience du moi et
en a considérablement élargi la portée psychologique (voir
ch. III, § 5).

Il est désormais incontestable que l'oreille est le plus important de tous nos organes des sens. Sa situation dans le
crâne, mieux protégée que celle des autres organes des sens
périphériques, indique déjà cette supériorité. La disposition
si particulière et si compliquée des appareils conducteurs du
son, mais surtout celle des appareils nerveux terminaux, merveilleux de finesse et presque impossibles à démêler, du labyrin-

the membraneux, répondent morphologiquement à la variété de ces fonctionnements[1]. La connaissance des fonctions du labyrinthe de l'oreille comme organe du sens de l'espace et du sens du temps, ouvre largement aux naturalistes et aux philosophes les portes par où ils peuvent aisément pénétrer dans l'étude féconde de la vie psychique.

[1]. Voir, à la fin du volume, les planches 1, 2, 3 et les légendes correspondantes.

DEUXIÈME PARTIE

CORPS, AME, ET ESPRIT

CHAPITRE III

LA DIFFÉRENCIATION PHYSIOLOGIQUE
DES FONCTIONS PSYCHIQUES

§ I. — INTRODUCTION.

Aristote considérait l'ouïe comme le plus intellectuel de
tous les sens, et cela à cause de son rôle dans la formation du
langage et de la voix. Plus de deux mille ans après lui, la
physiologie expérimentale a prouvé l'existence, dans le labyrinthe de l'oreille, d'organes sensoriels destinés à la perception de l'espace et du temps et à la connaissance du nombre : elle a démontré ainsi, d'une façon éclatante, la justesse
de l'intuition géniale du fondateur de la psychologie.

Le labyrinthe de l'oreille doit être considéré désormais,
sans contestation possible, comme le principal organe des
sens. Les phénomènes les plus essentiels de la vie psychique
et intellectuelle seraient impossibles sans le concours des
fonctions de cet organe : l'homme ne posséderait pas la fa-

culté du langage, il serait incapable de s'orienter dans l'espace, il percevrait les images rétiniennes en double, et tous les objets extérieurs renversés; sa conscience du moi n'atteindrait jamais son développement complet, et le dédoublement de la personnalité serait chez l'homme la règle. Nous n'aurions aucune notion du temps, de l'espace, ni du nombre; la géométrie, l'arithmétique et les jouissances esthétiques supérieures que nous procure la musique nous seraient totalement inconnues. Cette énumération est loin de comprendre toutes les conquêtes dues aux recherches sur le labyrinthe de l'oreille, depuis Venturi et Spallanzani, vers la fin du XVIIIe siècle, Autenrieth et Flourens, au commencement du XIXe, jusqu'à l'aboutissement de mes travaux personnels.

La solution scientifique du problème du temps et de l'espace constitue un témoignage si décisif en faveur de la fécondité des méthodes expérimentales, que le physiologiste peut se croire en droit de recommander l'emploi de ses procédés d'investigation dans le domaine de la psychologie. D'autre part, l'affranchissement de l'esprit des liens où Kant avait enserré son activité en lui imposant la contrainte des formes d'intuition *a priori* et le fardeau du contenu des concepts innés a supprimé les entraves artificielles à l'introduction de ces méthodes exactes dans l'étude des fonctions psychiques. Mais la première condition d'une application efficace des méthodes nouvelles est une nouvelle différenciation de ces fonctions.

Le présent essai de différenciation des fonctions psychiques poursuit, avant tout, un but méthodologique. Loin de vouloir proposer de nouvelles hypothèses ou de nouvelles théories relativement à la nature de ces fonctions, ou de se mettre en opposition avec les classifications existantes, il vise plutôt à réaliser un certain accord, sinon en ce qui concerne la conception des processus psychiques et leurs rapports avec les fonctions cérébrales, du moins dans l'appréciation et le choix des voies et moyens les plus propres à en assurer l'étude féconde. Les oppositions, les contradictions inextricables des théories psychologiques courantes ne résultent pas seulement des difficultés inhérentes aux problèmes qu'elles soulèvent. La variété et la multiplicité des branches scientifiques qui ont concouru à l'édification de la psychologie devaient fatalement aboutir à cette conséquence qu'au fur et à mesure de l'accumulation des faits, leur utilisation devenait de plus en plus difficile, et cela à cause de l'impossibilité d'apprécier, à leur juste valeur et d'un point de vue unique, des résultats obtenus à l'aide de méthodes radicalement différentes.

En possession des trésors de la pensée spéculative accumulés pendant des siècles, philosophes et psychologues hésitent à les sacrifier, comme dépourvus de valeur, au profit des fruits souvent peu mûrs de l'observation et de l'expérimentation scientifiques, et à les reléguer, comme des armes hors d'usage, dans quelque musée d'antiquités. Anatomistes et physiologistes, de leur côté, fiers des conquêtes positives de leurs méthodes exactes, se refusent à reconnaître aux énoncés vagues de la psychologie spéculative la même valeur qu'ils attachent avec raison à leurs données positives. La fusion de méthodes d'investigation si opposées en une *psychologie physiologique* n'a malheureusement pas réalisé les espoirs qu'on avait conçus à son début; elle a plutôt ébranlé la confiance des philosophes dans la possibilité d'appliquer à la psychologie les méthodes physiologiques ou physiques exactes. L'échec subi par la loi de Fechner, tandis que la loi physiologique de Weber garde toute sa valeur, est instructif sous ce rapport.

Aussi commence-t-on généralement à reconnaître la nécessité d'une division du travail entre la psychologie et la physiologie. C'est ce qui ressort des conclusions de l'ouvrage principal de Wundt [1], le fondateur de cette nouvelle psycho-

1. W. Wundt. *Die physiologische Psychologie*, 5ᵉ édition, vol. III, 1903.

logie, qui lui-même commence à considérer l'éventualité
d'une division du travail comme inévitable. Mais, pour que
celle-ci soit féconde, elle doit avant tout être précédée d'une
séparation entre les domaines respectifs des recherches, séparation dont le résultat sera de mettre en évidence les différences des méthodes. Le principal effort de la séparation
ainsi projetée doit porter sur ce point : *éliminer aussi complètement que possible des fonctions psychiques tout processus
et tout produit de l'esprit, ce qui suppose, bien entendu, une
transformation complète du concept de l'âme.*

Les différences entre les méthodes à employer se dégage-
ront alors d'elles-mêmes. A vrai dire, une transformation de
ce genre s'accomplit déjà *de facto* depuis le milieu du siècle
dernier. La doctrine traditionnelle, édifiée par la métaphysique et par la théodicée, qui proclame l'unité de l'âme conçue comme le réceptacle de toutes les fonctions vitales et
spirituelles, ne mène plus qu'une existence précaire. Encore
cette existence même, ne la doit-elle qu'à la crainte qu'on
éprouve généralement de voir se propager certaines conclusions hâtives sur la nature de l'âme, conclusions dans le genre
de celles que quelques chercheurs, surtout parmi les psy-
chiâtres, ont tirées des découvertes capitales aboutissant à la
localisation des centres du langage dans la circonvolution fron-
tale gauche (Broca), des sphères sensorielles (Hermann Munck)
et des centres moteurs (Fritsch et Hitzig) dans la substance
corticale, etc. Et pourtant, la simple réflexion montre que,
plus on constate d'analogie et même d'identité, en ce qui
concerne la structure et l'organisation, entre le cerveau de
l'homme et celui des vertébrés supérieurs, plus inéluctable
apparaît aussi la conclusion opposée : l'esprit ne peut plus
être considéré comme une simple fonction cérébrale.

Les singes anthropoïdes ne possèdent pas la faculté du langage; ils sont, par suite, incapables de penser ou de former des
idées générales : ils ne connaissent ni religion, ni science, ni
philosophie. *Mais, en revanche, les vertébrés supérieurs pos-*

sèdent toutes les fonctions vitales, sensorielles et psychiques, c'est-à-dire les fonctions de l'âme proprement dite, qui, elles, peuvent d'ores et déjà être considérées comme des fonctions cérébrales. C'est en raison de ces faits incontestables que le naturaliste se voit obligé de considérer la croyance en l'immortalité de l'âme comme ne pouvant reposer sur aucun fondement sérieux; tandis que l'immortalité de l'esprit humain, ou au moins de ses œuvres, nous est prouvée par des témoignages tangibles, par les trésors accumulés dans les musées et les bibliothèques au cours de toute l'histoire des peuples civilisés.

Ce n'est qu'en éliminant l'esprit des fonctions psycho-cérébrales qu'on arrivera à établir, jusqu'à un certain point du moins, un accord entre les nombreuses théories psychologiques modernes, si radicalement opposées les unes aux autres. Tant que durera le chaos actuel, aucun progrès sérieux dans l'étude des fonctions psychiques supérieures ne pourra être réalisé. La *nécessité* de cette élimination s'est imposée à mon esprit au cours de travaux poursuivis pendant de longues années dans le domaine de la physiologie expérimentale, et ce sont les résultats de mes recherches sur la structure et le fonctionnement du labyrinthe de l'oreille qui m'en ont montré en même temps la *possibilité*. En prenant pour point de départ les plus importants de ces résultats, je vais essayer ici de faire partager ma conviction aux philosophes.

Les différents domaines de la psychologie sont généralement divisés en trois groupes principaux :

1º Les mouvements volontaires et réflexes dans leurs rapports avec la volonté; 2º les sentiments, affections et instincts; 3º les perceptions et représentations sensorielles, la conscience du moi et toute la vie intellectuelle. La solution du problème *du temps et de l'espace avait constitué pendant des siècles le point de départ indispensable de toute doctrine psychologique, et l'explication des rapports entre le corps et l'âme, son couronnement.* Par une rencontre heureuse, mais nullement accidentelle, les domaines les plus importants sur lesquels s'était portée, pendant quarante-cinq ans environ, mon activité scientifique, coïncidaient presque exactement avec les principaux domaines de la psychologie que je viens d'énumérer. Aussi les résultats de mes travaux m'ont-ils presque toujours inévitablement conduit à l'étude des fonctions psychiques et des problèmes psychologiques qu'elles soulèvent.

Les domaines de mes recherches expérimentales étaient les suivants : le tonus musculaire et son importance au point de vue du mécanisme des mouvements volontaires et réflexes; les nerfs sensibles, accélérateurs et inhibiteurs du cœur, les nerfs vaso-moteurs et les admirables appareils ganglionnaires d'autorégulation qui président à toute la vie affective; le fonctionnement du labyrinthe de l'oreille, considéré comme organe sensoriel auquel nous devons l'origine de nos perceptions de temps et d'espace, ainsi que la formation de la conscience de notre moi; enfin, les fonctions mystérieuses des glandes vasculaires (corps thyroïde, hypophyse, glande pinéale, etc.), dont les affections entraînent infailliblement des troubles psychiques d'un genre tout particulier. Les résultats de mes recherches faites sur ces glandes ont permis, entre autres, de découvrir de nouveaux points de vue sur le mécanisme des rapports entre l'âme et le corps.

Les données obtenues à la suite de ces recherches expérimentales sur les fonctions cérébrales et sensorielles m'ont ainsi depuis longtemps fortifié dans cette conviction qu'on peut d'ores et déjà, *sans quitter le terrain des recherches exactes, entreprendre une différenciation et une classification plus précises des processus psychiques.* Nous allons résumer ici quelques résultats de ces expériences, aussi brièvement que possible. Dans la mesure où elles ont déjà fourni ou préparé des solutions satisfaisantes à plusieurs problèmes psychologiques importants, elles seront utilisées pour motiver et justifier la différenciation que nous proposons, et fourniront des points de départ pour des recherches expérimentales nouvelles de physiologie et de psychologie humaines.

§ 2. — LE TONUS MUSCULAIRE. LES FONCTIONS INHIBITRICES DU LABYRINTHE ET LES SOURCES DE L'ÉNERGIE PSYCHIQUE.

Dans mon premier travail de physiologie : *De l'influence des racines postérieures de la moelle épinière sur l'excitabilité des racines antérieures*[1], j'ai réussi à prouver définitivement l'existence d'un tonus musculaire réflexe, et à démontrer en même temps que la transmission des excitations des nerfs sensibles aux muscles s'accomplit non seulement dans la moelle, mais encore dans les hémisphères cérébraux, dans les thalami optici, les tubercules quadrijumeaux, la moelle allongée et dans la moitié supérieure de la moelle. Depuis 1865, de nombreux expérimentateurs n'ont fait que confirmer et développer ces résultats dans un grand nombre de recherches ultérieures. La théorie du tonus musculaire occupe actuellement une place prépondérante dans la physiologie générale du système nerveux, après avoir été longtemps avant utilisée avec succès par les neuro-pathologistes à cause de son importance pour la symptomatologie d'un grand nombre de maladies nerveuses.

Pour qu'un mouvement approprié des extrémités ou du corps entier, mouvement auquel participent plusieurs muscles ou groupes musculaires, puisse s'effectuer, une graduation précise de leur innervation est indispensable. C'est ce que j'ai montré en détail, il y a déjà plus de quarante ans, dans ma monographie sur le *Tabes dorsalis*, à l'occasion d'un exposé des recherches relatives à l'influence exercée par les racines postérieures sur l'excitabilité des racines antérieures

1. Comptes rendus de l'Académie des Sciences de Saxe. Leipzig, 1865. Voir aussi mes *Gesammelte physiolog. Arbeiten*, p. 197. Berlin, 1888

de la moelle épinière. Nous n'insistâmes que bien plus tard,
au cours des années 1873-1878, sur la grande portée des
résultats de ces recherches pour l'étude, du fonctionnement
de l'appareil semi-circulaire. Cette portée considérable a été
reconnue depuis par tout le monde. Dans ces dernières
années, nos notions de l'influence des racines postérieures
sur l'activité musculaire, particulièrement sur le tonus musculaire, se sont encore élargies par les constatations expérimentales nombreuses d'autres auteurs, par les recherches de
Mott et Sherrington, et surtout par les études expérimentales décisives de Hermann Munck. Nous ne tiendrons
compte ici que des résultats des recherches récentes qui se
rapportent directement à l'étude des fonctions du labyrinthe de l'oreille comme régulateur des forces psychiques.

Pour faciliter l'intelligence des processus qui entrent en
jeu dans la distribution de ces forces, nous avons préféré donner des désignations particulières aux facteurs y participant.
Nous avons désigné sous le nom d'*énergigènes* les organes
périphériques (peau, muscles, tendons, articulations, etc.)
dont les appareils nerveux terminaux forment les sources des
excitations, et sous le nom de voies *énergidromes* les racines
postérieures, ainsi que toutes les fibres spinales et cérébrales
qui transmettent ces excitations au cerveau. Les *énerginomes*
sont les régions centrales de la moelle, du cerveau et du cervelet, où s'emmagasinent ces excitations. Enfin, l'appareil
semi-circulaire tout entier, chargé de régler et de mesurer
l'intensité et la durée des innervations, sert d'*énergimètre*[1].

Les forces d'excitation accumulées dans les centres *moteurs*
n'épuisent pas toutes leurs sources d'origine périphérique.
Grâce aux fonctions inhibitrices du labyrinthe de l'oreille,
une partie de ces forces sont emmagasinées dans les centres
psychiques du cerveau et du cervelet. Ces forces d'excitation, emmagasinées dans les ganglions des centres cérébraux

1. Voir *Ohr labyrinth*, ch. III, §§ 7-8.

purement psychiques, sont susceptibles de jouer, par rapport à la vie psychique, un rôle analogue à celui des forces d'excitation accumulées dans les centres moteurs. Celles-ci augmentent l'aptitude fonctionnelle des muscles, en les entretenant constamment dans un certain degré de tension et en servant en outre au dégagement des innervations. Il en est de même des forces emmagasinées dans les centres psychiques. Elles aussi entretiennent ces centres dans un certain degré d'excitation ou de tension tonique, particulièrement favorable à leur fonctionnement.

Ces sources génératrices d'énergie peuvent en effet être considérées comme inépuisables. Tout notre système nerveux sensitif se trouve exposé constamment, pendant toute la durée de notre vie, à des excitations d'origine externe ou interne. Un petit nombre seulement d'entre elles sert à produire des sensations conscientes. Les autres s'emmagasinent, en tant que forces d'excitation, dans les centres cérébraux et médullaires. Ni nos organes sensoriels, ni nos organes sensitifs ne connaissent d'intervalles vides de toute excitation. Il existe certainement, entre les différents organes cérébraux, une lutte pour absorber ces forces d'excitation; les organes qui se trouvent dans un état d'activité ininterrompue épuisent une plus grande quantité de ces forces que les organes à l'état de repos. On peut concevoir cette lutte comme analogue à la concurrence qui existe entre les différents organes du corps, dont chacun cherche, pendant son activité fonctionnelle, à s'assurer la plus grande quantité possible du sang et des autres liquides nutritifs. La distribution rationnelle de ceux-ci se trouve sous la dépendance du système merveilleux des nerfs autorégulateurs du cœur, ainsi que des vaisseaux et des cellules ganglionnaires qui s'y rattachent. Les organes des sens supérieurs, et tout particulièrement le labyrinthe de l'oreille assurent une régulation analogue des forces d'excitation emmagasinées dans les sphères sensorielles et autres centres cérébraux.

Comme je l'ai déjà rappelé ailleurs[1], le célèbre Chevreul, dans son *Rapport sur les recherches de Flourens*, fut l'un des premiers à soupçonner ce rôle inhibiteur des canaux semi-circulaires, dont j'ai reconnu et démontré l'importance fonctionnelle en 1875-1876. L'accord au sujet de cette destination du labyrinthe de l'oreille est aujourd'hui complet parmi les physiologistes qui ont étudié sérieusement les fonctions de l'organe auditif.

Il a été établi par plusieurs expérimentateurs, et tout particulièrement par Hermann Munk, que les excitations parties de certaines régions du corps sont destinées, avant tout, à pourvoir de forces d'excitation les centres cérébraux sous la dépendance desquels se trouvent les muscles de ces régions. L'analyse plus précise de l'influence de la perte de sensibilité sur la motricité, faite par Hermann Munk, fournit des preuves éclatantes que, dans les cas de suppression de ces sources d'excitation, les centres cérébraux intéressés sont susceptibles d'emprunter leurs forces d'excitation aux centres corticaux voisins. Il existe également de nombreuses données psycho-pathologiques tendant à prouver que des processus analogues s'accomplissent dans les centres cérébraux des fonctions psychiques[2]. C'est ainsi que les excitations fournies par les organes des sens sont destinées en premier lieu à alimenter les sphères sensorielles correspondantes, situées dans la substance corticale. Mais ces centres sensoriels peuvent également utiliser, surtout dans les cas de surmenage psychique, les forces d'excitation emmagasinées dans les centres moteurs avoisinants, et cela souvent à un degré tel qu'il en résulte un préjudice pour le maintien de la tension musculaire dans certaines régions. La lutte pour les sources d'énergie déjà accumulées dans le cerveau et pour celles qui continuent d'y arriver se poursuit donc également entre les divers

1. Voir *Ohrlabyrinth*, ch. IV, § 10.
2. Hermann Munk. Ueber die Functionen von Hirn und Rückenmark. *Gesammelte Mittheilungen. Neue Folge*. Berlin, 1909.

centres psychiques du cerveau. La victoire reste à ceux de ces centres qui fonctionnent au moment donné avec le plus d'intensité.

Dans l'accumulation et la distribution des forces d'excitation dans les centres psychiques, le labyrinthe de l'oreille joue-t-il le même rôle décisif que nos expériences ont permis de lui assigner en ce qui concerne la sphère motrice? Pour les centres de la sphère auditive, la chose paraît tout à fait probable. Mais on peut le supposer également quant aux autres sphères sensorielles, et plus particulièrement quant à la sphère visuelle. Nous savons en effet que l'appareil oculo-moteur, qui joue un rôle prédominant au point de vue de la localisation des impressions visuelles, se trouve tout entier sous la dépendance des canaux semi-circulaires.

Mais il existe également des preuves directes en faveur de la possibilité d'une action réciproque. En l'absence de l'appareil semi-circulaire chez les vertébrés et des otocystes chez les invertébrés, l'organe visuel peut assurer, par suppléance, la régulation coordinatrice des mouvements volontaires et réflexes. En effet, les animaux apprennent progressivement, quelque temps après l'ablation de ces appareils, à exécuter des mouvements avec une grande précision, mais uniquement quand ils ont les yeux ouverts. Aveugles, ces animaux perdent définitivement cette faculté. Ceci indique que, même lors du fonctionnement normal du labyrinthe, l'organe visuel prend une certaine part active dans cette régulation. On peut en dire autant des organes du tact, dans la mesure toutefois où ils contribuent à l'orientation dans l'espace environnant.

Il faut espérer que des recherches expérimentales ultérieures nous fourniront des données plus détaillées et plus précises aussi bien en ce qui concerne la lutte pour les forces d'excitation qui se poursuit entre les centres cérébraux psychiques, sensoriels et sensitifs, que relativement aux différentes sources des énergies psychiques en général. Pflüger, auquel nous devons les lois fondamentales de l'excitation nerveuse, a établi les véritables rapports entre l'excitation et les états d'excitabilité. L'excitation consiste en une augmentation plus ou moins brusque de l'état d'excitabilité, quelle que soit d'ailleurs la cause de cette augmentation : changements de la température intérieure, de la tension électrique, de la composition chimique, etc. Les forces d'excitation, si minimes qu'elles soient, peuvent dégager de grandes quantités d'énergie et produire des effets mécaniques considérables, à *la condition toutefois que les énergies emmagasinées dans les centres nerveux les maintiennent constamment dans un état de tension tonique.*

Bref, le tonus présente une importance décisive, aussi bien au point de vue de l'aptitude fonctionnelle de notre système musculaire, que pour le fonctionnement normal des organes de la vie psychique et intellectuelle. Dans les deux cas, il s'agit d'obtenir, avec une minime dépense d'énergie, le plus d'effet possible. L'économie psychique, dont certains métaphysiciens font si grand cas, sans pouvoir en indiquer ni les sources ni le fonctionnement, repose en réalité sur ces mécanismes d'accumulation, de distribution et de régularisation d'énergie psychique dans les centres nerveux que nous venons d'indiquer.

Pareille accumulation, dans le cerveau ainsi que dans la moelle épinière, d'énergies provenant de la constante excitation du système nerveux sensible et sensoriel par des causes accidentelles ou voulues, et leur utilisation minutieusement réglée permettent d'assurer le maximum du fonctionnement de nos cellules ganglionnaires et de notre système musculaire — avec un minimum de dépense d'énergie. D'autre part, la concurrence entre les divers organes pour cette utilisation exclut forcément tout gaspillage dans la dépense des forces accumulées. Le rôle du labyrinthe de l'oreille, qui règle l'intensité, la durée et la succession des innervations et des dégagements des forces d'excitation, a déjà été exposé par nous en détail dans un précédent ouvrage (*Ohrlabyrinth*, chap. III, §§ 7-11) ; nous y renvoyons le lecteur.

Notons en passant que cette lutte pour les forces d'excitation entre les divers centres nerveux pourrait fournir au pédagogue les principes directeurs d'une éducation judicieuse du corps et de l'âme. Le maintien d'un équilibre rationnel dans la distribution des énergies entre les centres moteurs et les centres psychiques du cerveau constitue peut-être le problème ca... al de l'éducation.

§ 3. — LE CŒUR COMME ORGANE ÉMOTIONNEL.

D'une manière générale, l'homme place la source même de ses sensations et de ses sentiments divers dans les organes où il croit les éprouver. Aussi la connaissance vulgaire a-t-elle considéré depuis un temps immémorial que le cœur constitue la source principale de nos sentiments et de nos mouvements affectifs. Cette conviction a trouvé son expression dans toutes les langues et chez tous les peuples. Philosophes et poètes attribuèrent également l'origine des nuances les plus délicates de leur vie affective à un organe situé dans la poitrine. Par contre, les anatomistes et les physiologistes, jusque vers le milieu du siècle dernier, n'ont étudié le cœur qu'en sa qualité de moteur merveilleux, entretenant la circulation sanguine dans l'organisme. Ils laissaient entièrement à l'arrière-plan ses fonctions psychiques éventuelles.

Ce n'est qu'après la découverte, faite par Cyon et Ludwig, des nerfs dépresseurs en tant que nerfs sensibles du cœur et de leurs rapports avec les centres des nerfs vaso-moteurs, découverte bientôt suivie de celle des nerfs accélérateurs par les frères Cyon, qu'il devint possible d'aborder l'étude des admirables mécanismes autorégulateurs du système nerveux cardio-vasculaire. Le fonctionnement de ces mécanismes, soumis à l'épreuve expérimentale, démontrait les véritables rapports entre le cœur, le cerveau et les fonctions psychiques.

Dès les années 1869-70 furent publiés les premiers résultats de mes recherches, qui précisèrent la nature des rapports existant entre le cœur et le cerveau lors de la production des émotions douloureuses d'origine réflexe[1]. Dans un discours académique, « Le Cœur et le Cerveau », prononcé en 1873, j'ai pu, en prenant pour point de départ les nombreuses études expérimentales faites sur des animaux et les nombreuses observations recueillies sur l'homme, expliquer plus au long ces rapports et tracer à grands traits le mécanisme des actions réciproques qu'exercent les uns sur les autres les nerfs cardiaques et vaso-moteurs et les centres cérébraux dans la vie affective. L'importance du cœur en tant qu'organe périphérique par excellence de nos émotions, déjà pressentie par Claude Bernard en 1864, fut établie et développée dans ce discours d'une manière détaillée.

Il en résultait avec évidence que les nerfs vaso-moteurs ne peuvent jouer dans la formation de nos sentiments qu'un rôle secondaire et indirect. Le plus souvent, leur intervention n'est que la conséquence de l'excitation préalable des nerfs du cœur ou des centres cérébraux. En réalité, les parois des vaisseaux ne possèdent que des fibres nerveuses susceptibles de produire des effets moteurs réflexes, mais nullement aptes à fournir à notre conscience des sentiments de plaisir ou de déplaisir, de joie ou de douleur, ou de tout autre état affectif. Sous ce rapport, leurs muscles lisses se comportent, à l'égard des mouvements affectifs, d'une façon analogue à celle de certains muscles du squelette, dont l'excitation simultanée par des émotions se manifeste sous la forme de violents mouvements respiratoires, de cris, d'une mimique expressive, de tentatives de fuite ou de défense, etc. Tous ces mouvements réflexes, qui accompagnent ou suivent les états

1. Cyon. Comptes rendus de l'Académie des Sciences, Paris, 1869. Hemmungen und Erregungen im Centralsystem der Gefässnerven (*Bulletin de l'Ac. d. Sc. de Pétersbourg*, 1870.) Heidenhain. Ueber Cyon's neue Theorie. *Pflüger's Archiv*, 1871, etc.

affectifs, ont une ·importance plutôt physiologique. Leur
portée comme source ou origine d'émotions est nulle. La théorie de Lange et James était en réalité réfutée d'avance dès
l'année 1870.

Il n'existe, en effet, qu'un seul organe musculaire qui
doit être considéré comme organe émotionnel par fonction :
c'est le cœur. Il exerce cette fonction grâce à son admirable
système nerveux centripète et centrifuge. « La propriété que
possèdent les nerfs centrifuges du cœur d'être excités par
certains états psychiques et la faculté de ses nerfs centripètes de transmettre à notre conscience, avec une précision
parfaite, toutes les variations normales et anormales que ces
excitations provoquent dans l'activité fonctionnelle du
cœur, ces deux propriétés des nerfs cardiaques, disions-nous
dans le discours en question, créent les conditions nécessaires
grâce auxquelles le cœur a pu devenir un organe où se
reflètent tous les états variables, tous les mouvements de
notre vie affective : joie et douleur, amour et haine, colère
et satisfaction [1]. » Mes recherches ultérieures n'ont fait que
confirmer la justesse de cette théorie et ont permis d'en
élargir considérablement les bases.

Dans l'édition récemment parue de mes *Nerfs du Cœur*
(ch. III, § 6), le mécanisme du fonctionnement émotionnel
du cœur est exposé en détail. On y verra de nombreux
exemples faisant ressortir la véritable nature des rapports
qui existent entre *les sensations psychiques primaires, d'origine centrale, et les sentiments secondaires, qui reposent sur les
réactions du système nerveux du cœur.* Les réactions réciproques
du cœur et du cerveau ne sont d'ailleurs pas limitées à des

1. Voir dans ce discours sur « le Cœur et le Cerveau », publié en français
dans la *Revue Scientifique*, 1873, l'exposé détaillé des mécanismes nerveux
du cœur qui provoquent toutes les variétés de nos émotions, telles que
les poètes les ont chantées dans toutes les langues. Les nerfs dépresseurs
(nerfs de Cyon) jouent dans ces mécanismes le rôle principal; mais les
autres nerfs (les accélérateurs et les pneumogastriques) y participent
d'une manière efficace et strictement déterminée.

manifestations *momentanées*. Ces réactions peuvent se maintenir ou se répéter pendant des heures, des jours et des mois, et produire les troubles physiques et organiques les plus violents. *Les états affectifs naissent principalement de ces excitations prolongées ou répétées du cœur*, excitations provoquées par des sensations d'origine périphérique ou centrale. En présence de l'extrème complexité des processus physiologiques qui s'accomplissent lors de l'excitation des nerfs du cœur par des sentiments et des émotions (et nous n'avons mentionné que ceux d'entre eux auxquels le système nerveux cardio-vasculaire participe directement), on s'explique aisément certains errements sur le rôle des nerfs vasculaires dans les états affectifs ou sur le siège des émotions dans la moelle allongée, etc., comme en présentent la théorie de Lange et James et celles d'autres psychologues étrangers à la physiologie.

La psychologie physiologique elle-même n'a pas toujours su éviter des erreurs de ce genre dans ses études des sentiments et des états affectifs. On pouvait s'attendre à ce que l'accessibilité de certaines méthodes objectives, employées par les physiologistes dans l'étude du cœur chez l'homme, comme par exemple la pléthysmographie de Mosso, préservât d'erreurs souvent capitales les psychologues ayant recours à l'expérimentation. S'il n'en a pas été ainsi, et si, même chez Wundt, on peut lire que la raison pour laquelle il a négligé de prendre en considération les pulsations cardiaques dans l'étude des mouvements rythmiques, était que les mouvements du cœur, « de même que les oscillations d'autres processus vitaux internes, ne faisaient naître aucune donnée de la conscience et par conséquent ni sensations ni sentiments », on est bien forcé de conclure que les fonctions psychiques, exercées par le système nerveux et cérébral, ne peuvent être expérimentalement étudiées avec profit que par le véritable physiologiste.

Contrairement à l'opinion de Wundt que le physiologiste « considérait les sentiments et les affections comme faisant à

peine partie du monde des événements objectifs » (*Phys.
Psychol.*, vol. III, 5e éd., p. 766), les données de la physiologie du cœur nous apprennent que, même dans ce domaine, la
recherche subjective doit forcément rester stérile, si celui qui
s'y livre ne possède pas une connaissance approfondie de la
physiologie du cœur et n'a pas eu l'occasion d'observer
objectivement des milliers de cœurs en pleine activité et
d'analyser quelques kilomètres de courbes cardiaques.

Possédant un cœur très excitable (ce que les médecins
anglais appellent *an irritable heart*), j'ai eu plus d'une fois, au
cours de ma vie mouvementée, l'occasion de le soumettre
à l'observation rigoureuse. Pour chercher à résoudre les
problèmes physiologiques traités ici, je n'ai d'ailleurs jamais
hésité, à titre purement expérimental, à imposer à mon cœur
des efforts physiques et psychiques pénibles et même dangereux. Quoique le volume de mon cœur fût plutôt petit en
proportion avec ma constitution robuste, je l'ai maintes fois
soumis au surmenage pendant des ascensions, des exercices
d'escrime ou d'équitation, et cela afin d'éprouver sa résis-
tance fonctionnelle; de même pour l'étude des réactions que
mes nerfs cardiaques exerçaient sur le cerveau et des états
émotionnels secondaires qui en étaient la conséquence. Les
résultats des expériences faites à l'aide de la provocation
artificielle d'émotions variées furent non moins instructifs.
L'interprétation des données obtenues au moyen de ces
essais et de ces observations offrait rarement de grandes difficultés, et cela grâce à l'expérience acquise durant de
longues années d'études sur des cœurs soit isolés du reste
du corps, soit laissés *in situ* après l'ouverture de la cage tho-
racique, la circulation artificielle y étant maintenue pendant
des heures et même des journées entières. Rarement je fus
obligé de recourir, pour l'interprétation de mes observations
subjectives, aux reproductions graphiques à l'aide du sphyg-
mographe ou du pléthysmographe; si vives étaient dans ma
mémoire les images des courbes cardiaques correspondant

aux formes même anormales des mouvements du cœur.

L'interprétation exacte des graphiques obtenus à l'aide du pléthysmographe de Mosso ou d'instruments analogues présente, pour le non initié, des difficultés souvent insurmontables. La confusion se produit dans l'interprétation des oscillations des courbes occasionnées par un grand nombre de facteurs, tels que la pression sanguine, les pulsations cardiaques, les mouvements respiratoires, les ondes artificielles de Traube, ou les ondes spontanées de Cyon, etc. Ces variations dans les contractions cardiaques présentent des nuances à peine saisissables, même quand elles ont pour origine des influences physiques naturelles ou artificielles provoquées par l'expérimentateur. Les variations dues aux émotions psychiques sont encore infiniment plus complexes. Aussi l'expérimentation subjective et objective, simultanée, peut-elle seule permettre d'en saisir la véritable portée. Mais, dans ce domaine comme dans bien d'autres, l'expérimentation ne peut être entreprise avec des chances de succès que par des savants, versés dans la physiologie du cœur.

Un autre problème, intimement lié au sujet que nous traitons et dont la solution est d'une grande importance pour la psychologie des sentiments et des émotions, peut être formulé ainsi : les terminaisons des fibres nerveuses sensibles, situées dans le cœur, et surtout les cellules ganglionnaires peuvent-elles provoquer *directement* des sentiments et des émotions sous des influences provenant d'autres sources que le cerveau? Les pulsations cardiaques dépendent, en ce qui concerne leur nombre, leur durée et leur intensité, de l'état d'excitation du système intracardiaque, et les sentiments et émotions d'origine centrale ne modifient ces pulsations que par la voie de ce système. On pourrait donc admettre que des modifications identiques, produites par les excitations *internes* du cœur, provoqueraient à leur tour dans notre conscience des sentiments et émotions correspondants. Très nombreuses sont en effet les causes d'excitation d'ordre chimique et physique ou d'origine interne[1], capables de modifier les pulsations cardiaques avec ou sans l'intermédiaire des centres ganglionnaires du cerveau ou du grand sympathique. Beaucoup de ces facteurs, tels que, par exemple, les variations de la température ou de la composition des gaz du sang qui arrose le cœur, excitent les terminaisons nerveuses du cœur de la même façon que le font les mouvements psychiques d'origine centrale. Ainsi, les sentiments de joie ou de plaisir exercent, sur les terminaisons nerveuses accélératrices, la même action que les accroissements de la température ou de la quantité d'oxygène; les sentiments de déplaisir ou de douleur agissent, au contraire, sur les terminaisons nerveuses inhibitrices, dans le même sens que les abaissements de la température du sang ou l'augmentation de la quantité d'acide carbonique[2].

Conformément à mes lois (deuxième et troisième) de l'excitation ganglionnaire, les excitations psychiques devraient exercer sur les ganglions et sur les terminaisons périphériques du cœur la même action que sur leurs centres cérébraux. Il semblerait donc qu'à la question que nous venons de poser on pourrait répondre d'une façon affirmative. En réalité, la réponse est loin d'être aussi aisée qu'on serait tenté de le croire. La réponse affirmative ferait forcément surgir cette question nouvelle : Pourquoi les excitations internes, normales ou morbides, ne provoquent-elles pas, *occasionnellement* et de temps à autre, des émotions aussi compliquées que l'amour ou la jalousie, de même qu'elles provoquent la crainte de la mort ou les sensations pénibles de l'angine de poitrine? A cette question, le physiologiste pourrait répondre : pour les mêmes raisons que les modifications

---

1. Voir *Les Nerfs du Cœur*, ch. IV. Paris, F. Alcan, 1905.
2. Nous faisons abstraction ici des nombreuses sensations auxquelles donnent naissance les affections cardiaques. Voir à ce propos, dans mes *Nerfs du Cœur*, pp. 161 et suiv., les observations que j'ai faites sur moi-même.

pathologiques du labyrinthe de l'oreille ou les excitations artificielles des fibres nerveuses du labyrinthe ne provoquent jamais, même *occasionnellement*, des sensations analogues à celles que nous éprouvons en entendant une sonate de Mozart ou une symphonie de Beethoven.

Dans son mémorable ouvrage sur l'activité réflexe de la moelle épinière[1], paru au siècle dernier, Pflüger avait attribué aux cellules ganglionnaires de la moelle des fonctions sensorielles, c'est-à-dire psychiques. Depuis lors, de nombreuses recherches n'ont fait que confirmer l'opinion de Pflüger. Étant donnée ma façon de différencier les fonctions psychiques, je ne vois aucune raison valable de refuser des fonctions sensorielles, même aux cellules ganglionnaires du grand sympathique, dont l'activité réflexe est prouvée d'une façon irréfutable : à savoir aux ganglions cervicaux et thoraciques supérieurs, dont les réflexes présentent, ainsi que je l'ai montré, une grande importance fonctionnelle au point de vue de l'activité cardiaque. Ceci admis, rien ne s'oppose non plus à ce que l'on attribue également aux ganglions du cœur des fonctions psychiques analogues. La solution définitive de cette question, que nous avons posée à l'aide d'expériences sur des animaux, se heurte à de grandes difficultés. Aussi de nouvelles observations, portant de préférence sur des cardiaques, pourraient-elles plutôt contribuer à l'élucider[2].

§ 4. — LE LABYRINTHE DE L'OREILLE ET LA VIE INTELLEC-
TUELLE. LIMITES QUI SÉPARENT LES FONCTIONS PSY-
CHIQUES DES MANIFESTATIONS DE L'ESPRIT.

Le mode et les conditions de fonctionnement des organes des sens présentent le domaine-frontière le plus important

1. Edouard Pflüger. *Die sensorischen Funktionen des Rückenmarks der Wirbelthiere*. Berlin, 1853.

2. Sur les méthodes à employer pour résoudre ces questions, voir mon ouvrage Leib, Seele und Geist. *Archiv. de Pflüger*, vol. CXXVII, 1909.

sur lequel les efforts combinés des physiologistes et des philosophes sont susceptibles de donner des résultats très
féconds. Nous allons essayer dans les paragraphes suivants
de tracer dans ce domaine, aussi nettement que possible, une
ligne de démarcation que la recherche expérimentale du
physiologiste ne saurait dépasser; au delà s'étend le champ
de la philosophie spéculative.

Le naturaliste ne doit jamais abandonner le terrain
solide des faits expérimentalement démontrés ou scrupuleusement observés, s'il veut pouvoir en tirer des lois valables.
Le philosophe, au contraire, se trouve en possession de
riches trésors de doctrines, d'hypothèses et de théories sur
la faculté de penser et ses lois. Ces trésors, accumulés pendant des siècles par les penseurs les plus puissants de l'humanité, lui permettent d'utiliser, avec plus de liberté et de compétence que ne pourrait le faire le physiologiste, les données
de la physiologie des organes des sens en vue de l'étude des
processus de l'esprit. Pour ce faire, il n'a besoin ni de recourir à des appareils de précision, ni d'employer des formules
mathématiques. Le poids et la mesure ne sont que rarement
applicables aux productions et aux processus de l'esprit.
Seules les fonctions psychiques peuvent être soumises aux
mensurations de temps et d'espace; et cela, grâce à la présence, dans le labyrinthe, de deux sens mathématiques
généraux, qui font partie inhérente de notre faculté de
penser.

Les représentations d'espace et de temps avaient été considérées jusqu'en ces dernières années comme de purs produits
de l'esprit, dont l'étude devait être abandonnée aux philosophes et aux mathématiciens. Mais, quoiqu'ils aient essayé
à maintes reprises d'établir pareille origine par voie d'argumentation spéculative, leurs efforts sont jusqu'ici restés stériles.
Récemment encore, Carl Stumpf dut avouer que, malgré la
nouvelle direction dans laquelle les mathématiciens se sont
engagés en adoptant la conception purement transcenden-

tale d'une géométrie non euclidienne, ils n'ont réussi « ni à prouver l'origine transcendentale des mathématiques, ni à faire rentrer, d'une façon satisfaisante, leur nouvelle conception dans le cadre des problèmes généraux de la connaissance, ni à établir d'une façon suffisamment claire ses rapports avec les notions d'expérience ou de connaissance *a priori*, à l'acceptation desquelles nous sommes inévitablement amenés, de quelque côté que nous nous tournions[1] ».

La cause de cet échec ne réside pas, comme le pense Stumpf, dans ce fait que les mathématiciens sont peu familiarisés avec la théorie de la connaissance, mais plutôt dans cette raison que les problèmes en question ne *pouvaient être résolus par les mathématiciens et les philosophes.*

Seule la physiologie expérimentale était en possession des méthodes nécessaires pour prouver l'existence des organes des sens destinés à produire des sensations dont les perceptions provoquent les représentations de temps et d'espace. Il n'existe pas de perception sans qu'une sensation la précède, pas de sensation sans excitation préalable de fibres ou de terminaisons nerveuses, et pas d'excitation sans l'intervention de facteurs d'excitation externes ou internes. Ces considérations auraient dû arrêter au moins les philosophes qui se réclamaient de l'empirisme, et les empêcher de parler de perceptions sensorielles quand ils n'étaient pas à même d'indiquer les organes dont les sensations devaient être perçues. Impossible d'éluder la difficulté à l'aide de savantes formules mathématiques, de finesses dialectiques, ou de sophismes ingénieux. D'ailleurs, le succès des recherches décide seul en dernière instance de la valeur des méthodes employées. *Or, le succès s'est prononcé entièrement en faveur de la physiologie expérimentale, qui est arrivée à démontrer l'existence, dans le labyrinthe de l'oreille, d'appareils sensoriels spéciaux, auxquels nous devons et la perception des trois directions cardinales qui*

---

1. Carl Stumpf. *Die Wiedergeburt der Philosophie*. Discours rectoral. Berlin, 1907.

imposent à notre conscience la représentation d'un espace à trois dimensions, et la connaissance des nombres.

Ces appareils sensoriels sont constitués, on l'a vu, par un système de trois canaux semi-circulaires, perpendiculaires les uns aux autres, et qui, par leur position anatomique, correspondent à un système de trois coordonnées rectangulaires. *Or, la représentation immédiate de ce système dans notre conscience ou son abstraction idéale par notre esprit a pu parfaitement servir de point de départ à Descartes pour la création de la géométrie analytique. Cette géométrie, elle aussi, aurait alors pour origine le fonctionnement des canaux semi-circulaires, tout comme la géométrie d'Euclide.* Dès 1878, quand j'établissais la manière dont se forme dans notre conscience ce système idéal de trois coordonnées rectangulaires, j'entrevoyais vaguement cette origine. Pour des raisons exposées plus haut, j'ai hésité à examiner de plus près la question. Le mathématicien qui s'adonnerait à la tâche de poursuivre cet examen recueillerait certainement des données précieuses pour la philosophie de sa science.

§ 5. — LA FORMATION DE NOTRE REPRÉSENTATION D'UN SYSTÈME DE TROIS COORDONNÉES RECTANGULAIRES (DESCARTES). LE REDRESSEMENT DES IMAGES RÉTINIENNES.

« Aucun autre de nos organes sensoriels, écrivais-je en 1878, ne nous permet aussi aisément d'expliquer la naissance de nos représentations directes par la nature des sensations que ne le fait l'appareil des canaux semi-circulaires. La structure anatomique de ces canaux, situés dans trois plans perpendiculaires les uns aux autres, aurait déjà pu suffire à faire reconnaître que leur destination fonctionnelle est de nous donner la perception des directions des ondes sonores venant des trois directions cardinales de l'espace. »

Bien avant que les innombrables expériences sur les canaux semi-circulaires, depuis celles de Flourens jusqu'aux miennes, aient fait ressortir avec évidence les rapports précis qui existent entre les fonctions des terminaisons nerveuses des trois ampoules et les directions de nos mouvements, on pouvait déjà, avec beaucoup de vraisemblance (ainsi que l'a d'ailleurs fait Autenrieth en 1803), déduire de leur disposition anatomique ce mode de fonctionnement de leurs ampoules. Mais c'est seulement lorsque j'ai réussi, en 1875-6, à constater que les trois paires de canaux dirigent et dominent les mouvements de nos globes oculaires, dont l'importance au point de vue des représentations de temps et d'espace est si grande, que j'ai acquis les moyens d'élucider les mécanismes par lesquels les sensations de direction permettent aux animaux de s'orienter dans l'espace extérieur et imposent à l'homme des représentations et des concepts d'un espace à trois dimensions.

Depuis lors, de nouvelles observations et recherches expérimentales [1] avaient autorisé cette nouvelle induction : *le redressement de nos images rétiniennes, grâce auquel nous sommes à même de percevoir les objets extérieurs dans leur situation droite, devait également être attribué au fonctionnement des canaux semi-circulaires.* Peu à peu s'imposa enfin la théorie que c'est sur le système des coordonnées rectangulaires, *dont la représentation nous* est fournie par les sensations des trois ampoules des canaux, *que sont projetées toutes nos sensations, et plus particulièrement les sensations tactiles et visuelles. Cette projection permet et la localisation des objets extérieurs, nécessaire pour l'orientation dans l'espace, et le redressement simultané des images rétiniennes, qui s'opère avant leur arrivée à notre conscience.*

Nous avons déjà dit que le fonctionnement du labyrinthe de l'oreille se prête particulièrement bien à l'établissement d'une ligne de démarcation entre les fonctions psycho-cérébrales et les purs processus de l'esprit, c'est-à-dire entre les

---

1. Voir *Ohrlabyrinth*, etc., ch. I, §§ 4, 8 et 9; ch. V, §§ 12 et 13, et les figures I-VII de la planche I.

domaines respectifs des recherches du physiologiste et de celles du philosophe. Tant qu'il s'agit de sensations, de perceptions et de représentations immédiates, il est incontestable que *nous nous trouvons en présence de phénomènes psychiques, dont l'étude ultérieure appartient au domaine de la physiologie expérimentale.* Mais le redressement des images rétiniennes et la projection de nos sensations sur les trois coordonnées de l'espace rentrent-ils dans le domaine de l'âme ou dans celui de l'esprit? L'analyse détaillée des fonctions fondamentales du labyrinthe montre qu'il s'agit de phénomènes qui débutent dans les organes sensoriels périphériques et se poursuivent dans les centres ganglionnaires, destinés à percevoir les sensations provenant du monde extérieur. Or, la notion d'une fonction implique nécessairement l'existence d'un organe qui l'exerce. D'après notre différenciation, l'esprit domine les fonctions psychiques du cerveau, en utilisant *les sensations, perceptions et représentations directes* qui s'y accumulent en vue de la formation de concepts, de jugements, etc., conformément aux lois immuables de notre entendement. L'esprit, considéré isolément ne possède ni contenu inné, ni organes. *Encore moins peut-il être regardé comme une fonction des cellules ganglionnaires, qui lui sont subordonnées.* En raison de l'impossibilité de formuler aucune hypothèse acceptable sur l'essence[1] de l'esprit ou sur les conditions matérielles de son action, il est permis de parler des *manifestations,* de *l'activité* ou des *produits* de l'esprit, mais aucunement de ses fonctions. *Le redressement des images rétiniennes, devant forcément s'accomplir dans le cerveau même, peut, par conséquent, être encore considéré comme une fonction psychique des centres cérébraux,* vraisemblablement de ceux où aboutissent et se rencontrent les fibres nerveuses optiques et les fibres vestibulaires.

Les illusions des sens, provoquées expérimentalement chez

---

1. La discussion sur la substantialité ou la non substantialité de l'esprit serait déplacée ici. Elle est du domaine de la philosophie.

l'homme, à l'aide de positions anormales données à la tête, ou chez les animaux à l'aide de verres optiques prismatiques placés devant les yeux, afin d'empêcher ou de reproduire le redressement des images rétiniennes, les labyrinthes étant d'ailleurs intacts[1], plaident également en faveur de l'origine psychique de ce phénomène. Les différences entre une erreur des sens et une erreur du jugement sont, chez l'homme, trop évidentes, pour qu'on puisse considérer le défaut de redressement comme une erreur de l'esprit. Au moyen de nombreuses expériences sur les erreurs dans les sensations de direction chez l'homme, j'ai montré l'impossibilité pour l'esprit de corriger ce défaut de redressement.

§ 6. — LA FORMATION DE LA CONSCIENCE DU MOI CHEZ L'HOMME. LE DÉDOUBLEMENT DE LA PERSONNALITÉ.

La formation d'un système de coordonnées idéal, à l'aide des trois sensations de direction fournies par le labyrinthe, comporte une autre conséquence dont l'explication précise se heurte à des difficultés beaucoup plus grandes. Il s'agit de la proposition d'après laquelle le point O de ce système correspondrait à notre conscience du moi. Le naturaliste avait toujours considéré la formation de la conscience du moi comme le résultat ou le produit de l'ensemble de nos sensations individuelles. Or, la projection de toutes nos sensations sur le système de coordonnées du labyrinthe de l'oreille a justement pour but la localisation de ces sensations dans l'espace extérieur. L'idée de vouloir identifier le point O de ce système de coordonnées[2] avec le centre de convergence des perceptions de toutes nos sensations s'imposait donc tout naturellement. Le premier exposé détaillé de mes

1. Voir les figures 1 et 6 de mon *Ohrlabyrinth als Organ*, etc., ainsi que que le chapitre v, § 13 du même ouvrage.
2. Correspondant au *point d'origine* du système de coordonnées selon Descartes.

recherches expérimentales sur l'appareil semi-circulaire en tant qu'organe périphérique du sens de l'espace (1878), exposé dans lequel j'avais développé cette idée, a été résumé de la façon suivante par V. Hensen dans son ouvrage classique sur la physiologie des organes de l'ouïe : « Si j'ai bien compris la pensée de Cyon, les sensations se produisant dans les canaux (semi-circulaires) créeraient, pour notre tête et par conséquent pour notre corps tout entier, le point O des trois coordonnées de l'espace, point à partir duquel nous pouvons explorer l'espace à l'aide des organes des sens et de leurs mouvements... Les sensations nées dans les canaux (semi-circulaires) expliqueraient donc cette partie de notre conscience du moi, grâce à laquelle nous nous apparaissons à nous-mêmes, en vertu d'un sentiment irréductible, comme le centre autour duquel tournent tous les autres corps. » (V. Hensen. Physiologie des Gehörs. *Handbuch der Physiologie*, de Hermann, 3e vol.)

Dans les deux chapitres précédents, cette question de l'origine de la conscience du moi a été discutée plus à fond. Ici, il ne s'agit que d'une question d'attribution, c'est-à-dire de rechercher si la conscience du moi, étant donnée l'origine que je lui assigne, doit être considérée comme une fonction de l'âme-cerveau ou comme une manifestation de l'esprit ; autrement dit, l'étude ultérieure de cette question appartient-elle à la physiologie ou à la philosophie ? Comme dans tous les domaines limitrophes, il y aura entre ces deux sciences également des provinces contestées. Nous ne citerons ici que quelques-uns des arguments qui paraissent plaider en faveur de la physiologie.

Contrairement à la conscience générale, la conscience du moi ne renferme à chaque instant qu'un seul contenu. Les contradictions si déconcertantes qu'on constate dans les conceptions philosophiques de la conscience du moi découlent en grande partie de l'opinion encore régnante de Leibniz, que la conscience du moi serait identique à la conscience générale. La définition de David Hume, d'après laquelle la conscience du moi serait un « faisceau de représentations », ainsi que la conception de Herbart, qui voit dans le moi une « masse de représentations », repose sur des idées du même genre. Les définitions d'après lesquelles la conscience du moi ne serait qu'un « complexus de sentiments », ou un « sentiment total » (Wundt), sont en contradiction complète avec celles que nous venons de citer. Les premières ont été proposées par des philosophes ; les dernières, par des psycho-physiologistes. Ceux-ci sont toutefois loin d'être unanimes sur les détails de leurs conceptions. Telle école cherche à faire dériver la conscience du moi des seules sensations sensorielles ; telle autre donne la préférence aux sentiments.

L'élimination de l'esprit du domaine des fonctions psychiques ne pourra que favoriser, sinon la conciliation, du moins l'éclaircissement de ces contradictions. En effet, cette élimination rend impossible la doctrine de l'identité, telle du moins qu'elle apparaît dans la définition si nette que lui a donnée Leibniz. La conception, d'après laquelle la conscience du moi naîtrait de la projection de l'ensemble de nos sensations sensorielles et de nos sentiments internes sur le système de coordonnées du labyrinthe de l'oreille, nous fournit, au contraire, des points d'appui grâce auxquels nous pourrons plus tard dégager les vrais rapports qui existent entre la conscience du moi et la conscience générale.

Quant aux contradictions entre psycho-physiologistes, elles s'atténuent d'elles-mêmes si l'on tient compte des conditions énumérées plus haut (§ 3), en vertu desquelles l'action exercée par les sensations des organes des sens influence et régularise le fonctionnement des organes émotionnels centraux, aussi bien de ceux du cerveau que de ceux du cœur.

Quoi qu'il en soit, les fonctions dont il s'agit sont remplies, dans leur partie essentielle, par des appareils nerveux et ganglionnaires ; en conséquence, elles sont du domaine des fonctions psychiques. L'esprit ne peut influencer les sentiments et les sensations émotionnelles qu'indirectement et dans une mesure très limitée. *C'est ainsi que les jugements intellectuels sont incapables de corriger d'une façon quelconque les erreurs provenant d'une fausse projection de nos sensations ou sentiments sur le système de coordonnées dont le point O correspond à la conscience du moi.* Comme la localisation de nos sensations dans l'espace extérieur ou dans les diverses parties de notre propre organisme s'effectue à l'aide de ce système de coordonnées, on peut dire que la formation intégrale de la conscience du moi appartient au domaine des fonctions du labyrinthe de l'oreille. Les représentations de temps et d'espace — les premières dans la mesure où elles dérivent des perceptions des sensations de direction [1] — doivent par conséquent être prises en considération quand on cherche à expliquer dans son mécanisme la formation de la conscience du moi.

Un grand nombre d'animaux, capables de s'orienter dans l'espace extérieur à l'aide des canaux semi-circulaires ou des otocystes, peuvent, eux aussi, dans une certaine mesure, distinguer leur être individuel du monde extérieur; ils possèdent donc une certaine conscience ou plutôt une sensation de soi. L'orgueil visible d'un pur sang arabe et le mépris qu'un chien de race, bien soigné, éprouve pour les chiens moins favorisés et abandonnés à la rue témoignent même en faveur de l'existence, chez certains vertébrés, d'une sensation de soi assez développée, sans qu'on puisse pour cela admettre des processus intellectuels lorsqu'il s'agit d'animaux.

L'animal sent qu'il existe par lui-même en dehors des objets extérieurs qui l'entourent. Il peut exprimer ses sensations et sentiments par des mouvements réflexes, par des sons et par des bruits caractéristiques. Mais, sans la parole, toute formation d'idées est impossible. Le concept d'une existence

---

1. Voir plus haut, ch. II, §§ 3 et 4.

individuelle est donc inaccessible à l'animal; il peut seulement se percevoir séparément dans l'espace et par conséquent
s'orienter dans l'espace environnant à l'aide de ses sensations
visuelles et de direction. Cette orientation se manifeste chez
les animaux supérieurs possédant un labyrinthe complet en
ce qu'ils peuvent effectuer des mouvements volontaires et
coordonnés de leur corps ou des parties de leur corps,
modifier leur position par rapport aux objets environnants,
s'en rapprocher ou s'en éloigner, etc. Il ne saurait être question de concepts chez les animaux même supérieurs, la formation du concept d'un système idéal de trois coordonnées
étant une pure opération de l'esprit. C'est grâce à ce concept
que, chez l'homme, s'établissent les rapports entre le moi
conscient et la conscience générale. La véritable portée du
concept de ce système idéal de coordonnées fut reconnue
pour la première fois par Descartes. Mes recherches n'ont fait
que démontrer son origine sensorielle.

Cette limite imposée aux fonctions de l'âme chez les animaux est par elle-même si évidente, qu'on devait croire
impossible toute confusion ou erreur à ce sujet, surtout de la
part des naturalistes. Malheureusement il n'en est pas ainsi,
et justement dans l'étude des fonctions des organes sensoriels de telles erreurs se produisent constamment. Plusieurs
naturalistes, pour la plupart élèves de Mach, attribuent même
aux invertébrés certaines connaissances géométriques; en se
basant sur quelques expériences faites sur des écrevisses, ils
concluent que leurs otocystes leur servent à déterminer la
verticale! Certains mathématiciens n'avaient-ils pas compris
que mes recherches sur le labyrinthe de l'oreille tendaient à
démontrer que, grâce aux canaux semi-circulaires du labyrinthe, les animaux possédaient des concepts d'un espace à
une, à deux ou à trois dimensions! Au cours de mes controverses sur des erreurs de ce genre,
je me suis suffisamment efforcé de rétablir la vraie portée de
mes recherches. Tout un chapitre de mon dernier ouvrage

est presque exclusivement consacré à l'analyse des faits expérimentaux qui établissent nettement les limites entre les
fonctions du labyrinthe de l'oreille chez l'homme d'une part,
et chez divers animaux vertébrés et invertébrés d'autre part.
Les causes des erreurs commises par quelques-uns de mes
adversaires se trouvèrent ainsi précisées (voir *Ohrlabyrinth*,
chap. IV, §§ 6-9).

Plusieurs organes des sens, communs aux hommes et aux
animaux, comme celui de la quête par exemple pour l'orientation à distance[1], peuvent être bien plus développés chez
ces derniers : la portée de leur fonctionnement ne dépasse
pas néanmoins les limites imposées aux pures fonctions de
l'âme et ne permet pas la formation des concepts.

Je me suis étendu un peu longuement sur l'origine psychique de la conscience du moi, parce qu'au mode de formation de cette conscience sont liées quelques autres questions
physiologiques et pathologiques, d'un grand intérêt psychologique. Telle, par exemple, la question du dédoublement
énigmatique de la personnalité. Ce phénomène morbide, l'un
des plus mystérieux de la psychologie pathologique, s'était
jusqu'ici dérobé à tous les essais d'interprétation. Les psy-
chiâtres n'ont pas encore réussi à en donner une explication
même approchée. Grâce à la manière dont nous concevons
l'origine de la conscience du moi, nous pouvons essayer de
rendre compréhensible jusqu'à un certain point le mécanisme
du dédoublement de la personnalité.

Le système de coordonnées, sur lequel sont projetées les
images rétiniennes, se forme par la *fusion* des deux systèmes
de coordonnées : celui du labyrinthe droit, et celui du labyrinthe gauche. Sans une pareille fusion, les images rétiniennes

---

1. Pour faire ressortir plus nettement la différence entre l'orientation
dans les trois directions de l'espace et l'orientation à distance, comme
par exemple celle des pigeons voyageurs, j'ai comparé le rôle des canaux
semi-circulaires à celui du gouvernail sur un bateau, tandis que le labyrinthe du nez et les organes visuels rempliraient le rôle de la boussole pour
l'orientation à distance.

de chacun des deux côtés parviendraient toujours isolément
à la conscience. Nous les projetterions dans deux systèmes
différents de coordonnées perpendiculaires de Descartes et
nous les localiserions isolément aussi dans l'espace extérieur.
Nous posséderions ainsi *deux* moi conscients, percevant chacun des images en partie différentes. Or, ce ne sont pas seulement les objets visibles que nous projetons dans ces systèmes
de coordonnées : nous en faisons autant de toutes nos sensations, extérieures et intérieures, qui parviennent à notre perception. Nous recevons ainsi, des moitiés droite et gauche de
notre corps, des sensations qui sont loin d'être toujours identiques. On peut donc admettre, dans le cas du dédoublement,
qu'elles amènent à notre conscience des images *tout à fait*
différentes, d'où il résulte que le sujet se perçoit lui-même
comme formé de *deux personnes* distinctes. De ce dédoublement de la personnalité découlent, simultanément ou successivement, d'autres troubles psychiques. *Bref, pour que le*
dédoublement se produise, il suffit qu'une altération morbide
quelconque mette obstacle momentanément à la fusion des deux
systèmes de coordonnées. J'ignore si les aliénistes ont réussi à
trouver dans le cerveau des foyers pathologiques quelconques,
caractéristiques de ce dédoublement de la personnalité. Il
n'est d'ailleurs pas impossible que des modifications morbides d'un labyrinthe ou d'un nerf acoustique suffisent à créer
les conditions d'un phénomène de ce genre.

Cet essai d'interprétation plausible du mystérieux dédoublement fournit en tout cas une représentation assez claire de
son mécanisme. Il va sans dire qu'un pareil mode de production du dédoublement plaiderait éventuellement en faveur de
l'origine sensorielle de la conscience du moi.

§ 7. — LA DÉLIMITATION DU DOMAINE DES RECHERCHES ENTRE LA PHYSIOLOGIE ET LA PHILOSOPHIE. CONSIDÉ-RATIONS TERMINOLOGIQUES.

Les exemples que nous venons de citer indiquent déjà d'une façon suffisante où il faudrait, d'après ma conception, tracer la ligne de séparation entre les fonctions psychiques et les manifestations de l'esprit. Tous les faits psychiques dont on peut faire remonter l'origine à l'expérience sensorielle évidente ou à des fonctions définies du système nerveux central ou périphérique appartiennent *au domaine de l'âme*, par conséquent à celui de la physiologie, de l'anatomie et de la psychiàtrie. Les opérations de l'âme qui ont été qualifiées jusqu'ici de fonctions psychiques supérieures ne sont pas des *fonctions*, au sens propre du mot. Elles ont été le plus souvent désignées comme des *phénomènes* ou des *associations*. J'ai employé ici les termes de *processus*, de *manifestations*, d'*actions*, ces derniers présentant l'avantage de faire ressortir la *faculté créatrice de l'esprit*. D'après la différenciation que je propose, ces opérations psychiques supérieures consti-tueraient l'apanage exclusif de l'esprit humain.

L'étude des manifestations (*Leistungen*) de l'esprit appar-tient à la philosophie. Les philosophes ont seuls la liberté nécessaire pour formuler des questions qu'ils savent par avance ne pas comporter de réponses décisives[1], pour donner des définitions d'idées abstraites et de concepts, dont l'ori-gine n'est pas suffisamment précisée, et pour édifier des hypothèses, dont le caractère éphémère ne fait de doute pour personne. Ceci n'empêche nullement ces questions, ces défi-nitions, et ces hypothèses de pouvoir ultérieurement devenir fécondes au point de vue de la recherche psychologique. Les psychologues, tout comme les philosophes qui se proposent

---

1. Les métaphysiciens considèrent trop souvent que formuler une ques-tion équivaut à y répondre.

d'expliquer la nature la plus intime des choses, sont habitués depuis des milliers d'années à ce que leurs recherches ne fournissent pas de résultats définitifs. Le naturaliste, au contraire, qui s'impose une tâche beaucoup plus modeste, et limite ses recherches aux valeurs qu'il peut saisir, mesurer et peser, c'est-à-dire aux valeurs réelles, doit viser à obtenir des résultats qui soient également palpables et démontrables.

Pour en revenir à la question de l'importance psychologique des fonctions du labyrinthe, en tant qu'organe des sens mathématiques du temps et de l'espace, je rappellerai qu'en reprenant les recherches expérimentales faites depuis plus d'un siècle et dans des buts différents par Venturi, Spallanzani, Autenrieth, Flourens, E. H. Weber, K. Vierordt, et d'autres, j'ai réussi à en faire sortir la preuve de l'existence d'organes sensoriels déterminés, dont les sensations et perceptions permettent de conclure à l'origine sensible de nos représentations de temps et d'espace, ainsi que de notre connaissance des nombres.

Cette preuve faite, la tâche qui revenait au physiologiste dans la solution du problème du temps et de l'espace se trouvait accomplie. Si, néanmoins, j'ai abordé le domaine de la psychologie, ce fut pour les motifs suivants. De l'existence des organes de sens mathématiques il découlait nécessairement que la croyance à l'origine *a priori* des représentations d'espace et de temps, croyance si profondément enracinée même chez plusieurs naturalistes et mathématiciens, n'avait plus désormais ni objet ni raison d'être.

Étant donnés les rapports étroits qui existent entre la question de l'origine des axiomes géométriques et celle de l'origine des perceptions d'espace, il nous a paru nécessaire de ne pas limiter nos recherches à l'une d'elles. En nous basant sur les sensations fournies par les trois directions cardinales de l'espace, nous avons réussi également à démontrer l'origine sensible des axiomes et des définitions géométriques et la possibilité de reconstruire synthétiquement à leur aide la géométrie euclidienne. Ainsi furent repoussés les assauts des méta-mathématiciens s'efforçant d'arracher à Euclide « cette domination sur les hommes » qui, selon le mot connu de E. K. von Baer, « a duré plus longtemps que celle de n'importe quelle dynastie royale ».

Je n'ai pas voulu pénétrer plus avant dans le domaine de la psychologie humaine; je laisse aux philosophes le soin de développer et d'utiliser, au moyen des méthodes dont ils disposent, les données fournies par la physiologie. *La formation des concepts abstraits de temps et d'espace constitue une pure opération de l'esprit*, dont l'explication relève principalement des études philosophiques. Aux mathématiciens, d'autre part, incombe la tâche délicate d'explorer le mécanisme des processus intellectuels, à l'aide desquels leur science a pu ériger l'édifice grandiose de l'analyse supérieure et créer de nouvelles géométries toutes transcendentales, et cela en partant de la connaissance des nombres et des quatre règles de l'arithmétique, due aux perceptions des hauteurs des sons. L'origine physiologique des axiomes et des définitions de la géométrie euclidienne peut fournir à la philosophie des sciences mathématiques de nombreux points de départ pour des recherches fécondes sur l'édification de cette géométrie, ainsi que sur la valeur des nouvelles géométries plus ou moins imaginaires.

Plus fécond encore sera probablement l'essai de vérifier mon hypothèse que la géométrie analytique a pour origine la représentation immédiate du système idéal des trois coordonnées rectangulaires de Descartes.

La physiologie du labyrinthe de l'oreille a montré que *le notion de l'infinité du temps et de l'espace* pouvait nous être fournie par les sensations de direction. La perception de la direction produit la représentation de la ligne droite, ainsi que Gauss l'avait déjà noté et que Ueberweg a essayé de le démontrer. Mes expériences sur des animaux et sur l'homme ont fourni la preuve expérimentale de cette origine. Or, nous ne pouvons nous représenter la direction autrement qu'indivisible et illimitée. L'examen et l'explication des opérations de l'esprit qui conduisent de cette *représentation immédiate* à la formation du concept de l'infinité de l'espace constituent la tâche de l'avenir. Dans la solution de ce problème, on devra prêter une attention spéciale aux oppositions qui existent entre *le champ visuel*, vaste, mais *limité*, qui est accessible à notre aperception directe (*Anschauung*), et le *champ auditif* restreint mais inaccessible à notre aperception et par conséquent *illimité* en apparence. Ces oppositions jouent certainement un rôle considérable dans la formation de notre concept de l'infinité du temps et de l'espace.

Les philosophes et les psychologues ont été obligés jusqu'ici de former les concepts de ces grandeurs sans s'appuyer sur aucune base réelle et d'une façon purement métaphysique, en les tirant pour ainsi dire d'eux-mêmes. C'est ce qui explique l'éternelle stérilité de leurs efforts pour obtenir des notions durables, et dont la science puisse tirer parti. Les concepts sont les éléments fondamentaux de l'activité de l'esprit. C'est pourquoi le psychologue, privé de concepts clairs et immuables, n'a jamais réussi à remplir sa tâche principale, celle *de dégager d'une manière définitive les lois* de la pensée. Les divergences inconciliables qui existent et ont toujours existé en psychologie sont dues à la stérilité que nous signalons.

Il ne sera plus désormais possible au philosophe d'aborder sérieusement le problème de la *formation des concepts de temps et d'espace, sans tenir compte de l'existence, démontrée expérimentalement, dans le labyrinthe de l'oreille, d'organes de sens généraux, auxquels nous devons les sensations, perceptions et représentations des trois directions cardinales de l'espace, et la connaissance des nombres, dont le temps est fonction* [1].

Les philosophes, s'ils veulent aboutir à des résultats

1. Déjà Aristote avait reconnu d'une façon assez exacte les rapports entre le temps et le nombre.

féconds et durables, doivent commencer par se familiariser
complètement avec les données établies par la physiologie
expérimentale et relatives au fonctionnement de ces organes
de sens généraux. Mais, pour que le travail parallèle, accompli
dans des domaines contigus par la physiologie et la philosophie, soit efficace, un accord entre ces deux sciences est
indispensable, quant à la désignation des éléments et des
facteurs qu'il s'agit d'étudier. La terminologie en usage
jusqu'ici ne peut être maintenue sans d'importantes modifications. Une fois les processus de l'esprit éliminés de l'ensemble des fonctions psychiques, il devient évident que le
mot psychologie ne devrait plus servir qu'à désigner strictement ces dernières. Ainsi entendu, ce mot pourrait désormais
être appliqué sans inconvénient aux études sur les animaux,
tandis qu'actuellement, lorsqu'on a fait des observations
psychologiques sur des animaux, même invertébrés, on n'est
que trop porté à en tirer des conclusions relatives aux
facultés intellectuelles de l'homme, ce qui doit forcément
donner lieu aux plus bizarres erreurs[1]. Des profanes, des
dilettantes et malheureusement aussi des naturalistes ont
grandement abusé, ces temps derniers, des mots, « études
psychiques », « psychisme », ou encore « instituts psychologiques[2] ». Aussi la dignité même de la recherche scientifique
conseillerait-elle de choisir un autre terme pour désigner les
études portant sur l'esprit humain. Ce choix appartient
naturellement aux philosophes. Le terme de *mentologie* aurait
paru convenir, s'il n'était déjà en usage, autant que je sache,
dans un autre domaine. Peut-être pourrait-on, provisoirement
au moins, employer les expressions de « psychologie créatrice », ou de « psychologie humaine ».

Je me suis servi souvent du mot processus pour désigner
les manifestations de l'activité spirituelle, parce que ce mot

1. Voir *Ohrlabyrinth*, ch. IV, § 5.
2. Ces termes servent le plus souvent à déguiser les études des phénomènes provoqués par des spirites professionnels.

ne préjuge rien, quant à la nature de cette activité. Les termes *associations*, *phénomènes*, *fonctions*, servant à désigner les·faits psychiques généraux, ne se prêtent qu'imparfaitement à la désignation des *processus* purement spirituels. Des associations de perceptions, de représentations, d'impressions et de souvenirs peuvent avoir lieu en dehors de toute intervention de l'esprit; et cela, grâce aux trajets fibrillaires qui relient les cellules ganglionnaires dans lesquelles ces perceptions, représentations, etc., sont accumulées. C'est sur des associations de ce genre que reposent les manifestations psychiques communes à l'homme et aux animaux. Quant au mot phénomène, il peut être interprété de la façon la plus diverse. Un *phénomène* ne montre, en général, que le côté extérieur d'un processus. Chaque observateur le voit et l'interprète différemment. Le phénomène désigne quelque chose de passager, de momentané, d'éphémère, et par conséquent ne convient pas à l'activité créatrice de l'esprit. Mach, qui se distingue toujours par des interprétation malheureuses des faits les plus simples et les plus clairs, a réussi à compromettre aux yeux des naturalistes la psychologie phénoménale, et cela surtout pour avoir malencontreusement ressuscité en physique le « tout coule » d'Héraclite [1].

Carl Stumpf, l'éminent philosophe, a introduit, ces temps derniers, l'expression, « fonctions psychiques », destinée à remplacer le terme *phénomènes*. Voici comment il définit la façon dont il entend cette expression et sa portée :

« Contrairement aux définitions de D. S. Miller, Dewey, etc., le mot *fonction* n'est pas conçu ici dans le sens d'un résultat produit par un processus, comme lorsqu'on dit que la circulation du sang est une fonction des contractions cardiaques; mais ce mot est conçu dans le sens de l'activité, du processus, ou de l'événement lui-même, ainsi que la contraction même du cœur est considérée comme une *fonction organique*. » Même

---

1. Voir *Ohrlabyrinth*, ch. II, §§ 2-7, et l'appendice au § 5 du ch. VI.

dans ce sens ainsi défini, il n'est pas permis au naturaliste de parler des fonctions de l'esprit. Pour le physiologiste, il n'existe pas de fonction qui ne soit l'expression de l'activité d'un organe. Or, d'après la conception qu'on propose ici et qui ne sera certes désapprouvée que par quelques matérialistes attardés, l'activité de l'esprit ne possède aucun substratum matériel accessible à nos sens [1]. Il serait donc plus exact de parler de l'*activité*, des manifestations de l'esprit (*geistige Leistungen*) que de ses *fonctions*. L'esprit dirige les fonctions cérébro-psychiques ; il détermine les lois d'après lesquelles les produits du fonctionnement des cellules ganglionnaires peuvent être utilisés par la pensée créatrice. L'esprit ne doit donc en aucune façon être considéré comme une fonction de ces cellules qu'il domine. L'esprit forme des concepts, formule des jugements, tire des conclusions, développe des hypothèses et des théories. Il le fait en employant les trésors de l'expérience des sens, des impressions sensibles provenant du cœur ou d'autres organes intérieurs, trésors accumulés dans les archives du système nerveux central, « la plus noble création que la nature ait jamais produite,... cette merveille du monde, dont rien n'égale la mystérieuse sublimité » (Pflüger).

Dégager les lois de la pensée, tracer les voies par lesquelles, grâce à ces lois, les perceptions et représentations sensibles sont utilisées, à l'aide de l'abstraction, en vue de former des concepts devant servir à leur tour de point de départ à l'activité ultérieure de l'intelligence, telle est la tâche fondamentale qui incombe au philosophe. Ni le temps ni l'espace n'imposent de limites à la productivité de l'esprit. Quelque merveilleuse que soit l'activité des cellules ganglionnaires, elle n'en est pas moins limitée dans le temps et l'espace ; *aussi devons-nous renoncer à l'espoir d'expliquer la nature de l'esprit, illimité par essence, à l'aide des fonctions forcément*

---

1. La question de la substantialité ou non substantialité de l'esprit humain a été complètement déplacée par suite de la nouvelle interprétation scientifique du mot *substance*. Nous ne pouvons pas la traiter ici.

limitées de nos organes. La productivité créatrice de l'esprit nous amène à le considérer comme une émanation des forces cosmiques primitives. L'esprit révèle des vérités éternelles au prophète, inspire le poète de génie, guide l'imagination créatrice de l'artiste et dévoile au naturaliste qui aspire à la vérité les merveilles mystérieuses de la nature et les lois de leur production, tout cela dans la mesure, pour chacun d'eux, de la richesse et de l'ordonnance du contenu de ses cellules ganglionnaires. Il peut donc être question des productions de l'esprit, de ses facultés, de son énergie potentielle : on ne saurait parler de ses fonctions[1].

§ 8. — LES VÉRITABLES LABORATOIRES
DE PSYCHOLOGIE HUMAINE EXPÉRIMENTALE.

En explorant le champ illimité de la productivité de l'esprit pour découvrir les lois de la pensée, le philosophe ne doit pas se contenter de l'étude *subjective*, de l'aperception intérieure, toujours décevante, ni se borner à remuer éternellement les données amassées par ses ancêtres spirituels. C'est par la recherche *objective* et *expérimentale* dans le domaine de la psychologie humaine que le philosophe parviendra, lui aussi, à des résultats positifs et durables. Pour étudier l'activité de l'esprit, il dispose en réalité de laboratoires avec lesquels ne sauraient rivaliser les instituts psychologiques modernes, fussent-ils pourvus des instruments les plus coûteux et les plus fins. La véritable psychologie expérimentale est d'ailleurs aussi vieille que l'humanité, et la plupart de ses expériences, accumulées pendant des siècles, conservent encore de nos jours toute leur valeur. Ève a institué la première expérience de psychologie animale. Pendant qua-

---

1. Encore moins pourrait-on employer le mot fonction dans le sens mathématique, pour désigner l'activité de l'esprit ; cela donnerait lieu, en tout cas, à des malentendus regrettables.

rante ans, dans le désert de l'Arabie, Moïse n'a pas cessé de
faire de la psychologie expérimentale sur une multitude d'esclaves évadés. La plus belle et la plus réussie de ses expériences fut de laisser s'éteindre dans le désert deux générations d'esclaves, avant d'amener leurs descendants, nés libres,
dans la terre promise.

Le créateur inspiré de la psychologie des peuples, l'apôtre
Paul[1], nous a laissé, dans ses épîtres, les monuments les plus
brillants de l'expérimentation féconde dans le domaine de
l'esprit; les résultats de ses expériences gardent encore
aujourd'hui leur pleine valeur. Les fondateurs de religions,
les unificateurs de peuples, les capitaines victorieux ont été,
avant tout, des psychologues de premier ordre et des expérimentateurs incomparables. C'est l'esprit, et non la force bru-
tale, qui remporte les victoires sur les champs de bataille,
comme dans le cabinet de l'homme d'État, et qui décide des
destinées de l'humanité. Les deux puissances qui se partagent
actuellement la domination du monde civilisé, — la Papauté
et l'Angleterre, — sont des puissances spirituelles par excellence. La véritable lutte pour la suprématie mondiale se livre
en effet entre le Vatican et Westminster, les deux plus
grandes puissances du monde chrétien, chacune dominant
plusieurs centaines de millions d'âmes. La parole et la
plume sont les armes les plus puissantes de la terre. L'histoire de l'humanité présente ainsi, pour l'étude de l'activité
de l'esprit humain, le domaine de recherches le plus vaste
qu'on puisse rêver; et le philosophe moderne, qui veut faire
de la psychologie expérimentale, ne devrait pas dédaigner les
laboratoires dans lesquels se fait l'histoire contemporaine. A
aucune époque l'esprit n'a exercé sur les événements une
influence plus forte et plus évidente que de nos jours.

Si, dans la première moitié du XIXᵉ siècle, les philosophes,

.1. Saint Paul est peut-être le premier philosophe qui ait opéré une
distinction entre l'activité spirituelle et l'activité psychique. (Iʳᵉ Épître
aux Corinthiens, XV, 44-47.)

au lieu de s'affoler, de perdre pied devant l'essor formidable des sciences naturelles, et de se retirer peu à peu dans le domaine plutôt restreint de l'histoire de la philosophie, avaient cherché à s'emparer des véritables données de ces sciences et à les utiliser au profit de la pensée humaine, ils seraient devenus les directeurs spirituels incontestés des masses populaires parvenues à la souveraineté, de même que leurs grands prédécesseurs du XVIIIᵉ siècle avaient su devenir les directeurs spirituels des rois et de leurs courtisans. La philosophie n'assisterait pas aujourd'hui à la ruine de son influence sur le mouvement intellectuel. Les charlatans ignares et les dilettantes en métaphysique n'auraient jamais réussi à fausser l'esprit scientifique et à leurrer les masses. Quant à la sociologie, cette nouvelle branche greffée sur la philosophie, elle ne pourra prétendre à une valeur réelle et n'exercera une action bienfaisante sur la société humaine qu'à la condition de perdre son caractère purement livresque et de renoncer à déduire ses lois de la vaine argumentation spéculative, pour essayer, au contraire, de les baser sur l'observation des réalités de la vie et sur des études expérimentales faites dans le champ même où se poursuit la lutte sociale.

§ 9. — DU RÔLE DE L'ESPRIT DANS L'INTUITION DES DÉCOUVERTES ET LES INVENTIONS SCIENTIFIQUES.

La valeur des productions de l'esprit ne dépend pas seulement de la capacité des cellules ganglionnaires dont il utilise le contenu, mais encore de la qualité des éléments constitutifs de ce contenu, et de la façon dont ils ont été accumulés et ordonnés. C'est pourquoi la psychologie des grands penseurs et des créateurs des sciences a formé, de tout temps, une source inépuisable de documents pouvant servir à la connaissance de l'activité intellectuelle et à la fixation de ses lois. Sous ce rapport encore, l'étude des œuvres des créateurs de la science moderne fournirait au psychologue des

matériaux infiniment plus précieux que la discussion fastidieuse et les interminables commentaires des œuvres des
philosophes grecs qui, par leurs buts et leurs méthodes, sont
si éloignés de nous dans le temps et l'espace.

Aucun autre produit de l'activité psychique ne fait mieux
ressortir les rôles respectifs de l'esprit et du cerveau que les
découvertes capitales qui ont complètement transformé les
conditions de la vie sur notre planète et ouvert tant d'horizons nouveaux à notre connaissance pendant le cours du
XIXᵉ siècle. « Est-ce un Dieu qui a tracé ces lignes ? », demande
Boltzmann dans ses considérations sur les équations de
Maxwell. On pourrait poser la même question à propos des
lois de l'entropie de Carnot et de Clausius, à propos des
ondes hertziennes, à propos des découvertes de Curie et de
Ramsay sur la radio-activité, pour ne parler que des merveilles les plus récentes de la science.

Rien ne met mieux en relief le rôle capital de l'esprit que
l'intuition de ces découvertes géniales.

« Mystérieuse jusque dans l'éclat du jour, la nature ne se
laisse pas arracher son voile, et ce qu'elle veut cacher à notre
esprit, il n'est levier ni vis qui nous le puisse découvrir »
(Faust).

Le naturaliste, qui a eu lui-même l'occasion de faire de
nouvelles découvertes, est le mieux à même de distinguer la
part qui, dans ses découvertes personnelles, revient à l'activité
exploratrice de son cerveau et celle qui doit être attribuée
à l'intuition subite et créatrice de son esprit. Lui seul peut
se rendre exactement compte que, même dans le choix des
méthodes fécondes, l'intuition de l'esprit joue fort souvent
un rôle décisif.

Il en est de même naturellement pour l'inspiration de l'artiste ou du poète, pour le don de pénétration de l'homme
d'État, ou les prédictions du prophète. Il n'est pas toujours
facile de tracer une limite entre les productions ordinaires de
l'esprit qui sont le fruit de longues méditations, qui utilisent

les résultats de l'expérience accumulés dans les cellules gan-glionnaires du naturaliste, et celles qui sont dues à l'intui-tion spontanée. L'intuition se manifeste presque toujours d'une façon soudaine et inattendue, souvent même au mo-ment où le savant commence à douter de la possibilité d'arriver à la solution du problème qui le préoccupe depuis de longs mois. Elle jaillit inopinément dans des conditions par-ticulièrement favorables, comme pendant une promenade dans les montagnes, sur le bord d'un lac suisse merveilleu-sement éclairé, ou en pleine mer sous un brillant clair de lune, en général dans des circonstances où l'attention du penseur, détournée du problème qui le préoccupe, est en extase devant les beautés de la nature.

Les grandes découvertes vraiment fécondes dans les sciences naturelles expérimentales ont souvent eu pour der-nière origine l'observation ou l'interprétation nouvelle d'un phénomène connu, qui se présente soudain à l'intelligence intuitive sous une forme *sui generis*.

La fameuse découverte de l'analyse spectrale par Kir-chhoff et Bunsen en est un exemple éclatant. En 1857, à la réception d'un verre prismatique taillé par Frauenhofer lui-même, ils se proposèrent d'analyser les rapports entre les rayons jaunes et la ligne D du spectre. Tout en considérant la ligne D dans le spectre solaire, ils introduisirent une flamme saline dans le champ visuel : ils s'attendaient à voir s'éclaircir la ligne noire D. Ce fut le cas en effet, à la lueur trouble des nuages; mais à la lumière du soleil la ligne s'élargit et noircit davantage. « Cela me paraît une chose fondamentale », s'exclama Kirchhoff en quittant la chambre. Le lendemain, la raison de ce phénomène fut expliquée et bientôt après le rapport entre la puissance d'absorption et d'émission fut reconnu : la loi du renversement des lignes spec-trales était trouvée. Les merveilleuses applications de cette loi en physique, en chimie, en physiologie et en astronomie, où la démonstration de la présence dans le soleil des substances terrestres a prouvé l'uniformité de la matière dans le monde accessible à nos sens, tout cela eut pour point de départ l'intuition géniale de Kirchhoff, qui sut saisir toute la portée de l'apparition de la ligne noire D à la lumière du soleil.

La découverte de la planète Neptune par Le Verrier est également une démonstration éclatante de la puissance intuitive de l'esprit. Elle se fit par un procédé tout opposé. Bouvard avait constaté sur la planète Uranus, découverte par Herschel, des écarts entre les mouvements calculés sur les tables astronomiques et les mouvements observés. Cette constatation était en contradiction apparente avec les lois d'attraction de Newton. Le Verrier, voulant expliquer ces écarts, rechercha si les mouvements d'Uranus n'étaient pas sous la dépendance de Saturne et de Jupiter. Il fut amené à conjecturer qu'il devait exister, dans le voisinage d'Uranus, une planète jusque-là inconnue. Le 18 septembre 1846, dans une communication faite à l'Académie de Paris, Le Verrier exposa le résultat définitif de ses calculs mathématiques, par lesquels il révélait l'existence d'un nouvel astre, Neptune; il indiqua en même temps sa position exacte dans la sphère céleste et sut désigner à l'avance le point où la planète pourrait être observée le 1er janvier 1847. Guidés par ces indications précises, Hall et d'Abrest, de l'observatoire de Berlin, ne tardèrent pas en effet à distinguer dans le télescope la planète Neptune au point désigné. « M. Le Verrier a aperçu le nouvel astre sans avoir besoin de jeter un seul regard vers le ciel », déclarait Arago dans la séance du 5 octobre 1846. « Il l'a vu *au bout de sa plume*, il a déterminé par la seule puissance du calcul la place et la grandeur d'un corps dont la distance au soleil surpasse 1 200 millions de lieues, et qui, dans nos plus puissantes lunettes, offre à peine un disque sensible. »

Ce brillant triomphe de Le Verrier a démontré l'exactitude de la loi d'attraction universelle, démonstration dont la valeur égale théoriquement celle que présenteraient de réelles expériences sur les corps célestes. Dix ans plus tard, Kirchhoff et Bunsen introduisaient directement le soleil et les étoiles fixes dans le domaine des recherches expérimentales.

A la question, comment il était arrivé à établir la loi de l'attraction universelle, Newton fit la réponse connue : « En y pensant continuellement. » Et en effet, l'attention concentrée sur un problème et les longues méditations sur sa solution probable sont la condition première essentielle pour l'éclosion des intuitions spirituelles. « L'intuition n'est donnée qu'à celui dont l'esprit a subi une longue préparation pour la recevoir », a dit également Pasteur. Mais le premier élan de la pensée sur la nature de la force d'attraction n'en fut pas moins chez Newton l'effet de l'intuition. Lors de son séjour à Whoolstorpe, pendant qu'il se reposait dans le parc, par un beau clair de lune, une pomme tomba à ses pieds. Son attention fut aussitôt attirée sur ce fait qu'un corps rapproché subissait l'attraction vers le centre de la terre, tandis que la lune, qui était éloignée, y échappait. Cette anecdote, racontée par une nièce de Newton à Voltaire, est donnée comme authentique par le grand admirateur du savant anglais. Il est certain que l'esprit de Newton était déjà absorbé par le problème de l'attraction bien avant l'incident de la pomme. L'opposition entre les effets de l'attraction sur la pomme et sur la lune vint le mettre intuitivement sur la voie de la solution poursuivie.

La spontanéité et l'imprévu de l'intuition sont les circonstances capitales qui témoignent en faveur de son origine spirituelle. Là-dessus, naturalistes, psychologues et mathématiciens sont d'accord entre eux. Il en est à peu près de même sur ce fait que certaines intuitions apparaissent subitement à la conscience au moment où l'on se réveille d'un profond sommeil. Sur l'origine et le mécanisme de ce genre d'intuitions, dont on exagère d'ailleurs considérablement la valeur, j'aurai l'occasion de revenir plus longuement au paragraphe suivant.

Les idées réellement intuitives sont le plus souvent en contradiction avec les opinions et les doctrines courantes; aussi sont-elles généralement considérées au début comme invraisemblables. Quand ces idées ne trouvent pas d'application pratique immédiate, elles se heurtent d'habitude à de violentes résistances. Ce n'est qu'après de longues années de vive lutte qu'elles parviennent à se faire jour, à être généralement adoptées. Leur opposition avec les idées régnantes est souvent si tranchée qu'au premier moment leur auteur même éprouve quelque difficulté à les introduire dans l'enchaînement de ses propres pensées. En vertu de cette origine, les idées réellement inspirées se trouvent être le plus souvent des idées justes. On a le droit d'affirmer que leur invraisemblance et leur contradiction avec les opinions reçues peuvent être considérées comme un critérium favorable de leur justesse[1]. « Dans plusieurs de mes recherches scientifiques, écrivais-je naguère, je suis arrivé à des solutions inattendues qui, pour cette raison, paraissaient improbables tout d'abord. Plus tard, on était au contraire surpris que la justesse de solutions aussi simples, aussi évidentes, ait pu paraître contestable.» (Voir *Ohrlabyrinth*, préface.)

Quand, en 1865, je commençai mes recherches relatives à l'*Influence des racines postérieures de la moelle épinière sur l'excitabilité des racines antérieures*, l'existence du tonus de Brondgeest paraissait être définitivement écartée. L'insuffisance des méthodes de Brondgeest était reconnue par les physiologistes. Je restai néanmoins convaincu, grâce à mes études cliniques sur l'ataxie locomotrice (*tabes dorsalis*), que l'intégrité du fonctionnement des racines postérieures exerçait une influence considérable sur la sphère motrice, corres-

---

1. Ce critérium n'est pas seulement valable pour les découvertes scientifiques : « Les conceptions de l'homme d'État, comme les intuitions de l'artiste et les découvertes du savant, ne sont réellement grandes et fructueuses que quand, — au début au moins, — elles rencontrent l'hostilité de la multitude », écrivais-je en 1895, dans la préface de l'*Histoire de l'Entente Franco-Russe*. Paris, Eichler.

pondante. Et en effet, mes expériences eurent bientôt établi la nature de cette influence tonique, à laquelle participent même certaines parties du cerveau. On a vu plus haut (§ 2) la grande portée des résultats de ces recherches relativement à l'origine de nos énergies psychiques.

Vers la même époque, il paraissait tout à fait impossible de maintenir pendant plusieurs jours les fonctions vitales d'un cœur de grenouille, en le faisant lui-même entretenir sa nutrition avec du sérum de lapin et enregistrer en outre ses pulsations sur un cylindre rotatif à l'aide d'un manomètre à mercure. Plusieurs mois d'essais, poursuivis sous la direction de Ludwig, me permirent, en automne 1865, de vaincre cette prétendue impossibilité et de créer une méthode pour ressusciter les fonctions des organes séparés du corps, méthode devenue si féconde en physiologie. Plus de trente ans après, à l'aide de cette méthode, je pus faire fonctionner, *post mortem*, les centres cérébraux des nerfs cardiaques et vasomoteurs, ainsi que ceux des nerfs de la respiration et de certains nerfs oculo-moteurs.

Après que Ludwig et Thiry, dans leurs célèbres travaux parus en 1864, eurent démontré les erreurs des méthodes et des conclusions de Bezold, le problème de l'existence des nerfs cardiaques, en dehors des pneumogastriques, sembla pour longtemps résolu dans le sens négatif. En juin 1866, j'entrepris de nouvelles recherches sur les nerfs du cœur; grâce à des intuitions heureuses et à l'emploi de méthodes appropriées, les nerfs sensibles du cœur (nerfs dépresseurs) et les nerfs moteurs (nerfs accélérateurs) furent découverts, et leur merveilleux mécanisme se trouva élucidé avant la fin de la même année [1].

J'ai raconté ailleurs l'histoire de la découverte des fonc-

1. Voir, sur la portée physiologique de ces découvertes, le rapport de Claude Bernard, présenté en 1867 à l'Académie des Sciences de Paris, qui, à l'unanimité, m'accorda le prix de physiologie expérimentale (fondation Montyon).

tions des canaux semi-circulaires en tant qu'organes du sens de l'espace (1873), de la destination physiologique des glandes thyroïdes, de l'hypophyse et de la glande pinéale (1897-1902). Les unes étaient dues en partie à des intuitions d'ordre intellectuel, provenant de la présence simultanée dans ma conscience de contenus en apparence hétérogènes ; d'autres avaient pour origine des associations, plus ou moins brusques ou spontanées, de perceptions ou de représentations accumulées dans mes cellules ganglionnaires, associations dues à des communications anatomiques entre les fibres nerveuses que contiennent certaines cellules ganglionnaires. Ces dernières associations peuvent se produire en dehors de la participation de notre esprit et de notre conscience générale.

On devrait peut-être désigner ces associations purement cérébrales sous le nom d'associations psychiques ; elles se forment, indépendamment de la volonté, dans la conscience du moi et parviennent seulement ensuite à notre conscience générale. Les intuitions purement spirituelles, par contre, sont conscientes dès le début ; de notre conscience générale elles arrivent spontanément à la conscience du moi. Il serait utile de conserver le terme d'intuitions pour qualifier les inspirations et les divinations purement spirituelles, et d'appeler sentiments ou pressentiments les intuitions psychiques reposant sur des associations ganglionnaires. Claude Bernard, dans sa célèbre *Introduction*, s'est souvent servi du mot sentiment en ce sens. L'origine purement cérébrale de certaines de ses intuitions, à l'aide d'associations de représentations immédiates avec des perceptions ou des images empreintes dans sa mémoire, n'a pas empêché Claude Bernard de faire des découvertes qui ont enrichi plusieurs branches de la physiologie. En pareil cas, le sentiment ainsi entendu sert d'impulsion première à la pensée ; il dirige heureusement les recherches et ouvre les voies fécondes qui mènent aux productions de l'esprit pur.

Un exemple d'intuition par simple association : lorsque

j'appris la belle découverte de l'iodothyrine, faite par Baumann, une association soudaine avec mes souvenirs déjà
anciens des rapports entre la maladie de Basedow, l'action
curative de l'iode et certaines fonctions des nerfs cardiaques
me suggéra spontanément l'intuition que l'étude de l'action
physiologique de l'iodothyrine sur les nerfs du cœur me
fournirait la clef du problème concernant les fonctions de
la glande thyroïde.

Par contre, l'intuition qui m'a conduit à la découverte
des fonctions de l'hypophyse était d'ordre purement spirituel.
L'invraisemblance qu'un organe de dimension aussi mince,
que beaucoup de physiologistes et d'anatomistes considéraient
comme le vestige d'une dégénérescence embryonnaire, sans
rôle déterminé, pût excercer des fonctions vitales et psychiques
d'une portée si haute, me décida, malgré les difficultés opératoires, à l'expérimentation directe. Ce sont des raisons du
même ordre qui m'ont guidé quand j'ai entrepris d'étudier
les fonctions de la glande pinéale.

Récemment, dans une conférence à la *Society of Che-
mical Industry* « sur les avantages de la recherche des Invrai-
semblances », sir William Ramsay développa les mêmes idées
et appuya sa démonstration par l'exposé de plusieurs expériences de sa propre vie scientifique. « Il était absolument
invraisemblable, dit-il, que notre atmosphère contînt cinq éléments qui avaient échappé jusqu'ici à nos recherches.
C'était le comble de l'invraisemblable qu'un gaz, se dégageant
du radium et devenu libre, se transformât spontanément en
helium. »

La découverte d'une nouvelle méthode d'investigation,
dont le choix en physiologie expérimentale est d'une importance décisive, est également un pur produit de l'esprit. Là
aussi, l'intuition joue un rôle capital. Mais elle doit forcément être précédée de longues méditations. La méthode, une
fois créée par un esprit intuitif supérieur, peut rendre encore
à la science de notables services, même appliquée par des

esprits de second ordre. Cette possibilité fait souvent naître l'illusion que ni l'intuition, ni les grandes qualités intellectuelles ne sont indispensables pour qu'un travail scientifique soit fécond. C'est ainsi que naguère encore W. Ostwald s'est prononcé, dans une étude sur la technique des inventions, en faveur de la « transmissibilité des qualités des grands esprits à leurs élèves et successeurs ». Cela n'est vrai que pour les *inventions*, et seulement dans les cas où les élèves travaillent avec les méthodes et sous la direction du maître qui les a créées. Pour faire de grandes découvertes, d'ordre théorique, dans les sciences naturelles, l'emploi même très habile des méthodes créées par d'autres ne suffit pas. Il faut, en outre, des qualités spéciales de l'esprit. L'histoire des sciences naturelles abonde en preuves à ce sujet.

Beaucoup d'autres considérations sur la psychologie des découvertes présenteraient encore un haut intérêt, relativement à la différenciation des fonctions psychiques et de la productivité de l'esprit. « Les psychologues modernes, écrivais-je il y a quelques années, ont l'habitude de regarder comme les méthodes de recherche les plus importantes et les plus fécondes, pour étudier l'activité de l'esprit humain, celles qui tiennent compte des différences et des mesures *quantitatives*. La psychologie physiologique considérait même ces méthodes comme les seules admissibles, parce que seules elles paraissaient capables d'assurer une précision scientifique. C'était une erreur radicale : les différences *qualitatives* que l'on observe dans les productions de l'esprit humain ont une importance plus grande, et cela non seulement en ce qui concerne la théorie de la connaissance ; même au point de vue méthodologique, elles se prêtent infiniment mieux à l'analyse scientifique. Le psychologue qui se proposerait d'étudier à ce point de vue les erreurs de l'esprit humain, ne fût-ce que dans un seul domaine, dans l'histoire des sciences exactes de la nature, par exemple, nous ferait certainement mieux connaître l'entendement humain que ne l'ont fait jusqu'ici tous les essais de mensurations psycho-physiologiques[1].»

J'ai formulé de la façon suivante l'un des résultats de ces études : « Les esprits des hommes doivent être divisés en deux catégories inégales : ceux qui arrivent presque toujours directement à la vérité et ceux qui versent constamment dans l'erreur. » Je considérais alors la connaissance et l'erreur comme des particularités qualitatives, caractérisant différents esprits et tout à fait indépendantes de la façon plus ou moins assidue dont ils travaillaient. L'érudition la plus grande, l'examen le plus minutieux et le plus approfondi d'une question ne donneront pas la vraie connaissance à un esprit prédisposé à l'erreur. C'est bien à tort que le métaphysicien Mach cherchait à démontrer le contraire dans son ouvrage, *Connaissance et Erreur.* Il offre d'ailleurs lui-même un des plus éclatants exemples d'un savant très érudit et très studieux, appartenant à la catégorie de ceux qui pensent toujours de travers ; chaque page de son livre en fournit d'évidents témoignages[2].

Le nombre des savants et des philosophes qui pensent juste est très limité dans tous les domaines du savoir humain. Pour penser juste, il faut, avant tout, posséder la faculté de percevoir juste les sensations de nos sens, surtout celles de l'ouïe et de la vue. Il s'agit ensuite de se représenter exactement les perceptions reçues, ce qui dépend en grande partie d'un groupement heureux des images perçues, accumulées dans notre mémoire. On reconnaît aisément combien est faible la proportion des personnes qui voient et sentent juste en soumettant simultanément un certain nombre d'individus de même âge et d'instruction à peu près

---

1. E. de Cyon. Les erreurs myogènes. Conclusion. *Pflüger's Archiv,* Bd. CXII, 1906.

2. Dans les paragraphes 2, 3 et 7 du ch. II et dans l'appendice du paragraphe 5 du ch. VI de mon ouvrage, *Das Ohrlabyrinth,* cette particularité de l'esprit de Mach est démontrée par des exemples nombreux, tirés de son activité scientifique et philosophique.

égale à l'examen des impressions reçues par suite des mêmes
excitations tactiles ou visuelles. La proportion diminue encore
notablement quand il s'agit d'utiliser les représentations et
les aperceptions pour la formation des concepts et des jugements ; et cela, même quand l'épreuve se fait sur des gens de
savoir égal. La faculté de penser juste se manifeste déjà dans
la formation de nos concepts. L'intuition créatrice de l'esprit
n'intervient qu'au moment où le savant cherche à interpréter
et à juger, à l'aide de représentations et de concepts tout
formés, la nature des phénomènes qui ont provoqué les sensations premières et conduit à la perception consciente.
Même sans intuition, le savant doué d'une intelligence claire
et juste pourra certes, par un labeur long et pénible, accomplir des recherches utiles et faire parfois des trouvailles heureuses. Mais jamais il n'ouvrira à la science des voies vraiment
nouvelles et ne fécondera notre connaissance de la vérité.

L'intuition immédiate de la vérité n'est donnée qu'aux
savants qui pensent juste et qui, par leur savoir acquis,
peuvent faire fructifier l'inspiration reçue. Encore, pour que
l'intuition devienne réellement *créatrice*, un troisième facteur, d'ordre purement éthique, doit-il intervenir. En effet,
comme je l'écrivais dans la préface d'un précédent ouvrage
(*Les Nerfs du Cœur*), « la vérité ne se *révèle* qu'à celui qui
l'aime passionnément pour elle-même et sans aucun but
intéressé ».

Naturellement, de longues années d'un travail assidu sont
de plus indispensables pour examiner et vérifier si les idées
et les solutions d'origine intuitive répondent en effet à la
réalité. Le succès et la fécondité des recherches auxquelles
ces idées et ces solutions ont servi de point de départ peuvent
être considérés comme la preuve la plus décisive de leur
vérité. « La démonstration et non la simple découverte a
élevé les créateurs de la science naturelle moderne à leur véritable hauteur et a gravé leurs noms en lettres indestructibles
dans le temple de la gloire », concluait K. E. von Baer, après

avoir exposé les longues luttes et les cruelles épreuves subies par Copernic, Kepler, Galilée et tant d'autres, avant que la valeur de leurs grandes découvertes n'eût été universellement reconnue.

La catégorie des savants qui voient, jugent et pensent toujours de travers est naturellement inapte à la production scientifique. Ces savants peuvent accomplir, avec ou sans direction étrangère, quelques recherches mal conçues et le plus souvent médiocrement exécutées, ou même obtenir, par hasard, un résultat nouveau. Mais ils seront toujours incapables d'en saisir la vraie portée et d'en tirer des conclusions générales valables.

Chacune de ces deux catégories de savants et de penseurs comporte, on le comprend, de nombreux degrés. Ce qui est excessivement rare, ce sont des transitions entre les deux. Dans la première catégorie, en dehors des esprits intuitifs, il faudrait encore distinguer deux subdivisions : d'une part, les intellectuels purs, chez lesquels les opérations de la pensée ne sont pas influencées par les phénomènes de la vie affective, l'entendement seul conduisant leurs recherches; d'autre part, ceux dont l'activité spirituelle, excitée par les désirs, les intérêts ou les passions, reste néanmoins dominée par la raison en dernier ressort.

On ne saurait omettre de mentionner ici une troisième catégorie de personnes, qui n'appartiennent pas au monde des chercheurs, mais qui forment l'immense majorité de l'espèce humaine : nous voulons parler des hommes qui ne connaissent pas la pensée dans la haute acception du mot. C'est une hypothèse plausible que ceux-là disposent seulement des fonctions de l'âme exercées par le cerveau, mais ne possèdent pas d'esprit créateur. Leurs processus psychiques, de moindre valeur, reposeraient ainsi en grande partie sur le fonctionnement de mécanismes cérébraux purement automatiques; ils seraient comparables, quoique *quantitativement* et *qualitativement* plus parfaits, à ceux des vertébrés supérieurs.

En admettant la justesse de ces différences, on doit se demander dans quelle mesure l'esprit peut être rendu responsable des erreurs chez les individus de la deuxième catégorie. On ne saurait écarter sans discussion l'hypothèse d'après laquelle les erreurs commises seraient imputables non à l'esprit, mais aux cellules ganglionnaires, d'une valeur moindre, et dont le contenu serait inutilisable ou mal ordonné.

Le développement rigoureusement scientifique de cette conception permettrait d'ores et déjà de démontrer, à l'aide des données expérimentales acquises, que la séparation proposée entre les fonctions psycho-cérébrales et les productions de l'esprit correspond à la réalité des faits. L'élimination de l'esprit du domaine des fonctions psychiques nous imposerait alors une autre conclusion, d'une portée considérable : il n'existe pas de *maladies mentales, mais seulement des maladies de l'âme*, c'est-à-dire des *maladies cérébrales*. Le terme allemand, *Gemüthskrankheiten*, correspond plus exactement à la réalité[1]. Aussi le psychiâtre autorisé, qui voudrait appliquer à l'étude de la symptomatologie des soi-disant maladies mentales la différenciation que nous proposons, devrait-il s'attacher à résoudre la question suivante : Les affections cérébrales, telles que congestions, scléroses, ramollissements, ou autres processus pathologiques susceptibles de supprimer ou d'altérer le fonctionnement des parties du cerveau atteintes, suffisent-elles pour rendre compte des troubles intellectuels, sans qu'on soit obligé d'invoquer, pour les expliquer, une maladie de l'esprit ?

---

1. La langue russe ne connaît pas l'expression *maladies mentales*. Les troubles de l'esprit sont généralement englobés dans l'expression *maladies de l'âme*. Parmi le peuple, on dit des aliénés qu'ils sont « descendus de l'intelligence ».

§ 10. — RAPPORTS ENTRE LE CORPS, L'AME, ET L'ESPRIT. HYPOPHYSE ET GLANDE PINÉALE. LE SOMMEIL ET L'IN-CONSCIENT.

La question des rapports et des communications éventuels entre le corps, l'âme et l'esprit a, depuis des siècles, intéressé au plus haut degré philosophes et naturalistes. « Peu de problèmes ont fait l'objet de réflexions plus persévérantes, d'écrits plus nombreux, de polémiques plus acerbes, que celle des relations entre l'âme et le corps de l'homme », a dit avec raison du Bois-Reymond. Parmi les solutions préconisées, celle de Descartes et celle de Leibniz méritent d'être mentionnées brièvement. Grâce à la pensée hautement scientifique de ces philosophes, leurs hypothèses, sous certains rapports, n'ont pas été entièrement stériles.

D'après Descartes, le corps et l'esprit ne seraient en rapport qu'en un seul point, dans la glande pinéale du cerveau : c'était un essai d'une solution anatomique du problème. Pourtant, la structure anatomique de la pinéale paraissait la rendre peu apte à jouer le rôle que Descartes lui attribuait. Mais l'intuition d'un homme de génie contient toujours des germes de vérité. Nous verrons bientôt que le fonctionnement de cet organe minuscule, tel qu'il semblait ressortir de mes recherches de 1903, prend une part considérable à la solution du problème qui nous occupe. Leibniz voulut le rendre accessible à notre entendement par une comparaison purement mécanique : deux pendules, réglées une fois pour toutes à mouvement égal, représenteraient les rapports de l'âme et du corps. Dans cet ordre d'idées, il entrevoit trois possibilités, dont seule la troisième était de nature à satisfaire le défenseur de l'harmonie préétablie. L'artiste qui a construit les deux pendules aurait été assez habile pour les faire marcher d'une façon uniforme; mais, par leurs mouvements, elles resteraient néanmoins indépendantes l'une de l'autre. Le naturaliste ne saurait se contenter de cette explication un peu trop simpliste. Notre conception de l'esprit est d'ailleurs difficile à concilier avec l'idée d'un parallélisme indépendant entre l'activité intellectuelle et le fonctionnement du cerveau, que ce parallélisme soit interprété dans le sens de Leibniz, ou dans celui de Spinosa.

La question des rapports entre le corps et l'âme se trouve d'ailleurs radicalement transformée par ce fait que l'esprit est éliminé de l'ensemble des fonctions de l'âme. Désormais, ces dernières fonctions peuvent être considérées, même par la philosophie idéaliste, comme provenant des propriétés organiques des cellules cérébrales. Un aphorisme audacieux de Karl Vogt a soulevé, vers le milieu du siècle dernier, autant d'enthousiasme irréfléchi que de critiques justifiées. « Toutes les facultés que nous concevons comme résultant de l'activité de l'âme, disait-il, ne sont que des fonctions du cerveau ou, pour nous servir d'une expression plus grossière, la pensée est au cerveau à peu près ce que la bile est au foie, ou l'urine aux reins. » Laissons de côté la confusion malencontreuse des cellules ganglionnaires avec les cellules glandulaires; les premières ne sécrètent rien et ne peuvent rien sécréter. Quant au fond de l'aphorisme, dès que la pensée humaine cesse d'être considérée par le naturaliste comme résultant de l'activité de l'âme, mais est conçue comme un pur attribut de l'esprit, au sens indiqué plus haut, la comparaison de Vogt, malgré sa grossièreté, ne peut plus soulever des objections de principe. Par suite de la différenciation que nous avons proposée, les relations entre le corps et l'âme se réduisent *en réalité aux rapports entre des organes d'une structure extraordinairement complexe et leurs fonctions physiologiques*. Or, sur ces rapports la physiologie n'a pas cessé d'accumuler, depuis presque un siècle, tant de données précises qu'il n'est plus permis de les considérer actuellement comme inaccessibles à l'entendement humain.

La physiologie des sens supérieurs est devenue, depuis l$_e$

milieu du siècle passé, la branche de la biologie la mieux étudiée et la plus solidement établie. Elle n'a pas interrompu dès lors sa marche progressive. Grâce à des méthodes de recherches qui égalent et quelquefois surpassent les méthodes les plus rigoureuses employées en physique et en astronomie, nos connaissances des fonctions merveilleusement complexes de l'œil et de l'oreille ont permis de transporter définitivement leur étude dans le domaine des sciences exactes. Les philosophes, qui s'attardent à vouloir lutter contre ces conquêtes de la physiologie par les seuls procédés d'une dialectique surannée, ne font que souligner davantage la vanité des efforts de leurs prédécesseurs. Des roues qu'on tourne sur place, même avec la plus étonnante habileté, ne peuvent faire avancer un chariot à bras et le mettre à même de lutter de vitesse avec une locomotive. Une psychologie, qui n'est pas basée sur la connaissance approfondie de la physiologie des sens dans son état actuel, ne peut plus prétendre à une valeur réelle, scientifique ou philosophique.

L'expérimentation physiologique rencontre plus de difficultés quand il s'agit d'élucider, avec des méthodes précises, les fonctions des milliards de cellules ganglionnaires, auxquelles viennent aboutir nos organes des sens. L'embryologie, l'anatomie et l'histologie, puissamment aidées par la pathologie anatomique, ont pris, dans les études du cerveau, une avance considérable sur la physiologie expérimentale. Mais, là aussi, que de progrès méthodologiques accomplis, que de découvertes précieuses et définitivement acquises, depuis Flourens jusqu'à Hermann Munk !

Nous ne pouvons mieux caractériser la portée actuelle de ces progrès qu'en citant le passage suivant d'une des dernières études expérimentales sur les sphères sensorielles de l'écorce cérébrale. Rappelons que l'éminent physiologiste qui en est l'auteur, Hermann Munk[1], a consacré plus de trente

1. Hermann Munk. *Ueber die Funktionen von Hirn und Rückenmark. Ges. Mittheilungen. Neue Folge.* Berlin, 1909. Seite 234.

années aux recherches expérimentales sur les fonctions des différentes parties du cerveau. La finesse et la précision de ses méthodes opératoires, ainsi que la critique pénétrante, mais impartiale, avec laquelle il a l'habitude de juger aussi bien ses propres travaux que ceux d'autres savants, confèrent à ses œuvres classiques une valeur toute particulière. « Les fibres nerveuses sensorielles qui, sous forme de fibres de projection, se propagent dans toute l'étendue de la substance corticale du cerveau, s'y terminent séparément pour chaque sens, sans s'entremêler avec les fibres d'un autre sens. La substance corticale du cerveau présente ainsi un agrégat de régions distinctes pour chaque sens, que j'ai appelées sphères sensorielles. Dans les éléments centraux de chaque sphère, en communication directe avec les fibres de projection, se forment les sensations, les perceptions et les représentations d'un seul sens. Quant aux fonctions supérieures de la substance corticale, liées aux fibres d'association et à d'autres éléments centraux qui s'étendent sur toute sa surface, chacune de ces fonctions dépendant d'organisations morphologiques déterminées, la délimitation des sphères sensorielles n'a plus de portée décisive au point de vue de la localisation. Pour le reste, nous sommes dans les ténèbres, parce que jusqu'ici les expériences sur les animaux n'ont pas abouti et que les observations pathologiques sur les aphasies, alexies, agraphies, etc., ne donnent que des indications insuffisantes et d'une interprétation incertaine. »

On voit que les progrès accomplis dans la localisation des fonctions sensorielles sont déjà considérables ; ils permettent de fixer les régions où se forment les sensations, les perceptions et les représentations, c'est-à-dire de pousser la localisation presque jusqu'aux dernières limites où l'expérimentation sur les animaux peut encore donner des résultats précis. Quant aux incursions trop hardies de plusieurs embryologistes et surtout des aliénistes dans le domaine des processus intellectuel, elles ne peuvent prétendre à une valeur

scientifique décisive, surtout en ce qui concerne la localisation des soi-disant centres de la pensée.

Comme on vient de le voir, le problème des rapports entre
le corps et l'âme est déjà suffisamment élucidé quant à
la localisation et aux mécanismes généraux. Reste le second
problème, celui des rapports entre l'âme et l'esprit ou, autrement dit, *entre les fonctions des centres cérébraux et l'esprit.*
La solution du problème ainsi formulé n'apparaît plus tout
à fait inaccessible à notre entendement. Les relations entre
une fonction et son utilisation pour les opérations intellectuelles se prêtent plus aisément à l'analyse que les rapports
directs entre le corps et l'esprit. Il s'agit, avant tout, de
déterminer les voies par lesquelles le contenu de nos cellules
ganglionnaires peut parvenir à l'esprit, qui les utilise pour former des concepts, des idées, des jugements, etc. Telle quelle,
la solution du problème présente encore de très grandes difficultés, si l'on veut l'attaquer de front. Aussi ai-je cherché à
tourner la position et à ne l'aborder qu'indirectement : *Au lieu
de vouloir déterminer les voies par lesquelles l'esprit communique
avec l'âme, j'ai essayé d'étudier les moyens par lesquels ces voies
peuvent être interrompues et rétablies.*

Ces essais m'ont amené à élargir mes études sur le rôle de
l'hypophyse et de la glande pinéale par rapport au problème
qui nous occupe. Dans l'introduction, j'ai déjà fait allusion à
une note sur les fonctions de ces deux glandes, communiquée
en 1907 à l'Académie des Sciences de Paris.

La note résume les résultats les plus importants des
recherches que j'ai faites pendant des années sur le fonctionnement du corps thyroïde, de l'hypophyse et de la glande
pinéale. Ces recherches ont été publiées antérieurement et
presque en totalité dans *Pflüger's Archiv für die gesammte
Physiologie*[1]. Nous ne pouvons donc que renvoyer à ces

---

1. T. LXX à CI. Un volume relatant l'ensemble de mes recherches,
« *Die Gefässdrüsen als Schutzorgane des Centralnervensystems* », est sous
presse.

publications, nous bornant à citer ici, d'après la note mentionnée plus haut, les principaux résultats obtenus :

1° L'hypophyse assure l'autorégulation de la pression sanguine intracranienne, et veille à la sécurité du cerveau, comme à l'accomplissement efficace de ses fonctions vitales et psychiques. Elle remplit ce rôle en préservant le cerveau de tout afflux sanguin dangereux à l'aide d'un système d'écluses, dont les glandes thyroïdes sont les plus importantes.

2° La portion glandulaire de l'hypophyse produit deux substances actives, qui conservent le système cardio-vasculaire dans un bon état d'activité. L'une de ces substances, l'hypophysine, agit en augmentant considérablement l'intensité des battements cardiaques; elle constitue en outre un antidote puissant de l'atropine et de la nicotine.

3° L'hypophyse entretient l'excitation tonique des nerfs inhibiteurs du cœur.

4° Grâce à ses substances actives qui maintiennent l'activité des nerfs sympathiques et pneumogastriques, elle règle les échanges nutritifs des tissus et la sécrétion de plusieurs glandes. Elle possède encore la propriété de produire l'excitation des organes génitaux et urinaires. Par son action régulatrice, l'hypophyse favorise puissamment le développement et la croissance des tissus, et tout particulièrement du tissu osseux.

5° Les affections, et même les simples troubles fonctionnels de l'hypophyse produisent certains complexus morbides, organiques et psychiques, presque toujours incurables et souvent mortels. La destruction subite de l'hypophyse ou son extirpation totale est suivie d'un état comateux, d'une perte de conscience et aboutit fatalement à la mort en l'espace de quelques jours.

6° La glande pinéale exerce principalement une action mécanique en réglant, par l'intermédiaire de l'aqueduc de Sylvius, l'afflux et le reflux du liquide cérébro-spinal.

La nécessité de maintenir, dans la cavité cranienne, l'équi-

libre entre la quantité du sang et celle du liquide cérébro-
spinal, détermine naturellement un fonctionnement concordant de l'hypophyse et de la glande pinéale. Enfermée
dans une capsule à parois rigides, et excessivement sensible
aux moindres changements de pression, c'est très probablement l'hypophyse qui dirige le fonctionnement de la glande
pinéale[1].

La note en question se termine par la conclusion que
*l'hypophyse paraît être destinée à remplir, dans une certaine
mesure, le rôle que Descartes avait assigné à la glande pinéale.*

Relevons encore le fait suivant : de même que, de tous les
organes des sens périphériques, le labyrinthe est situé dans
la partie la moins accessible du crâne, de même l'hypophyse,
enfermée dans une capsule rigide située à la base du crâne
sur la selle turque, est de tous les organes cérébraux le mieux
abrité. *Des conditions morphologiques extraordinaires ont donc
été créées pour assurer à ces deux organes privilégiés un fonctionnement régulier, à l'abri des dangers extérieurs.*

Grâce aux nombreuses dispositions qui en font un organe
régularisant la nutrition et les échanges chimiques dans les
tissus et présidant au fonctionnement du système nerveux de
la circulation sanguine, *l'hypophyse est en réalité un foyer
central qui domine les fonctions vitales les plus importantes.
On peut donc la considérer comme le véritable siège de l'âme
vitale (Lebensseele), au sens que les philosophes anciens attachaient à ce mot.* Son rôle *psychologique* n'est pas moins
important. Les pathologistes des siècles précédents avaient
accumulé des observations cliniques, qui faisaient déjà deviner
ce rôle. Mais ce n'est que vers le milieu du siècle passé qu'il a
été précisé et démontré d'une façon indiscutable.

---

1. Je n'ai trouvé dans la littérature aucune indication relative à l'existence éventuelle de rapports anatomiques entre l'hypophyse et la glande
pinéale. J'attire l'attention des anatomistes sur le haut intérêt de pareils
rapports, qui s'établissent vraisemblablement par l'intermédiaire des pé-
doncules de la glande pinéale.

Les modifications pathologiques de l'hypophyse, accompagnées le plus souvent de modifications correspondantes du corps thyroïde et de la glande pinéale, déterminent presque toujours des troubles psychiques prononcés, qui se traduisent, au début, par une dépression et une impuissance psychiques, et par une forte tendance au sommeil; plus tard, surviennent des accès périodiques d'inconscience, qui peuvent aboutir finalement à l'imbécillité complète. « *Les facultés psychiques supérieures, consistant dans la formation de concepts, de jugements, de déductions, sont rarement atteintes dans les troubles psychiques d'origine hypophysaire, et jamais au début de la maladie... Les rapports entre l'hypophyse et les facultés psychiques inférieures paraissent plus étroits : la mémoire baisse, les représentations d'ordre inférieur, qui concernent l'état corporel, qui en dérivent et réagissent sur lui, accablent progressivement le sujet; l'imagination, toujours en éveil normalement, et qui n'est liée ni au temps ni à l'espace, se trouve, pour ainsi dire, emprisonnée dans l'enveloppe terrestre malade et n'est plus capable de prendre son essor comme autrefois. Ainsi se produisent les troubles de l'esprit qu'on observe si fréquemment dans les anomalies des organes annexes du cerveau, celles-ci étant souvent, à leur tour, consécutives aux troubles de l'esprit.* »

Ce tableau général des désordres psychiques qui résultent des affections de l'hypophyse, accompagnées le plus souvent d'affections de la glande pinéale, est emprunté à un travail très remarquable de Joseph Engel, paru à Vienne, en 1839, sous forme de thèse, avec ce titre : *Ueber den Hirnanhang und den Trichter*[1]. Au début de son ouvrage, l'auteur passe en revue presque toute la littérature connue sur les maladies de l'hypophyse pendant les deux siècles précédents; elle abonde en observations du plus vif intérêt sur le rôle psy-

---

1. Je cite ce travail de Engel, fait sous la direction de Rokitansky, parce qu'il renferme un grand nombre d'observations cliniques et de détails anatomiques d'un très grand intérêt physiologique; il a jusqu'ici complètement échappé aux auteurs modernes.

chique de l'hypophyse. Toutes ces observations, déjà anciennes, et d'autres semblables, de date plus récente, peuvent assez aisément trouver leur explication dans *les troubles
de la pression intracranienne, qui résultent des modifications morbides subies par l'hypophyse.* Mais, ainsi que l'ont montré mes
recherches expérimentales, l'activité autorégulatrice de cet
organe n'est pas seulement d'ordre mécanique. Les substances
actives que produit l'hypophyse, seules ou conjointement à
celles que sécrètent les autres glandes vasculaires, sont
destinées à maintenir le système nerveux central dans un
état de parfait fonctionnement. Elles semblent exercer en
outre une influence *directe* et *fonctionnelle* sur les échanges
nutritifs dans les tissus, ainsi que sur les sécrétions de différentes glandes, et cela, en partie au moins, par une action
purement chimique.

Les troubles nerveux rappelés ci-dessus sont loin d'être ·
les seuls que provoquent les modifications apportées au fonctionnement des glandes vasculaires, ces organes de défense
et de régulation du système nerveux central. Mais ce serait
dépasser le but de cet exposé que d'entrer dans d'autres
détails ; les faits que nous venons de citer suffisent à jeter une
vive lumière sur les deux questions posées plus haut et *relatives aux voies et moyens qui rendent possibles l'interruption et
le rétablissement des rapports entre l'esprit et l'âme. La suppression complète ou partielle et le rétablissement de ces rapports
peuvent être continus ou se produire périodiquement à des
intervalles plus ou moins rapprochés, par suite des variations
de la pression dans la cavité cranienne. Ces variations peuvent
se manifester sous la forme, soit d'une augmentation ou d'une
diminution de la pression sanguine dans les vaisseaux cérébraux, soit d'un afflux ou d'un reflux du liquide cérébro-spinal
dans les cavités et les enveloppes du cerveau.*

La suppression momentanée des fonctions psychiques enlève forcément à l'esprit la possibilité d'utiliser, pour les processus de la pensée, les matériaux accumulés dans les cellules

ganglionnaires. *La conscience du moi, qui, ainsi qu'il a été dit plus haut, doit être considérée comme une fonction psychique, s'éteint en même temps que l'activité de la conscience générale,* quand ces modifications de la pression intracranienne dépassent certaines limites dans l'un ou l'autre sens. Pour nous servir d'une comparaison un peu grossière, nous dirons que la façon dont s'opère l'interruption des rapports entre l'âme et l'esprit fait songer à l'envahissement de l'obscurité dans une salle d'archives où un savant poursuit ses études. Que devient la conscience générale pendant que les archives des cellules ganglionnaires sont inutilisables? Cette question est du domaine de la philosophie. Au physiologiste appartient seulement d'indiquer les faits de pathologie expérimentale de nature à faciliter l'examen du problème.

Parmi les symptômes des affections hypophysaires, nous avons cité le retour périodique de l'état inconscient et une somnolence persistante. Ces disparitions périodiques de la conscience s'observent normalement et à des intervalles réguliers chez l'homme et chez les animaux sains : elles constituent le sommeil. Le sommeil normal repose en effet en grande partie sur certaines oscillations de la pression sanguine qui se manifestent chez l'homme par des changements survenant dans le calibre des vaisseaux cérébraux. Mais la pression sanguine étant réglée par l'hypophyse, il est permis de supposer que le sommeil est un phénomène qui dépend du fonctionnement de l'hypophyse et de la glande pinéale. Quelques travaux spéciaux, publiés récemment, semblent confirmer cette hypothèse. C'est ainsi que M. Salmon, à la suite de ses recherches sur l'hypophyse, a formulé l'hypothèse que le sommeil physiologique serait produit par certaines sécrétions de sa partie glandulaire. De son côté, M. Gemelli a publié d'intéressantes observations sur les modifications histologiques qui surviennent dans l'hypophyse des marmottes pendant le soleil hivernal. Certaines de ses cellules, et plus particulièrement les éosinophiles, diminueraient de quantité durant cette période. Si le fait venait à être confirmé, on devrait strictement en conclure que l'activité glandulaire de l'hypophyse chez la marmotte diminue, en même temps que bien d'autres fonctions vitales, pendant le sommeil hivernal.

Pour pouvoir préciser davantage l'action de l'hypophyse dans la production de l'inconscience durant le sommeil, il serait préférable, jusqu'à nouvel ordre, de faire abstraction de toute action chimique possible. Nous n'en connaissons actuellement que l'aboutissement final. Les phases intermédiaires de cette action ne pourront être élucidées avec quelque certitude que quand la constitution chimique des substances actives de l'hypophyse sera définitivement établie. Tenonsnous-en donc pour le moment à l'analyse de l'action mécanique de l'hypophyse, déjà suffisamment élucidée.

Une diminution de l'activité hypophysaire pendant le sommeil doit se manifester par un reflux moins rapide du sang des vaisseaux cérébraux, donc par une certaine augmentation de la masse sanguine dans la cavité cranienne. Or, toute stase sanguine dans le cerveau, arrivée à un degré déterminé, diminue forcément l'activité d'un certain nombre de cellules ganglionnaires.

Nous venons de parler du maintien de l'équilibre stable, ou plutôt du *balancement* entre la quantité du sang et celle du liquide cérébro-spinal à l'intérieur de la boîte cranienne. Une augmentation de la quantité du sang, par exemple, doit être suivie, pour des raisons purement mécaniques, d'une diminution de la quantité du liquide cérébro-spinal, et vice versa. Pour contrebalancer cet effet mécanique, il faudrait une intervention *nerveuse* de l'hypophyse, modifiant l'état fonctionnel de la glande pinéale. Nous ne possédons malheureusement aucune donnée directe démontrant la possibilité d'une pareille intervention, pourtant indispensable pour maintenir l'intégralité du fonctionnement cérébral. Quand il s'agit d'une modification périodique, d'ordre fonctionnel, de la pression sanguine, modification amenée par l'hypophyse, l'action de la glande pinéale ne pourrait s'accomplir que dans un sens concordant avec le but physiologique de cette modification. Pareille action serait ainsi tout à fait indépendante du balancement mécanique des quantités respectives des deux liquides intracraniens. Elle pourrait accélérer ou retarder, selon le but à atteindre, l'écoulement du liquide cérébro-spinal par l'aqueduc de Sylvius. Or, depuis quelque temps, se multiplient les observations indiquant qu'une certaine tension dans ces cavités exerce une action directe et favorable sur l'activité des cellules ganglionnaires qui participent le plus à la vie intellectuelle[1].

Deux facteurs *peuvent donc agir concurremment pendant le sommeil pour affaiblir ou suspendre le fonctionnement psychique des cellules ganglionnaires et pour troubler éventuellement, dans le trajet, l'action de leurs fibres d'association. Ces deux facteurs, l'augmentation de pression dans les vaisseaux et la diminution de tension dans les cavités cérébrales, dépendent directement du mode de fonctionnement de l'hypophyse et de la glande pinéale.*

Comment la diminution de l'activité fonctionnelle des cellules ganglionnaires et les troubles de leurs trajets d'association se manifestent-ils pendant le sommeil ? Tout homme habitué au travail intellectuel peut répondre à cette question en s'aidant d'observations faites sur lui-même : l'assoupissement se manifeste d'abord par un état confus dans les contenus de la conscience générale, par un affaiblissement de la conscience du moi, et par une fuite d'idées que les efforts ordinaires de l'attention n'arrivent plus à arrêter. Les sensations, perceptions et impressions deviennent vagues et imprécises; les plus hétérogènes s'associent entre elles d'une façon de plus en plus incohérente. *On dirait que les appareils cérébraux d'inhibition qui, à l'état normal, régularisent ces associations,*

1. Rappelons, par exemple, les récentes conclusions tirées par Hansemann de l'examen minutieux des cerveaux de Helmholtz et de Menzel, au point de vue de la distension notable de leurs cavités.

ont subitement cessé de fonctionner. La durée de cette période
d'assoupissement est très variable : elle peut n'être que de
quelques secondes ou atteindre plusieurs minutes, sous certaines influences extérieures ou intérieures. Le phénomène
le plus constant et le plus apparent au moment de l'assoupissement se manifeste par un embrouillement de plus en
plus grand des idées arrivant à notre conscience et par
la confusion de nos impressions. Seul un réveil complet met
fin à l'anarchie qui précède le sommeil profond avec perte
complète de la connaissance.

Nous ne pouvons d'ailleurs qu'émettre des hypothèses
plus ou moins vraisemblables relativement aux phénomènes
dont la vie psychique est le théâtre pendant le sommeil même.
Les indications tirées de la façon dont se comporte le dor-
meur dans certaines manifestations accessibles à l'observation, comme par exemple dans les mouvements réflexes
par lesquels il réagit aux excitations extérieures, ne permettent aucune conclusion bien précise. L'activité, dite inconsciente, de l'âme ou de l'esprit pendant le sommeil, dont plusieurs philosophes font si grand cas, ne présente pas beaucoup
d'intérêt pour le physiologiste, justement parce qu'elle reste en
dehors de notre connaissance. Les bribes de nos songes parvenant à notre conscience, directement ou à travers les
souvenirs, se rapportent à des phénomènes s'étant effectivement déroulés, non pendant le profond sommeil, mais pendant
l'état de demi-veille qui précède le réveil complet ou qui
interrompt de temps à autre le sommeil.

Or, l'observation de tous les jours nous apprend que, si
l'*assoupissement* produit une confusion absurde d'idées et de
représentations, le *réveil* se manifeste souvent par le phénomène opposé. Presque tous les savants dont l'activité fut
largement créatrice ont eu l'occasion de faire la constatation
suivante : la première idée claire qui se présente à notre
esprit après le réveil fournit parfois la solution inattendue
d'un problème qu'on s'était vainement efforcé de découvrir

pendant de longs mois. La conscience commune des peuples n'ignore pas ce fait. « Le matin est plus intelligent que le soir », affirme le dicton russe ; « la nuit porte conseil », dit le proverbe français, etc. A la suite de nombreuses observations personnelles, je suis arrivé à la conviction que l'heure matinale n'a rien à voir avec la naissance subite d'idées heureuses. Il ne s'agit que d'une coïncidence fortuite entre le soir et le moment de l'assoupissement d'un côté, entre l'heure matinale et le réveil de l'autre côté.

Depuis de nombreuses années, et principalement pendant les périodes de grande tension intellectuelle, mon sommeil se prolonge rarement plus de deux ou trois heures, et cela tout à fait indépendamment de l'heure où il a commencé [1]. D'après ma longue expérience, l'*heure du réveil* et la *durée* du sommeil n'exercent aucune influence appréciable ni sur l'aptitude productrice de l'esprit aussitôt après le réveil, ni sur l'apparition des intuitions heureuses au moment du réveil. Seule la *profondeur* du sommeil présente sous ce rapport une certaine importance, parce que seul le sommeil profond constitue un repos pour notre cerveau [2]. Or, à l'état normal, le sommeil le plus profond a lieu pendant les premières heures qui suivent l'assoupissement. Tous les observateurs et expérimentateurs qui, comme Kohlschütter, Michelsohn et autres, ont étudié spécialement les phénomènes du sommeil, sont d'accord là-dessus. Aussi, deux ou trois heures de bon sommeil suffisent-elles, même chez les personnes qui se livrent à de grands efforts intellectuels, pour que le cerveau reposé puisse reprendre le travail; ceci toutefois à la condition que le réveil se produise spontanément, sans que des circonstances extérieures, telles que bruits ou attouchements, aient contribué à le provoquer.

1. Voir *Ohrlabyrinth*, appendice au § 8 du ch. III.
2. L'esprit, par lui-même, ne connaît pas la fatigue : ce sont les cellules ganglionnaires surmenées qui refusent leur concours au travail de l'esprit, toujours en éveil.

Idées intuitives, solutions inattendues, que des mois de réflexion intense n'avaient pas permis même de soupçonner, surgissent ainsi assez souvent au réveil d'une façon subite. On reçoit *l'impression que l'apparition de ces idées a été la cause du réveil.* Mais le réveil, avec les nouvelles idées qu'il apporte, ne signifie pas toujours la fin complète de l'inconscience : l'idée *surgie* apparaît seule à la conscience générale ; la pleine conscience du moi ne revient que lentement et progressivement.

C'est d'habitude après le retour de la conscience du moi que des rapports s'établissent graduellement entre la nouvelle idée et celles qui avaient préoccupé l'esprit préalablement au sommeil. Il se passe un intervalle sensible avant que l'enchaînement des idées qui a conduit à la solution du problème apparaisse clairement à notre conscience. Encore manque-t-il le plus souvent à cet enchaînement quelques chaînons, surtout celui qui a *précédé* immédiatement l'apparition de l'idée intuitive. Il est naturellement difficile de définir exactement la durée de cet intervalle. Tout ce qu'on est en droit d'affirmer, c'est que la période de demi-réveil a une durée variable, et que les processus de l'esprit dont nous parlons s'accomplissent d'une façon sensiblement plus lente que dans la suite désordonnée des idées au cours des vrais rêves.

Ces faits, que bien des philosophes et des psychologues connaissent par observation personnelle, ont donné lieu à de nombreux essais d'explication. La philosophie de l'inconscient repose, en dernière analyse, sur l'apparition subite d'idées inattendues, déchirant, comme un éclair, les nuages qui avaient empêché la lumière de se faire dans l'esprit. On cherche à expliquer couramment ces apparitions en admettant qu'un grand nombre de manifestations de l'activité intellectuelle, psychique ou cérébrale (selon la conception particulière de tel ou tel philosophe) se produisent en dehors de l'intervention de notre conscience. La plus grande partie de ces idées resterait inconsciente, ou ne parviendrait tôt ou tard à notre conscience qu'à l'état fragmentaire. Cette explication commande certaines réserves de la part des physiologistes. Les phénomènes qui n'atteignent pas notre conscience ne peuvent, en général, faire l'objet de recherches exactes. Quant aux pensées inédites, qui paraissent envahir notre conscience subitement, rien n'est moins aisé que d'en élucider l'origine, fût-ce d'une manière approximative. Seule une longue expérience personnelle dans l'observation psychologique subjective permet de retrouver quelques indications valables sur l'origine première des idées spontanées ou intuitives dans notre travail intellectuel précédant le réveil. Les observations d'autrui ne doivent être accueillies qu'avec une extrême prudence, et seulement quand elles émanent d'observateurs éprouvés et qu'elles concordent, dans les lignes principales, avec nos propres données.

Ces réserves formulées, et en prenant pour point de départ la différenciation proposée des fonctions psychiques, essayons une explication de plusieurs des phénomènes en question. Les connaissances déjà acquises sur la destination physiologique de l'hypophyse et de la glande pinéale et sur leur intervention, soit dans le retour périodique de l'inconscience (sommeil), soit dans les états comateux pathologiques ou provoqués expérimentalement, nous serviront de guide dans cet essai.

L'activité de notre système nerveux central peut diminuer, mais non disparaître complètement pendant le sommeil. En effet, le système nerveux sensible et sensoriel ne connaît pas d'intervalles libres de toute excitation. Qu'elles émanent des nerfs sensibles de la périphérie ou des organes internes, les excitations sont continuellement transmises aux cellules ganglionnaires centrales, où elles contribuent à former des dépôts d'énergie psychique (énerginomes) et, en partie aussi, à maintenir notre système musculaire dans un état de contraction tonique. Des appareils d'inhibition spéciaux, dont les principaux ont leur siège dans le labyrinthe de l'oreille, dirigent et règlent la distribution et l'utilisation de ces forces

d'excitation afin d'empêcher qu'elles ne se dissipent en innervations inutiles ou exagérées. Sur ces mécanismes, décrits
par nous en détail dans un précédent ouvrage[1], repose la
véritable économie de nos fonctions psychiques.

Pendant le sommeil, quelle qu'en soit la cause, les excitations qui parviennent du monde extérieur au système nerveux central se trouvent considérablement réduites; cette
réduction doit avoir pour conséquence un affaiblissement
notable dans le fonctionnement des centres psychiques.
L'hypophyse et la glande pinéale continuant d'exercer sur
ces centres leur action propre, dont on a parlé plus haut, il
en résulte que, avec la disparition de la conscience du moi, la
vie psychique se trouve considérablement diminuée et peu à
peu presque entièrement suspendue. *Il ne saurait donc être
question d'une activité inconsciente de l'esprit pendant le sommeil.* Les associations désordonnées et épisodiques de représentations vagues et de perceptions obscures, qui peuvent
se produire, proviennent d'excitations accidentelles, extérieures ou intérieures, et ne sauraient aucunement fournir
matière au travail productif de l'esprit. Elles sont donc loin
d'avoir l'importance décisive que leur prêtent certains philosophes de l'Inconscient. Ce n'est qu'à l'état de fragments déta-
chés, complètement inutilisables, qu'elles parviennent à notre
conscience du moi, et encore le plus souvent le fait ne se pro-
duit-il que si quelque excitation extérieure accidentelle, plus
efficace, rend le sommeil momentanément plus léger.

Quelles raisons aurions-nous d'ailleurs d'admettre une
activité inconsciente de l'esprit pendant le sommeil? Comment
cette activité pourrait-elle se manifester? D'après notre
conception, l'esprit ne possède pas de contenu qui lui soit
propre. Il ne possède que des facultés et des virtualités. Il a
besoin, avant tout, pour exercer son activité, de se servir
des contenus accumulés dans les cellules ganglionnaires. A

---

1. Voir *Ohrlabyrinth*, ch. III, §§ 7-11 ; et, plus haut, ch. III, § 2.

supposer que l'esprit pût, même pendant le sommeil, disposer de certains contenus cellulaires pour l'association et la formation d'idées, son pouvoir ne saurait être que très limité; il ne s'étendrait que sur le petit nombre des centres cérébraux ayant échappé accidentellement à l'action narcotisante de l'hypophyse et de la glande pinéale. Parmi ces centres restés éveillés, c'est-à-dire en communication active avec l'esprit, on devrait comprendre, principalement, ceux qui, pendant la période précédant immédiatement le sommeil, ont participé d'une façon très intense à l'activité spirituelle. Les cellules ganglionnaires, utilisées pendant un temps plus ou moins long pour le travail intellectuel soutenu, ont déjà, il est vrai, dépensé, à l'état de veille, infiniment plus de forces d'excitation (qui constituent l'énergie psychique) que leurs voisines. Mais l'activité des autres centres du cerveau se trouvant suspendue pendant le sommeil, les centres en éveil, exempts de concurrents, disposeraient ainsi d'une réserve d'énergie psychique accumulée dans les centres voisins. *L'esprit pourrait donc continuer à exercer son activité créatrice, et, au réveil brusque, les résultats de cette activité, pénétrant dans la conscience, formeraient des pensées intuitives.* Une pareille explication du phénomène qui nous intéresse n'est pas la seule possible.

On peut encore en admettre une autre qui, à certain point de vue, apparaît même comme la plus vraisemblable. Les rapports de l'esprit avec les centres cérébraux qu'il avait mis spécialement à contribution sont effectivement rompus durant le sommeil, et l'esprit ne commence à les renouer que pendant la période, plus ou moins courte, du demi-réveil. Dans cette période, la conscience du moi qui, d'après ma conception, correspond au point *O* du système de coordonnées sur lequel sont projetées toutes nos sensations, extérieures et intérieures, commence à revenir peu à peu. Cet état de demi-conscience, que les philosophes désignent sous les noms de *subconscience* ou de *conscience subliminale*, doit, conformément à notre manière d'envisager les processus de l'esprit, se prêter le mieux à son activité créatrice. Les centres cérébraux qui, depuis un certain temps déjà, avaient absorbé l'attention de l'esprit, doivent aussi être les premiers dont le contenu peut communiquer avec lui, lors du réveil de la conscience du moi. Il est permis d'admettre que les autres centres cérébraux, encore plongés dans le sommeil, restent inactifs et hors d'état de faire grand usage d'énergie psychique. En effet, la concentration de l'attention sur certains centres cérébraux exerce une action inhibitrice sur l'activité des centres voisins, et cela grâce à leur concurrence inévitable pour les sources d'énergie : les premiers peuvent donc disposer de forces psychiques bien plus puissantes.

Dans cette conception de l'origine des intuitions, il peut *encore moins que dans la précédente être question de l'activité inconsciente de l'esprit pendant le sommeil.* En effet, il ne s'agit là que d'une activité limitée à la courte période de demi-sommeil, où les relations interrompues entre la conscience générale et la conscience du moi commencent à peine à se rétablir.

Quant à la véritable valeur des intuitions qui apparaissent pendant cet état de demi-conscience, il est impossible d'en juger avant le réveil complet, c'est-à-dire avant que l'esprit ne soit entré en relation avec le contenu de toutes les cellules ganglionnaires qui, à la réflexion, doivent être mises en rapport avec l'idée intuitive afin que l'esprit puisse la soumettre à une analyse logique nouvelle. Ces cellules ganglionnaires doivent, par conséquent, se trouver déjà en parfait état de fonctionnement. Selon la théorie du sommeil de Pflüger, qui conserve encore toute sa valeur dans les lignes principales, le réveil n'est complet que quand la somme des excitations internes et externes dans les ganglions est arrivée au maximum nécessaire pour leur bon fonctionnement. Cet état exige, de son côté, que les énergies psychiques affluent librement de leurs diverses sources, notamment des deux sens supérieurs :

la vue et l'ouïe. Telles idées, qui nous apparaissent comme des intuitions géniales dans l'obscurité ou pendant que nos yeux sont encore fermés, se dévoilent très souvent à la lumière du jour comme de simples chimères, sans valeur aucune.

En réalité, seul le naturaliste peut arriver à former un jugement définitif sur la valeur des idées intuitives, et cela en les soumettant à l'épreuve expérimentale. Les intuitions subites des métaphysiciens, ne pouvant être soumises à aucun contrôle, ne doivent pas, par conséquent, être comparées aux véritables intuitions créatrices du naturaliste. Leur valeur reste toujours contestable.

Tous les savants qui ont fait du sommeil l'objet de leurs observations et de leurs expériences reconnaissent le rôle tout particulièrement important qui revient à l'organe de l'ouïe dans le mécanisme de l'assoupissement et du réveil. Ce sont les sensations auditives qui disparaissent les dernières pendant l'assoupissement; ce sont encore elles qui peuvent le plus facilement empêcher ou interrompre le sommeil. Dans le sommeil narcotique également, ce sont elles aussi qui persistent le plus longtemps. Dans la narcose produite par la scopolamine, par exemple, l'organe de l'ouïe paraît être le seul organe sensoriel dont le fonctionnement reste intact pendant toute la durée de la narcose.

Étant données nos connaissances actuelles du rôle que joue le labyrinthe de l'oreille dans la formation de la conscience du moi, comme point d'origine du système idéal des coordonnées rectangulaires de Descartes, les rapports entre l'organe de l'ouïe et l'action de nos sensations auditives sur le sommeil et le réveil acquièrent une portée toute nouvelle. Ils semblent indiquer que les terminaisons cérébrales des nerfs acoustiques doivent avoir des relations fonctionnelles, et même anatomiques, avec l'hypophyse. Nous avons exposé plus haut les résultats de l'expérimentation physiologique et de l'observation pathologique qui permettent de considérer l'hypophyse comme le centre principal des fonctions vitales

(l'âme vitale). Ses communications avec le principal sens intellectuel, auquel nous devons notre conscience du moi, éclaire-
raient d'une vive lumière la nature des rapports entre l'âme
et l'esprit.

Un nouveau champ d'expériences s'ouvre ici au physiologiste. Il s'agit d'élucider davantage l'influence que les excitations des nerfs acoustiques peuvent exercer sur les systèmes
nerveux cardiaque et vasculaire, dont le fonctionnement,
comme je l'ai démontré, est en grande partie réglé par l'hypophyse. Dans de pareilles recherches expérimentales, il faudrait
soumettre les nerfs vestibulaires et les nerfs cochléaires, *isolément*, à l'excitation, et aussi bien à l'excitation mécanique
et électrique qu'à l'excitation par des ondes sonores. Certes,
l'exécution de telles expériences présenterait de grandes
difficultés techniques; mais aussi leurs résultats éventuels
seraient d'une portée considérable. Les procédés opératoires
exigeraient des soins tout particuliers; mais, pour un expérimentateur qui veut s'attaquer à de pareils problèmes, il ne
doit pas exister de vivisections inexécutables.

En somme, l'analyse de nos connaissances actuelles sur les
fonctions de l'hypophyse et de la glande pinéale, ainsi que sur
le mécanisme de notre sommeil, indique que le fonctionnement purement psychique du cerveau ne peut s'exercer,
durant le sommeil, que d'une manière défectueuse, incomplète, et tout à fait incohérente. L'activité de l'esprit peut,
par conséquent, être considérée comme effectivement suspendue pendant le sommeil complet. Ce n'est que dans la
période du demi-sommeil, ou plutôt du demi-réveil, qu'une
pareille activité peut se manifester, et cela dans les conditions
que nous venons d'exposer.

La possibilité d'un travail inconscient de l'esprit pendant
l'état de veille constitue un problème distinct de celui qui
nous a occupé dans ce paragraphe. Mais, après les éclaircissements donnés sur les processus psychiques pendant le sommeil
et pendant l'état subconscient ou subliminal, une activité

productrice inconsciente de notre esprit est inadmissible. *L'esprit travaille toujours d'une manière consciente.*

§ II. — LES LIMITES DE L'ENTENDEMENT HUMAIN.
LE MÉCANISME DES SENSATIONS ET DES PERCEPTIONS.

Il y aura bientôt quarante ans que le célèbre physiologiste du Bois-Reymond, dans un discours retentissant sur les limites de notre connaissance de la nature, a lancé son fameux « *Ignorabimus* » pour indiquer les bornes que la science ne saurait jamais dépasser[1]. Parmi les problèmes dont la solution fut déclarée inaccessible à notre entendement, figuraient la sensation, la conscience et la formation de la pensée humaine.

Alors, comme aujourd'hui, c'était là l'objet des préoccupations les plus vives pour les physiologistes et les psychologues. De toutes les bornes imposées à l'esprit humain d'après du Bois-Reymond, aucune ne leur paraissait plus humiliante et plus pénible à subir.

Voici en quels termes j'ai formulé, en 1873, mon adhésion à la thèse soutenue par mon ancien maître. « Dans l'histoire de la physiologie de ces derniers temps, disais-je alors, il y eut un moment où, éblouis par les succès sans exemple dus à l'introduction des vues mécaniques dans l'étude des phénomènes de la vie, les physiologistes s'imaginèrent qu'il leur suffirait d'introduire les mêmes vues et les méthodes de recherche exactes dans l'étude des phénomènes intellectuels pour cueillir des lauriers aussi glorieux. »

« A leurs yeux, la dépendance des phénomènes psychiques du degré de développement cérébral, la grande influence que nombre de causes somatiques, comme la narcose, le délire, la folie, la microcéphalie, sont de nature à exercer sur la direction et la marche de nos idées, tous ces faits pouvaient

---

1. E. du Bois-Reymond. *Reden*, etc., 1ʳᵉ série. Leipzig, 1886.

servir de points de départ pour transporter leurs recherches dans le domaine de l'esprit. Quelques succès obtenus par la psycho-physique semblaient promettre aux physiologistes qu'ils réussiraient enfin à expliquer le mystère qui a résisté, pendant des milliers d'années, aux vigoureux efforts des plus grands penseurs de tous les pays. Ainsi l'enfant, voyant à l'horizon le point de jonction apparent du ciel et de la terre, croit qu'il lui suffira d'arriver à cette limite imaginaire pour escalader le ciel. L'inutilité de ses efforts éveille d'abord en lui le sentiment de la difficulté de l'entreprise. Mais sa raison n'en admet l'impossibilité que lorsqu'on lui expose les véritables relations de notre planète avec le système solaire.»

« La conscience de la difficulté qu'il y aurait à expliquer ce qui est resté jusqu'à présent inexplicable s'éveilla sans doute assez tôt chez quelques physiologistes. Mais le véritable but qu'ils pourraient atteindre ne se révéla à eux qu'après qu'ils eurent obtenu les premiers résultats importants amenés par l'application de la méthode physique exacte à l'étude des fonctions psychiques. Alors ils virent clairement où se trouvaient les limites de leurs recherches, limites que l'entendement humain ne saurait dépasser. »

« Comme l'étude de tous les phénomènes physiques, les recherches sur la nature des fonctions psychiques doivent avoir pour but de réduire ces fonctions aux mouvements connus des atomes, mouvements dus aux forces qui leur sont propres, en un mot de créer la mécanique des atomes du cerveau. En continuant d'étudier exactement la physique des organes sensoriels, qui servent, pour ainsi dire, d'intermédiaires entre le corps et l'âme, la physiologie réussira peut-être un jour, au prix d'efforts considérables, à créer la mécanique des fonctions cérébrales. Mais le moment dût-il venir où nous serions en pleine possession de cette mécanique, où les mouvements moléculaires, qui ont lieu dans nos cellules nerveuses pendant la création des plus hauts produits de l'esprit humain, nous seraient aussi clairement compréhensibles que le mécanisme d'une simple machine à calculer ; où enfin, pour emprunter une phrase de du Bois-Reymond, « nous connaîtrions, jusque dans ses derniers détails, la danse des atomes C, H, N, O, P, correspondant à l'enivrement produit par la musique, et le tourbillon de mouvements moléculaires qui provoque la douleur névralgique », alors même nous serions aussi loin qu'à présent de comprendre ce qu'est la conscience de nous-mêmes et comment nous pensons. Entre la connaissance des procédés mécaniques produisant la pensée, et la compréhension de la manière dont ils la produisent, s'ouvre un abîme, que l'entendement humain ne comblera pas. »

« Il suffit de pénétrer par la réflexion le fond même de cette question pour se convaincre de l'impossibilité absolue, pour l'intelligence, de jamais comprendre quel rapport il y a entre certains mouvements des atomes physiques du cerveau et ce fait que nous sentons la douleur, que nous pouvons entendre des sons, voir des couleurs, éprouver des plaisirs, entre ces mouvements et la conscience que nous avons de notre existence. L'impossibilité de saisir cette relation est aussi grande, qu'il s'agisse des sensations les plus élémentaires de douleur ou de plaisir, éprouvées par quelque animal inférieur, ou de la pensée d'un Descartes et de la fantaisie créatrice d'un Shakespeare ou d'un Raphaël. Il nous sera également impossible de comprendre pourquoi les atomes O, C, H, ou N et P éprouvent du plaisir à se réunir dans telles combinaisons, du déplaisir dans telles autres, et comment certaines combinaisons d'éléments chimiques peuvent donner naissance à la loi de Newton ou au *Requiem* de Mozart[1]. »

Depuis que ces paroles furent prononcées, la psychologie de l'homme, la seule qui nous intéresse ici, a fait des progrès considérables dans toutes les directions. Le problème le plus ardu, celui qui, durant des milliers d'années, constituait

---

1. Extrait de mon discours académique, *Le cœur et le cerveau*, cité au § 3.

le point de départ indispensable à toute théorie psychologique, a reçu une solution satisfaisante. La découverte des deux sens mathématiques de l'espace et du temps a créé une base scientifique, sur laquelle peut s'édifier solidement la future science de l'esprit.

En m'inspirant de la prévision de Vierordt, que la solution de ce problème nous permettrait de « concevoir l'essence même de la psyché »[1], et de dévoiler la nature des rapports de notre conscience du moi avec le monde extérieur, j'ai essayé plus haut d'élucider le mécanisme des relations entre le corps et l'âme, et de celles entre l'âme et l'esprit. A cette intention, j'ai cru devoir, dans l'intérêt de futures recherches, exclure l'esprit des fonctions de l'âme et séparer entièrement la conscience du moi, — fonction psychique, de la conscience générale, pure production de l'esprit. Le mécanisme de formation de la première a pu être dessiné à grands traits, depuis son origine sensorielle dans le fonctionnement du système des canaux semi-circulaires, jusqu'à son idéalisation dans l'esprit (voir plus haut, § 5-6).

Prenant pour thème mes études sur l'hypophyse, véritable siège de l'âme vitale (voir p. 210), et ses relations très probables avec la glande pinéale, j'ai essayé d'approfondir davantage la nature des rapports entre l'âme et l'esprit, et par conséquent entre la conscience du moi et la conscience générale. Le résultat principal de cet essai pourrait se résumer dans cette formule : l'hypophyse paraît remplir dans ces rapports les fonctions, sinon d'un *pont*, au moins d'une *tête de pont*; elle présiderait ainsi à l'interruption et au rétablissement des communications entre l'âme-cerveau et l'esprit.

Nous avons vu également que nos connaissances de la nature des fonctions du cœur, comme organe principal de la vie affective, se sont considérablement élargies et approfondies depuis 1870. Les mécanismes sur lesquels reposent les

1. Voir ch. II, § 7.

influences réciproques du cœur et du cerveau, ou, pour mieux préciser, de l'âme émotionnelle et de l'âme sensorielle, ont été l'objet de nombreuses recherches, qui nous permettent d'en apprécier mieux la portée psychologique.

Enfin, la source principale des énergies psychiques, d'où dépend tout le fonctionnement de notre système nerveux central, a été également déterminée, ainsi que le mécanisme général de la distribution de ces énergies entre la vie motrice et la vie sensible.

Il est donc hors de doute que de notables progrès ont été accomplis par la physiologie dans le domaine des fonctions psychiques, depuis que du Bois-Reymond a prononcé son fameux « *Ignorabimus* », qui eut tant de retentissement dans le monde intellectuel. Le domaine de nos connaissances en psychologie humaine s'étant étendu dans des proportions qui dépassent de très loin les prévisions les plus optimistes d'il y a quarante ans, la question des limites de notre entendement se pose à nouveau. Les larges horizons, ouverts à l'étude des fonctions de l'âme, nous permettent-ils d'abord d'élucider davantage les mécanismes qui président à la formation de nos sensations, et ensuite de rendre plus compréhensible la nature de leurs rapports avec les perceptions et la conscience du moi?

Les plus illustres philosophes, nous le savons, ont toujours considéré le problème comme insoluble. Descartes déclarait que la conception mécanique du monde s'arrêtait devant l'impossibilité d'expliquer l'essence de la sensation élémentaire. Ni les mouvements des atomes de notre corps, ni les qualités de notre âme ne pouvaient *séparément* nous rendre compréhensible la sensation. L'effort de Descartes pour vaincre cette difficulté, en cherchant un point de communication entre le corps et l'âme, n'a pas abouti, ainsi qu'on a pu le voir au début du § 10.

Le véritable créateur de la philosophie critique moderne, Locke, dans son *Essai sur l'entendement humain*, s'est égale-

ment préoccupé de la nature des sensations, qu'il tenait pour
la source première de la connaissance. Adversaire des idées
innées, il n'admettait dans l'entendement que les *facultés* de
perception, d'abstraction et de comparaison. Il devait donc
chercher ailleurs l'origine des idées qui nous permettent de
connaître les rapports entre les objets du monde extérieur et
nos représentations. Mais, selon lui, notre esprit était impuissant à découvrir un rapport *intelligible* entre les objets matériels et les sensations qu'ils produisent en nous. « Nous
sommes incapables, disait-il, de comprendre comment la
forme, la position, ou le mouvement peuvent provoquer chez
nous la sensation d'une couleur, d'un goût, ou d'un son; *il
n'existe aucune connexité entre ces phénomènes mécaniques et
nos représentations.* »

La tentative de Kant, dans sa *Critique de la Raison pure*
pour établir l'origine de notre connaissance du monde extérieur, ainsi que de nos concepts d'espace et de temps, n'a
donné qu'une solution apparente de l'énigme. Nous avons
assez insisté ici-même sur les erreurs fondamentales de
l'apriorisme de Kant, dans toutes ses applications, pour n'y
pas revenir encore. Ajoutons seulement qu'en se rattachant à
Locke et en lui empruntant le concept des « choses en elles-
mêmes » (*things themselves*), Kant a considéré le concept
comme étant donné *avant* l'expérience sensorielle. De Hume
il a bien accepté ses notions si précises des perceptions et des
représentations; mais, en stipulant qu'un *jugement antérieur*
était indispensable pour qu'une perception devînt une expérience sensorielle, il s'est éloigné du système de Hume et s'est
rapproché de l'idéalisme de Berkeley. Quant à son prétendu
rattachement aux théories de Newton, Kant, en niant la réalité d'un espace absolu, a dévié entièrement des conceptions
newtoniennes.

Si la physiologie n'a pas été plus heureuse dans ses
efforts pour expliquer la nature de nos sensations et de nos
perceptions, la faute en est, pour une large part, à ce que

Helmholtz, tout en combattant certaines exagérations des idées de Kant, a néanmoins subi son influence dans cette question fondamentale de la physiologie des sens. Voici comment il conçoit le mécanisme des sensations.

« Nos sensations sont les effets produits sur nos organes par des causes extérieures; la manière dont ces effets se manifestent dépend essentiellement de la nature des appareils sur lesquels l'action s'est exercée. En tant que la *qualité* de nos sensations dépend des particularités de l'action extérieure qui la provoque, elle doit être considérée comme un *signe* de l'action et non comme son *image*. D'une image, on exige la concordance avec l'objet qu'elle reproduit : d'une statue, l'identité des formes; d'un dessin, la conformité de la projection en perspective dans le champ visuel; d'un tableau, l'identité des couleurs. Un signe n'exige aucune sorte de ressemblance avec l'objet qu'il signale. Le rapport entre les deux ne consiste qu'en ceci que le même objet, dans les mêmes circonstances, se manifeste par le même signe, et que des signes différents correspondent à des objets différents [1]. »

Comme argument en faveur de cette conception de la nature des sensations, Helmholtz note le fait que les signes et les symboles suffisent pour nous faire connaître les lois des mouvements des objets extérieurs : « Les objets similaires, dans le monde accessible à nos sens, nous étant toujours indiqués par des signes identiques, il s'ensuit que la succession régulière dans le domaine de nos sensations doit correspondre à la succession naturelle des mêmes effets aux mêmes causes. » Après avoir adopté la conception de Kant, que les qualités des sensations sont la forme de notre intuition (*Anschauung*), Helmholtz s'est trouvé forcé d'admettre également l'origine *a priori* du principe de causalité [2].

Malgré la haute autorité dont jouissait à juste titre Helm-

1. *Physiologische Optik*, 2ᵉ édition, p. 586, Berlin, 1896.
2. En réalité, l'origine empirique de notre concept de causalité ne saurait faire doute. On pourrait démontrer que cette origine repose en première

holtz dans la physiologie des sens, sa conception, purement métaphysique, n'a pas été accueillie sans de nombreuses réserves. Ewald Hering, Adolf Fick et bien d'autres se sont catégoriquement prononcés contre une pareille invasion de la spéculation pure dans le domaine de la physiologie exacte, invasion qui ne pouvait qu'obscurcir le problème de la sensation, loin de le résoudre.

Le fait que les mêmes objets extérieurs provoquent chez nous les mêmes sensations et nous donnent, suivant Helmholtz, « la reproduction imagée des phénomènes extérieurs selon des lois immuables[1] », ne prouve nullement la légitimité de la conception des sensations comme étant des signes. Bien au contraire, ce fait parle plutôt en faveur de l'hypothèse opposée, *que les sensations nous donnent les images fidèles des objets extérieurs.*

Pour que les signes et les symboles puissent nous fournir des données à peu près exactes sur les objets extérieurs, on est forcé d'admettre l'existence dans notre esprit d'une intuition (*Anschauung*) des formes et des qualités qui explique la signification de ces signes. Étant donnée la variété illimitée des formes des objets extérieurs qui provoquent nos sensations visuelles, nous devrions avoir dans l'esprit l'intuition de milliards de formes déterminées, s'appliquant à autant de signes. Qu'on pense au contenu de l'esprit d'un Linné, d'un Cuvier, d'un Darwin, ou des explorateurs modernes de l'Afrique et de l'Asie. Or, Helmholtz repous-

ligne sur les perceptions des sensations provenant de deux organes sensoriels de *modalité* différente, qui se contrôlent réciproquement. La perception de la cause a lieu très souvent *après* la perception de l'effet ; la succession des *perceptions* de la cause et de l'effet est souvent *inverse* de leur succession dans la réalité. Nous entendons un bruit loin de nous *avant* d'en découvrir la cause par la vue ; nous sentons la douleur d'une piqûre *avant* de constater par le *toucher* ou par la *vue* que c'est une épingle, un moustique ou une épine de rose qui en est la cause.

1. « *Die Abbildung der Gesetzmässigkeit in den Vorgängen der wirklichen Welt.* »

sait avec raison l'idée kantienne de l'existence de tout *contenu* dans notre entendement. Pour remplacer ce contenu, il eut recours d'abord aux sensations des mouvements oculaires, puis, quand l'absence des sensations musculaires fut démontrée, aux prétendues sensations d'innervation. Nous avons mentionné plus haut que, dans la dernière édition de ses *Thatsachen*, etc., il y avait également renoncé.

Rappelons d'ailleurs un fait reconnu par tous les physiologistes et que personne n'a relevé avec plus de force que Helmholtz lui-même. Or, ce fait réfute *directement* l'hypothèse des symboles : *Notre entendement est absolument impuissant à influencer ou à corriger les véritables illusions de nos sens* [1]. Cela est aussi vrai pour les illusions du sens de la vue que pour celles des autres sens, et notamment pour les illusions de direction, provenant du labyrinthe de l'oreille.

Dans un précédent ouvrage, nous avons pu, à l'aide de la méthode graphique, remplir tout un chapitre d'expériences les plus variées qui démontrent cette impuissance de notre entendement sur nos sens [2]. Plus haut (§ 6), à propos de la délimitation entre les fonctions de l'âme et les manifestations de l'esprit, cette impuissance même nous a servi de critérium sûr pour distinguer les illusions des sens et les erreurs du jugement.

Nous voyons la lune sous la forme d'un disque plat, tout en la pensant sphérique. Il en est de même du soleil, que nous continuons à percevoir comme un disque jaunâtre, tout en ayant dans notre pensée sa vraie forme (E. Hering). Malgré Copernic, Galilée et Newton, nous voyons toujours le lever et le coucher du soleil, et nous suivons sa marche sur l'horizon. Notre entendement est également incapable de corriger les innombrables illusions optiques que nous provoquons à volonté au cours des expériences physiologiques dans nos laboratoires.

1. Voir plus haut, p. 177.
2. Voir *Ohrlabyrinth*, ch. V.

L'impossibilité pour l'esprit de modifier dans les centres cérébraux nos sensations erronées doit être attribuée à la *structure et aux facultés fonctionnelles de ces centres eux-mêmes, et nullement aux défauts de l'entendement*. En effet, puisque nous *pensons* juste, ce sont les facultés limitées de nos cellules ganglionnaires qui ne peuvent pas s'adapter à nos pensées.

Nous avons indiqué plus haut qu'il en est de même pour les centres ganglionnaires auxquels nous devons nos émotions. Notre esprit est impuissant à modifier nos sentiments, même quand ils sont provoqués par des causes fictives et connues pour telles par notre intelligence : une scène de mort, bien jouée par un grand artiste, nous arrache plus facilement des larmes qu'une mort naturelle à l'hôpital. Il en est de même à la lecture d'une œuvre de pure imagination.

Tous ces faits nous imposent deux conclusions générales : 1° Les sensations ne sont pas des signes ou des symboles que l'entendement nous impose *a priori* ou nous explique *a posteriori*, mais plutôt *de véritables images du monde extérieur*, images qui peuvent rester ineffaçables pendant toute la vie. 2° Les prétendues limites de notre entendement ne sont en réalité que les limites des centres cérébraux, organes de notre vie psychique. Cette dernière conclusion justifie encore la nécessité d'éliminer l'esprit des fonctions cérébrales et témoigne en faveur des conceptions dualistes de l'esprit et du corps dans le sens de Descartes et de Leibniz.

Il n'y a pas lieu ici d'exposer les nombreuses expériences et observations, accumulées par la physiologie des sens supérieurs, qui montrent la concordance ou la similitude de nos sensations et des objets extérieurs. Citons seulement l'organe des sens auquel nous devons nos trois sensations de direction. Mes études sur le fonctionnement des canaux semi-circulaires, dont les plans sont perpendiculaires les uns aux autres et auxquels nous devons les sensations imagées des trois directions cardinales de l'espace, avaient, dès l'année

1878, fixé mon attention sur le rôle d'une pareille concordance. Le développement de ma théorie n'a fait que confirmer ces vues, jusqu'à ce que la représentation du système des coordonnées de Descartes dans notre conscience en eût donné une démonstration évidente. (Voir plus haut, § 5.)

Des rapports analogues entre la nature des excitants extérieurs, et celle de nos sensations auditives existent également dans l'organe du sens du temps et du nombre, situé dans le limaçon de l'oreille. La diversité du nombre de vibrations des ondes sonores qui excitent les fibres nerveuses de l'organe de Corti, accordées pour des sons différents, nous fournit les sensations des différentes hauteurs des sons. C'est à cette diversité que nous devons la connaissance des nombres et du temps. (Voir ch. II, § 7.)

. Pour l'organe de la vue, rappelons la découverte des substances colorantes dans les cellules de la rétine (Bohl), celle du pourpre rétineux (Kühne), et les études sur les processus photochimiques et électriques dans la rétine pendant la vision. Les optogrammes, obtenus par Kühne sur des rétines de grenouilles et de lapins, représentaient en réalité des épreuves photographiques. Non moins instructives à cet égard sont les substances rouges ou roses, extraites de la rétine, lesquelles blanchissent à la lumière et ne se régénèrent que dans l'œil, alors que la rétine repose sur les cellules pigmentaires.

L'extrême vitesse avec laquelle s'opèrent les changements d'images sur la rétine exige naturellement que les processus chimiques s'y accomplissent avec une rapidité vertigineuse. La même plaque photographique, qui a reçu l'image et l'a renvoyée aux centres nerveux, doit en effet se régénérer automatiquement et cela en un instant, afin de pouvoir recueillir une nouvelle image. On se rend aisément compte des difficultés extrêmes que présente l'étude objective de ces images sur la rétine et des processus chimiques de sa régénération. Qu'on se figure un cinématographe automatique et autorégulateur, reproduisant, avec une précision merveilleuse, les images qui passent devant son oculaire et renouvelant constamment lui-même les plaques sensibles, après les avoir déposées en bon ordre dans les archives du cerveau.

Les images fixées sur la rétine se transmettent-elles sous la même forme aux centres ganglionnaires du nerf optique. pour y produire la sensation destinée à être perçue, ou bien la sensation se produit-elle dans la rétine elle-même par le fait de l'impression de l'image, et est-ce cette sensation qui se transmet ensuite aux centres percepteurs et que nous sommes obligés de projeter sur la rétine chaque fois que nous désirons nous représenter l'image première? Le fait que nous pouvons, même après la destruction de la rétine, évoquer les images une fois perçues, n'est en contradiction absolue avec aucune de ces deux alternatives. La représentation de ces sensations, étant conservée dans notre mémoire, peut à l'occasion être invoquée. La première alternative, qui est la plus simple, devrait être considérée comme la plus acceptable; elle s'harmonise plus aisément avec nos connaissances de la physiologie des sens.

Si l'on hésitait autrefois à admettre la possibilité d'une transmission directe des images des objets extérieurs par les fibres nerveuses, il n'en est plus ainsi aujourd'hui que nous connaissons le téléphone, le phonographe, la photographie des couleurs (Lippmann), le cinématographe (Marey), la transmission par fil électrique des images et des dessins, etc. Après tant de merveilleuses découvertes, qui ont considérablement élargi nos conceptions des phénomènes physiques, la photographie des objets extérieurs sur la rétine et la transmission directe de nos sensations-images à nos centres ganglionnaires par les fibres nerveuses ne présentent plus rien d'invraisemblable ou d'inaccessible à notre entendement. E. Hering, qui a toujours défendu l'uniformité, ou plutôt l'unité des processus physico-psychiques dans la rétine ainsi que dans les centres cérébraux, a plusieurs fois cherché si aux différences qualitatives des centres nerveux ne correspondait pas une diversité des fibres nerveuses qui les relient. Une pareille diversité des conducteurs nerveux ne nous apparaît plus d'une grande utilité depuis que nous voyons les mêmes fils métalliques transmettre, avec une précision mathématique, à des plaques élastiques préparées *ad hoc*, ou à des appareils plus complexes, savamment appropriés, le jeu d'un orchestre, la parole humaine, ou les formes exactes des dessins et des images.

On enseigne encore en physiologie qu'il suffirait de joindre le bout central du nerf optique sectionné avec le bout périphérique du nerf acoustique, et vice versa, pour qu'on *vît* le tonnerre et que l'on *entendît* l'éclair. Il est parfaitement exact que, si une pareille jonction croisée du nerf optique avec le nerf acoustique devenait réalisable, le bruit qui frappe notre tympan pourrait provoquer une violente sensation lumineuse, comme le fait toute excitation mécanique du nerf optique; mais certainement cette sensation ressemblerait aussi peu à l'éclair que la sensation auditive, provoquée par l'excitation de la rétine, ressemblerait au bruit du tonnerre. Les *images rétiniennes* ne peuvent pas plus être senties ou perçues par les centres ganglionnaires de la sphère auditive que les *hauteurs des sons* par les centres de la sphère visuelle. Le succès de pareils croisements entre des nerfs aboutissant à des fibres musculaires de fonctionnement divers ne préjuge rien sur la manière dont se comporteraient les organes des sens en cas de croisements analogues.

Comment doit se dérouler dans notre conscience la succession des perceptions et des représentations, si les sensations fournissent réellement les images plus ou moins exactes des excitants externes? Leibniz qui, contrairement à ses prédécesseurs, reculait les limites de notre entendement plus loin que la sensation, notamment jusqu'à la perception, posait le problème en ces termes : « On est obligé de confesser que la perception et ce qui en dépend est inexplicable par des raisons mécaniques, c'est-à-dire par les figures et par les mouvements. Et, feignant qu'il y ait une machine dont la structure fasse penser, sentir, avoir perception, on pourra la concevoir agrandie en conservant les mêmes proportions, en sorte qu'on y puisse entrer comme dans un moulin. Et, cela posé, on ne trouvera en la visitant au dedans que des pièces. qui se poussent les unes les autres, et jamais de quoi expliquer une perception. » (Monadologie.)

Supposons qu'un physiologiste, au courant des progrès faits par la physiologie des sens, ainsi que des découvertes les plus récentes de la technique et de la mécanique, pénètre dans la *machinerie de notre cerveau comme dans un moulin*, et se mette à étudier la marche des phénomènes psychiques, depuis l'excitation de la rétine jusqu'à la perception des sensations visuelles par la conscience. Il verra d'abord apparaître sur la rétine l'image renversée de l'objet lumineux extérieur, exacte au moins dans ses contours principaux. L'image se transmettra ensuite par la voie des fibres nerveuses aux centres ganglionnaires correspondants, situés dans la sphère visuelle. Avant d'être perçue, l'image rétinienne sera projetée sur le système de coordonnées dû au fonctionnement du labyrinthe, où ses formes seront précisées et localisées, et l'image entière se trouvera redressée. La localisation et le redressement des images plus compliquées nécessiteront souvent leur projection préalable sur l'objet extérieur, accompagnée de quelques mouvements des globes oculaires, dirigés par l'appareil des canaux semi-circulaires. La perception de l'image rectifiée aura lieu au point O du système de coordonnées, avant sa fixation définitive dans les cellules ganglionnaires. Ce point, d'après ma théorie, correspond au siège de la conscience du moi.

Si l'objet extérieur se trouve être en mouvement au moment d'être perçu, ce mouvement sera reconnu pendant la projection des images sur le système de coordonnées. « Sur ce système, écrivais-je en 1878, nous transportons le dessin

qui représente l'espace vu, c'est-à-dire l'image de notre champ
visuel. Chaque fois que ce dessin changera de position par
rapport à ce système de coordonnées, nous éprouverons une
sensation de mouvement ; que le changement soit produit par
un mouvement réel des objets extérieurs ou seulement par
un déplacement de la rétine, l'effet sera le même : nous verrons l'objet se mouvoir. » Le mouvement de l'image sera
fixé dans notre mémoire comme dans un cinématographe.
Les nombreux phénomènes de vertige visuel, provoqués par
les moyens les plus divers, ont entièrement confirmé la justesse de cette explication [1].

Le déroulement de tous ces processus psychiques rappellera
à l'observateur les manipulations qu'un savant photographe,
très habile, exécute dans son laboratoire muni de tous les
appareils perfectionnés, même de ceux qui sont destinés à la
transmission électrique des dessins, à la cinématographie, etc.
Le redressement de l'image renversée lui rappellera la manière
dont ce phénomène s'accomplit à l'aide d'un simple prisme
dans la chambre noire du photographe. Il admirera la marche
parfaite des diverses parties de la machine, il reconnaîtra
la supériorité infinie des merveilleux mécanismes cérébraux,
la finesse et la complexité incomparables de leur fonctionnement. Les créations les plus achevées de la mécanique moderne lui paraîtront, par comparaison, n'être que des jouets
d'enfants. Mais, dans cette admirable machinerie, il ne ren-
contrera rien qui dépasse son entendement.

Ce n'est qu'au moment où l'esprit humain commence à utiliser, pour la formation des concepts, des idées générales et
des jugements, les perceptions et représentations accumulées,
que le physiologiste, après avoir approfondi le fonctionnement de la machinerie du cerveau, vient se heurter aux
limites de sa connaissance sensorielle. *La puissance de ses
facultés de discernement purement psychique s'arrête quand il*

1. Voir mes *Recherches expérimentales sur les fonctions des canaux semi-
circulaires*. Thèse. Paris, 1878; et *Ohrlabyrinth*, ch. II.

essaie de pénétrer dans le domaine de l'esprit. De mécanique qu'il était, le problème devient transcendental, et ne relève plus que de notre connaissance intellectuelle. L'esprit humain n'est pas soumis aux lois mécaniques, et la compréhension de nos sens limités n'est pas à même d'atteindre l'esprit, infini dans ses capacités et ses virtualités.

Les manifestations et les créations diverses de l'esprit, comme leur enchaînement, restent hors de la portée de nos organes des sens et de leurs centres cérébraux. Mais, pour déduire les lois de la pensée, ainsi que pour découvrir leur harmonie avec les lois du monde physique accessible à nos sens, la collaboration des deux connaissances, spirituelle et sensorielle, est indispensable. Ce sont les trésors de l'expérience sensorielle, accumulés dans notre cerveau, qui fournissent à notre intelligence des bases solides pour la déduction des lois et pour la vérification éventuelle de leur exactitude. Les lois de la logique ne peuvent prétendre à la justesse absolue qu'à la condition que l'expérience sensible en ait contrôlé la vérité. La géométrie d'Euclide doit être considérée comme la création la plus parfaite de la logique, justement parce que ses lois ont été, pendant des milliers d'années, pleinement confirmées par toutes les observations astronomiques et toutes les expériences physiques et mécaniques. Nous avons vu plus haut (ch. 1) qu'elle doit ce privilège à l'origine sensorielle de ses définitions et de ses axiomes.

La concordance harmonieuse des deux sources de notre connaissance, l'expérience sensorielle et les opérations de l'esprit, qui fut de tout temps l'objet de discussions, de contestations et de spéculations philosophiques sans fin, trouve son explication toute naturelle dans la théorie des sensations et des perceptions du monde extérieur, telle que je viens de la développer ici. Dès l'instant que ces éléments fondamentaux de notre connaissance sensorielle nous donnent les images du monde réel et des phénomènes qui s'y accomplissent, les lois que notre esprit déduit des données de nos sens doivent être en harmonie parfaite avec les lois, d'une précision mathématique, qui ont présidé à la création et qui régissent les phénomènes de la nature.

Une autre conséquence heureuse de la conception des sensations comme reproductions fidèles des objets extérieurs est de rendre vaines les éternelles spéculations sur la réalité du monde, qui, depuis des siècles, entravent le développement de la psychologie. Prendra fin en même temps l'hypothèse bizarre que la lumière, les sons, les odeurs et les autres excitants des organes sensoriels périphériques n'existent pas en réalité, et ne sont que les produits de nos sensations. Déjà au temps de Galilée, cette idée répondait plus aux besoins de la vanité humaine qu'aux exigences de la stricte logique. L'argument que les rayons lumineux agissent autrement sur la peau que sur la rétine, ou que les excitations mécaniques et électriques de la rétine nous font également éprouver une vague sensation lumineuse, était déjà caduc, bien avant les découvertes de Maxwell-Hertz. Le soleil continuera d'éclairer la terre, même quand toute trace d'êtres vivants aura disparu, comme il éclaire à présent ses autres satellites non habités. En plaçant la création de la lumière avant celle des plantes, des animaux et de l'homme, Moïse avait donc raison. Sans la lumière du soleil, aucune vie n'était et n'est possible sur la terre. La rétine subit et voit la lumière ; elle ne la produit pas. Il en est de même pour les autres organes des sens.

Dans l'état présent de nos connaissances, il ne saurait être question d'identité entre l'esprit et la substance, quelle que soit la définition qu'on donne à celle-ci. Même la conception de Leibniz, que l'énergie est l'essence de la substance, ne saurait être appliquée à l'esprit, le mot énergie fût-il interprété dans le sens actuel.

Fidèle au principe de la division du travail entre physiologistes et philosophes, que j'ai prôné au cours de ce chapitre dans un intérêt méthodologique, je m'abstiens de toute dis

cussion sur l'essence de l'esprit : *hypotheses non fingo*. Cette
quatrième règle de Newton est obligatoire pour le physiologiste; il ne peut juger l'esprit que par *ses manifestations et ses
productions*. Sur ce terrain, je crois avoir touché à l'extrême
limite de nos connaissances actuelles dans mes efforts pour
donner une définition de l'esprit. Ma conception peut se
résumer en cette formule, empruntée à ma dernière étude
physiologique[1] : « Le Créateur règne et son esprit gouverne. »

ANNEXE AU CHAPITRE III.

LES ABERRATIONS PSYCHIQUES.

A. — *Le spiritisme devant la science.*

A la fin d'une étude consacrée à la différenciation des fonctions psychiques, et notamment à la délimitation plus précise
du domaine de l'esprit, il me paraît nécessaire d'ajouter
ici quelques mots au sujet de certaines aberrations psychiques, telles que le spiritisme, l'hypnotisme et autres phénomènes attribués à l'esprit, — ou aux esprits. Ces phénomènes, autrefois exploités exclusivement par les charlatans,
les aventuriers et les prestidigitateurs, ont commencé, dès
la seconde moitié du siècle dernier, à préoccuper certains
milieux scientifiques et même à leur servir d'objets d'étude.

Sous prétexte de combattre des superstitions séculaires, on
a entr'ouvert à ces recherches quelques laboratoires et salles
de clinique, où l'on n'a pas hésité à exposer de malheureux
malades atteints de folie à la curiosité malsaine de la foule.
Une promiscuité fâcheuse s'est établie entre savants et clini-
ciens, d'une part, professionnels hypnotiseurs, spirites et
médiums, d'autre part, promiscuité qui eut pour résultat
d'élargir considérablement le cercle d'action de ces derniers,

d'accorder à leurs pratiques charlatanesques une estampille de science reconnue, et de donner ainsi un essor inattendu à la propagation des superstitions les plus ineptes, sous des dénominations soi-disant scientifiques.

L'hypnotisme s'étant séparé en apparence du spiritisme, celui-ci, pour conserver des dehors respectables, a pris le nom de psychisme. Il n'en est devenu que plus compromettant pour la psychologie sérieuse et menace de créer une confusion déplorable à tous les points de vue.

Loin de moi l'intention de discuter ici à fond les phénomènes de psychisme ou d'hypnotisme, et d'en dévoiler les illusions et les dangers. Ce n'est pas que les matériaux nécessaires me fassent défaut pour une pareille démonstration; ce serait plutôt l'abondance des documents dont je dispose qui pourrait me gêner. En effet, plusieurs fois, dans l'intérêt de la vérité scientifique, je fus amené à démasquer en public, ou devant des commissions réunies *ad hoc*, les manœuvres de spirites, fameux par leurs exploits miraculeux dans le monde entier. Ayant, d'autre part, assisté, non sans tristesse, à l'éclosion de la superstition hypnotique dans plusieurs cliniques parisiennes, j'ai pu également étudier de près ces phénomènes et reconnaître les erreurs et les supercheries, souvent enfantines, sur lesquelles la plupart d'entre eux reposaient.

Je me bornerai à citer ici deux exemples suffisamment démonstratifs. Le premier cas concerne le fameux Douglas Home, l'inventeur des tables tournantes et l'évocateur des esprits frappeurs, qui, au début de la seconde moitié du siècle passé, affola, par son habileté et par le caractère étrange des phénomènes qu'il savait produire, les principales capitales de l'Europe. Home fut en réalité le créateur et l'initiateur du spiritisme actuel, sous ses formes les plus diverses.

A Compiègne, comme à Windsor et au Palais d'Hiver, il dominait en maître l'esprit des souverains, des courtisans et de la haute société. En 1853, l'affolement suscité par Home en Angleterre était arrivé à un tel degré que celui-ci osa mettre au défi les savants anglais d'assister à ses séances, d'examiner les phénomènes qu'il provoquait, et de prouver qu'ils étaient explicables par l'intervention des forces physiques connues. L'émotion devint si vive que la presse anglaise, presque unanimement, engagea Faraday, le plus illustre physicien de l'époque, à relever le défi. Il s'y refusa ; mais, après avoir exécuté dans son laboratoire quelques expériences, il déclara dans le *Times* que Home n'était qu'un habile prestidigitateur et que les miracles des tables tournantes étaient simplement provoqués par les mouvements, volontaires ou inconscients, des mains placées dessus.

La déclaration de Faraday souleva une vive indignation dans la presse. De violentes attaques, des accusations calomnieuses furent dirigées contre le savant qui, à juste titre, jouissait de la plus haute autorité en physique [1].

Dans l'hiver de 1871, Home, après une très longue absence, reparut à Saint-Pétersbourg. Il y retrouva ses anciennes relations et, grâce au souvenir encore vivace de ses exploits passés, il ne tarda pas à redevenir l'oracle du grand monde. Ses mystérieuses séances au Palais d'hiver, en tête à tête avec Alexandre II, faisaient l'objet de toutes les conversations et préoccupaient sérieusement les rares patriotes russes initiés aux secrets de la haute politique.

Le 24 février 1871, Douglas Home, au cours d'une conférence privée, renouvela, devant un public nombreux, le défi lancé vingt ans auparavant en Angleterre. Un professeur de

---

1. Voici l'extrait d'une lettre privée que Faraday indigné adressait alors à ce sujet au professeur Schönbein, son ami : « Quelle chose superstitieuse incrédule, dénuée de foi, audacieuse, lâche et ridicule est notre monde, quand il s'agit de l'esprit de l'homme! Quel ramassis de contradictions et de bêtise humaine! Je reconnais qu'en prenant la valeur moyenne de beaucoup de personnes que je rencontre et que je tiens pour normales, je préfère le chien en tout ce qui concerne l'obéissance, l'attachement, et l'instinct... Mais ne trahissez ceci à personne. » Cité d'après les études psychographiques sur Faraday de Ostwald dans les *Annales de Philosophie naturelle*, vol. VIII, 1909.

chimie à la Faculté des sciences, Boutlerof, qui assistait à la séance, appuya ce défi en se portant garant de la réalité des phénomènes inexplicables que Home affirmait avoir provoqués. Ce témoignage fit scandale et souleva une vive émotion dans le monde académique. A l'occasion d'une réunion de la Faculté, Boutlerof fut vivement interpellé à ce sujet. Dans l'espoir de clore cet incident pénible et aussi de dessiller les yeux de notre collègue, je proposai d'accepter le défi de Home, me déclarant prêt à en assumer toute la responsabilité, si quelques savants voulaient bien se joindre à moi pour constituer une commission d'examen. Tchébyschef, professeur de mathématiques, membre associé de l'Académie des sciences de Paris, le professeur de physique Petrouschewsky et le professeur Owsianikof m'offrirent leur concours. Je décidai en outre le Dr Pelikan, directeur du département médical au ministère de l'intérieur, à faire partie de notre commission.

Une réunion préalable fut décidée chez ce dernier pour discuter avec les représentants de Home, le baron Nicolas Meyendorff et Alexandre Aksakof, les conditions dans lesquelles on procéderait à l'examen des phénomènes spirites. Home insistait pour que la commission se composât seulement de huit membres, y compris ses deux témoins. Boutlerof pouvant être déjà considéré comme un adepte du spiritisme, la commission aurait compté quatre spirites. Les autres conditions réclamées n'étaient pas moins scabreuses : « toutes les personnes présentes devaient rester assises autour d'une table et y poser les mains; les portes seraient fermées, et la séance ne serait troublée par aucun appel du dehors; l'air de la chambre devait être frais, la température ne dépassant pas 14° Réaumur, etc. ». Petrouschewsky se retira en protestant contre la présence des témoins de Home et contre sa prétention d'imposer ses exigences. Ce n'est qu'après une longue discussion que je parvins enfin à établir un accord, et cela pour avoir obtenu le droit de ligoter Home, dans le cas où la nature des phénomènes l'exigerait.

Voici le procès-verbal de la première séance : Présents :
MM. Pelikan, directeur du département médical; Tchebyschef, Owsianikof et Boutlerof, membres de l'Académie impé-
riale des sciences, Cyon, professeur à la Faculté des sciences
de Saint-Pétersbourg, Home et ses témoins, Aksakof et le
baron de Meyendorff. La séance a été ouverte le 10 mars 1871,
à 9 h. 30 du soir, dans une salle du laboratoire de physique
de l'Université de Saint-Pétersbourg ; la température de la
pièce était de 14-15° Réaumur. Au milieu de la chambre se
trouvait une table recouverte d'un drap vert.

Cyon ayant demandé si la matière dont la table était faite
pouvait avoir de l'influence sur la production des phénomènes
à examiner, Home a répondu que la matière de l'objet lui était
parfaitement indifférente. Toutes les personnes présentes ont
alors pris place autour de la table d'expériences, dont le tapis
vert a été enlevé. Elle était constituée par une devanture de
glace, posée librement sur les quatre pieds d'une table en
bois; elle avait plus de deux mètres de long et environ un
mètre de large ; un drap blanc était étendu dessous; la
lumière de deux bougies placées sur cette table en verre éclairait ainsi vivement l'espace inférieur, de façon que les pieds
des personnes présentes étaient vus de tous. La disposition des
assistants autour de la table était la suivante : Home, assis
entre Tchebyschef et Cyon, avait en face de lui Owsianikof;
à droite de ce dernier était assis Pelikan et à sa gauche
Boutlerof; Aksakof et de Meyendorf occupaient les deux
extrémités.

A la requête de Home, les personnes présentes ont placé
leurs mains sur la table. Pendant la durée entière de la
séance, elles ont obtempéré à toutes les observations de Home
sur la position de leurs mains, sur la nécessité de distraire
leur attention par des conversations étrangères à l'objet de
la réunion, etc., etc.

Quinze ou vingt minutes après l'ouverture de la séance,
Home a appelé l'attention des assistants sur une oscillation

visible de la table, qui se communiquait à la flamme des bougies placées dessus. Cyon a expliqué cette oscillation par le tremblement des mains appuyées sur la table; et il a déclaré qu'il sentait lui-même de légères contractions dans les muscles du doigt médium et du petit doigt. Home n'a pas accepté l'explication; il a considéré au contraire cette oscillation comme le symptôme précurseur des phénomènes qui allaient se produire.

L'oscillation de la table a cessé au bout de peu de temps, comme l'a reconnu Home. Peu après, il a appelé l'attention sur l'accélération de son pouls. D'après le calcul de Pelikan, le pouls de Home battait en effet 100 pulsations à la minute. Mais au même moment, chez plusieurs des personnes présentes, pour une raison facile à comprendre (la température s'était élevée), le pouls augmentait de fréquence Pelikan constata que celui de Cyon donnait aussi jusqu'à 100 et celui de Owsianikof jusqu'à 95 battements par minute.

Trente ou quarante minutes après, Home a déclaré qu'il sentait un courant d'air qui, selon lui, avait la même signification que l'oscillation de la table. Attribuant ce courant d'air à un tuyau de cheminée qui était ouvert, Cyon l'a simplement fermé.

Home a ensuite affirmé entendre de faibles coups dans la table; les autres personnes présentes n'ont rien entendu.

Une heure après l'ouverture de la séance, aucun phénomène ne s'était manifesté, ni dans la table, ni dans la chambre. Home a conseillé alors d'essayer de changer le poids de la table par l'effet de la volonté des assistants. Cyon a suspendu la table au moyen d'un dynamomètre emprunté au cabinet de physique; ce mode de pesage offrait une grande précision. Le poids du meuble, avec les mains posées dessus, était d'environ soixante-quinze livres; malgré la volonté de Home et des personnes présentes, ce poids n'a pas augmenté. Un autre pesage semblable, exécuté par Boutlerof, est demeuré également sans succès. Les commissaires sont encore restés assis autour de la table jusqu'à 11 heures 20, mais aucun des phénomènes qui, dit-on, se produisent d'ordinaire dans les séances de ce genre, ne s'est manifesté. En conséquence, les personnes présentes se sont retirées, après être convenues que la réunion suivante aurait lieu le 11 mars, à 8 heures du soir.

Tous les préparatifs de la séance du 10 avaient été exécutés par Cyon, à la demande de la commission. Le choix du local, l'aménagement de la table et des appareils de pesage, etc., avaient été réglés par lui, de sorte que ni Home, ni ses témoins ne savaient rien des conditions de détail. Toutes les chambres attenant à celle où devait avoir lieu la séance avaient été, dès le matin du 10, fermées et mises sous scellés par Cyon, qui en gardait les clefs. Ce protocole fut [signé par Pelikan, Owsianikof, Tchebyschef, Cyon, Boutlerof.

L'émotion que produisit cette pièce, publiée par Aksakof et Meyendorf sans l'autorisation de la commission, fut très vive et provoqua dans la presse une polémique rendue pénible par l'intervention d'un *très haut* personnage. En ma qualité de membre de la commission, je jugeai pourtant nécessaire d'ajouter à ce procès-verbal quelques explications, qui parurent dans la Gazette de Saint-Pétersbourg. J'en reproduirai ici de courts extraits.

« Il était désirable pour beaucoup de raisons que les phénomènes produits par Home fussent soumis à l'examen d'hommes compétents, ayant l'habitude des observations scientifiques et capables d'analyser et de comprendre des faits nouveaux. Tout phénomène qui sort du cadre habituel et qui semble même en contradiction avec les lois physiques, doit attirer l'attention du naturaliste. Le seul soupçon que le phénomène en question soit le produit de l'habileté d'un jongleur ne suffit pas à dispenser le savant du devoir de l'examiner. Celui-ci, en dévoilant la supercherie et en détruisant des erreurs répandues, ne sort pas de son rôle, qui consiste à rechercher les vraies causes des phénomènes naturels ou artificiellement provoqués. »

« L'examen des phénomènes du spiritisme présentait en outre cet intérêt qu'il rendait possible l'étude des facteurs psychiques, à l'aide desquels les charlatans ont pu, de tout temps, éblouir le public et inspirer confiance en leur puissance miraculeuse même aux personnes intelligentes. »

« La commission de savants que Home réclamait tant s'est donc réunie à Saint-Pétersbourg et lui a offert le moyen de soumettre les phénomènes qu'il affirme provoquer à un contrôle sévère... »

« Après l'insuccès de la première séance, la commission a décidé, sur le désir exprimé par Home, de se réunir de nouveau le 11 mars. Le soir du même jour, Home fit savoir qu'étant malade il ne pouvait se présenter ; le lendemain. il nous pria de fixer la séance au 14 mars ; mais cette fois encore il s'excusa, étant tombé subitement malade. Le 15 au soir, je rencontrai Home au théâtre : il avait l'air de se porter à merveille, mais il me dit ne pouvoir plus donner de séance, car il sentait ses facultés spirites faiblir sous l'influence du temps. Le 16 mars, il partit subitement pour Londres. On le voit, l'échec était complet. »

« Au cours de la polémique qui s'engagea après la publication du protocole, les témoins de Home s'efforcèrent de mettre son échec sur le compte de la table en verre, qui n'était pas propice à la manifestation des forces psychiques. Cela est vrai en ce sens qu'une table en verre, permettant de voir tout ce qui se passe dessous, est en effet très peu propice aux tours d'adresse qui doivent être produits principalement avec l'aide des pieds. D'ailleurs, Home lui-même avait commencé par déclarer que peu lui importait la substance dont était faite la table... La commission décida néanmoins d'employer, pour la séance suivante, une table en bois; mais Home préféra ne plus se présenter. »

« Quant à l'échec de l'expérience relative à l'augmentation du poids de la table, Home prétendait que sa suspension au dynamomètre était trop compliquée; c'était pourtant la seule façon d'éviter les erreurs qui se seraient certainement produites si l'on avait tenu le dynamomètre à la main. Bref, toutes les mesures susceptibles d'entraver la production des tours de force ordinaires se sont montrées de nature à empêcher la manifestation des phénomènes dont Home se targuait. Cela suffit à démontrer que les phénomènes en question n'étaient en effet que des tours de force. »

« Devant cet échec lamentable, on se demande comment Home a pu, pendant trente ans, tromper impunément tout le monde, alors qu'il a suffi d'une simple précaution, telle que l'usage d'une table en verre, pour lui ôter toute possibilité de répéter ses jongleries. »

« Les phénomènes produits par les spirites et constatés par des témoins dignes de foi se réduisent à ceci : dans la table, presque toujours recouverte d'un long tapis et autour de laquelle tout le monde est assis, on entend de temps à autre de faibles coups; les assistants éprouvent des contacts subits au niveau des genoux, les dames sentent tirailler leurs robes, la table se penche, se soulève un peu, ou commence à tourner. La jonglerie la plus compliquée de Home consiste en ceci que le poids de la table, sur laquelle sont posées les mains des assistants, peut augmenter ou diminuer à sa volonté. Avec un peu d'habileté, le premier venu pourra reproduire ces tours de passe-passe. Les coups s'obtiennent avec les pieds ou, ce qui est plus simple, par la pression d'un mécanisme quelconque caché dans la poche. Quant à l'endroit d'où proviennent les sons, l'illusion est très facile à expliquer : chacun connaît les effets réalisés sur une scène de théâtre, lorsqu'on veut rendre un écho ou des voix lointaines. Les attouchements au niveau des genoux, les tiraillements des robes et les mouvements de la table peuvent être facilement produits par des mouvements imperceptibles des pieds et des mains, sans qu'il soit nécessaire d'employer un outil quelconque. Les changements de poids de la table sont dus à l'augmentation ou à la diminution de la pression exercée par les mains posées dessus, ou à ce fait que le meuble est maintenu avec les genoux. On peut facilement en augmenter le poids d'une façon notable par une pression plus intense des doigts, et cela sans même que les assistants aient conscience que la tension de leurs doigts soit plus forte... »

« Mais, pour que ces phénomènes réussissent, il est nécessaire de distraire l'attention des assistants par des conversations quelconques, par des précautions inutiles, destinées à donner le change, et surtout il faut savoir, à l'aide de récits ayant pour sujet les miracles du spiritisme, frapper l'imagination des personnes présentes, de façon à ce que les phénomènes les plus simples les fassent frissonner. Toutes ces qualités, Home les possède au plus haut degré, et c'est là sa puissance. Jongleur médiocre, il se montre psychologue très sagace. Il parle avec une telle assurance des choses les plus impossibles; en racontant les soi-disant miracles accomplis par lui, il a si peu l'air de vouloir convaincre ses auditeurs, que les plus méfiants pensent tout d'abord avoir affaire à un maniaque plutôt qu'à un charlatan. Quant à la faculté évocatrice qu'il prétend posséder, Home en parle à regret, comme s'il avait honte d'une pareille infirmité. »

« Jusqu'où peuvent aller les manœuvres des spirites pour provoquer parmi leur public un état d'âme tout particulier, de nature à lui faire prendre pour des miracles les tours d'adresse les plus faciles et les plus vulgaires, c'est ce qu'ont montré les frères Davenport, émules de Home en spiritisme. Tout l'art des Davenport reposait sur ce calcul bien simple qu'un homme, se trouvant pour la première fois en scène devant une foule nombreuse, se sent naturellement très troublé. On l'ahurit tellement en lui faisant inspecter l'armoire mystérieuse, le plancher, la solidité de la corde, etc., que, pour mettre fin à sa gêne, il est amené, en liant les prestidigitateurs, à faire les nœuds que ceux-ci lui indiquent comme au hasard et sans avoir l'air d'y tenir. Me trouvant à Leipzig, en 1867, j'ai eu l'occasion de lier l'un des Davenport; sans tenir compte de ses indications, je lui passai un nœud coulant autour du cou et je fixai ensuite la corde en attachant ses mains et ses pieds au banc de telle façon qu'il se fût étranglé au moindre geste. Pâle comme la mort, Davenport resta pendant une demi-heure immobile dans l'armoire, jusqu'à ce que son frère vînt le délivrer. »

« Ni l'échec de Home, ni l'explication de ses tours de force ne feront sans doute changer d'avis ses partisans convaincus. Mais j'espère que ceux qui auront l'occasion de frayer dans des cercles spirites trouveront dans mon exposé des indications suffisantes pour leur permettre de démasquer les jongleurs. S'il n'est pas facile de guérir quelqu'un du spiritisme, on peut au moins empêcher cette contagion de se répandre en faisant connaître au public les mesures préventives à prendre lorsqu'on est en contact avec des spirites. Aussi me paraît-il opportun de dire encore quelques mots des préparatifs qui furent faits en vue d'une deuxième séance de Home. J'avais choisi cette fois mon amphithéâtre d'anatomie. La table de dissection, qui devait servir pour les expériences, était en bois, mais tellement élevée qu'on pouvait très bien surveiller les pieds des assistants, tout en restant assis sur une chaise. Home ayant dit que peu lui importait que les mains, au lieu de toucher la table directement, fussent posées sur des coussins élastiques, j'avais préparé, pour les mains, des vessies en caoutchouc avec des sifflets cachés à l'intérieur : la moindre pression exercée sur ces vessies aurait provoqué des sifflements épouvantables. »

« Si tous ceux qui participent à des séances de spiritisme s'entouraient de précautions analogues, on peut être sûr que ni Home ni ses semblables ne seraient en état de réussir le moindre tour de force. Mais la précaution la plus importante, dans un pareil milieu, consiste à n'avoir confiance en personne, et à se méfier le plus possible, même de ses propres organes. Le plaisir de se moquer du voisin et de l'induire en erreur suffit souvent pour devenir complice de l'opérateur.

Il ne faut pas oublier non plus que les gens animés des meilleures intentions, mais croyant aveuglément aux miracles du spiritisme, n'hésitent pas à prêter aide au médium, à seule fin de convaincre les sceptiques. La présence des femmes contribue beaucoup aussi au succès des séances de ce genre, qui seraient bien vite abandonnées, si les spirites des deux sexes cessaient de se réunir ensemble. »

« En terminant, je me permets d'adresser aux fervents du spiritisme un avis charitable. Les médiums ont pris depuis quelque temps l'habitude de laisser des mémoires posthumes, dans lesquels ils raillent impitoyablement leurs adeptes et décrivent les moyens très simples dont ils se servaient pour produire leurs effets les plus merveilleux. La pensée de passer à la postérité par la voie des mémoires d'un Home suffira peut-être à refroidir l'enthousiasme d'un bon nombre de néophytes. »

La publication du protocole et de mon étude, *Le spiritisme devant la science*, dans les journaux de Saint-Pétersbourg [1], produisit une certaine sensation en Russie et une véritable émotion en Angleterre, où le spiritisme, sous toutes les formes, a conservé le plus de fidèles.

La presse anglaise m'attaqua vivement. Quelques organes qui, comme le *Standard*, avaient compris la vraie portée de l'échec subi par Home, déclarèrent que, pour sauver sa réputation, celui-ci devait se soumettre à l'examen d'une commission de savants anglais, afin de se disculper des accusations portées par Cyon, devenu « *a thorn in the side of the spirits* ». Harcelé de tous côtés, Home y consentit. Une commission se réunit, dont faisaient partie, entre autres, l'astronome Higgins, le chimiste Crookes, et, je crois, Alfred Wallace, le célèbre zoologiste. Autant que je sache, aucun protocole ne parut alors; j'ignore donc les détails de la séance. Mais, dans

---

1. *L'Illustration universelle russe* décrivit en détail la séance du 10 mars 1871, en y joignant un dessin très exact, représentant les huit personnes autour de la table en verre.

une lettre publiée par le *Times*, Higgins se déclarait incapable de donner l'explication des phénomènes étranges dont il avait été témoin.

C'est Crookes, on le sait, qui introduisit le premier la photographie dans l'évocation des esprits. Alfred Wallace, l'évolutionniste rival de Darwin, fut aussi un des propagateurs les plus zélés du spiritisme. Dans son volume, *Les miracles et le moderne spiritualisme*, dont une grande partie est consacrée aux exploits accomplis par Home, Wallace passe complètement sous silence la mésaventure de ce dernier devant la commission scientifique de Saint-Pétersbourg. Je n'y trouve pas non plus d'allusion à la séance qui eut lieu à Londres en 1871. Par contre, à la page 223 de l'ouvrage, s'étale cette audacieuse affirmation : « La vie de Home a été publique dans une large mesure... Durant vingt ans, il a été exposé à l'âpre examen et à la suspicion, jamais calmée, d'enquêteurs innombrables; cependant nulle preuve de tricherie n'a jamais été donnée, et nul fragment de machinerie ou d'appareil jamais découvert[1]. »

Dans les innombrables écrits des spirites où je fus violemment pris à partie, on a toujours soigneusement évité de mentionner les détails de notre séance. Évidemment, on craignait d'attirer l'attention sur la table en verre et les autres moyens imaginés par moi pour rendre impossibles les fraudes des médiums. Dans ses *Incidents of my life*, Home, à ce qu'on m'a assuré, ne fait aucune allusion au plus grave « incident » de sa vie.

Deux ans après, en 1873, Douglas Home revint à Pétersbourg. Tchebyschef, l'ayant rencontré, lui proposa de donner à l'ancienne commission les deux séances qu'il était resté lui devoir. Home accepta avec empressement, mais à la condition expresse que Cyon n'y assisterait pas. « Cyon est antipathique aux esprits, qui jamais ne paraîtront en sa présence»,

---

1 Traduction française. Paris, librairie des Sciences psychologiques.

expliqua-t-il. Dès lors, Tchebyschef et les autres membres de la commission préférèrent s'abstenir. Cette ridicule échappatoire n'empêcha pas Home de gagner à la cause spirite un autre savant, M. Wagner, professeur de zoologie à la Faculté des sciences, évolutionniste passionné comme Wallace.

Je dois reconnaître que je n'ai pas été le premier à démasquer Home. Aussitôt après la publication de mon article sur la séance du 10 mars 1871, le général comte Fleury, ancien ambassadeur à Pétersbourg, me fit communiquer par le Dr Pelikan les détails d'une séance à Compiègne, où il avait réussi à prendre Home sur le fait. A cette séance assistaient l'empereur, l'impératrice, la princesse de Metternich et quelques autres intimes de la cour. Autour de la table, Home avait à sa gauche l'impératrice Eugénie, et à gauche de celle-ci se trouvait Napoléon III. Le comte Fleury, assis en face de Home, fut frappé de l'insistance avec laquelle ce dernier dirigeait la conversation de manière à ce que l'impératrice fût obligée de rester constamment tournée vers l'empereur, pour lui poser des questions.

Soupçonnant quelque tour de passe-passe, le général Fleury demanda la permission de se retirer; il sortit par la porte située à droite de la table, mais il rentra inaperçu par une autre porte, qui se trouvait derrière Home. Il vit alors celui-ci entr'ouvrir la semelle de sa bottine droite, laisser quelques instants son pied nu sur le marbre du sol, puis subitement, par un mouvement rapide et d'une agilité extraordinaire, toucher avec ses doigts de pied la main de l'impératrice qui sursauta en criant : « La main d'un enfant mort vient de me toucher ! » Le général Fleury, s'avançant alors, dévoila ce qu'il avait vu. Le lendemain, Home fut embarqué à Calais, sous la conduite de deux agents : la consigne était de tenir l'incident secret.

Par hasard, je rencontrai Home pendant l'été de 1876 dans une pension à Clarens, où la malice d'une Américaine de ses amies en fit mon voisin de table. Malgré son pouvoir sur-

naturel, il ne me reconnut pas et m'adressa quelques paroles banales. Quand, après le dîner, son amie vint à prononcer mon nom, il faillit s'évanouir et se plaignit qu'elle lui eût présenté « son pire ennemi, qui avait cherché à le déshonorer publiquement ».

Home mourut dans l'oubli six ou sept ans plus tard.

En somme, la retentissante façon dont la commission de Pétersbourg réussit à démasquer les supercheries du créateur des pratiques spirites n'a nullement empêché le spiritisme de faire des ravages jusque dans le monde de la science, et de gagner des adeptes de la valeur scientifique d'un Crookes et d'un Wallace.

Quoi d'étonnant alors que les fameuses séances, où tant de savants professionnels en Italie et en France se sont laissé duper par un vulgaire médium comme Eusepia Paladino, sans parvenir à dévoiler ses artifices, aient tant contribué à propager la superstition spirite dans les milieux intellectuels, même parmi les professeurs de Facultés et les académiciens? Il aurait suffi pourtant d'avoir recours une seule fois à une table en verre pour réduire Eusepia à l'impuissance.

B. — Une séance d'hypnotisme à Moscou.

Malgré leur différence apparente, le spiritisme et l'hypnotisme reposent sur le même principe psychologique, la suggestion; principe vieux comme le monde, puisque Ève en fit jadis la première application. C'est toujours le même jeu : les plus malins et les plus roués, sinon les plus intelligents, suggestionnent les naïfs et les crédules, au moyen de subterfuges divers.

Au début du mouvement, lorsque l'hypnotisme s'introduisit dans quelques cliniques, le plus souvent ce n'étaient pas les médecins qui hypnotisaient les malades, c'étaient plutôt les malades qui se moquaient des médecins.

Je ne veux pas insister ici sur les pénibles épisodes qui

marquèrent la naissance de l'hypnotisme médical. Je raconterai seulement une curieuse séance d'hypnotisme, donnée à Moscou devant une assemblée de médecins et de professeurs de la Faculté par un M. F....n qui, pendant l'hiver de 1886-1887, faisait sensation en cette ville par ses prétendues cures merveilleuses. C'est sur la demande de mon ami, le célèbre publiciste Katkof, que je me rendis à cette réunion, dont j'écrivis le lendemain un compte rendu dans la *Gazette de Moscou.*

«Hier soir a eu lieu au musée polytechnique, en présence de professeurs de l'Université, de médecins et de représentants de la presse, une séance au cours de laquelle M. F....n devait exécuter diverses expériences d'hypnotisme et de mentévisme (?), et guérir une malade atteinte de cécité complète d'un œil et de daltonisme de l'œil opposé. »

« En ouvrant la séance, le président annonça que la commission de cinq membres, élue précédemment pour étudier les phénomènes produits par M. F....n, s'était acquittée consciencieusement de sa mission. Il présenta ensuite l'hypnotiseur à l'assemblée, tout en exprimant le regret que plusieurs savants n'eussent pas répondu à l'invitation. »

« M. F....n, un homme de trente-cinq ans environ, d'une physionomie insignifiante, porte des lunettes foncées, qui cachent complètement ses yeux. On sait que le regard joue un grand rôle dans l'évocation des phénomènes dits hypnotiques; aussi le port de ces lunettes nous a-t-il surpris. »

« La malade dont on nous avait promis la guérison ne s'est pas présentée. Mais F....n déclara imperturbablement qu'elle serait guérie vendredi prochain, avant sept heures du soir. Il fit savoir ensuite qu'il avait suggéré la veille à un étudiant de se rendre à 7 h. 1/4 au musée polytechnique, d'y demander le docteur P., et de le prier d'être son introducteur dans la salle où se tenait la réunion. A l'heure dite, oh! miracle! l'étudiant arrive effectivement et il est introduit dans la salle. M. F....n avait suggéré de plus au même

étudiant de se présenter devant lui une heure après son arrivée, de le prendre par la main, de le conduire auprès du
professeur Ch., et de demander à ce dernier des explications
sur les phénomènes d'hypnotisme. L'heure fixée ayant été
dépassée depuis un quart d'heure et l'étudiant, absorbé par
une conversation avec ses voisins, ayant probablement oublié
la suggestion, F....n reproduisit le miracle bien connu de
Mahomet, qui ne pouvait, malgré ses efforts, faire venir la
montagne à lui : il alla lui-même, chercher l'étudiant, le prit
par la main, et le fit asseoir à son côté dans la chaire. »

« Quelques minutes après, l'étudiant, accompagné de
F....n, descendit de la chaire, s'approcha du professeur
Ch. et lui dit la phrase qui lui avait été suggérée la veille.
F....n fit ensuite asseoir l'étudiant dans un fauteuil, et alors
commença la véritable séance, qui se prolongea pendant plus
d'une heure. Séance de quoi? Nous serions bien embarrassé de le dire. N'assistant à la réunion qu'en qualité de
simple représentant de la presse, nous ne pouvons que transmettre fidèlement ce que nous avons vu et faire part de notre
impression. Et cette impression est que toute la séance se ré-
duisait à habituer l'étudiant à l'obéissance. Sous ce rapport
le succès fut complet et, quoique nous n'approuvions pas le
ton cassant sur lequel le pédagogue F....n donnait ses
ordres, nous devons reconnaître que l'étudiant y obéissait
ponctuellement. »

« Vous dormez. Dites que vous dormez ! Vous entendez?
Dites que vous dormez! » lui criait F....n. — « Je dors »,
répétait l'étudiant. — « Levez le bras droit et baissez le
gauche ! Vous entendez? Exécutez immédiatement mon
ordre ! » Et l'étudiant exécutait. Les professeurs, les médecins et les représentants de la presse, les premiers surtout,
étaient en extase devant ce prodige. »

« Nous n'allons pas énumérer ici tous les ordres de F....n
auxquels le sujet obéissait avec une docilité à rendre
jaloux tous les inspecteurs des étudiants. Citons-en seulement

quelques-uns, parmi les plus curieux : « Comment vous appe-lez-vous ? Quel âge avez-vous ? Je vous ordonne de vous appeler Stépanoff ; vous avez cinq ans ! M'entendez-vous ? Vous vous appelez Stépanoff et vous avez cinq ans ! » — « J'ai cinq ans et je m'appelle Stépanoff », balbutie l'étudiant. — « Jouez avec cette poupée (lui offrant un crayon). Enten-dez-vous ? C'est une poupée ! » — « Oui, c'est une poupée. » — « Riez ! » L'étudiant sourit. — « Pleurez ! » L'étudiant fait une mine triste. Des miracles ! »

« Vous avez neuf ans, vous savez écrire ; écrivez votre nom, en gros caractères ! » L'étudiant écrit. — « A présent, vous avez vingt ans ; écrivez votre nom. » Voilà qui est fait. — « A présent, vous avez soixante ans, vos mains tremblent ; écrivez votre nom. » Les mains de l'étudiant se mettent à trem-bler et il écrit son nom. — « Vous avez cent ans, vous avez cent vingt ans ; écrivez votre nom. » L'étudiant écrit encore son nom, et tous les assistants, professeurs, médecins, re-présentants de la presse, de reconnaître aussitôt les écritures d'un vieillard de cent, puis de cent vingt ans, et de tomber en extase devant la puissance étonnante de F....n. »

« Vous avez froid, vous tremblez, relevez donc votre col ! » L'étudiant relève son col et dit qu'il a froid. — « Vous êtes dans un jardin, il y a près de vous des fleurs, des roses ; sentez une rose ! Dites que c'est une rose », crie F....n en offrant un flacon d'ammoniaque à l'étudiant. Celui-ci renifle, fait la grimace et manifeste pour la première fois de la désobéissance : « C'est de l'alcool », dit-il, et il éternue fortement. »

« F....n n'insiste pas et lui présente un morceau de ci-tron. « C'est une pomme ; n'est-ce pas qu'elle est bonne ? Dites que c'est une pomme. Mangez-la ! » L'étudiant com-mence à mâcher le citron et le crache aussitôt ; il est plus obéissant en paroles qu'en action. »

« Sur l'invitation d'un des assistants, F....n ordonne ensuite au sujet de répéter le vers grec qu'il lui avait suggéré la veille. Cette fois, soit par mépris des classiques, soit parce qu'il n'aimait pas la poésie, l'étudiant refuse carrément d'exécuter l'ordre. F....n applique l'aimant à la partie du crâne où devait, à son avis, se cacher la phrase grecque, mais en vain. Alors il récite le vers lentement à haute voix, et, oh! miracle! l'étudiant redit les mots tant bien que mal. »

« Invité à répéter une phrase géorgienne, l'étudiant ne veut plus obéir du tout, et cela malgré l'application de l'aimant sur l'occiput, qui sert probablement d'enveloppe à la case renfermant les langues orientales, et malgré la sage précaution de F....n, qui a lui-même récité la phrase à haute voix. L'épreuve fut plus heureuse avec l'arménien : sur un ordre donné par F....n, l'étudiant balbutia quelque chose qui me parut être d'un pur « volapuk »; mais, d'après l'affirmation de l'habile pédagogue, c'était bien le dialecte des rusés habitants de l'Asie Mineure. »

« F....n ordonna encore à l'étudiant de le repousser du fauteuil et de s'y asseoir lui-même, ce que l'étudiant fit aussitôt avec un plaisir visible. « Et maintenant, réveillez-vous et ne ressentez aucune trace de cette séance, dit F....n pour terminer. Ne m'en veuillez pas, et, si vous me rencontrez, ne me frappez pas ! »

« L'étudiant se leva, « sans ressentir aucune trace », et, ce qu'il y a de plus étonnant, ne frappa personne. Il s'approcha très tranquillement de ses amis et cette fois ce fut de sa propre initiative qu'il alluma une cigarette et se mit à boire une tasse de thé. »

On voit par ce compte rendu combien il était aisé au premier farceur venu, s'intitulant hypnotiseur, de se moquer d'une réunion de savants au moyen de supercheries enfantines, plus niaises encore que les pratiques habituelles des médiums professionnels.

Le succès obtenu par F....n lui permit de parcourir la Russie et d'y faire partout des conférences et des cures soi-disant miraculeuses. A plusieurs reprises, les autorités furent obligées d'intervenir et d'interdire les séances, de nombreux cas de folie s'étant manifestés au cours des représentations. Ces incidents n'ont pas empêché le personnage de poursuivre ses exploits en Amérique et, malgré plusieurs accidents mortels, d'y conquérir la réputation d'un hypnotiseur guérissant toutes les maladies.

Dans l'hiver de 1892-93, je fus invité par le Dr Ernest Hart, alors éditeur du *British Medical Journal*, à assister comme témoin à une série d'expériences d'hypnotisme qu'il avait entrepris de faire sur les sujets les plus connus des cliniques parisiennes. Y assistaient M. Louis Olivier, l'éminent directeur de la *Revue générale des sciences*, le colonel Rochas, et plusieurs médecins. A l'occasion de ces séances, le Dr Hart écrivit dans son journal une série d'articles, *The New Mesmerism*, qui firent grande sensation en Angleterre et même aux États-Unis.

Voici le témoignage que je lui adressai sur sa demande et qu'il publia : « Je certifie que les expériences auxquelles j'ai assisté se sont passées exactement comme vous les avez décrites. Les méthodes employées par vous pour démasquer les supercheries des sujets, surtout les changements des poupées et la substitution des verres d'eau et des aimants, sont d'une telle simplicité qu'on a quelque peine à admettre que les médecins qui se font les apôtres de cette nouvelle superstition soient de bonne foi. Moi-même j'ai procédé à plusieurs expériences sur les sujets du Dr Luys, et je n'ai jamais rencontré la moindre difficulté à dévoiler leurs artifices, qui vraiment ne sauraient tromper que ceux qui veulent bien être trompés. Dupes ou complices, telle paraît être l'alternative pour les adeptes de doctrines qui ne peuvent que discréditer la médecine et la rejeter plusieurs siècles en arrière... Je suis entièrement d'accord avec vous sur la moralité des sujets qui se prêtent à ces grotesques grimaces, etc... »

Entraîné par le succès, le Dr Ernest Hart entreprit une

série de conférences à Chicago, pendant l'Exposition, pour combattre le spiritisme et l'hypnotisme. Mal lui en prit; car, pendant une séance où il démasquait les procédés et les fraudes des médiums et des hypnotiseurs, il faillit être écharpé par un auditoire de spirites fanatiques.

« *Mundus vult decipi!* »

TROISIÈME PARTIE

EVOLUTION ET TRANSFORMISME

INTRODUCTION

COMMENT IL CONVIENT D'ÉCRIRE LES LIVRES DE VULGARISATION SCIENTIFIQUE

Les deux premières parties de cet ouvrage sont consacrées à l'examen des plus hauts problèmes de la philosophie et de la science, dont la solution a été cherchée pour la plupart à l'aide des méthodes les plus rigoureuses de la physiologie expérimentale.

Avec les problèmes de l'évolution et du transformisme, nous entrons dans un domaine des sciences naturelles presque inaccessible à l'étude expérimentale, où l'observation constitue le principal, sinon l'unique moyen d'investigation. La valeur des résultats obtenus par l'emploi de cette méthode ne peut être que relative. En dehors des mérites subjectifs du savant, elle dépend surtout de la richesse des matériaux et des facilités plus ou moins grandes à les observer. Ce n'est qu'au point de vue descriptif que les sciences limitées à l'observation peuvent prétendre à la certitude de leurs données.

Par contre, elles présentent l'avantage d'être plus accessibles à l'entendement du grand nombre, et, quand les sujets qu'elles traitent sont d'un intérêt aussi général que l'évolution et la descendance des êtres vivants, elles se prêtent aisément à la vulgarisation. Mais cet avantage même devient souvent la cause d'entraînements dangereux.

Comment doivent être écrits les ouvrages populaires traitant des sciences naturelles?

Les progrès extraordinaires réalisés au siècle dernier par presque toutes les sciences naturelles, l'influence énorme qu'ils ont exercée et qu'ils exercent encore sur toutes les manifestations de la vie politique et sociale, devaient forcément éveiller la pensée de rendre accessibles au public profane les résultats les plus saillants des recherches cosmologiques. Le désir de vulgariser les sciences naturelles a bientôt trouvé son expression dans deux classes de productions scientifico-populaires, qui poursuivent chacune un but très différent : l'une s'efforce de revêtir d'une forme facilement intelligible les connaissances dont l'application pratique peut être utile à la société; l'autre se propose de répondre à un besoin plus élevé de l'esprit humain, l'aspiration idéale vers le savoir et la vérité.

La question posée plus haut intéresse cette seconde catégorie d'ouvrages, qui seule entre dans le cadre de nos études. A première vue, la réponse paraît aisée : un ouvrage populaire doit présenter, sous une forme facilement saisissable et attrayante pour le public cultivé, les résultats des sciences naturelles offrant un intérêt général, c'est-à-dire touchant aux problèmes qui s'imposent le plus à l'attention du penseur. En exposant les résultats de la science, il est nécessaire, autant que possible, d'initier aussi le lecteur aux méthodes, aux procédés des chercheurs, aux difficultés que ceux-ci ont rencontrées, et aux obstacles qu'ils ont dû vaincre. Et cela, autant pour rendre hommage aux savants que pour faire connaître au lecteur le degré de certitude ou de probabilité auquel peuvent prétendre les résultats obtenus et les théories.

C'est ainsi que la vulgarisation des sciences a toujours été comprise par les maîtres incontestés du genre, tels que les Humboldt, les Arago, les von Baer, les du Bois-Reymond, les Bertrand, les Tyndall, les Claude Bernard, les Helmholtz, les Virchow et autres. Malheureusement, tous les naturalistes ne se sont pas réglés sur ces modèles. Le XIXe siècle fut surtout un siècle militant. Les hommes de science ne pouvaient ni ne devaient rester spectateurs indifférents des luttes politiques, sociales, religieuses et philosophiques, qui divisaient alors les esprits. Armés de leurs connaissances positives, exercés à la guerre contre l'ignorance et le mensonge, les savants naturalistes étaient en mesure de prendre part à ces luttes avec toute l'autorité souhaitable.

Mais tous ne se sont pas contentés des seules ressources que la science mettait à leur disposition. Dans l'ardeur du combat, beaucoup ont plus d'une fois recouru à des armes qui n'avaient rien de vraiment scientifique. D'ailleurs, les ouvrages populaires ne se prêtent guère à une argumentation rigoureusement enchaînée. D'un autre côté, parmi les faits qui sont présentés au public comme scientifiquement incontestables, le profane n'est pas en état de distinguer ceux qui méritent réellement toute créance de ceux qui, éclos dans l'imagination plus ou moins déréglée du vulgarisateur, sont destinés à tromper un lecteur dépourvu de la maturité d'esprit et de la compétence nécessaires. Dans ces conditions, plusieurs savants n'ont pas résisté à la tentation d'abuser de l'autorité qui s'attachait à leur situation. Trop souvent, ils ont endormi leur conscience scientifique en se persuadant que toutes les armes étaient bonnes pour lutter contre l'ignorance et la superstition, et qu'un écrit populaire exigeait même une certaine liberté d'allure, inadmissible dans les ouvrages de pure science.

Naturellement, entre deux auteurs dont l'un fournit toujours des réponses à toutes les questions qui irritent la curiosité humaine, tandis que l'autre signale à chaque instant les lacunes de la science ou indique les limites qu'elle ne peut dépasser, le public avide de savoir donnera la préférence au premier sur le second. Entre un savant qui, devant certains problèmes, ose dire : « *Ignorabimus* », et un autre qui, comme Haeckel, sait tout et quelque chose encore, il est rare que le public crédule hésite. Un charlatan de foire, offrant des élixirs propres à guérir toutes les maladies, réelles et imaginaires, attire d'ordinaire plus la foule qu'un médecin sage et consciencieux. Si quelque vulgarisateur déclare hautement avoir découvert que l'opération de l'esprit n'est rien de plus qu'une action réflexe, les gens du monde admirent avec quelle simplicité a été dévoilé un des plus grands mystères de la nature. Rarement ils peuvent reconnaître qu'au fond, à un phénomène inexplicable, on n'a fait que substituer un autre phénomène, tout aussi incompréhensible. Encore moins soupçonnent-ils que ce remplacement d'une énigme par une autre a pour seule cause l'inintelligence du vulgarisateur lui-même, lequel ne s'est pas bien rendu compte de ce qu'est proprement le processus psychique dont il croit trouver si facilement l'explication. En pareil cas, il suffit au public que les savants se donnent pour avoir élucidé une question obscure; la manière dont le phénomène a été expliqué lui est d'habitude indifférente.

Un succès non moindre doit échoir à tel autre audacieux, assurant qu'il a trouvé le secret de la création du monde organique, secret tout aussi clair pour lui que la réaction chimique la plus élémentaire; que non seulement il a éclairci l'origine de l'homme, mais qu'il a même construit son arbre généalogique, en dénombrant les milliers de générations qui, depuis le primitif et rudimentaire Bathybius, ont peuplé notre globe durant des millions d'années.

Il ne reste plus au public qu'à s'extasier sur de semblables progrès scientifiques et à s'incliner devant le gén qui les a rendus possibles. Mais est-ce bien là populariser la science? Ajoute-t-on réellement à la somme des connaissances de la société, lorsqu'on lui communique une multitude de faits, les uns faussés, les autres sophistiqués ou de pure invention, lorsque, au lieu d'explications vraies, on déverse sur la foule un tas de mots incompréhensibles, qui souvent ne couvrent que l'indigence de la pensée et la pauvreté des faits? Un vulgarisateur de ce genre est-il en mesure de dissiper l'ignorance, de déraciner la superstition et d'inspirer le respect de la science? Il n'y a pas à douter que la réponse à ces questions ne peut être que négative. Les doctrines qui recourent à de tels procédés de lutte se discréditent et perdent à la longue toute action sur les intelligences. Revenu de son premier entraînement, le public se détourne des systèmes qu'on lui a présentés sous le masque de la science et dont il comprend tôt ou tard l'inanité.

Si le long et épineux chemin qui mène au vrai savoir peut attirer les esprits et les retenir, c'est seulement à la condition que le plus petit pas en avant représente un effort scientifique sérieux, et que le moindre anneau de la chaîne des connaissances positives soit assez solidement soudé à l'ensemble pour résister aux assauts de la critique. Si l'on veut que, malgré d'inévitables lacunes, la science puisse captiver longtemps les masses, il est nécessaire que tout ce qu'elle donne comme positif soit, en effet, irréfutable.

Le lecteur a compris maintenant comment, à notre avis, il convient de répondre à la question posée plus haut. Si un ouvrage populaire d'histoire naturelle doit, par sa forme, par son mode d'exposition, différer d'un travail de pure science, il est indispensable qu'il offre, *au même degré, le caractère de la rigueur scientifique.* Bien plus encore, le vulgarisateur, qui s'adresse à un public insuffisamment préparé, devra se montrer beaucoup plus prudent et plus réservé dans ses conclusions que s'il avait affaire à des savants de profession. Formulée dans un ouvrage spécial, une hypothèse téméraire, une conjecture plus ou moins risquée induit rarement en erreur le lecteur érudit, capable de distinguer l'hypothèse

de la théorie, et la théorie de la loi. Il n'en en est pas ainsi
dans les livres populaires. Là, trop souvent, le lecteur s'attache de préférence à l'hypothèse brillante, à la comparaison
ingénieuse, et les prend volontiers pour le fond même de la
doctrine qu'on lui expose.

Peu de problèmes éveillent chez l'homme un intérêt aussi
puissant que celui de son origine et de sa place dans le règne
animal. En dehors du vaste champ d'investigation qui est
ainsi ouvert à l'activité du savant naturaliste, l'explication proposée influe profondément sur toute la conception
de la vie et de l'univers. Dès lors, il est aisé de comprendre
que, si beaucoup de savants éminents se sont attachés à
résoudre la question, tous n'ont pas su se maintenir sur
l'étroit terrain de l'analyse exacte. Plus la solution à trouver
offre de difficultés quand on ne la demande qu'aux arguments rigoureusement scientifiques, plus on est tenté de
recourir à des raisons prises dans un ordre d'idées totalement
étranger à la science.

CHAPITRE IV

GRANDEUR ET DÉCADENCE DU DARWINISME

§ I. LA PSYCHOLOGIE DES ÉVOLUTIONNISTES.

Au Muséum d'histoire naturelle, la France vient d'élever un monument à Lamarck, auteur de la *Philosophie zoologique*. Presque en même temps, l'Angleterre célébrait à Cambridge le centenaire de la naissance de Darwin, qui coïncidait avec le cinquantenaire de la publication de son *Origin of Species*. Le monde savant officiel a pris une part large, bien qu'inégale, à ces deux fêtes de la science. Des discours élogieux, enthousiastes même, ont été prononcés, à Paris et à Cambridge, pour glorifier les deux créateurs des théories modernes de l'évolution et du transformisme.

Le public profane, qui suit d'un œil distrait les événements scientifiques et ne les juge guère que sur les apparences, ne se doutait pas que ces fêtes retentissantes, tout en rendant un hommage mérité à deux nobles savants, qui ont consacré toute une vie de travail et de lutte au triomphe de ce qu'ils croyaient sincèrement être la vérité, n'étaient en réalité que des funérailles solennelles faites à leurs doctrines expirantes. Pour les initiés, ces pompeux discours, qui glorifiaient si éloquemment

Lamarck et Darwin, sonnaient comme le glas funèbre des théories de la descendance. Ils n'ignoraient pas que ces honneurs tardifs, Lamarck ne les devait qu'à l'écroulement des doctrines darwiniennes. Les évolutionnistes aux abois l'élevaient maintenant au pinacle parce que l'idole créée par eux s'était brisée en morceaux sous les coups de ses adorateurs.

Dès le début, en effet, la doctrine de Lamarck, dans laquelle la pauvreté des preuves scientifiques ne répondait pas, même de loin, à la profondeur de la pensée et aux envolées de l'imagination, fut vivement combattue par Cuvier, le maître génial, qui, comme son illustre prédécesseur Linné, était un partisan convaincu de la constance des espèces. Malgré l'appui de Geoffroy Saint-Hilaire, et après une série de discussions mémorables à l'Académie des sciences, elle succomba sous le poids des preuves accablantes de ses erreurs.

Tout autre fut le sort de la théorie évolutionniste de Darwin. Après un triomphe sans pareil, dès l'apparition de l'*Origin of Species*, cette théorie a dominé, pendant un quart de siècle, le mouvement intellectuel du monde civilisé. L'opposition qu'elle a rencontrée de la part des grands biologistes de l'époque, von Baer, Flourens, Agassiz, Milne-Edwards, Claude Bernard, Quatrefages, et beaucoup d'autres, à cause de la faiblesse de ses conceptions fondamentales et de l'absence complète de preuves scientifiques tangibles, fut tantôt trop tardive, tantôt trop timide ou trop dédaigneuse pour être efficace. La tâche n'était d'ailleurs pas aisée de lutter contre l'engouement de la foule, affolée par les hardis vulgarisateurs allemands, surtout par le fameux trio Büchner, Karl Vogt et Moleschott, qui prêchait *urbi et orbi* qu'une nouvelle révélation scientifique venait d'éclairer le monde et de dévoiler enfin les mystères de la création. Habitué depuis l'aurore du XIXe siècle au prodigieux développement des sciences exactes, ébloui par les grandioses découvertes qui bouleversaient de fond en comble les conditions matérielles de la vie, le public n'était que trop porté à accueillir avec enthousiasme une théorie scientifique paraissant expliquer, dans une forme accessible même aux esprits peu cultivés, l'éternel problème de la formation du monde organique. La perspective de voir le créateur de l'univers détrôné, la joie d'être délivré de la religion et de la contrainte morale qu'elle impose à la libre manifestation des convoitises et des passions humaines, devaient forcément entraîner l'adhésion du vulgaire ignorant, auquel on octroyait d'emblée une lignée d'ancêtres, peu séduisants peut-être, mais remontant à des milliers de siècles.

Après avoir résisté pendant une vingtaine d'années aux attaques justifiées de ses adversaires, la doctrine darwinienne eut l'étrange destinée de succomber sous les coups de ses plus zélés partisans. Deux hypothèses, la sélection naturelle des plus aptes et la transmission héréditaire des propriétés acquises pendant la lutte pour l'existence, formaient les principales assises sur lesquelles était édifiée la théorie de l'évolution transformiste. Herbert Spencer, le grand métaphysicien anglais, l'apôtre le plus enthousiaste de la nouvelle conception mondiale de Darwin, s'est chargé de détruire le premier de ces fondements et de démontrer la complète impossibilité d'une évolution des organismes supérieurs à l'aide de la sélection naturelle [1]. Un autre darwiniste non moins passionné, l'embryologiste Weismann, soumit à une analyse critique détaillée les faits essentiels sur lesquels on s'appuyait pour soutenir la possibilité d'une transmission héréditaire des propriétés et des particularités acquises pendant la vie des organismes. Il parvint ainsi à démontrer que ces prétendus faits ne reposaient que sur des récits inventés de toutes pièces, ayant à peu près la valeur scientifique des contes de nourrices.

L'écroulement d'une seule de ces bases du darwinisme était suffisant pour renverser l'hypothèse de la descendance des formes organiques. En effet, sans transmission héréditaire

---

1. The inadequacy of Natural Selection. *Contemporary Review*, 1893 ; paru en même temps en allemand, sous le titre « Unzulänglichkeit der natürlichen Zuchtwahl ». *Biologisches Centralblatt.*

des propriétés acquises par la sélection naturelle, cette hypothèse perdait toute valeur comme moyen d'expliquer l'évolution. Aussi M. Weismann a-t-il insisté avec raison sur ce point
que sa démonstration ruinait également la doctrine de Lamarck,
basée sur la survivance des mieux adaptés au milieu ambiant.
Bien plus, M. Weismann a édifié une nouvelle théorie de
l'hérédité par la voie de cellules germinatives (*Keimzellen*) se
transmettant de génération en génération : cette théorie, qui
rappelle un peu celle de l'emboîtement, imaginée par
Bonnet, exclut d'une manière absolue toute possibilité de
transmission des propriétés acquises pendant la vie [1]. D'autre
part, la disparition de la sélection naturelle prive la thèse
darwinienne de son principal facteur d'évolution, et cela
même si l'on admettait la possibilité d'une transmission héréditaire des propriétés acquises.

Comme si les efforts de ces deux partisans déterminés de
Darwin n'eussent pas été suffisants pour démontrer le
néant des doctrines du transformisme et de la descendance,
Haeckel, leur plus fanatique champion, a employé sa longue
vie de labeur à faire sombrer l'évolutionnisme dans le ridicule, en poussant avec une ardeur sans pareille ses conséquences jusqu'à l'absurde. (Voir ch. v.)

L'illustre zoologiste Huxley, dont la haute autorité a tant
contribué au succès du darwinisme, déclarait un jour : « *If the
darwinian hypothesis was swept away, evolution would still
stand where it was* [2]. » L'éventualité prévue par Huxley s'est
réalisée avant la fin du siècle dernier. L'évolution reste-
t-elle encore debout?

La réponse dépend du sens que l'on veut attribuer à ce
mot. Si l'évolution, impliquant la transformation des espèces
(l'homme inclus), prétend à l'honneur d'être un système
scientifique, comme l'ont voulu Lamarck et Darwin, la

1. Voir plus bas, §4.
2. Cité d'après Weismann : *Neue Gedanken zur Vererbungsfrage*. Iéna,
1895.

réponse ne saurait être que négative. « Un pareil système, appuyé sur de pareilles bases, peut amuser l'imagination d'un poète, a dit Cuvier, en parlant de l'œuvre de Lamarck; un métaphysicien peut en dériver toute une génération de systèmes, mais il ne peut soutenir l'examen de quiconque a jamais disséqué une main, un viscère ou simplement une plume. »

Comme on le verra plus bas, les paroles de Cuvier peuvent s'appliquer avec autant de justesse aux systèmes de Lamarck et de Darwin *qu'à toutes les théories transformistes présentes et à venir*. Quelle que soit la valeur individuelle de leurs auteurs, ces théories ne seront jamais autre chose que les produits plus ou moins heureux de l'imagination, ou de la spéculation pure.

Pour pouvoir soutenir ses prétentions scientifiques, l'évolution devrait se baser sur des preuves tirées de notre connaissance sensorielle. La connaissance spirituelle, même aidée par l'intuition géniale, ne saurait donner naissance à une science exacte, quand ses données initiales, ou au moins ses déductions ne peuvent être soumises à l'épreuve des sens. C'est une pure aberration psychique que de vouloir fonder une science naturelle sur des arguments et non sur des preuves sensibles. La dialectique pure peut suffire au métaphysicien; elle ne suffit pas au naturaliste. Or, Lamarck et Darwin, dans leurs tentatives de fournir une explication naturelle de l'origine du monde organique, n'ont pu accumuler, l'un et l'autre, que des arguments plus ou moins ingénieux, sans jamais apporter de preuves. Devant l'immensité du problème à résoudre, les observations recueillies sur des plantes et des animaux existants, de même que toutes les découvertes paléontologiques et anthropologiques, ne sauraient constituer l'ombre d'une preuve rigoureusement scientifique, même si ces découvertes ne témoignaient pas contre la thèse qu'on veut démontrer, comme cela n'arrive que trop souvent. Les évolutionnistes, qui jonglent avec des milliers et même avec des centaines de milliers d'années, comme des enfants avec des boules de neige, ne se rendent pas compte que, par ces exagérations mêmes, ils rendent leurs problèmes à jamais insolubles.

Le transformisme et la descendance, engagés dans la voie sur laquelle Darwin a déraillé, par la faute de ses aiguilleurs, les métaphysiciens allemands, depuis Büchner jusqu'à Haeckel, ne pourront jamais prétendre même au titre de simple hypothèse scientifique. En effet, pour être valable, une pareille hypothèse doit remplir trois conditions : 1° Pouvoir expliquer un très grand nombre de faits incontestablement établis; 2° Ne pas se trouver en contradiction flagrante avec des faits généralement reconnus; et enfin 3° par sa nature même pouvoir être développée et démontrée dans un avenir plus ou moins rapproché. Est-il encore nécessaire d'insister sur ce point que la doctrine transformiste de Darwin ne réalise aucune de ces trois conditions essentielles? Avec cette sincé-rité naïve qui fut sa principale séduction, l'auteur de l'*Origin of Species* le reconnaît lui-même, quand il déclare, dans le der-nier chapitre de son ouvrage : « Tout homme qui, d'après ses dispositions intellectuelles, attribue une plus grande por-tée aux difficultés inexplicables qu'à l'explication d'un certain nombre de faits repoussera ma théorie. » Autrement dit, Dar-win considère que ses contradicteurs sont mal fondés à exi-ger d'une théorie l'explication de tous les phénomènes aux-quels elle doit s'appliquer. Une théorie ne s'appliquant qu'à un certain nombre de faits, « *a certain number of facts* », lui paraît déjà être suffisamment scientifique.

Faute de s'appuyer sur la connaissance sensorielle, les doctrines de l'évolution et du transformisme peuvent-elles espérer de reprendre essor au moyen de la connaissance purement spirituelle? Le système darwinien se réduit en réalité à l'hypothèse de la sélection naturelle. C'est à l'aide de cette sélection que Darwin et ses successeurs essaient d'expliquer, par la voie naturelle, la formation du monde organique sur notre planète. Or, la sévère logique est l'outil le plus indispensable de la connaissance spirituelle, et la doctrine de la sélection naturelle, dans la forme que Darwin et ses disciples lui ont donnée, pèche contre les règles les plus élémentaires de la logique.

C'est de la théorie économique malthusienne, basée sur le principe mal compris de la lutte pour l'existence, que Darwin s'est inspiré dans son hypothèse de la sélection naturelle. Alfred Wallace, qui construisit en même temps que Darwin une théorie de l'évolution à peu près identique, également fondée sur la sélection naturelle, raconte qu'il eut la vision de cette sélection dans un accès de fièvre chaude, après avoir lu l'ouvrage de Malthus. Les résultats que les horticulteurs et les éleveurs obtiennent par la sélection artificielle parurent suffisants aux deux évolutionnistes pour justifier l'application d'un semblable principe à la transformation du monde organique tout entier. L'idée était d'une hardiesse extrême, étant données les limites très étroites dans lesquelles on peut obtenir des variétés de plantes et de fleurs et celles, bien plus restreintes encore, où se trouve enserré l'élevage, à cause de la stérilité des croisements hybrides.

Qu'un métaphysicien, qui fait abstraction des réalités et pour lequel une idée générale peut suffire pour construire tout un système mondial, s'avise d'appliquer la sélection naturelle à la création de toutes les formes organiques, en s'appuyant sur des analogies avec la sélection artificielle, il constatera vite que, dans cette dernière, la direction intelligente de l'horticulteur ou de l'éleveur intervient comme facteur décisif. Il se verra donc obligé, par la logique même de recourir à une intervention d'ordre supérieur, à une direction imposée par Dieu, par le Créateur, ou au moins par l'Inconnaissable de Herbert Spencer. Cette direction, il en verra la preuve dans la finalité des phénomènes et dans les lois inéluctables de la croissance organique et de la génération. Jamais l'idée ne viendrait à un philosophe d'attribuer les merveilleuses

opérations qu'impliquent une transformation des diverses
espèces, une filiation de l'homme avec les vertébrés inférieurs
et même avec les invertébrés, *uniquement* aux hasards de la
lutte pour la nourriture ou pour la procréation. Il serait d'ailleurs préservé d'une telle erreur par le souvenir d'Empédocle
qui, lui aussi, avait imaginé un système basé sur le hasard.
Les rencontres fortuites d'une tête sans corps avec un corps
sans tête, d'un tronc sans extrémités avec une jambe qui
se promenait sans tronc ou avec un bras allongé tout seul, lui
suffisaient pour expliquer la création du monde organique.
Encore avait-il l'excuse d'ignorer complètement l'anatomie de
l'homme. Les philosophes, eux, connaissent bien la cruelle
satire d'Aristote sur la fantaisie d'Empédocle.

Au début, Charles Darwin était très éloigné de concevoir
la sélection naturelle comme due aux hasards de la lutte
pour l'existence. Sa théorie de l'évolution, il la tenait presque
en entier de son grand-père, Érasme Darwin, qui, nous le
racontons plus loin, l'avait développée dans plusieurs ouvrages. S'il garde le silence sur cette source familiale, c'est
sans doute à cause de la forme ridicule de poème en vers
médiocres donnée par Érasme Darwin à son système. Or, ce dernier était un croyant et un finaliste convaincu. Certes, la lutte
pour l'existence ne lui était pas inconnue en principe, et au
besoin il y avait recours, comme on le verra plus loin. Mais,
avant tout, il cherchait le *but* et la *fin* des différents changements qu'il décrivait.

Lorsqu'il publia le récit de son voyage d'études sur le
Beagle, Charles Darwin, lui aussi, raisonnait en vrai finaliste,
bien que le mot téléologie lui fût inconnu. Dans la première
édition de l'*Origine des Espèces*, il n'hésite même pas à
admettre l'intervention du créateur. Ce n'est que dans les
éditions suivantes qu'il y renonce après le succès imprévu
que son ouvrage avait rencontré auprès d'un certain
nombre de matérialistes allemands, qu'il considérait à tort
comme de grands naturalistes.

Sans causes finales, nulle évolution dans le sens du perfectionnement des espèces ne saurait être imaginée. Au contraire, une dégénérescence, c'est-à-dire une régression, et l'anéantissement définitif seraient inévitables. Aucun calcul des probabilités n'est applicable aux mouvements chaotiques. On ne doit pas oublier, d'ailleurs, que les influences nuisibles, comme les maladies, sont contagieuses, tandis que l'état de santé prospère ne l'est pas.

Et puis, comment Darwin et ses partisans peuvent-ils concilier le transformisme par le hasard avec leur conception mécanique de la vie? Les phénomènes purement physiques et chimiques obéissent à des lois immuables. Toute suppression de ces lois amènerait également le chaos et la destruction même du monde inorganique.

Dans les sciences biologiques, aucune recherche féconde ne serait possible sans la constatation de la finalité. Quand le physiologiste entreprend d'élucider les fonctions d'un organe quelconque, il part forcément de la supposition que cet organe a une destination déterminée. L'embryologiste, qui suit pas à pas le développement d'un embryon, voit à chaque instant le *but*, le *pourquoi* du changement qu'il observe; par contre, la *cause*, le *comment* lui échappe le plus souvent. Pas un instant il n'envisagera la possibilité de l'intervention du hasard dans le dédoublement de l'ovule, par exemple, ou dans ses transformations subséquentes. S'il observe une déviation dans le processus de la formation ou de l'évolution de l'embryon, il sait d'avance que la mort ou quelque monstruosité en sera la conséquence fatale. Jamais l'étrange pensée ne lui viendra qu'un perfectionnement des variétés puisse être le résultat d'une pareille dérogation aux lois du développement.

Un perfectionnement de ce genre pourrait provenir d'une hybridation volontairement produite; mais, par son essence même, la sélection naturelle devait exclure l'hybridation comme moyen d'évolution. Là encore, les darwinistes

voyaient et pensaient faux. Aussi les événements leur ont-ils
infligé une cruelle leçon. Six ans à peine après la publication
de l'*Origine des Espèces*, un moine Augustin, Georg Mendel,
eut, en 1865, l'heureuse idée d'introduire l'expérimentation
dans l'étude de l'hybridation des plantes. Son succès fut
éclatant : il réussit à produire plusieurs variétés et à déduire
des règles constantes, presque des lois de la transmission
héréditaire. L'affolement général provoqué par le darwinisme
était alors si grand que les belles découvertes de Mendel pas-
sèrent inaperçues. Ce n'est que quarante ans plus tard,
en 1905, que M. Correns attira l'attention sur les travaux
de Mendel, destinés à dominer dorénavant toutes les études
sur l'hérédité. M. de Vries a repris avec succès les expériences d'hybridation artificielle. Les darwinistes aux abois,
reconnaissant l'impossibilité de sauver l'origine simienne
qui leur est chère à l'aide des théories de Darwin, se re-
jettent à présent sur les découvertes de Mendel. L'hybridation des plantes leur permettra, espèrent-ils de sauvegarder
la doctrine qui fait descendre l'espèce humaine des vers
rampants, des insectes puants et des protozoaires, auxquels
M. Metchnikoff attribue une âme immortelle qu'il refuse
obstinément à l'homme.

Heureusement, les vrais savants, les seuls qui comptent
pour le progrès de la science, sont à jamais guéris de l'entraînement transformiste, de la sélection par le hasard, de la peur
de se compromettre avec la finalité, et surtout de l'angoisse
devant celui que Lamarck désignait avec tant de dignité
comme l'*auteur sublime de toutes choses*. C'est en effet pour
éviter l'intervention du surnaturel que les fanatiques de
l'évolutionnisme ont amené Darwin à biffer le créateur
dans son *Origine des Espèces*. Or, rien n'aurait pu être plus surnaturel, plus miraculeux que la transformation, par une série
de hasards se répétant pendant des milliers d'années, d'un
protozoaire en un Newton ou en un Corneille. Par contre,
aucune des manifestations ou des productions de l'esprit de

Celui qui a créé les lois immuables de la nature ne doit et ne peut jamais être considérée comme surnaturelle. « Les miracles, a déjà dit saint Augustin, ne sont pas en contradiction avec les lois de la nature, mais avec ce que nous savons de ces lois. »

La conception qui hante l'esprit de certains naturalistes, ceux surtout que nous classons dans la seconde catégorie (p. 200), se résume ainsi : Dieu, une fois l'univers créé, ne peut que contempler, en spectateur impuissant et désintéressé, les évolutions du monde. C'est bien la conception la plus étrange qu'on puisse imaginer [1].

Les créations successives sont encore plus logiques, et même beaucoup plus accessibles à notre entendement. Il est possible de construire d'emblée une locomotive, mais l'esprit se refuse absolument à concevoir comment, par exemple, un simple cadenas pourrait se transformer spontanément, au cours de millions d'années, en une locomotive, ou bien un cadran solaire en un chronomètre de Bréguet. On peut en dire autant de la transformation d'une ascidie en homme ou même en vertébré quelconque.

Nous ne saurions mieux conclure cette introduction à la psychologie des évolutionnistes qu'en rappelant quelle accablante et décisive réfutation de leurs doctrines fut donnée par K. E. von Baer. L'illustre savant avait longtemps résisté aux sollicitations des naturalistes qui le pressaient d'émettre son opinion autorisée sur le darwinisme. C'est seulement en 1876, au déclin de sa vie mais encore en pleine

1. M. Ladenburg, professeur de chimie à Breslau, s'est fait récemment e protagoniste d'une pareille conception et, au Congrès des naturalistes à Cassel, en 1903, il soutenait sa thèse aux applaudissements de l'assemblée. Il est vrai que, le lendemain, la même assemblée applaudissait avec autant d'entrain aux paroles du chimiste Sir William Ramsay : « nous savons que nous ne savons rien », qu'il prononça comme conclusion d'une très lucide conférence sur le problème des atomes Ramsay, en rentrant à Londres, a découvert la transformation du radium en helium ; Ladenburg, de retour à Breslau, dut recourir à des palinodies humiliantes pour apaiser l'indignation que sa conception de Dieu avait provoquée à l'Université.

possession de ses merveilleuses facultés intellectuelles, qu'il
se décida à soumettre ce système à une critique minutieuse
et à démontrer la complète inanité des prétendus principes
scientifiques qui lui servent de bases[1]. Pour prononcer un
jugement définitif sur l'évolution, personne n'était mieux
qualifié que le créateur de l'embryologie moderne, qui a su
découvrir et mettre en lumière l'existence des ovules dans
les follicules de Graaf des mammifères. Son ouvrage de début,
« l'Histoire du développement des animaux » (*Ueber die
Entwickelungsgeschichte der Thiere*, 2 vol. 1828-1837), indique
déjà, par son titre seul, à quel point ses conceptions biologiques différaient des idées transformistes; le premier
volume fut couronné par l'Académie des sciences de Paris,
sur le rapport de Cuvier, en 1831. Pendant plus de soixante
ans, de 1814 à 1876, K. E. von Baer, par ses admirables
recherches, a grandement enrichi presque toutes les branches
de l'histoire naturelle. Ses innombrables travaux zoologiques, embryologiques, anthropologiques, paléontologiques,
géologiques, géographiques, ainsi que ses études philosophiques, ont considérablement élargi et confirmé les conceptions biologiques de ses premières œuvres.

Si tardive qu'elle fût, la réfutation de von Baer n'en était
pas moins complète et décisive; elle ne manqua pas d'exercer
sur les véritables naturalistes une profonde influence. Il faut
nous borner à citer la conclusion de l'ouvrage, malheureusement peu connu en France : « Je ne puis que déclarer aux
hommes de science qu'une hypothèse n'a de valeur et de

---

1. Vers la mi-juillet 1870, introduit par une lettre de Claude Bernard,
j'ai eu l'honneur d'être à Dorpat l'hôte de K. E. von Baer. Pendant une de
ses réceptions intimes du mercredi, à propos de très intéressantes observations sur la vie des abeilles, racontées par le comte Czapsky, apiculteur passionné, la conversation fut amenée sur la théorie transformiste. Von Baer
déclara alors que, vu son grand âge, il préférait s'épargner les émotions
d'une campagne contre une théorie qui ne tenait pas debout, et qui était
destinée à s'écrouler d'elle-même tôt ou tard, quand l'engouement du public
profane aurait passé.

raison d'être que quand nous la traitons en hypothèse, c'est-
à-dire quand nous nous en servons comme d'un point de
départ pour des recherches spéciales; mais qu'il est funeste et
déshonorant de considérer · comme le dernier mot de la
science une hypothèse qui manque entièrement des moyens
de se prouver (*Beweismittel*). Notre savoir est fait de pièces
et de morceaux (*unser Wissen ist Stückwerk*). Compléter ces
pièces par des suppositions peut procurer des satisfactions
personnelles; ce n'est pas la science [1]. » Ces paroles devraient
être méditées par les biologistes qui seraient tentés de prêcher
la résurrection des doctrines darwiniennes.

« Suivant notre profonde conviction, écrivais-je en 1886,
le darwinisme, au sens strictement scientifique du terme,
c'est-à-dire l'explication de la constante transformation des
espèces organiques par la sélection naturelle, ne survivra
pas au siècle présent. » D'après toutes les considérations qui
précèdent, pareille prédiction n'était pas difficile à faire. Elle
ne s'est réalisée pourtant qu'en partie. Pour le monde savant
proprement dit, les théories transformistes de Darwin ont
perdu toute valeur, on pourrait même dire tout intérêt. Il
n'en est malheureusement pas ainsi pour le grand public.
La séduction particulière que l'*Origine des Espèces* avait
exercée sur la vie intellectuelle du siècle passé a laissé des
traces trop profondes pour qu'on puisse espérer d'en voir disparaître de sitôt les conséquences funestes.

La puissance de l'erreur repose sur une loi naturelle générale, dont on a pu constater les effets à propos des erreurs
myogènes, qui, pendant la fin du XVIIIe siècle, ont tant décon-
sidéré la physiologie et tant nui à la médecine et aux malades :
la folie est contagieuse ainsi que la maladie; la raison ne l'est
pas plus que la santé. De même pour le vice et la vertu :
un élève vicieux peut infecter toute une classe, la vertu d'un
seul n'aurait pas le pouvoir de l'assainir. Le mensonge, la

---

1. Ueber Darwin's Lehre, pp. 235-473 du deuxième volume des *Discours et
Études scientifiques*. Braunschweig, 1886.

calomnie se propagent avec une rapidité vertigineuse et restent souvent indéracinables pendant des siècles; le rétablissement de la vérité se fait très lentement et nécessite de longues luttes. A la même loi se rattache cet étrange phénomène de la psychologie des peuples, d'une portée si considérable : les habitants des provinces frontières contractent aisément les défauts intellectuels et moraux des deux pays limitrophes, et s'assimilent très rarement leurs qualités.

Il serait donc imprudent de déposer les armes devant les pernicieuses doctrines transformistes, dans le fallacieux espoir que leur réfutation purement scientifique sera suffisante. En France, le monde savant a le plus longtemps résisté à l'entraînement vers les fantaisies évolutionnistes. Mais, pour y avoir pénétré plus tard, ces idées erronées y ont poussé des racines d'autant plus profondes. Nous voyons se répéter le même fait que nous avons relevé plus haut, à propos des théories kantiennes : le darwinisme n'a commencé à grandir en France qu'au moment où sa décadence se dessinait en Allemagne. Le moyen le plus sûr de combattre l'évolutionnisme transformiste, dans son état actuel, c'est d'étudier l'histoire psychologique de sa naissance et de son développement. Or, la psychologie des sciences n'est, en réalité, que la psychologie des savants qui les ont créées. Ceci est encore plus vrai quand il s'agit d'erreurs scientifiques. Nous chercherons donc à donner ici successivement la psychologie d'Érasme Darwin, celle de Lamarck et celle de Charles Darwin, afin de faire mieux ressortir l'origine et la fausseté de leurs systèmes.

§ 2. — LA PSYCHOLOGIE D'ÉRASME DARWIN.

Il n'y a pas plus de soudaineté dans les grandes révolutions du monde intellectuel que dans celles du monde politique. L'homme en qui se personnifie l'une d'elles n'est nullement le premier qui en ait eu la pensée. D'ordinaire, le terrain lui a été préparé par toute une série de faits antérieurs; certaines idées, depuis longtemps en fermentation dans les esprits de ses prédécesseurs et de ses contemporains, lui ont tracé le courant dont il sera appelé à prendre la direction. En outre, la masse, toujours passivement soumise à l'impulsion de quelques initiateurs hardis, doit aussi se trouver dans des dispositions qui la rendent plus favorable aux tendances nouvelles.

Nulle part la réunion de ces circonstances n'apparaît plus manifeste que dans la révolution à laquelle Charles Darwin attacha son nom. Il surgit avec son fameux ouvrage, *On the Origin of Species*, au moment où, depuis un siècle déjà, les idées évolutionnistes[1] germaient dans la tête de plusieurs savants célèbres, quand de différents côtés et tout à fait indépendamment les uns des autres, zoologistes, poètes et philosophes étaient entraînés vers cette nouvelle conception de l'origine du monde organique, quand entre partisans et adversaires de ces théories se livrait une lutte ardente, acharnée, aussi bien dans l'enceinte des académies et dans les traités scientifiques que dans les colonnes des journaux. Faut-il rappeler le duel fameux dans l'histoire des sciences naturelles, qui eut lieu en 1830, à l'Académie des sciences de Paris, entre Cuvier et Geoffroy Saint-Hilaire, duel dont l'issue fut l'écrasement de Saint-Hilaire qui s'était fait le champion de l'hypothèse évolutionniste? Avec quel intérêt l'Europe pensante suivait de loin cette lutte, l'épisode suivant, raconté par un ami de Gœthe, nous le fait saisir sur le vif.

« 2 Août. Les nouvelles au sujet de la révolution qui vient de commencer à Paris sont arrivées aujourd'hui à Weimar et ont mis tout en émoi. Dans le courant de l'après-midi, je me suis rendu auprès de Gœthe. « Eh bien ! s'est-il écrié en me

---

1. L'idée de l'évolution est aussi ancienne que la philosophie. Les grands philosophes arabes du Xe siècle considéraient déjà le singe comme un intermédiaire entre les animaux et l'homme.

voyant, que pensez-vous de ce grand événement ? Le volcan
a éclaté enfin ; tout est en flammes, et ce ne sera plus une
affaire qu'on puisse traiter à huis clos. » — « Terrible affaire !
ai-je repris. Mais à quoi pouvait-on s'attendre dans une
telle situation et avec un pareil ministère, sinon à voir expulser la branche royale qui a occupé le trône jusqu'à présent?» — « Mon cher ami, riposta Gœthe, il paraît que
nous ne nous entendons pas. Je ne parle pas de ces gens-là ;
il s'agit pour moi de bien autre chose. Je vous parle de cette
manifestation publique au sein de l'Académie, de cette discussion, si importante pour la science, entre Cuvier et Geoffroy Saint-Hilaire. La chose est de la plus haute valeur, et
vous ne pouvez vous faire aucune idée de ce que j'éprouve
depuis la nouvelle de la séance du 19 juillet. Maintenant,
nous avons dans Geoffroy Saint-Hilaire un allié pour de
longues années. Ce qui me montre combien grande est la part
que le monde savant en France prend à ce débat, c'est que,
malgré la terrible agitation politique actuelle, la séance du
19 juillet a eu lieu devant une salle comble. Mais ce qu'il y
a de plus heureux, c'est que le système qui consiste à traiter la nature comme synthèse et que Geoffroy Saint-Hilaire
a introduit en France ne saurait plus désormais être relégué
dans l'ombre. L'affaire est aujourd'hui devenue publique,
grâce aux libres discussions ouvertes au sein de l'Académie
en présence d'un public nombreux. On ne peut plus la
renvoyer aux commissions secrètes, la juger et l'étouffer
entre quatre portes. »

Gœthe avait raison : le public était loin de se montrer indifférent à cette question scientifique. La fermentation révolutionnaire, qui agitait les esprits depuis la fin du XVIIIe siècle,
les rendait d'ailleurs éminemment accessibles à toute doctrine
en opposition avec celles du passé. Dans le cas donné, le public était d'autant plus sympathique à la théorie de l'évolution que partisans et adversaires s'accordaient à la représenter
comme devant ruiner les croyances traditionnelles, aux-

quelles la révolution triomphante faisait une guerre acharnée.

Jusque-là et depuis un temps immémorial, dans le monde savant et dans le public, régnait la conviction que chaque espèce d'animaux et de végétaux avait été créée séparément et s'était maintenue presque avec la même forme qu'elle présentait à l'origine. Les changements survenant dans le cours des âges n'avaient pas altéré le type primitif. La doctrine de la fixité et de l'invariabilité des espèces était encore admise à la fin du XVIIIᵉ siècle par tout le monde civilisé.

Le créateur de la biologie actuelle, l'illustre Linné, s'en tenait strictement à cette conception. En définissant l'espèce comme un ensemble de plantes ou d'animaux tellement pareils entre eux qu'involontairement on pouvait les supposer issus de parents communs, il donnait par cela même une nouvelle sanction à la théorie de la permanence des espèces organiques. Chacune d'elles, suivant lui, dérivait d'un couple particulier d'ancêtres, créés au commencement du monde. Toutefois, malgré la grande autorité du savant, dès la fin du XVIIIᵉ siècle, certains esprits commençaient à laisser percer des doutes sur la permanence absolue des espèces animales et végétales. Ils les manifestaient encore avec beaucoup de réserve et les enveloppaient de formules plutôt obscures; mais on se mettait à discuter, d'une façon plus ou moins franche, l'idée que les espèces sortaient les unes des autres, grâce à la modification graduelle des formes primitives. Dans sa célèbre *Histoire naturelle*, dont la publication complète dura quarante ans (1749-1788), Buffon a plusieurs fois donné à entendre, sous forme de possibilité douteuse, il est vrai, que les plantes et les animaux n'étaient peut-être pas complètement liés par la permanence de leurs formes et qu'ils avaient pu s'écarter peu à peu de certains types primitifs, sous l'influence de causes naturelles. Il basait ses conjectures sur les grandes similitudes de conformation.

En décrivant les vertébrés, il signale l'analogie de structure que présentent tous ces animaux, si conformes à un

type commun qu'ils semblent tous être les différentes branches d'une seule et même famille, issue d'une souche unique.
On pourrait croire que, parmi les membres de cette famille,
les uns, par l'effet d'une dégénérescence et d'autres circonstances défavorables, se sont déformés pour devenir des types
inférieurs, tandis que les autres, grâce au développement
plus parfait de leurs formes, ont donné les types supérieurs.

A la vérité, Buffon s'empresse d'ajouter que, si l'on suppose une telle possibilité pour une classe d'animaux, il n'y a
aucune raison pour ne pas élargir cette hypothèse et pour
ne pas admettre que toutes les classes, par voie de transformations graduelles, descendent d'une seule forme primitive :
or cela n'est pas possible, observe le prudent naturaliste,
car la révélation nous enseigne que chaque classe a été
créée séparément.

Buffon était-il sincère ou non en formulant cette réserve ?
Il est difficile de le dire. Mais l'idée émise par lui ne resta pas
sans écho et, dans différents pays, presque simultanément,
en Allemagne, en France et en Angleterre, trois penseurs se
prononcèrent, avec plus ou moins de netteté, en faveur de la
théorie qui fait dériver progressivement toutes les espèces de
formes plus simples. Voici comment, en 1795, Gœthe s'exprimait sur cette question : « Nous pouvons dire sans hésiter
que toutes les formes plus parfaites, comme les poissons, les
amphibies, les oiseaux, les mammifères, à commencer par
l'homme, ont été organisées primitivement sur un seul type
commun qui, maintenant encore, se modifie et se transforme
chaque jour à mesure qu'il se propage. »

Les darwinistes citent toujours cette phrase du grand poète
comme la preuve irréfutable qu'il était évolutionniste dans
le sens actuel du mot. Plus tard, évidemment, après l'apparition des ouvrages de Lamarck, Gœthe inclina vers cette
manière de voir. Mais il faut vraiment faire violence aux
mots pour trouver, dans ses paroles de 1795, quelque chose
de plus que la simple constatation d'un fait, à savoir que

tous les vertébrés sont créés sur un seul type commun et que ce type subit des modifications avec le temps. Cela, il n'est pas un adversaire de l'évolution qui ne l'admette; car autre chose est la *création d'après un type commun*, autre chose la *descendance d'un commun ancêtre*.

Plusieurs années avant Gœthe, un autre poète, fort médiocre, celui-là, s'était prononcé beaucoup plus catégoriquement en faveur du développement du monde organique par la transformation graduelle des espèces les plus simples en espèces plus parfaites : nous voulons parler du grand-père de Charles Darwin, le docteur Érasme Darwin, dont les ouvrages contiennent tous les fondements de la théorie évolutionniste darwinienne, y compris la sélection. Si nous avons donné le nom de poète à Érasme, c'est qu'il avait la fâcheuse manie d'exprimer ses idées philosophiques en mauvais vers. Cette forme malheureuse fut même la principale cause qui fit accueillir ses conceptions scientifiques avec le même dédain que ses ridicules rapsodies.

Son *Botanic Garden*, paru en 1781, son *Temple of Nature*, et ses autres pseudo-poèmes renferment déjà presque toutes les vues des évolutionnistes modernes, et non pas seulement à l'état de simples ébauches, mais très nettement formulées. Il n'est d'ailleurs pas difficile de se convaincre, à la lecture, que, pour démontrer la justesse de sa théorie, Érasme Darwin recourait absolument aux mêmes arguments qu'employa, quelque soixante années plus tard, son célèbre petit-fils. Les observations qu'il a consignées dans la *Zoonomia*, son œuvre principale, n'offrent pas, à beaucoup près, le même caractère méthodique. Mais, ce qui surtout empêcha la doctrine d'Érasme de devenir populaire, c'est que le terrain n'était pas encore préparé pour une révolution intellectuelle aussi considérable. La meilleure preuve en est que les ouvrages de Lamarck, publiés quelques années après, ne produisirent pas plus d'impression sur le public, en dépit de leur caractère plus scientifique et de l'esprit philosophique très élevé de leur auteur, bien supérieur sous ce rapport à Charles Darwin lui-même.

Dans son *Jardin botanique,* Érasme exprime l'opinion très nette que le monde organique tout entier subit une transformation constante dans le sens de l'amélioration, du perfectionnement. Il estimait cette « conception du monde beaucoup plus digne du créateur de toutes choses » qu'aucune autre. Il cite comme preuve la disparition complète des formes organiques que nous trouvons chez les fossiles et, ce qui est plus intéressant encore, la présence d'organes rudimentaires dans les plantes et les animaux actuels. «Plusieurs animaux, dit-il, portent les traces de changements effectués sur leur corps, grâce auxquels ils ont pu s'adapter à de nouveaux moyens de se procurer la nourriture. »

Au cours du même ouvrage, il conjecture que les piquants et les épines des plantes, ainsi que leurs odeurs fortes et leurs poisons, sont des acquisitions par lesquelles elles peuvent se défendre contre la voracité des insectes et des mammifères. Il va jusqu'à supposer que certaines orchidées prennent l'aspect de fleurs couvertes d'insectes pour éloigner les insectes réels.

Le lecteur voit que le grand-père avait déjà les idées essentielles qu'a soutenues plus tard son petit-fils et les appuyait des mêmes exemples. Mais ce n'est pas seulement une pure ressemblance de fait qu'il y a lieu de constater ici. Partout, en effet, Érasme Darwin cherche la *fin* des modifications morphologiques ou organiques qu'il signale; autrement dit, dans ses spéculations sur la nature, *il se place toujours au point de vue téléologique.* Or, nous avons fait remarquer plus haut qu'à cet égard encore Charles Darwin, *dans les premiers temps, ne différait guère de son aïeul; lui aussi, en toute circonstance, désignait le but pour lequel un animal ou une plante acquiert tel ou tel organe, ou simplement une particularité quelconque.*

En Allemagne, il est vrai, les darwinistes se sont efforcés de prouver que les paroles de leur idole avaient été mal comprises, que, s'il parle du but des phénomènes, c'est uniquement pour donner plus de relief à l'expression de sa pensée fondamentale. Mais tout lecteur impartial des travaux de Darwin (et non seulement de son *Origin of Species*, mais même de plusieurs ouvrages postérieurs) se convaincra sans peine que, jusqu'à la fin de sa vie, il a conservé dans sa manière de penser une nuance de téléologisme. On peut affirmer d'ailleurs que la sélection sexuelle et naturelle n'a absolument aucune portée, si elle ne signifie pas que, chez les animaux et dans les plantes, certains appareils se sont développés *à certaines fins.*

Comme nous l'avons déjà dit, le grand-père de Darwin ne cachait nullement cette disposition d'esprit. Suivant lui, les oiseaux et les poissons ont d'ordinaire le dos plus foncé que le ventre afin d'échapper plus facilement aux ennemis qui se trouvent au-dessus d'eux; ils prennent la couleur du milieu qui les entoure afin d'être moins visibles. Les animaux subissent des changements sous l'influence de trois impulsions : la faim, la tendance à la propagation de l'espèce, et enfin le sentiment de la conservation. La faim les pousse à chercher de nouveaux moyens de se nourrir, la tendance à la propagation de l'espèce fait que les mâles luttent entre eux pour la possession de la femelle, et le sentiment de la conservation détermine les modifications dans la couleur du corps. Le groin du porc s'est durci pour fouiller plus facilement dans la terre où l'animal cherche des racines et des insectes. L'éléphant a le nez allongé en trompe pour pouvoir coucher les branches dont il convoite les fruits et boire de l'eau sans avoir besoin de fléchir les genoux. Les carnassiers ont reçu des griffes pour déchirer leur proie. « Toutes les appropriations de ce genre, dit Érasme Darwin, se sont développées dans le cours de plusieurs générations par suite de la propension des animaux à satisfaire leur besoin de manger, et elles se sont transmises comme un héritage à leurs descendants en s'améliorant toujours pour rendre des services plus complets. »

Il ne s'est pas expliqué moins catégoriquement sur l'importance de la *sélection sexuelle* : «Chez plusieurs animaux existait le besoin de la possession exclusive d'une femelle. » C'est pourquoi les mâles ont acquis des armes particulières pour lutter entre eux. Érasme Darwin cite comme exemples les bois des cerfs et les éperons des coqs. « Le but final de cette lutte entre les mâles semble être que seul l'animal le plus fort et le plus adroit propage l'espèce, qui s'améliore par ce moyen. »

Dans son *Tèmple de la Science*, il parle tout aussi clairement, quoiqu'en vers fort mauvais, de la *lutte pour l'existence*. « L'air, la terre, la mer, dit-il, ne sont, à y regarder de près, qu'un cimetière, un champ de bataille. La faim lutte, des flèches meurtrières volent dans l'abattoir universel, où « *tous les êtres se font la guerre.* »

Ainsi, nous trouvons déjà chez Érasme Darwin la doctrine évolutionniste présentée avec les mêmes arguments et construite sur les mêmes fondements que chez son petit-fils. Appropriation des organes à certaines fins, sélection sexuelle, lutte pour l'existence, et par conséquent aussi sélection naturelle, transmission héréditaire des perfectionnements acquis, en un mot, tout ce qui fait le fond de la théorie évolutionniste se rencontre déjà, sinon quant aux expressions, du moins quant aux idées, dans les ouvrages en vers d'Érasme Darwin publiés à la fin du XVIIIᵉ siècle. Non seulement Darwin hérita de lui sa passion pour les recherches d'histoire naturelle, mais il trouva dans les écrits de son grand-père les idées fondamentales qui, par la suite, lui permirent de donner à son hypothèse transformiste le caractère d'une théorie achevée.

Chose digne de remarque, c'est seulement en 1880 à la veille du décès de Darwin, que, grâce au zoologiste allemand Ernst Krause, les services d'Érasme Darwin furent appréciés selon leur mérite. Son petit-fils n'a mentionné nulle part le nom de celui qui fut pourtant le véritable initiateur de sa théorie évolutionniste.

§ 3. — LES CONCEPTIONS DE LAMARCK.

Lamarck, évidemment, ne connaissait pas les tentatives de son prédécesseur anglais lorsqu'il entreprit les travaux qui ont fait époque dans les annales de l'histoire naturelle au XIXᵉ siècle. C'est seulement avec la publication de ses ouvrages que la théorie de l'évolution est, pour ainsi dire, sortie des langes et, sans obtenir droit de cité dans la science, a du moins mérité d'attirer l'attention. C'est à partir de ce moment que l'influence du transformisme commence à se refléter sur les principales recherches en botanique, en zoologie et en géologie, qui remplissent la première moitié du siècle. Les adversaires passionnés de Lamarck sont eux-mêmes forcés de s'occuper de ses vues, de les discuter. Du reste, si Lamarck eut des ennemis nombreux et acharnés, il compta aussi de zélés partisans. Parmi ces derniers, il faut placer en première ligne Geoffroy Saint-Hilaire qui, dès 1795, c'est-à-dire avant l'apparition des premiers écrits de Lamarck, avait émis des opinions sur l'unitdeé conformation des espèces.

Penseur profond et des plus subtils, Lamarck n'était pourtant pas exempt d'idées préconçues. Dans sa *Philosophie zoologique* il développe rigoureusement et logiquement son système évolutionniste, sans reculer devant l'insuffisance des preuves scientifiques. Vivant presque dans la misère, aveugle, ne rencontrant dans le monde officiel qu'hostilité, il n'en poursuivit pas moins courageusement ses recherches. Voici en quels termes Charles Darwin a reconnu ses mérites : « Il (Lamarck) rendit le premier un grand service en appelant l'attention sur la probabilité des changements continuels dans le monde organique comme dans le monde inorganique, changements qui résultent de lois naturelles et non d'une intervention surnaturelle. Lamarck fut amené à admettre la modification progressive des espèces, vu surtout la difficulté de distinguer le genre et l'espèce, prenant en considération la progression accomplie des formes dans certains groupes et se fondant sur l'analogie avec l'élevage domestique. Quant aux moyens par lesquels s'obtiennent les modifications, il les voyait en partie dans l'action directe des conditions physiques de la vie, en partie dans le croisement des formes existantes, et surtout dans l'influence de l'habitude, de l'exercice ou de l'inertie de certains organes. Il attribue à cette dernière cause toutes les appropriations éclatantes qu'on remarque dans la nature, telles, par exemple, le long cou de la girafe, qui lui permet d'atteindre sa nourriture sur les arbres. »

Effectivement, Lamarck estimait que les animaux s'étaient développés surtout par suite de l'effort fonctionnel qui, progressivement, les avait amenés à accroître et à élargir leurs aptitudes.

Tandis que le grand Cuvier, qui rendit à la géologie d'immenses services par ses travaux sur les fossiles, restait fidèle à la théorie des cataclysmes et des renaissances périodiques de la vie organique, Lamarck admettait, même pour la nature inorganique, la transformation graduelle de la croûte terrestre sous l'action de causes naturelles. A cet égard, il peut être considéré comme le précurseur de Charles Lyell, le rénovateur de la géologie. L'influence des idées de Lamarck sur cet illustre géologue fut si considérable qu'en 1831 Lyell soutenait l'ininterruption de la vie organique durant les modifications lentes de la croûte terrestre. « Beaucoup de géologues oublient, écrit Lyell, que, dans l'intervalle de temps compris entre Lamarck et l'apparition de l'*Origin of Species* de Darwin, quelque chose avait déjà été publié par d'autres. Sans me rallier à la théorie de la transmutation de Lamarck, j'ai, dès 1831, défendu l'ininterruption de la vie organique... J'ai même soutenu que, maintenant encore, s'opère le développement successif des espèces ; que, comme l'a prouvé de Candolle, il se livre une lutte continuelle pour l'existence et que, dans cette lutte, certaines espèces se multiplient aux dépens des autres, que les unes font des progrès, tandis que les autres disparaissent. ».

Ainsi, quand Darwin commença à s'occuper d'histoire naturelle, la doctrine évolutionniste était déjà suffisamment répandue parmi les gens adonnés à l'étude de la nature. Nous n'avons cité que les hommes les plus éminents dans cette science, ceux qui jouissent d'une notoriété universelle. Mais combien, parmi les savants de moindre importance, s'étaient dès cette époque, prononcés catégoriquement, en faveur de l'évolution progressive des espèces ! Pour n'en citer qu'un exemple, le professeur d'Édimbourg, Edmond Grant, dont Charles Darwin fut l'élève, affirma nettement, dans un travail sur les éponges d'eau douce publié en 1826, que les espèces tiraient leur origine les unes des autres.

§ 4. — LA PSYCHOLOGIE DE CHARLES DARWIN ÉTUDIANT.

Le lecteur vient de voir que le grand-père de Darwin, Érasme, aimait passionnément les observations et les déductions d'histoire naturelle. La tournure poétique de son imagination prêtait à ses idées une apparence fantaisiste qui nuisit grandement à son crédit comme savant. Néanmoins, il est incontestable que la plupart de ses dons se rencontrèrent chez son petit-fils, lequel y joignait, heureusement, une faculté d'observation beaucoup plus fine et plus exacte. Cette dernière qualité, il la tenait évidemment des parents de sa mère, les Wedgwood. L'aïeul maternel de Darwin était un potier renommé, passé maître dans sa profession, doué d'une grande énergie, d'une rare persévérance et d'un flair artistique, peu commun, notamment en ce qui concernait le mélange des tons et les diverses nuances des couleurs. Nous retrouvons toutes ces aptitudes dans Charles Darwin, et elles déterminèrent certainement, pour une large part, le caractère de son activité scientifique.

Son père, Robert Darwin, était le second fils d'Érasme.

Il exerçait aussi la médecine, jouissait d'une réputation brillante, et avait une clientèle énorme. Le plus clair héritage qu'il laissa à Darwin fut une grande fortune ; elle permit au jeune naturaliste de consacrer sa vie entière à la science, en l'affranchissant de toute préoccupation matérielle et lui assurant, en outre, des ressources considérables pour ses voyages, ses recherches et ses collections.

Charles Darwin naquit, le 12 février 1809, à Shrewsbury. Il reçut les premiers éléments d'instruction dans sa ville natale, à l'école du docteur Butler, qui fut plus tard évêque de Leagfield. Comme écolier, Darwin ne se distinguait pas par une extrême application ; il préférait faire de longues et fatigantes excursions, durant lesquelles il recueillait divers minéraux et végétaux. A seize ans, il alla suivre les cours de la Faculté de médecine à Édimbourg. Mais un insurmontable dégoût pour les dissections anatomiques, l'impossibilité même d'assister aux autopsies le convainquirent bientôt qu'il n'avait pas la vocation médicale. Il continua donc à réunir des collections d'histoire naturelle et à s'occuper de zoologie sous la direction du professeur Grant, mais plutôt en dilettante, et sans se sentir un entraînement particulier vers ces études.

En 1828, il se rendit à l'Université de Cambridge et entra au Christ College, dans l'intention de s'adonner à la théologie. Là, il devint l'ami du professeur Harlow, qui enseignait la minéralogie et la botanique. Leur liaison se forma à la faveur d'excursions scientifiques. Darwin avait conservé sa passion pour les promenades et il aimait à recueillir tout ce qui lui tombait sous la main. Le professeur Harlow sut l'intéresser plus assidûment aux choses de la nature. Ayant remarqué que l'étudiant joignait à un esprit réfléchi une rare faculté d'observation, il s'attacha à lui et peu à peu il lui inspira le goût profond de l'histoire naturelle.

L'influence de Harlow sur son élève ne se borna pas à la direction scientifique ; son action morale sur le caractère du jeune savant paraît avoir été plus grande encore. Quelques extraits d'une lettre de Darwin au révérend Janins sont très significatifs à cet égard. En même temps qu'il décrit les principaux traits du caractère de son maître, Darwin semble se peindre lui-même : «Avant que je ne l'eusse vu, j'entendis un jeune homme résumer les qualités morales du professeur Harlow en disant simplement qu'il savait tout. Lorsque je réfléchis à la facilité avec laquelle nous nous sommes sentis à l'aise avec lui, bien qu'il fût plus âgé et que sa supériorité fût très haute, je crois que la transparente sincérité de ses senti-ments et de sa bonté en furent la cause, et plus encore peut-être la remarquable abstraction qu'il faisait de lui-même. On s'apercevait qu'il ne pensait jamais à son savoir étendu, à la clarté de son intelligence, mais que le sujet en question l'occupait seul. Ce qui doit encore avoir frappé chacun et ce qui ajoutait un grand charme à sa société, c'était son égale courtoisie avec tous, avec les personnes âgées et distinguées comme avec les plus jeunes étudiants. Son esprit n'était atteint d'aucun sentiment de vanité, d'envie ou de jalousie. Cette égalité d'humeur, cette remarquable bienveillance ne faisaient pourtant pas de lui un caractère insipide. » Au cours de ce chapitre, le lecteur aura plus d'une occasion de se convaincre que ce jugement peut tout aussi bien s'appliquer à l'élève qu'au maître.

Darwin pendant ce temps lisait les voyages de Humboldt et rêvait lui aussi de faire le tour du monde, ou du moins d'explorer les contrées tropicales. Il essayait même de former parmi ses camarades une société pour visiter les îles Canaries. Telles étaient les dispositions dans lesquelles il se trouvait lorsque le professeur Harlow l'informa que le capitaine Fitz-Roy, revenu depuis peu d'un voyage autour du monde, organisait une nouvelle expédition dans le but de prendre des mesures géographiques et désirait emmener avec lui un jeune homme s'occupant de sciences naturelles. Darwin saisit l'occasion aux cheveux, et, en dépit de tous les obstacles,

obtint l'autorisation d'accompagner l'expédition en qualité
de naturaliste. Il dut se passer de tout traitement et se contenter d'un hamac dans la cabine du capitaine. En revanche,
il se réserva la propriété exclusive de toutes les collections
qu'il réunirait. Son père s'était opposé longtemps à ce
voyage aventureux, craignant qu'au retour il ne renonçât à
la carrière ecclésiastique, comme il avait déjà renoncé à la
médecine. L'événement justifia ces craintes; mais, quoique le
père de Darwin soit mort en 1849, dix ans avant l'apparition
du fameux livre qui plaça d'emblée son fils au rang des
grands naturalistes du siècle, néanmoins il put se convaincre
que le voyage n'avait pas nui à Charles et que ce dernier
ne parcourait pas sans éclat la carrière choisie par lui. En
fait, outre que cette navigation de cinq ans, commencée à
bord du *Beagle*, le 27 décembre 1831, donna une orientation
définitive à l'activité du jeune savant, elle lui fournit encore
une grande partie des riches matériaux d'histoire naturelle,
mis en œuvre dans la plupart de ses livres.

Il est intéressant de noter avec quel léger bagage scientifique Darwin entreprit le voyage qui lui permit de faire un si
grand nombre d'observations et de découvertes dans plusieurs
régions des sciences naturelles descriptives.

Voici comment, dans sa correspondance avec le professeur
Preyer, lui-même dresse le bilan des connaissances qu'il possédait alors. Le ton de la lettre est caractéristique; elle est
datée de 1870. « Je n'ai rien d'intéressant à raconter sur moi;
mais, puisque vous le désirez, je vais jeter sur le papier ce qui
me viendra à l'esprit. Je n'ai tiré aucun profit des leçons
d'Édimbourg; elles étaient d'une pauvreté extraordinaire et,
durant trois ans, elles m'ont ôté toute espèce de goût pour la
géologie. Le docteur Grant n'était pas professeur, il travaillait pour lui, mais sa société a été un grand stimulant pour
moi... L'anatomie me répugnait, et je n'ai pu assister qu'à
trois leçons; plus tard, cela m'a fait beaucoup de tort. Lorsque j'arrivais à Cambridge, j'étais un passionné collection-

neur de scarabées, mais uniquement pour mon plaisir. Lorsqu'on m'avait dit le nom d'un scarabée quelconque, je croyais tout savoir, et l'idée ne me venait pas d'examiner de plus près sa structure... De tous les livres, ce sont les voyages de Humboldt qui ont exercé sur moi le plus d'influence... Je suppose que jamais personne n'a entrepris une pareille expédition avec moins d'instruction préparatoire, car j'étais un simple collectionneur. Je n'avais aucune idée de l'anatomie et n'avais jamais encore lu un manuel systématique de zoologie. Je n'avais jamais encore touché un microscope, et c'est seulement quelques mois avant mon départ que je me mis à étudier la géologie. J'emportai une énorme quantité d'ouvrages et je travaillai beaucoup à bord ; je dessinai notamment bon nombre d'animaux marins d'ordre inférieur. Mais le défaut complet de connaissances me gêna fort. Je ne commençai réellement à m'instruire que sur le *Beagle*... La passion de collectionner différents objets développa probablement en moi le don de l'observation... Je n'ai jamais autant écrit sur ma propre vie, mais j'espère que cela vous intéressera. »

Dans un autre passage, Darwin dit que jeune il avait la passion de la chasse, ce qui le rendait très paresseux...

§ 5. — LA PSYCHOLOGIE DE DARWIN PENDANT SON VOYAGE AUTOUR DU MONDE.

Si Darwin passe pour le fondateur de la théorie évolutionniste, alors que plus d'un demi-siècle avant lui elle avait déjà été développée et soutenue par d'autres, par son aïeul Érasme et par Lamarck, il doit presque exclusivement cet avantage à son voyage de circumnavigation à bord du *Beagle*. Tandis que ses prédécesseurs n'avaient été que des savants de cabinet, réduits à spéculer sur le monde sans l'avoir vu, Darwin vit de ses propres yeux une grande partie du globe terrestre et des créatures qui l'habitent. La flore et la faune du Nord, ces pauvres et misérables restes des vastes plaines de glace qui ont couvert notre zone, nous donnent le spectacle d'un monde organique relativement indigent en espèces vivantes. Ce monde n'est rien à côté de la riche et luxuriante nature des tropiques, qui nous présente le tableau des temps antérieurs à l'apparition de l'homme. L'étude des contrées tropicales a donc une importance capitale pour le naturaliste, et en particulier pour celui qui recherche l'histoire de la vie organique sur notre planète.

Sous ce rapport, le voyage du *Beagle* s'effectua dans des conditions particulièrement favorables à Darwin. Ce vaisseau visita précisément des régions où l'esprit du sagace observateur devait être forcément attiré sur différents problèmes de botanique, de zoologie et de géologie, qui réclamaient une solution.

Le Cap Vert et les autres îles de l'Océan Atlantique lui offrirent des échantillons de plantes et d'animaux, jetés sur leurs rochers nus par les tempêtes ou les courants sous-marins. Au Brésil, il connut dans toute sa variété la luxuriante flore des tropiques; dans les pampas de l'Amérique du Sud, il vit les restes grandioses d'espèces éteintes, les ancêtres géologiques des aïs et des tatous qui habitent encore aujourd'hui ces déserts. Sous le climat polaire de la Terre de Feu, il rencontra les types humains les plus dégradés ; les Andes et les Cordillères lui montrèrent leurs volcans ; l'Australie, ce débris d'un monde disparu, lui révéla sa faune archaïque, image de celle qui existait en Europe dans l'antiquité la plus reculée. Tout ce panorama varié, passant sous les yeux de Darwin, eut bientôt compensé au centuple l'insuffisance de son éducation universitaire.

Le but de cette étude ne nous permet pas de nous arrêter aux différentes étapes du voyage et de signaler, ne fût-ce que sommairement, les résultats des observations de Darwin. Les vastes collections qu'il réunit au cours de cette expédition scientifique furent coordonnées, sous sa surveillance, par cinq zoologistes célèbres : P. Owen (mammifères fossiles), Waterhouse (mammifères encore existants), Gould (oiseaux), Bell (reptiles), et Jenyns (poissons). En outre, Darwin publia, dès 1839, le *Journal* de son voyage, auquel se rapportent aussi quantité de communications contenues dans tous ses ouvrages ultérieurs. Tout cela prouve que, durant ces cinq ans, Darwin déploya une activité tout à fait exceptionnelle.

Cependant, il fut fort éprouvé par le mal de mer et, suivant le témoignage de l'amiral Stokes, qui travaillait à bord à la même table que lui, il était obligé, pour résister à ce mal, d'interrompre son travail d'heure en heure et de garder pendant un certain temps la position horizontale. Jusqu'alors, Darwin avait joui d'une constitution très robuste; le tangage, la nourriture souvent mauvaise, le séjour dans des régions insalubres altérèrent gravement sa santé, et il se ressentit toute sa vie des suites de son voyage autour du monde.

Si nous ne pouvons pas indiquer, même d'un trait rapide, les nombreux travaux de Darwin au cours de ces cinq années, nous citerons du moins quelques exemples qui caractérisent sa méthode de travail et le tour particulier de son esprit observateur. Que de fois, en lisant le journal de son voyage, on rencontre des passages d'où il ressort clairement que les théories évolutionnistes lui étaient connues dès cette époque. Mais il évite toute conclusion générale et s'en tient strictement à la constatation des faits.

Avant même que le *Beagle* eût atteint le Cap Vert, sa première station, Darwin avait déjà réussi à trouver, dans la poussière tombée sur le pont du navire, soixante-sept formes organiques diverses, appartenant à des espèces de l'Amérique méridionale. « Je recueillis dans cette poussière des parcelles de pierre ayant la grandeur d'un millième de pouce carré. Peut-on après cela s'étonner que cette poussière abonde en spores de plantes cryptogames, lesquels sont beaucoup plus légers? »

Près des rochers de Saint-Paul, il voit une masse de sommets volcaniques, faisant saillie hors de l'Océan Atlantique, et aussitôt il remarque que les araignées et les insectes parasites sont les premiers habitants d'une île, récemment formée. L'histoire du peuplement des îles nouvelles, si étroitement liée à la question de l'évolution des nouvelles espèces, occupait constamment le jeune savant. Dans les îles des Tortues (Galapagos), la flore et la faune, issues d'individus accidentellement importés des rivages voisins, produisirent sur lui une impression profonde. Le 28 février 1832, le *Beagle* jeta l'ancre à Bahia, et Darwin eut pour la première fois l'occasion de faire connaissance avec la végétation tropicale. « L'extase, écrit-il, est un mot trop faible pour exprimer les sensations éprouvées par le naturaliste qui se promène pour la première fois dans une forêt du Brésil. L'élégance des herbes, la nouveauté des plantes parasites, la beauté des fleurs et la verdure lustrée des feuilles, mais surtout la richesse de la végétation me ravissaient et m'étonnaient en même temps. »

Là, Darwin s'occupa principalement de collectionner des insectes et donna une attention particulière aux divers moyens employés par les mâles pour séduire leurs compagnes. C'est en grande partie sur ces observations qu'il fonda sa théorie de la sélection sexuelle. « Lorsque plus d'une fois, écrit-il, deux papillons, apparemment de sexe différent, volaient à côté de moi, se poursuivant l'un l'autre, je perçus distinctement un petit bruit sec, analogue à celui que produit une roue dentée lorsqu'en tournant elle vient à toucher un ressort. »

. Dans l'Uruguay, l'absence d'arbres sous un humide climat tropical le frappa, et il se posa la question de savoir d'où pouvait dépendre un phénomène si étrange. C'est là aussi qu'il vit pour la première fois le *tuco-tuco*, rongeur qui a le même genre de vie que la taupe et qui est aveugle. « Étant données les habitudes souterraines de cet animal, écrit-il, la cécité ne peut pas être pour lui un grand inconvénient ; mais, en thèse générale, il est étrange qu'un animal soit doué d'un organe si souvent malade. Lamarck aurait été ravi s'il avait connu ce fait quand il raisonnait (probablement avec plus de justesse que de coutume) sur le développement graduel de la cécité chez l'aspalace, rongeur qui habite sous terre, et chez le protée, reptile qui vit dans des cavernes remplies d'eau. Ces deux animaux ont l'œil à l'état rudimentaire et couvert d'une pellicule. Celui de la taupe ordinaire est fort petit mais achevé, quoique certains naturalistes doutent qu'il soit en rapport avec le nerf optique ; son usage est probablement limité, bien que, selon toute apparence, il rende service à la taupe quand elle quitte son gîte. Chez le tuco-tuco qui, je suppose, ne sort jamais de sa demeure souterraine, l'œil est plus large, mais il est souvent atteint de cécité et il devient inutile, sans que l'animal paraisse en éprouver aucun dommage : il n'y a pas de doute que Lamarck n'eût dit que le tuco-tuco passe à l'état d'aspalace et de protée. »

Ce passage est très intéressant. D'abord, il montre que, dès lors, Darwin connaissait les ouvrages de Lamarck et de plus qu'il n'en acceptait pas les théories. Ensuite la citation caractérise aussi le procédé intellectuel de Darwin. Pas un fait, fût-il le plus mesquin et le plus insignifiant, n'échappe à ce minutieux observateur. Dès qu'un phénomène l'a frappé, il en cherche immédiatement la raison ou, pour mieux dire, le sens. Ici *se révèle déjà la tendance téléologique de son esprit, que ses partisans nient si énergiquement, mais qui, comme nous le verrons plus d'une fois, constitue la particularité de sa spéculation, et qui se manifeste surtout lorsqu'il construit* son hypothèse de la sélection naturelle. *Toujours et avant tout, Darwin cherche la fin du phénomène qu'il a observé.* Il ne se demande pas quelle est la *cause* de la cécité du tuco-tuco, ce qui provoque sa maladie d'yeux, mais *pourquoi* l'animal possède un organe qui chez lui est si souvent malade.

La manière d'écrire un peu primitive de Darwin ne met que mieux en évidence ce procédé caractéristique de spéculation. Il écrit aussi spontanément qu'il pense et ne cherche pas du tout les tours de phrase qui lui permettraient de concilier ses idées avec telle ou telle théorie.

Prises en elles-mêmes, beaucoup des observations particulières de Darwin paraissent au lecteur fort mesquines et à peine dignes d'une attention sérieuse. Mais en se groupant, en s'ajoutant les unes aux autres, toutes ces minuties finissent par former une suite d'arguments visiblement favorables à la conjecture ou à l'hypothèse qu'il émet. Quand nous lisons dans son *Journal* tous ces détails souvent fastidieux, nous assistons en quelque sorte à l'opération psychologique qui, avec une extrême lenteur, pas à pas, presque insensiblement, a conduit Darwin aux vues qu'il a formulées après un intervalle de trente années.

Le mode d'argumentation qu'il emploie couramment dans l'*Origine des Espèces* n'a pas peu contribué à l'impression produite par ses théories. L'ouvrage est écrit d'une façon très monotone, et les plus ardents admirateurs de Darwin, parmi ses biographes, le reconnaissent franchement. C'est à ce style fatigant, nous le croyons sincèrement, qu'il doit en majeure partie sa puissance de conviction sur la plupart des lecteurs profanes. Ceux-ci sentent l'entière bonne foi de Charles Darwin; ils sont frappés de l'extraordinaire circonspection qu'il apporte dans ses conclusions et de la patience, plus extraordinaire encore, avec laquelle, durant des chapitres entiers, il accumule les menus faits destinés à étayer sa théorie. Ils ne se défient pas de l'auteur; en présence d'un exposé plus brillant, d'une argumentation plus passionnée, ils se tiendraient sur leurs gardes et se donneraient la peine de passer au crible de la critique toutes les observations qui leur sont présentées. Mais, fatigués par la lecture d'un livre incontestablement ennuyeux et pleinement persuadés par la droiture de l'écrivain, presque tous les lecteurs de l'*Origin of Species* sautent les neuf dixièmes du volume, et en acceptent les idées comme des articles de foi.

En groupant ces mêmes observations d'une façon moins systématique, en soumettant la plupart des arguments à un examen personnel et impartial, le lecteur attentif résiste mieux à l'impression première, subit moins facilement la séduction de cet esprit loyal, profondément sincère. Si la lecture de l'ouvrage lui laisse une haute estime pour l'auteur, souvent aussi il reste fort sceptique à l'égard des doctrines.

Quand on lit le *Journal de Voyage* de Darwin, on s'aperçoit à chaque instant que le même fait, examiné dans un autre esprit, donne lieu à une interprétation tout opposée. Nous citerons le premier exemple venu; ce n'est peut-être pas le plus topique en lui-même, mais il est frappant par sa simplicité. En Patagonie, Darwin trouve une foule de débris d'animaux disparus, dont les congénères vivants se rencontrent aujourd'hui dans l'Amérique méridionale. Ces derniers sont de vrais nains en comparaison des fossiles gigantesques découverts par Darwin. La première idée qui nous vient à l'esprit, c'est que ce fait prouve contre l'évolution par voie de sélection naturelle, attendu que, suivant cette théorie, seuls les individus les plus parfaits, les mieux armés pour la concurrence vitale auraient dû être épargnés. Cependant Darwin, bien qu'à cette époque il se moquât encore de Lamarck, voit dans ce fait l'indice que les espèces actuelles descendent des espèces éteintes.

Mais, même sur les points où ses théories ont été réfutées par les naturalistes venus après lui, les faits qu'il a recueillis, les observations qu'il a enregistrées conservent leur valeur, et ses mérites d'observateur subsistent. Ainsi, par exemple, pendant ce même voyage, à Tahiti et dans d'autres îles de l'Océan Pacifique, Darwin fit, sur les récifs de corail, une foule d'observations du plus haut intérêt, qui lui servirent pour son ouvrage, *De la construction et de la multiplication des récifs*, publié en 1842. La théorie qu'il donne de la formation des récifs a été complètement renversée depuis par les recherches de John Murray à bord du *Challenger*, en premier lieu, et, plus tard, par celles d'Archibald Geikie. Néanmoins, les observations de Darwin gardent leur intérêt, et Geikie lui-même, adversaire de ses théories, a dit il y a une quarantaine d'années : « Aucun exemple plus admirable de la méthode scientifique ne fut jamais donné au monde, et Darwin n'eût-il rien écrit d'autre, ce traité seul aurait suffi à le placer au premier rang des investigateurs de la nature. »

Pour l'histoire psychologique des théories subséquentes de Darwin, nous devons noter. comme tout particulièrement instructives ses observations dans l'archipel des Tortues. On a déjà dit que ces iles volcaniques, qui n'ont jamais fait partie d'aucun continent, possèdent une faune très curieuse, dont le spectacle amena involontairement Darwin à s'occuper de l'origine des espèces. Il n'y trouva ni gren .lles, ni mammifères, à l'exception de la souris, évidemment importée là par quelque vaisseau. Des serpents, des tortues et des lézards, c'est à cela que se réduisent en ces lieux les espèces vivant sur le sol. Par contre, Darwin put y compter plus de cinquante-cinq espèces d'oiseaux.

Voici ses réflexions au sujet de ces faits. « La plupart des productions organiques (de l'archipel des Galapagos) sont essentiellement indigènes, et on ne les rencontre nulle part ailleurs ; on remarque même des différences entre les habitants de ces diverses îles. Tous ces organismes cependant ont un degré de parenté plus ou moins marqué avec ceux de l'Amérique, bien que l'archipel soit séparé du continent par 500 ou 600 milles d'Océan... On est encore plus surpris du nombre des êtres aborigènes que nourrissent ces îles, si l'on considère leur petite étendue. On est porté à croire, en voyant chaque colline couronnée de son cratère, qu'à une époque géologiquement récente l'Océan occupait la place qu'elles occupent aujourd'hui. Ainsi donc, et dans le temps et dans l'espace, nous nous trouvons face à face avec ce grand fait, ce mystère des mystères, la première apparition de nouveaux êtres sur la terre... On reste étonné de l'intensité de la *forc créatrice*, si l'on peut employer une telle expression, qui s'est manifestée sur ces petites îles stériles et rocailleuses; on est encore plus étonné de l'action différente, tout en restant cependant analogue, de cette force créatrice sur des points si rapprochés les uns des autres. »

Il est hors de doute que Darwin, dès cette époque, connaissait la théorie évolutionniste de Lamarck. Néanmoins, en réfléchissant sur les questions qui l'ont successivement amené aux conclusions du transformisme, il reste étranger à cette doctrine et il continue, sans hésitation aucune, à parler de la *force créatrice* pour expliquer les phénomènes qui le frappent. Évidemment, son esprit était encore éloigné des vues qu'il émit trente ans plus tard en s'appuyant pourtant sur ces mêmes phénomènes.

Exempt de toute tendance métaphysique, Darwin ne pouvait arriver à des conclusions générales que par une induction lente et graduelle. La masse des faits et des observations devait en quelque sorte faire violence à son intelligence pour l'obliger à conclure.

Dans les lignes suivantes, écrites à l'âge de cinquante ans, il met pleinement en lumière ce pli tout particulier de ses facultés intellectuelles. « A mon retour en 1837, lisons-nous dans la préface de l'*Origin of Species*, il me vint à l'esprit qu'on pourrait peut-être faire avancer cette question en accumulant, pour les méditer, les observations de toute sorte qui auraient quelque rapport à sa solution. Après cinq années de travail, je me permis plusieurs inductions et rédigeai de courtes notes. Ce ne fut qu'en 1844 que j'esquissai les conclusions qui me semblaient les plus probables. Depuis ce moment jusqu'à aujourd'hui (1859), j'ai constamment poursuivi le même objet. *On excusera ces détails personnels, dans lesquels je n'entre qu'afin de montrer que je n'ai pas été trop prompt à trancher les questions.* »

A la différence des premiers transformistes, Érasme Darwin et Lamarck, qui avaient entrepris d'édifier la théorie de l'évolution à l'aide d'arguments audacieux et en partie métaphysiques, Charles Darwin, au début, mit au service de ses idées une méthode prudente jusqu'à la timidité. Son argumentation s'appuyait sur des faits. Sans doute ces faits n'étaient pas bien probants; mais les raisonnements par lesquels il essayait de les faire passer pour des preuves étaient si simples, souvent même si naïfs, qu'on y ajoutait foi sans trop insister sur leur faiblesse.

§ 6. — LA PSYCHOLOGIE DE L'AUTEUR
DE L'ORIGINE DES ESPÈCES.

Le 2 octobre 1836, Darwin débarqua à Falmouth et, dès lors, il ne quitta plus son pays. Peu après son retour, il eut l'heureuse idée d'entrer en relations avec le célèbre géologue Charles Lyell, et cette circonstance exerça évidemment une influence décisive sur tout le cours ultérieur de sa vie. Voici, entre autres choses, ce qu'écrivait Lyell au jeune naturaliste, en réponse à un article que celui-ci lui avait envoyé : « Si vous pouvez l'éviter, n'acceptez aucune position scientifique officielle et ne dites à personne que je vous ai donné ce conseil, autrement on criera contre moi en m'accusant d'antipatriotisme. J'ai lutté autant que je l'ai pu contre le malheur d'être président de la société de géologie. Tout a bien fini, et je n'ai pas perdu plus de temps que je ne le craignais, mais je doute que le temps qu'on gaspille dans les sociétés savantes (en besognes administratives) soit compensé par un avantage quelconque. Quelle folie d'avoir voulu transformer le Herschel du Cap de Bonne-Espérance en un Herschel président de la Société royale ! Il n'a pas échappé sans peine à ce danger. Et dire que j'avais voté pour lui ! J'espère que cela me sera pardonné. Pour conclure, travaillez pendant de longues années, comme je l'ai fait, et n'assumez pas prématurément l'honneur et le fardeau des distinctions officielles. Il y a des gens qui sont faits pour de pareilles occupations, attendu qu'ils ne sont capables de rien d'autre. »

Comme plusieurs grands savants anglais, Darwin possédait assez de fortune pour pouvoir mettre en pratique le conseil de Lyell. Revenu en Angleterre, il procéda à la mise en ordre de ses collections et publia une relation de son voyage, ainsi qu'un important ouvrage sur les acquisitions zoologiques faites à bord du *Beagle*, travail dans lequel il fut aidé par les savants mentionnés plus haut.

Nous avons indiqué à larges traits où en étaient les théories évolutionnistes au commencement du siècle passé. Ainsi que le lecteur l'a pu voir, bien que Darwin connût ces théories, du moins celle de Lamarck, et que, durant son voyage, il rencontrât à chaque pas des phénomènes qui semblaient se prêter on ne peut mieux à leur application, cependant il n'adhérait point encore à la nouvelle conception de l'origine du monde organique. Il se contentait de poser les questions et de consigner minutieusement ses observations dans son *Journal*, mais il évitait tout ce qui pouvait ressembler à une réponse. Ce n'est guère qu'en passant, et non sans ironie, qu'il mentionne les vues de Lamarck. Nous ne rencontrons nulle part dans son *Journal* le mot *évolution;* en revanche, nous voyons que Darwin ne dédaignait pas le mot *création*. Si donc il inclinait alors vers l'une des deux manières de voir concernant la production des phénomènes organiques, c'était évidemment vers celle de Cuvier.

Après son retour en Angleterre, lorsqu'il se fut mis à grouper et à élaborer les matériaux rapportés de son voyage, ses idées commencèrent à prendre une direction tout autre. Comme nous l'apprennent les propres paroles de Darwin citées plus haut, cette évolution intellectuelle fut très lente. Sous quelles influences se produisit-elle? C'est à peine si lui-même s'en rendait compte, car il n'aimait guère à analyser son moi. Modeste au plus haut degré, il estimait perdre le temps consacré à sa personnalité et, en général, s'inquiétait infiniment plus de réunir des preuves à l'appui de la théorie que d'établir sur elle ses droits d'auteur. Néanmoins, pour satisfaire la curio-

sité de ses admirateurs, force lui fut parfois de donner divers
renseignements sur lui-même, comme le montre la lettre
à Preyer, précédemment citée. Dans un cas de ce genre, écri-
vant à Haeckel, il raconte que la première idée de la sélection naturelle lui vint à la lecture du livre de Malthus,
Essay on the Principles of Population, publié en 1798. Malthus
mourut un an avant que Darwin fût revenu de voyage, et il
est fort probable que quelque article nécrologique avait attiré
l'attention du jeune savant sur le principal ouvrage du
célèbre économiste.

En outre, des entretiens intimes avec plusieurs naturalistes éminents, tels que Lyell, Hooker et autres, devaient, à
coup sûr, laisser des traces profondes dans l'esprit de
Darwin. Grande fut certainement sur lui l'influence de Lyell,
le créateur de la géologie moderne, l'homme qui bannit de
cette science la foi aux catastrophes périodiques et y substitua
la théorie de la transformation lente de la croûte terrestre.

Quoi qu'il en soit, en 1839, Darwin rédigea une première
note, exposant sa manière d'envisager l'origine des espèces;
mais ce ne fut qu'en 1844 qu'il jugea ses idées suffisamment
mûres pour montrer ce travail à son ami Lyell.

En voici le fond. Malthus avait basé son système économique sur la proposition suivante : la population s'accroît
plus vite que les denrées alimentaires dont elle a besoin pour
son entretien; il se produit alors parmi les hommes une *concurrence vitale*, dont seuls les mieux doués sortent vainqueurs.
Des sociétés humaines, Darwin transporta la proposition de
Malthus dans le domaine animal et végétal; en appliquant
ce principe au développement des espèces, il imagina la *sélection naturelle*, c'est-à-dire la disparition des espèces moins
aptes à la lutte pour l'existence et le développement de celles qui s'y trouvent mieux préparées. De même que l'homme
produit certaines variétés d'animaux et de végétaux à l'aide
de la *sélection artificielle*, de même, dans la nature, la *sélection
naturelle* sert à former de nouvelles espèces.

La première note de Darwin sur la sélection naturelle, communiquée à Hooker, ne fut pas livrée à la publicité, ce qui peut-être valut mieux pour le succès futur du darwinisme. Sous la forme qu'elle avait alors, sans l'accompagnement de nombreux documents réunis pour en démontrer la justesse, l'hypothèse de Darwin aurait été probablement aussi peu remarquée que le furent les hypothèses semblables de ses prédécesseurs. C'est ainsi que Wells et Patrick Mathew, dès 1815, avaient communiqué à la *Royal Society* des mémoires sur la sélection naturelle. La théorie évolutionniste ne fit pourtant aucun progrès dans l'opinion des savants et du public malgré l'apparition de différents traités qui la défendaient au point de vue scientifique ou purement métaphysique. De 1846 à 1849, furent publiés dans cet ordre d'idées bon nombre d'ouvrages remarquables; mais ils ne trouvèrent pas d'écho. Bornons-nous à signaler les travaux des paléontologistes Unger et de Halloy, du morphologiste Carus, des botanistes Naudin et Lecoq, et enfin du célèbre philosophe Herbert Spencer.

Toutefois, deux livres qui virent le jour durant cette période eurent à coup sûr une grande influence sur les travaux de Darwin. Ils le décidèrent à hâter la publication de ses propres recherches en lui montrant que le terrain était suffisamment préparé dans le monde savant pour recevoir les théories nouvelles et qu'il pouvait produire ses vues.

En 1844, parut à Édimbourg, sans nom d'auteur, un ouvrage intitulé : *Vestiges of the Natural History of Creation*, qui fit fureur et obtint très vite un nombre énorme d'éditions. Il fut plus tard attribué à Robert Chambers, un des éditeurs de l'*Edinburgh Review*. Au fond, c'était une tentative pour concilier la théorie de Lamarck avec les traditions religieuses. L'évolution des espèces organiques y était présentée comme résultant d'une impulsion donnée par le créateur, qui poussait les formes primitives à se perfectionner en vertu de la force vitale, inhérente à l'individu; cette force

permettait à chacun de s'adapter aux circonstances extérieures
et de modifier sa structure conformément aux exigences de
l'acclimatation, de la nature ambiante, et des influences météorologiques. Le livre dut son immense succès d'abord à sa
brillante forme littéraire, ensuite à ce fait qu'il tentait
d'accorder entre elles des doctrines cosmogoniques jugées
incompatibles. Cette publication décida Darwin à lire sa première note sur la sélection naturelle à Hooker et à quelques
amis intimes.

Bien plus décisif et plus tranchant était le second livre,
œuvre d'un naturaliste très renommé, Alfred Russel Wallace.
Ce jeune savant avait entrepris, en 1847, avec son camarade
Bates, un voyage dans les pays tropicaux « pour recueillir
des faits en vue de résoudre la question de l'origine des
espèces ». Pendant son expédition, Wallace fit une quantité
de belles observations concernant le transport naturel des
animaux et des plantes. Doué d'une imagination riche et
inépuisable, il tâche d'expliquer la distribution géographique
des espèces organiques par différents changements dans la
configuration des continents, par le détachement des îles et
autres événements géologiques semblables. Pendant ce
temps, Darwin publiait des observations sur les formes
existantes et passait des années en recherches sur quelque
petite question spéciale (comme par exemple celle de savoir
combien de jours les graines pouvaient rester dans l'eau de
mer sans perdre leur faculté germinative), afin de résoudre le
même problème que Wallace, savoir : comment les végétaux
ont été transportés du continent dans les îles.

Étant donné l'esprit audacieux de Wallace, on comprend
que, l'idée de la sélection naturelle une fois entrée dans sa
tête, il ne s'attarda pas à chercher, durant de longues années
toutes les preuves possibles à réunir. Immédiatement il la développa dans un brillant article qu'il envoya de l'île de Fernat,
où il se trouvait alors, à son ami Darwin, pour que celui-ci le
lût à Lyell. C'était en février 1858; à cette époque, Darwin

lui-même n'avait encore rien publié de ses vues personnelles sur l'origine des espèces.

Ajoutons que Wallace, d'après ses propres récits, conçut l'idée de la sélection naturelle pendant qu'il était en proie au délire de la fièvre ; revenu à la santé, il s'empressa d'exposer par écrit cette hypothèse. Comme Darwin, Wallace avait lu Malthus et connaissait la doctrine de cet économiste sur la lutte pour l'existence parmi les hommes.

L'article qu'il envoya à Darwin avait pour titre : *On the Tendency of Varieties to depart infinitively from the original Type;* la théorie de la sélection naturelle y était développée d'une façon très étendue et très complète. Darwin remit aussitôt à Lyell le manuscrit de Wallace en le priant de le publier et en laissant ainsi à son confrère l'honneur de la priorité. Mais Lyell et Hooker refusèrent de prêter la main à un tel acte d'abnégation et, se faisant forts d'obtenir le consentement de Wallace, ils adressèrent, le 30 juillet 1858, au secrétaire de la *Linnean Society* à Londres, une lettre où ils expliquaient comment les deux savants étaient arrivés parallèlement et tout à fait indépendamment l'un de l'autre à a même conclusion sur l'origine des espèces. A cette lettre, ils joignirent : 1° la note mentionnée plus haut, que Darwin avait écrite en 1839 et lue à Hooker en 1844 ; 2° une lettre envoyée par Darwin, en octobre 1857, au célèbre naturaliste américain A. de Grey, dans laquelle était exposée en détail toute la théorie de la sélection naturelle, et enfin 3° l'article de Wallace. Tous ces documents furent immédiatement livrés à l'impression, et les droits respectifs des deux naturalistes se trouvèrent ainsi garantis.

Voici en quels termes Wallace apprécie lui-même les mérites de son émule : « Je me suis sincèrement réjoui toute ma vie, et je me réjouis maintenant encore de ce que Darwin se soit mis à l'œuvre avant moi et qu'il ait eu dans sa destinée d'écrire l'*Origine des Espèces*. J'ai depuis longtemps mesuré mes forces, et je sais que je n'en aurais pas eu assez pour une pareille tâche. Des hommes dont les facultés sont de beaucoup supérieures aux miennes avouent qu'ils ne possèdent ni l'infatigable patience à recueillir un grand nombre de faits variés, ni le merveilleux talent de les utiliser, ni les vastes et précieuses connaissances physiologiques, ni l'ingéniosité pour inventer des expériences et l'adresse pour les exécuter, ni le style admirable, aussi clair et persuasif que rigoureusement critique; en un mot, qu'ils n'ont aucune des qualités dont l'harmonieux mélange rendait Darwin plus apte qu'aucun de ses contemporains à entreprendre et à parfaire la grande œuvre ! »

Ces lignes se trouvent dans la préface du *Complément de la théorie de la sélection naturelle,* ouvrage publié par Wallace en 1870, c'est-à-dire au moment où, entre les deux créateurs de cette théorie, régnait déjà un profond dissentiment sur son application à l'origine de l'homme.

On sait que devenu spiritualiste, Wallace ne négligea rien dans la suite pour modérer l'ardeur fanatique des partisans de sa doctrine; Darwin, au contraire, poussé à bout par les attaques passionnées et souvent odieuses de ses adversaires, se laissa entraîner par l'enthousiasme déraisonnable de plusieurs adeptes allemands, et il alla dans ses conclusions beaucoup plus loin qu'il ne se l'était proposé au début.

Nous avons déjà dit qu'il s'en fallait de beaucoup que Darwin fût doué d'un profond esprit philosophique. Son intelligence simple et droite semblait avoir été créée pour les sciences purement descriptives. Toute tentative de recourir à la déduction lui était pénible et même lui répugnait ; il s'égarait, et, sentant le terrain vaciller sous ses pieds, il s'efforçait de le quitter au plus vite. Ses aventureux disciples ne se distinguaient point par une conscience aussi scrupuleuse. Ils se jetèrent tête baissée dans le tourbillon du raisonnement déductif, remplaçant par le zèle du néophyte ce qui leur manquait quant à la rigueur et à l'exactitude méthodique de la pensée.

Darwin essaya en vain, plus d'une fois, de contenir ces débordements d'une spéculation sans frein. Il était trop doux, trop magnanime pour prononcer un veto énergique. Aussi sa bonté l'entraîna-t-elle beaucoup plus loin qu'il n'eût été utile non seulement pour ses partisans, mais pour sa propre doctrine. Plus modeste dans son triomphe, le darwinisme aurait rencontré chez les critiques scientifiques beaucoup plus d'indulgence pour ses lacunes. La réserve dont Darwin lui-même ne se départait pas avant sa malheureuse publication sur l'origine de l'homme, le charme de sa personnalité sympathique et la sincérité de ses convictions avaient d'abord désarmé un grand nombre de savants. La première tentative pour expliquer mécaniquement l'origine des espèces, en dépit de tous ses défauts, n'avait pas laissé d'être accueillie avec assez de bienveillance par les naturalistes. Ils durent changer d'attitude en présence du fanatisme et des exagérations de la nouvelle école. Voilà pourquoi le darwinisme a reçu par ricochet tant de coups, qui d'abord ne visaient que Haeckel et autres.

Nous arrêtons l'analyse de la psychologie de Darwin à la publication de l'*Origine des Espèces. De mortuis aut nihil aut bene...* Darwin mérite hautement qu'on applique cette règle à sa personne. Nous avons rendu pleine justice à son talent d'observateur hors ligne, à sa probité de chercheur infatigable, dont la parfaite bonne foi était incontestable, même dans ses erreurs évidentes, à l'impulsion puissante et féconde que ses travaux ont donnée à presque toutes les branches de la botanique et de l'anatomie comparée. Nous avons dit de ses premières œuvres tout le bien qu'elles méritent, grâce à ses nombreuses découvertes. Aussi préférons-nous passer sous silence sa *Descendance de l'Homme.*

Le lecteur attentif des pages précédentes a certainement remporté l'impression que, depuis son retour en Angleterre, Darwin dut subir une forte pression de la part de son nouvel entourage, avant de vaincre sa grande timidité natu-

relle et de se résoudre à rendre publiques les merveilleuses observations recueillies pendant son voyage autour du monde.
Son instruction, déjà limitée dans les sciences strictement descriptives, resta presque nulle dans les parties plus exactes de
la biologie. Il était donc obligé, au début, à recourir aux con-
seils des éminents savants anglais qui lui portaient intérêt.
En somme, la grande sensation provoquée par la publication de l'*Origine des Espèces*, n'a surpris personne plus que
l'auteur lui-même. Les folles exagérations auxquelles se
livrèrent les vulgarisateurs allemands, plus métaphysiciens
que savants, empressés d'exploiter cette gloire naissante
pour s'en créer un tremplin de réputation personnelle, ont dû
forcément troubler le jugement de Darwin. Aussi est-il toujours resté impassible devant la sévérité des reproches que
de vrais savants adressaient à son argumentation souvent
faible et à l'insuffisance de preuves en faveur de sa thèse.
Avec sa mentalité un peu féminine, il ne se rendait pas compte
de la différence entre la valeur d'un simple argument et celle
d'une preuve scientifique. Soutenir que l'abondance des arguments ne peut pas compenser dans la science l'absence de
preuves, cela lui paraissait une marque de malveillante partia-
lité. Dans le même ordre d'idées, l'analogie lui semblait trop
souvent signifier l'équivalent de l'identité. Les nombreuses
erreurs de logique dans ses raisonnements, autre trait de
l'esprit féminin, lui échappaient entièrement.

Il est donc tout naturel que les enthousiastes hommages
de ses admirateurs lui aient inspiré assez de confiance
pour qu'il renonçât à sa timidité primitive et qu'il se décidât
à écrire, en 1871, sa *Descendance de l'Homme*. Son devoir
n'était-il pas d'aller au-devant des exigences de l'opinion
publique, en fournissant des preuves décisives que, grâce à la
sélection naturelle, l'homme devait, lui aussi, descendre plus
ou moins directement des vertébrés supérieurs?

Pour sauvegarder la mémoire de Darwin, il vaut donc
mieux ne pas insister sur les défauts de cet ouvrage. Conten-

tons-nous de rappeler qu'entièrement étranger aux notions fondamentales de la psychologie, Darwin avait néanmoins entrepris de démontrer que les animaux possédaient une puissance mentale et un sens moral de la même nature que l'homme, et cela à l'aide de banals récits recueillis de ci et de là sans examen ni méthode. Comme exemple de mode son d'argumentation né citons qu'une seule phrase. En parlant de la croyance en Dieu il s'exprime en ces termes : « Cette question est, cela va sans dire, distincte de celle d'ordre plus élevé, s'il existe un Créateur, maître de l'univers, question à laquelle les plus hautes intelligences de tous les temps ont répondu affirmativement. »

Avec la franchise qui fait le charme de ses écrits, Darwin disait dans ses lettres de sa propre mentalité : « My power to follow a long and surely abstract train of thought is very limited ; and therefore I could never have succeeded with metaphysics or mathematics[1]. » Malgré son intelligence si peu disposée à la synthèse, Darwin affirme dans son autobiographie que son « esprit était devenu une sorte de machine pour déduire les lois générales des grandes accumulations de faits observés ».

Voici d'ailleurs comment il apprécie la valeur de son œuvre dans une lettre adressée à M. Hyat. « Permettez-moi d'ajouter que je n'ai jamais été assez insensé (so foolish) pour m'imaginer que j'ai réussi à faire autre chose que de dessiner quelques larges contours de l'origine des Espèces (to lay down some of the broad outlines of the Origin of Species)[2]. »

Au point de vue de la pensée philosophique, quel contraste avec Lamarck ! Toute la tragédie de sa vie celui-ci l'a résumée dans ces quelques lignes : « Les hommes qui s'efforcent, par leurs travaux, de reculer les limites des connaissances humaines savent assez qu'il ne suffit pas de découvrir et de démontrer une vérité, mais qu'il faut encore la répandre et la

---

1. *Life and Letters of Charles Darwin.* Vol. 1.
2. *More Letters of Charles Darwin.* 1903.

faire reconnaître. Or, la raison individuelle et la raison publique qui se trouvent dans le cas d'en éprouver quelque changement y mettent en général un obstacle tel qu'il est souvent plus difficile de faire reconnaître une vérité que de la découvrir. »

En dehors de plusieurs hypothèses, excessivement risquées qui ne tenaient pas debout au moment de leur émission, Lamarck avait raison d'attribuer dans l'évolution une large part aux forces psycho-nerveuses. Ces forces jouent nécessairement un rôle considérable dans le développement des individus, et par conséquent dans celui de l'espèce. « La cellule germinative de Shakespeare, écrivais-je dans les *Nerfs du Cœur*, contenait déjà les éléments nerveux qui déterminèrent les prédispositions de son puissant cerveau de psychologue. » Les biologistes concentrent actuellement toute leur attention sur l'influence que la vie et le développement des cellules et surtout de leurs noyaux exercent sur la naissance et la vie de l'organisme entier. L'influence réciproque, celle que l'organisme entier exerce sur la vie et la croissance des cellules, est à peine prise en considération. Pourtant, celle-ci est décisive; elle opère en grande partie directement par l'action du système nerveux, ou indirectement par la voie des organes de circulation et de secrétion, et de séchanges organiques. Lamarck a eu l'intuition de pareilles influences, et c'est lui rendre justice que d'en relever la portée.

De la théorie de Darwin, ne survivront que les nombreuses et admirables observations sur la vie des plantes et des animaux, qu'il avait si laborieusement accumulées. Son idée générale, l'évolution par la sélection naturelle, fut une grave erreur. La suppression même du mot *évolution* et son remplacement par le mot *développement* s'imposera tôt ou tard à tous les esprits non prévenus. Il ressort en effet de toutes les recherches récentes, inspirées par les expériences de G. Mendel, qu'il ne peut plus être question d'une transformation *continue* des formes organiques. C'est par *brusques sauts* que les nouvelles variétés paraissent se former.

Le mot *mutation*, que les continuateurs de l'œuvre de Mendel, comme M. de Vries, cherchent à introduire dans la biologie à la place d'évolution, est très ancien. Saint Thomas d'Aquin l'a déjà fréquemment employé dans le sens qu'on lui attribue actuellement. K. E. von Baer recommandait les termes *métamorphose* ou *transmutation*. Pour les productions expérimentales, obtenues à l'aide de l'hybridation, le mot mutation convient parfaitement, mais il vaudrait mieux, en l'employant, éviter les généralisations métaphysiques, qui ont été si funestes aux sciences naturelles.

Des siècles d'innombrables expériences et d'observations sur les conditions de la vie des cellules et sur leur croissance, ainsi que sur les transmissions héréditaires et sur la nature des variations possibles à produire, passeront avant qu'une histoire du développement des espèces puisse être entreprise dans une direction strictement scientifique.

§ 7. — LES CAUSES MORPHOLOGIQUES DE L'HÉRÉDITÉ ET LA DÉCADENCE DU DARWINISME.

De tous les mystères de la nature, le développement de l'embryon est, sans contredit, le plus obscur, celui qui s'est le plus obstinément dérobé aux recherches des naturalistes. Dans le courant du XIXᵉ siècle, depuis les premiers travaux classiques de K. E. von Baer, un grand nombre de savants se sont consacrés aux études embryologiques. En étendant le champ d'investigation à presque tout le règne animal et en observant, surtout, la marche de la croissance chez les animaux inférieurs, ils nous ont, en même temps, donné de nombreuses indications sur les diverses phases du développement des organismes supérieurs. Actuellement, la littérature embryologique est si vaste que les spécialistes eux-mêmes arrivent difficilement à se rendre maîtres de tous les documents mis à leur disposition.

Mais ces documents sont surtout d'ordre purement *des-*

criptif, et c'est tout au plus s'ils peuvent fournir un point de départ à la tentative d'expliquer des phénomènes si scrupuleusement observés.

L'embryologiste prend la cellule germinative au moment où elle se détache de l'organisme des parents, et la suit dans toutes les phases du développement qu'elle traverse, depuis la fécondation jusqu'à la reproduction complète de l'individu. A partir de la segmentation, toutes les modifications ultérieures de forme que subit l'œuf pendant son évolution sont étudiées, observées et décrites avec autant d'ampleur que de précision. Deux questions essentielles, concernant la reproduction de l'individu, intéressent le penseur : 1º Quelles sont les forces, inhérentes à la cellule germinative, qui dirigent son développement et lui font parcourir fatalement tout le cycle des modifications régulières? 2º Comment cette cellule parvient-elle à transmettre, à travers des centaines de générations du règne végétal ou animal, les particularités caractéristiques de structure et de forme?

Le premier problème concerne les lois du développement et de la croissance; le second se rapporte à celles de la transmission héréditaire. Lorsqu'il étudie les phénomènes embryologiques, le naturaliste est souvent forcé de confondre, de combiner ces deux problèmes, puisque, pendant ses recherches, la même observation peut également contribuer à la solution de l'un ou de l'autre. Mais le philosophe doit les distinguer rigoureusement. La solution du premier problème nous donnera vraisemblablement la clé du second. Lorsque nous connaîtrons les forces qui président au développement du fœtus et les lois en vertu desquelles s'opère sa croissance, nous serons, sans doute, en mesure d'expliquer aussi les causes de la transmission héréditaire. Mais, par contre, ces causes mêmes pourraient nous être connues jusque dans leurs moindres détails, sans que la réponse à la première question en devînt plus facile.

Ayons le courage de l'avouer, nous n'avons pas, jusqu'à présent, avancé d'un seul pas vers la solution du premier problème, ni même fait une tentative sérieuse pour le résoudre. Quelques hypothèses qui, pour la plupart, ne méritent pas une analyse approfondie, voilà à quoi se réduisent tous les efforts scientifiques tentés dans cette voie, depuis Hippocrate et Aristote jusqu'à nos jours. Il y a bien des années que Haeckel, qui supporte avec peine tout aveu d'impuissance des sciences naturelles et qui nourrit la modeste ambition de résoudre, à lui seul, toutes les questions dont l'humanité s'est occupée pendant des milliers d'années, afin que la postérité puisse rester les bras croisés dans l'admiration contemplative de ses œuvres, Haeckel, disons-nous, avait enrichi sinon la science, du moins la littérature zoologique, de quelques théories du développement ondulatoire des particules vitales par la transmission de la force reproductive, etc., etc. Une seule théorie suffirait pour satisfaire notre curiosité, à condition qu'elle fût sérieuse; mais ce luxe de mots ne sert, en réalité, qu'à masquer la pauvreté des doctrines darwiniennes.'

Nous sommes plus heureux par rapport au problème de la transmission héréditaire. Essayons tout d'abord de le formuler avec netteté. Comment toutes les particularités d'un organisme supérieur, y compris les moindres détails de structure, comment toutes les capacités physiques et intellectuelles se transmettent-elles de génération en génération, parfois sans subir aucune modification durant toute une période géologique? Cette question devient encore plus énigmatique lorsque nous voyons que, parmi des milliers de cellules organiques diverses, *une seule* sert à la transmission héréditaire, une seule possède la propriété de reproduire, dans un nouvel individu, toutes les particularités de structure de l'organisme dont elle s'est détachée. De quelle manière cette cellule unique reconstruit-elle, par sa division et sa multiplication perpétuelles, l'image exacte de cet organisme?

Plusieurs solutions du problème ont été proposées; nous n'en signalerons que celle qui, grâce au nom de son auteur bien plus qu'à sa valeur intrinsèque, a joui d'une certaine faveur: nous voulons parler de la pangenèse de Darwin.

D'après cette hypothèse, chaque cellule détache « de petits germes » qui sont toujours présents dans l'organisme, et qui peuvent s'accumuler dans la cellule destinée à la reproduction de l'espèce; ces germes ont, en outre, la capacité permanente de nouvelles cellules, destinées à reproduire de nouveaux organismes semblables à celui du générateur dans les points essentiels.

N'était le nom justement estimé de Darwin, la naïveté de cette hypothèse eût frappé dès le début. Elle est surtout inacceptable au point de vue morphologique. Les ingénieux efforts de Broocks pour la défendre sont également basés sur des hypothèses inadmissibles. Il y a plus; M. Galton, parent et admirateur ardent de Darwin, a prouvé, par des expériences irréfutables, que les « petits germes » darwiniens n'existent pas dans la réalité.

M. Weismann fut le premier à donner de la transmission héréditaire une explication qui, dans ses traits généraux peut encore être considérée comme très vraisemblable. Malgré son audace apparente, cette théorie des plus simples ne repose que sur des observations et des données incontestables; aussi a-t-elle facilement triomphé de la plupart des objections qu'elle avait d'abord soulevées. Pour l'adopter, nul besoin de recourir à de nouvelles hypothèses; enfin, elle éclaire d'un jour nouveau plusieurs problèmes fondamentaux des sciences naturelles. C'est la théorie de M. Weismann qui porta le coup le plus sensible aux doctrines évolutionnistes, alors en pleine vogue.

Voici le fond de cette théorie, que son auteur appelle « la théorie de la perpétuité du plasme germinatif (*Continuität*

---

1. *Die Continuität des Keimplasmas als Grundlage einer Theorie der Vererbung*. Professor A. Weissmann, *Iena*. 1885.

des Keimplasmas) ». Étant donné que l'hypothèse de Darwin, considérant la cellule germinative comme un *extrait de toutes les cellules de notre corps*, est devenue insoutenable, il ne reste plus que deux manières d'expliquer *physiologiquement* la transmission héréditaire : ou bien la substance de la cellule germinative possède la propriété de traverser tout le cycle des modifications qui aboutissent à la *reproduction de l'organisme individuel* et ensuite à la *reproduction de cellules germinatives identiques;* ou bien *la cellule germinative ne provient nullement du corps de l'individu, mais directement de la cellule germinative ancestrale.*

Le professeur Weismann s'est prononcé en faveur de cette dernière supposition, qui constitue ainsi la base de sa théorie. Il admet que la substance germinative, douée de certaines propriétés chimiques et physiques, ayant une structure moléculaire déterminée, se transmet directement de génération en génération. La cellule germinative qui forme notre postérité contient donc des molécules de cette substance, lesquelles proviennent *directement* de la substance des cellules germinatives de nos ancêtres les plus reculés. Le professeur Weismann appelle cette substance le « plasme germinatif (*das Keimplasma*) ».

Conséquemment, ce plasme spécifique, contenu dans la cellule germinative, ne participe pas *en totalité* à la production du nouvel organisme : *une partie* de ce plasme constitue une sorte de réserve dans cet organisme même, et sert à former la cellule germinative de la génération subséquente.

Cette théorie a paru d'abord très audacieuse, et en même temps très simple. En réalité, l'idée qui en est la base ne paraît hardie que parce qu'elle est neuve et que notre esprit n'y est pas habitué. Mais elle présente un tel caractère de probabilité que nous pouvons l'adopter sans faire la moindre violence à aucune vérité établie. Elle explique aussi la transmission héréditaire de la façon la plus simple, parce qu'elle la réduit à un phénomène de développement continu, qui est

le phénomème le plus constant de la vie. Si le plasme générateur n'est, en réalité, qu'une partie du plasme qui se
trouvait dans toutes les cellules germinatives des générations
précédentes, il *doit* posséder les mêmes propriétés de reproduction, et, après avoir parcouru tous les degrés du développement, *aboutir fatalement* au même résultat final. Le plasme
germinatif constituerait ainsi *la partie immortelle de notre
organisme.*

Où se trouve ce plasme?

Les brillantes recherches embryologiques, faites depuis
par MM. Hertwig, Strassburger et Van Beneden, ne permettent pas de douter que la *cellule* germinative ne joue qu'un
rôle secondaire dans la fécondation, celle-ci s'opérant,
en réalité, par la copulation des deux *noyaux* contenus
dans les cellules germinatives mâle et femelle. Cet accou-
plement a lieu, ainsi que M. Van Beneden l'avait observé
chez l'*Ascaris megalocephala*, par la réunion du noyau
du spermatozoïde avec le noyau de l'œuf, lesquels se con-
fondent en un noyau unique, — le noyau segmentaire, celui
qui se développe pour former un organisme entier. Ce fut
ensuite Th. Boveri qui approfondit particulièrement le rôle
du noyau. La cellule germinative qui le contient lui transmet
simplement les substances nécessaires à sa nutrition. Est
plasme germinatif uniquement celui qui est enfermé dans
le noyau même; le plasme cellulaire qui l'entoure ne sert
que de substance nutritive. Cette conception de l'idioplasme
(Nægeli) du noyau domine actuellement toute l'embryologie.

Étant donnés l'état actuel de la question et la grande
importance de la transmission héréditaire, par rapport à la
conception de l'origine du monde organique, on comprend
aisément qu'à l'aide de la « perpétuité du plasme germinatif»,
nous expliquons sans peine la transmission héréditaire de
toutes les particularités *innées* des parents. Mais cette théorie
est difficilement conciliable avec la transmission des particularités *acquises*, hypothèse qui, précisément, est la base de

toutes les doctrines évolutionnistes. En d'autres termes, *la théorie de Weismann exclut cette possibilité de transmission sur laquelle repose le transformisme.* Le fait est d'autant plus significatif que M. Weismann a été lui-même un des plus ardents propagateurs du darwinisme en Allemagne.

D'ailleurs, il ne s'est nullement dissimulé que sa thèse portait un rude coup à celle de Darwin sur l'origine des espèces. Dans un travail consacré spécialement à l'*Hérédité*, il cherche de son mieux à guérir la blessure qu'il a faite. «S'il n'existe aucune preuve sérieuse, dit-il, de la transmission héréditaire des particularités acquises, il n'est pas prouvé non plus que la théorie des transformations ne puisse être défendue qu'à l'aide de ce mode de transmission. » Et il tente l'impossible pour sauver cette théorie, mais, hélas ! force lui est de se borner à quelques suppositions vagues. Il n'est pas difficile de voir que l'auteur est très porté à défendre sa propre doctrine, mais qu'il désespère lui-même de sauver la théorie de l'évolution, une fois écarté le principe de la transmission des qualités acquises; il est vrai que la première tâche est plus facile que la seconde. M. Weismann n'a pas de peine à prouver que, jusqu'à présent, « il n'existe pas une seule observation, pas un seul fait prouvant l'hérédité des particularités acquises ». Le célèbre physiologiste Pflüger est du même avis : « J'ai étudié de près, dit-il, tous les faits cités en faveur de la transmission héréditaire des qualités acquises, c'est-à-dire des qualités qui ne dérivent pas de l'organisation primitive de l'œuf et du spermatozoïde, mais que l'organisme s'est appropriées plus tard sous l'influence des causes extérieures. *Aucun de ces phénomènes ne prouve l'hérédité des qualités et des particularités acquises.* » Du Bois-Reymond n'est pas moins catégorique à ce sujet : « Si nous voulions être sincères, nous devrions avouer que l'hérédité des particularités acquises *a été uniquement inventée pour des faits qu'il s'agissait d'expliquer,* et qu'elle est elle-même une hypothèse obscure. »

En produisant les divers arguments qui infirment ce mode

d'hérédité, M. Weismann cite également les expériences de
Nægeli sur les plantes, qui démontrent la non transmissibilité des particularités acquises. Il aurait pu signaler aussi
un fait bien probant contre leur transmission héréditaire
chez les hommes. Tout le monde sait, en effet, que, pour des
motifs religieux, les peuples de l'Orient pratiquent, depuis
un temps immémorial, la circoncision, et pourtant il n'y a pas
eu jusqu'à présent, parmi eux, un seul nouveau-né dont la
particularité innée ait rendu inutile cette opération. Il en
est de même avec l'hymen : on n'a jamais encore constaté son
absence congénitale. Pour défendre autant que possible la
théorie darwinienne de l'«Origine des espèces», M. Weismann
commence par sacrifier l'idée fondamentale de Lamarck, à
savoir que l'organe se développe ou s'affaiblit selon qu'on
l'exerce ou non; la somme de toutes ces modifications graduelles, transmises par l'hérédité, devant provoquer la transformation des espèces. Il est, en effet, évident que l'idée de
Lamarck est inconciliable avec la théorie de la perpétuité
du plasme germinatif.

Le professeur Weismann, par contre, recourt à un autre
argument, bien forcé il est vrai, afin de parer le coup que sa
théorie porte au darwinisme : pendant la vie, les influences
extérieures pourraient avoir une action de nature à modifier directement le plasme germinatif qui sert à la transmission des particularités héréditaires de l'individu, et ce sont ces
modifications qui se transmettraient de génération en génération. Cela n'est pas impossible et nous expliquerait parfai·
tement la transmission de certaines maladies *constitution-
nelles*. Mais les modifications des organes, provoquées par des
causes qui n'agissent pas sur le plasme germinatif (et le
transformisme se fonde justement sur la possibilité de semblables modifications), comment les expliquer à l'aide de
cette théorie, sans faire intervenir la transmission héréditaire
des qualités acquises ? Tout transformiste sincère reconnaîtra
que la difficulté est insurmontable.

De ces deux questions capitales : quelles sont les forces qui transforment le germe en un organisme humain, et comment les particularités individuelles se transmettent-elles de génération en génération, — seule la seconde vient de recevoir un commencement de réponse scientifique satisfaisante.

Nous trouvons inutile de suivre M. Weismann dans ses nombreuses tentatives de modifier ou de compléter sa théorie, qui n'ont fait que l'obscurcir. Ce qui importe ici, c'est de constater que l'ancienne croyance dans la transmission héréditaire des propriétés acquises est définitivement détruite. La simple proclamation de la *toute-puissance* de la sélection naturelle, à laquelle M. Weismann a recours, ne suffit pas pour ressusciter le darwinisme. Il a été montré plus haut qu'admettre la sélection naturelle sans le principe de finalité, c'est-à-dire sans la préexistence dans l'organisme primitif des éléments qui déterminent toutes ses transformations successives en formes organiques supérieures, équivaut à déclarer que l'évolution transformiste ne repose que sur le hasard.

L'éminent biologiste Oscar Hertwig qui, dans ses recherches d'embryologie et d'anatomie, se rattache aux belles conceptions de la nature de K. E. von Baer, caractérise justement l'ultradarwinisme de M. Weismann en ces termes : « La variabilité des cellules germinatives qui s'accomplit au hasard et sans direction, grâce à des causes inconnues et qui échappent à l'investigation directe, devient pour Weismann la seule source qu'offre la sélection naturelle pour la formation des espèces [1]. » En effet, M. Weismann fait lui-même cet aveu : «La survivance des plus aptes est certaine, mais nous ignorons dans chaque cas spécial ce qui est plus apte, et combien de fois dans chaque génération cela survit ou doit survivre pour aboutir à la victoire. Nous ne pouvons donc pas fournir la preuve qu'une adaptation donnée soit provoquée par la sélection naturelle. »

---

1. Oscar Hertwig. *Die Entwickelung der Biologie im 19 ten Jahrhundert*, p. 38, 2ᵉ édition. Iéna, 1908.

Les affirmations en l'air, même publiées sous un titre retentissant [1], ne sauraient remplacer l'absence complète de
preuves. Le hasard, élevé au rang d'unique facteur de l'évolution transformiste du monde organique, exclut de l'univers
non seulement le principe de la finalité, si évident dans toutes
les transformations de l'embryon, mais aussi celui de la causalité, uniquement saisissable dans ses effets. C'est bien la conception, la plus absurdement surnaturelle qui ait été émise
depuis Empédocle.

1. Weismann. *Die Allmacht der Naturzüchtung*, p. 60. 1893.

CHAPITRE V

LA LUTTE DE LA SCIENCE
CONTRE LES DOCTRINES DE HAECKEL

§ I. — LA PSYCHOLOGIE DE HAECKEL.

Au début du précédent chapitre, allusion est faite à la manière dont Haeckel contribua puissamment à la décadence du darwinisme, pour en avoir déduit jusqu'à l'absurde les plus lointaines conséquences.

Le développement abusif donné à l'hypothèse darwinienne devait forcément exercer sur le mouvement intellectuel de la fin du siècle passé une action dont le retentissement sur la vie politique et sociale ne pouvait être que funeste. L'ébranlement des traditions séculaires, sur lesquelles repose la culture du monde civilisé, a engendré l'anarchie de la pensée générale, qui est devenue le trait dominant de la mentalité moderne.

Haeckel fit à Berlin et à Würzbourg des études sérieuses, ayant pour objet les sciences morphologiques, l'anatomie comparée et l'embryologie. Les travaux de zoologie qu'il publia tout d'abord n'étaient pas sans valeur. Mais, avide d'une popularité malsaine et n'en dédaignant pas les avan-

tages, Haeckel, une fois nommé professeur à l'Université
d'Iéna, se consacra exclusivement à la propagande des doctrines de Darwin, au moyen de conférences publiques dont
il multiplia ensuite la portée par des livres et des brochures
de vulgarisation.

Orateur et écrivain aussi prolixe que superficiel, sachant
flatter les bas instincts de ses auditeurs et lecteurs, auxquels
il présente les fantaisies les plus extravagantes comme des
vérités scientifiques irréfutables, et sous une forme accessible
aux esprits peu cultivés, il a montré, dans cette entreprise, un
incontestable talent de vulgarisateur. Parmi ses innombrables
ouvrages, publiés en toutes langues et édités à des milliers
d'exemplaires, on chercherait en vain quelque pensée inédite
ou personnelle, digne d'être conservée. Acceptant les théories
darwiniennes comme des dogmes sacro-saints, qui ne néces-
sitent aucune preuve et n'admettent aucune discussion, il
s'applique à les répandre dans le public par tous les moyens.
Tantôt il les délaye avec une grande habileté, de manière
à en cacher les côtés faibles, tantôt il en tire témérairement
les conclusions les plus risquées. Sectaire dans toute l'acception du terme, borné et à moitié inconscient comme les
vrais sectaires, il possède à un très haut degré la ténacité du
fanatique, qui conduit au succès plus sûrement que la lucidité de l'intellectuel, surtout quand il y a parfaite harmonie
entre le but que le fanatique cherche à atteindre et les ambitions qui l'inspirent.

Le but poursuivi et l'objet des ambitions sont aisés à
reconnaître ici. Ils reviennent, comme un *Leitmotiv* perpétuel, dans les nombreux écrits dont, depuis plus de quarante ans, Haeckel est d'autant plus prodigue qu'au fond
c'est toujours le même livre, réimprimé sous des titres divers
et des formats différents. Depuis la *Morphologie générale*, en
passant par l'*Histoire de la création*, l'*Anthropogénie* et les
Énigmes du monde, jusqu'à ses dernières publications, *Das
Menschen-Problem und die Herrenthiere Linnés*, et *Abstam-*

mungslehre und Kirchenglaube, la thèse développée ne varie
pas : il s'agit de ruiner les églises chrétiennes, et avant tout
l'église catholique, dont la puissante hiérarchie fait encore
obstacle à l'invasion de l'anarchie générale. Il faut détrôner
Dieu, en dévoilant tous les mystères de la nature, remplacer
la Bible par l'*Histoire de la création*, les édifices religieux
par des musées phylogénétiques, et le christianisme par le
culte des Protozoaires, dont Haeckel deviendrait à jamais
l'immortel prophète.

C'est seulement en 1898, à l'apparition de son livre, les
Énigmes du monde, qui, en dehors de la partie anthropolo-
gique, en contient trois autres consacrées à la psychologie, à
la cosmologie, et à la théologie, que philosophes, théologiens
et physiciens se décidèrent enfin à étudier de plus près les
doctrines de Haeckel. Tant que celui-ci s'était tenu strictement sur le terrain des sciences naturelles descriptives,
seuls les représentants autorisés de la biologie avaient
entrepris de le combattre, et cela tout d'abord afin de
sauvegarder l'honneur de leur science. Pour être intervenus
un peu tard dans la lutte, les physiciens et les philosophes
n'en furent que plus implacables. Le professeur Chwolson,
l'éminent physicien de Saint-Pétersbourg, l'auteur de très
remarquables études critiques [1], a consacré une soixantaine
de pages à l'analyse détaillée des erreurs scientifiques de
Haeckel. La démonstration est écrasante pour l'homme qui
prétend dévoiler toutes les énigmes du monde.

Citons seulement quelques conclusions de M. Chwolson.
« Haeckel n'a pas cru nécessaire de consulter ne fût-ce
qu'un manuel de physique pour apprendre en quoi consiste
la loi de l'énergie ; aussi n'en a-t-il pas la moindre notion.
Tout, je le répète, tout ce que Haeckel dit, explique et
affirme concernant les questions de physique est faux, ne
repose que sur des équivoques, ou prouve une ignorance à

---

1. O. D. Chwolson. *Hegel, Haeckel und Kossuth, und das zwölfte Gebot.*
Braunschweig, 1906.

peine croyable des problèmes les plus élémentaires. Sur la
loi de l'énergie, qu'il proclame comme « l'étoile-guide
(*Leitstern*) » de ses conceptions philosophiques, il ne possède
même pas les connaissances rudimentaires d'un écolier. Et,
avec une pareille ignorance, il se permet de déclarer que la
base de la physique moderne, la théorie cinétique de la substance, n'est pas défendable et que la loi de l'entropie, c'est-
à-dire la seconde proposition de la thermodynamique, doit
être abandonnée ! » Chwolson s'est aussi donné la peine
de démontrer que Haeckel n'est pas plus instruit dans les
autres branches des sciences exactes, par exemple dans l'astronomie, sur laquelle il s'appuie cependant pour développer ses conceptions mondiales.

On voit que l'incursion de Haeckel dans les différents
domaines des sciences exactes, qui lui sont entièrement
étrangères, a eu des effets désastreux pour sa réputation de
savant. Les considérations philosophiques et théologiques
de ses *Énigmes* n'ont pas obtenu plus de succès. Plusieurs
théologiens, l'érudit professeur Friedrich Loofs, de Halle,
entre autres, se sont même montrés si sévères dans leurs
jugements que nous nous abstenons de les reproduire. La
partie théologique de l'ouvrage de Haeckel ne nous intéresse
d'ailleurs que très indirectement.

Il nous est également impossible de citer ici tous les écrits
dans lesquels des philosophes, comme les professeurs Julius
Baumann, Erich Adicke et bien d'autres, ont combattu les
doctrines haeckéliennes. Contentons-nous de rappeler la
conclusion d'une série d'études critiques très détaillées, dues
à la plume du fin et délicat penseur Friedrich Paulsen, professeur de philosophie à Berlin, récemment décédé. Son ouvrage, *Ernst Haeckel als Philosoph*, produisit en Allemagne un
effet vraiment foudroyant; cette fois Haeckel se sentit profondément atteint. « J'ai lu ce livre, écrit Paulsen à propos
des *Énigmes du Monde*, et j'ai rougi de honte en songeant à
l'état de l'instruction générale et surtout de l'instruction phi-

losophique de notre peuple. Qu'un tel livre ait été possible, qu'il ait pu être écrit, imprimé, acheté, lu, admiré et pris au sérieux chez une nation qui possède un Kant, un Gœthe, un Schopenhauer, c'est là un fait très douloureux[1].»

Les savants biologistes, comme je viens de le dire, n'avaient pas attendu aussi longtemps pour protester, au nom de la science, contre les hérésies scientifiques de Haeckel. Ils lui reprochaient le manque absolu de preuves dans ses affirmations et de logique dans ses discussions, sa généalogie fantaisiste, et surtout ses *gross ères falsifications de figures et de planches embryologiques*, même de celles qu'il avait empruntées aux ouvrages d'autres naturalistes. Circonstance qui mérite d'être signalée : des partisans avérés du darwinisme, tels que Karl Vogt, par exemple, se trouvaient à l'avant-garde des adversaires de Haeckel. Ils prévoyaient avec raison que ses ouvrages ne pouvaient que compromettre gravement l'œuvre darwinienne.

La vraie campagne des savants contre lui commença dès 1878. Elle fut provoquée par une audacieuse imprudence de sa part. Non content de multiplier les éditions de ses romans-feuilletons sur la descendance de l'homme[2], il ne craignit pas, au Congrès des naturalistes et médecins allemands, tenu alors à Munich, de réclamer hautement que ses doctrines fussent introduites dans les programmes scolaires, comme bases de l'enseignement donné à la jeunesse. Pour justifier sa demande, Haeckel la faisait précéder d'un exposé détaillé, où il affirmait que sa théorie de l'origine de l'homme «fournissait le plus puissant instrument d'éducation publique. Elle ne doit pas seulement être tolérée, ajoutait-il ; elle doit être prise pour guide de toute instruction. »

1. Friedrich Paulsen. Ernst Haeckel als Philosoph. *Preussische Jahrbücher*, vol. 101.

2. « Quand je désire lire un roman, j'en connais de meilleurs que l'*Histoire de la création* de Haeckel », a déclaré un jour du Bois-Reymond. En effet, comme romans, les œuvres de Haeckel se rapprochent plutôt du genre de Ponson du Terrail dans l'interminable série des divers Rocamboles.

La prétention de remplacer dans les écoles la philosophie et la religion par l'histoire de la création d'après Haeckel ouvrit enfin les yeux sur le péril haeckélien à ceux des naturalistes qui avaient gardé jusqu'alors une attitude trop dédaigneuse. L'illustre Virchow, membre du Congrès, renonçant à faire la conférence promise sur un sujet technique, prononça le lendemain, contre les visées extravagantes de son ancien élève, un éloquent discours dont le retentissement fut considérable dans le monde entier.

Au point de vue des principes, Virchow commence par déclarer : « Ce qui, dans la science, est réellement vrai, on doit toujours le rendre public. Le peuple a pleinement le droit d'être mis en possession de toutes les véritables acquisitions scientifiques, et, sous ce rapport, les savants ont le devoir d'enrichir le pays non seulement des *données de fait, qui peuvent contribuer à sa prospérité matérielle, mais encore des déductions spéculatives, qui augmentent son capital intellectuel. Il faut en dire autant de l'influence que la science contemporaine doit exercer sur l'éducation...* Lorsque la théorie de l'origine des espèces aura réellement acquis le degré de certitude que Haeckel lui attribue, alors nous aussi nous réclamerons son introduction dans l'enseignement... Mais nous ne devons pas oublier que les choses dites par nous avec une certaine timidité et de grandes hésitations, ces mêmes choses sont répétées, en dehors du monde savant, avec mille fois plus d'assurance. *Vous pouvez vous figurer ce que deviendra la théorie de la lutte pour l'existence dans la tête d'un socialiste...* Je veux espérer que la doctrine de l'origine des espèces ne produira pas chez nous tout le mal que des doctrines semblables ont fait dans un pays voisin. Pourtant, la théorie évolutionniste, poussée à l'extrême, a chez nous aussi un côté excessivement dangereux; vous comprendrez facilement quel profit le socialisme peut en tirer. »

Nonobstant ce danger, Virchow *se disait prêt à admettre la propagation de cette théorie, si, en effet, elle était scientifiquement vraie.* Mais justement parce qu'il la considère comme un ensemble d'hypothèses non prouvées, il s'oppose, au nom de la science, à ce qu'on l'introduise dans l'enseignement. « Avant d'appliquer à de pareilles propositions l'épithète de scientifiques, avant de les donner pour l'expression de la science contemporaine, nous devons encore faire une foule de recherches infiniment plus longues. *Nous sommes donc obligés de dire à l'instituteur : N'enseigne pas cela.* »

... « Un échec certain est réservé à toute tentative ayant pour but de transformer les questions douteuses de la science en certitudes, d'asseoir l'enseignement sur des hypothèses, *surtout d'exclure l'église et de remplacer ses dogmes par la religion de l'origine des espèces. Mais cet échec fera à la science dans le pays une situation pleine de périls.* »

Malheureusement, malgré l'avertissement autorisé de Virchow, malgré l'unanimité avec laquelle biologistes, philosophes et physiciens s'accordent à démontrer l'inanité de toute l'œuvre de Haeckel, son influence sur la foule n'a fait que grandir, au moins dans certains pays[1]. En Allemagne, ses partisans fanatiques ont fondé de nombreuses sociétés de « Monistes libres-penseurs (*Freidenkende Monisten*) ». Il y a quelques années, la section berlinoise de ces sociétés adressait aux associés de province une circulaire pressante, attirant leur attention sur l'urgence d'instituer un culte officiel d'adoration des Protozoaires. Elle insistait également sur la nécessité d'ériger à cette intention des temples spéciaux; Haeckel était désigné comme le chef futur ou le grand prêtre du nouveau culte à introniser.

La forme de la circulaire parut bien quelque peu ridicule,

---

1. Pour des raisons faciles à comprendre, l'Angleterre est restée indemne de la contagion haeckélienne. Ainsi, quelques années déjà avant la mort de Darwin, la section biologique de la *British Association* approuvait, par un vote unanime, les conclusions de son président, le docteur Gwyn Jeffreys, déclarant que les théories transformistes manquaient entièrement de preuves.

même aux journaux amis : ils jugeaient la proposition prématurée et essayèrent de modérer le zèle intempestif des monistes de Berlin. Néanmoins, le 30 juillet 1908, en pleine fête
jubilaire de l'Université, le professeur Haeckel inaugurait à
Iéna le premier édifice élevé en l'honneur de la divinité protozoaire. S'il évitait d'en prononcer le nom, voici en quels termes
il expliquait la destination de son église : « Au service de la conception rationnelle du monde sera consacré le nouveau musée
de la doctrine évolutionniste. Espérons que ce musée phylé-
tique, dont le monument s'élève à la porte du Paradis[1], *sera
un temple pour la religion de la Raison pure*, par le culte du
Vrai, du Bien, et du Beau. *En posant, à l'aide de l'Histoire de
la Descendance, ses solides fondements, nous résolvons en même
temps le grand problème de l'Homme.* »

L'émotion produite par cette inauguration solennelle fut
si vive en Allemagne que le Dr Brass, embryologiste expéri-
menté, eut l'idée d'examiner de plus près le *Menschen-
Problem*, appelé à devenir l'évangile définitif de la nouvelle
religion. L'examen ne fut pas heureux pour son apôtre. Le
Dr Brass[2] constata que plusieurs planches qui ornent le livre
et qui, selon l'affirmation de l'auteur, sont « des reproductions très fidèles » d'après les ouvrages de naturalistes connus,
avaient subi de véritables *maquillages*, destinés à démontrer
que, dans certaines phases de leur développement, les
embryons de l'homme sont identiques à ceux des chauves-
souris, des poissons, et des singes anthropoïdes. Ainsi l'on y
voit l'embryon d'un macaque à queue (*cercocebus cyno-
molgus*), présenté comme étant celui d'un gibbon (*hylobates*),
l'anthropoïde sans queue. Dans le dessin de l'embryon emprunté au professeur Selenka, Haeckel supprime une partie
du ventre et modifie les contours de la tête. A l'embryon
d'une chauve-souris de van Beneden, il enlève une partie

---

1. *Paradis* est le nom du parc de la ville d'Iéna.

2. Dr Brass. *Das Affen-Problem. Professor Ernst Haeckels neueste
gfälschte Embryonen-Bilder. 40 Figuren.* Leipzig, 1908.

des entrailles, donne une tournure plus élégante à la queue, et fait passer la figure pour celle d'un rhinolophus (*Hufeisennase*). Le dessin d'un embryon d'homme d'après His est modifié de manière à rappeler celui d'un gibbon, etc.

Ces révélations du Dr Brass firent naturellement sensation. La presse allemande tout entière s'occupa du scandale des falsifications signalées, et une polémique violente s'engagea, dont le retentissement dure encore.

Haeckel essaya d'abord de se défendre par de grossières injures à l'adresse de son contradicteur. Mais comme il avait déjà répondu sur le même ton aux naturalistes les plus illustres, tels que K. E. von Baer, Virchow, Kölliker, Hensen, His, Semper et bien d'autres, le Dr Brass ne pouvait qu'être flatté de se trouver en aussi illustre compagnie. Le public, blasé sur ces violences, réclamait d'autres arguments. Haeckel rejeta alors la responsabilité des falsifications commises sur des *erreurs* de son dessinateur. Enfin, mis au pied du mur, il fut contraint de faire des aveux et de plaider les circonstances atténuantes. Dans la *Volkszeitung* de Berlin, du 29 décembre 1908, il publia une déclaration dont voici un extrait : « Pour mettre fin à la violente querelle, je commence par un aveu de repentir : une petite partie de mes nombreuses figures d'embryons, 4 à 8 sur 100, ont été vraiment falsifiées (dans le sens du Dr Brass), notamment toutes celles où les observations dont je disposais étaient incomplètes ou trop insuffisantes pour établir une chaîne ininterrompue de développement ; on est forcé, en pareil cas, de remplir les lacunes par des hypothèses. » Haeckel racontait ensuite quelles difficultés il avait eu à vaincre pour exécuter ses falsifications. « On doit me considérer, après cet aveu accablant, ajoutait-il, comme écrasé et condamné. Je m'en consolerai en voyant sur le banc des accusés, à mes côtés, des centaines de complices dans la personne de biologistes renommés et dignes de confiance, qui ont usé des mêmes procédés. » Cette insinuation finale est la riposte habituelle de Haeckel à des accusations qu'il ne peut pas réfuter; elle importe peu dans l'occasion. L'aveu seul est à retenir.

La psychologie de l'auteur étant suffisamment établie, reste à donner la réfutation de l'œuvre, au moins dans ses lignes principales. Nous l'essaierons en multipliant autant que possible les citations empruntées à l'original. Nous aurons soin aussi de corroborer nos objections par les jugements des spécialistes autorisés dont le nom est connu de tout homme instruit. C'est aux philosophes et aux savants peu familiarisés avec les sciences biologiques que s'adressent surtout ces pages. Le caractère par trop fantaisiste des doctrines de Haeckel ne permet pas toujours de garder dans la critique le ton sérieux d'une discussion scientifique. Aussi la plupart des naturalistes qui les ont combattues, comme His, Virchow, Semper, Karl Vogt et autres, ont-ils eu souvent recours à l'ironie et à la satire. Ce procédé était d'ailleurs tout indiqué, dans l'examen de l'argumentation si fastidieuse de Haeckel, afin de maintenir en éveil l'attention du lecteur.

§ 2. — LA CLASSIFICATION DE HAECKEL ET SA LOI BIOGÉNÉTIQUE.

Les idées de Haeckel sur l'origine de l'homme furent d'abord brièvement exposées dans sa *Morphologie générale;* mais il les a développées avec plus d'ampleur, en même temps que sous une forme populaire, dans deux livres volumineux : l'*Histoire de la Création* et l'*Anthropogénie.* Le premier se rapporte spécialement à la création des mondes organique et inorganique; le second est exclusivement consacré à l'origine de l'homme. L'un et l'autre sont la reproduction des cours que l'auteur fit à différentes époques à l'Université d'Iéna.

Haeckel prend soin de nous expliquer lui-même comment la défaveur que sa doctrine rencontra auprès des savants l'a engagé à composer ces deux ouvrages. « Alors que la plupart des spécialistes, pour qui j'avais écrit la *Morphologie général* , la négligeaient purement et simplement, les autres la bafouaient comme un recueil de rêveries de philosophie naturelle, ou la prenaient en pitié comme une erreur digne de compassion. On l'aurait tuée par le silence (*todtgeschwiegen*), ainsi qu'il est arrivé à d'autres tentatives de réforme, si, en exposant sous une forme populaire, dans l'*Histoire de la création* et plus tard dans l'*Anthropogénie*, quelques-unes des idées nouvelles émises dans la *Morphologie générale*, je ne les avais pas rendues accessibles à une partie plus considérable du public cultivé. L'intérêt éveillé par ces publications dans un cercle plus étendu força les spécialistes, directement atteints, à porter leur attention sur la manière dont je comprends l'histoire du développement. »

Cette attention s'est manifestée d'une façon peu flatteuse pour la doctrine haeckélienne; le ton même sur lequel celle-ci était prêchée par son fanatique apôtre eût suffi, d'ailleurs, à la discréditer auprès des gens compétents.

Les déductions les plus risquées de la théorie darwinienne sont présentées par Haeckel, non comme de simples conjectures ou des hypothèses, mais comme des lois rigoureuses. Ses ouvrages sont remplis de sarcasmes, d'un goût médiocre, contre l'infaillibilité du pape, le néocatholicisme, et mille autres choses dont le naturaliste n'a nullement à s'occuper. Mais il ne doute pas une minute de l'infaillibilité de Darwin, ni de sa science propre. Que l'homme descende de la monère ou du légendaire Bathybius, c'est pour lui article de foi. A chaque instant il invente des espèces imaginaires, dont il a besoin pour combler les innombrables vides de sa généalogie fabuleuse, et il est aussi affirmatif en parlant de ces êtres problématiques que s'il venait de les conduire au cimetière. Bien plus, en maintes pages de ses livres il intercale dans le texte des figures, minutieusement dessinées, de ces animaux fantastiques, comme si, avant de mourir, ils lui avaient légué leur photographie.

L'anthropoïde, ce singe sans queue qui serait l'ancêtre immédiat de l'homme, n'a pas de secret pour notre auteur, lequel nous décrit ses habitudes et son genre de vie avec autant d'assurance que s'il s'agissait d'un ancien camarade de collège. Le respect du gentilhomme pour la mémoire de ses aïeux qui ont accompagné Godefroy de Bouillon en Palestine n'approche pas de celui que Haeckel témoigne au « vénérable amphioxus », quoique lui-même, du reste, ne l'ait jamais vu de ses propres yeux et qu'il ne le connaisse que par les descriptions de Kowalewsky.

Ce dogmatisme présomptueux de l'initié pour lequel la nature n'a pas de secret, l'apparence de rigueur scientifique que l'écrivain sait donner à son système, les innombrables illustrations dont il remplit ses ouvrages, l'abondante et barbare terminologie qu'il emprunte au dictionnaire grec, tous ces artifices, usités de temps immémorial pour jeter de la poudre aux yeux, devaient nécessairement en imposer aux lecteurs profanes.

Tout autre fut l'effet produit dans le monde savant par ces exagérations de sectaire: personnellement, Haeckel perdit la situation honorable que ses premiers travaux lui avaient faite dans la science; en même temps, il porta au darwinisme un coup dont celui-ci ne s'est pas relevé.

Haeckel ramène toutes les formes animales à une seule forme primitive, consistant en une cellule unique. Suivre par la pensée les différentes modifications que le monde organique a censément subies durant des millions d'années, déterminer quelles espèces d'animaux existaient aux diverses époques géologiques de notre globe, en vertu de quelles lois et sous l'influence de quels facteurs elles auraient changé d'aspect, pour arriver de l'être monocellulaire à l'homme, créer, en un mot, la généalogie complète de toutes les espèces animales actuellement vivantes, telle est la tâche gigantesque qu'il a entreprise.

Durant les trois premières périodes géologiques (laurentienne, cambrienne, et silurienne), qui comprennent près de la moitié du temps écoulé depuis la naissance de la vie organique sur la terre, tous les animaux et toutes les plantes, suivant Haeckel, ont vécu dans l'eau. Les organismes fossiles offrant les premières traces d'habitat terrestre n'apparaissent qu'au commencement de la période dite dévonienne. Comptant, depuis la monère jusqu'à l'homme, vingt et une formes ancestrales différentes, Haeckel estime que la moitié environ de ces espèces vivait dans la mer. Parmi elles, les huit premières étaient des animaux invertébrés; les quatorze dernières, des vertébrés.

Tous les animaux sont partagés en deux vastes groupes : les *protozoaires*, et les *animaux à intestin*. Le premier groupe (*Urthiere*, Protozoa) comprend deux divisions : les plastides, et les organismes polycellulaires. La première forme des plastides est la monère, qui consiste en un petit globule de substance albumineuse, dite protoplasme; la seconde est l'amibe, qui possède la structure d'une cellule, c'est-à-dire qu'elle se compose d'un protoplasme et d'un noyau cellulaire. Les organismes polycellulaires se subdivisent en deux sections: les synamibes, et les planéades.

Le second groupe, les animaux à intestin (Metazoa), comprend les invertébrés et les vertébrés. Parmi les premiers, citons la *gastræa*, leur antique souche, qui est constituée uniquement par un tube intestinal ayant deux orifices, l'un pour recevoir la nourriture, l'autre pour l'expulser, et les *chordoniens*, qui se présentent d'abord sous l'aspect de vers dépourvus de cavité et de sang; ils acquièrent ensuite la cavité viscérale, le sang et la corde, et, sous cette dernière forme, se rapprochent des ascidies.

Les vertébrés ne comptaient primitivement que des acéphales, comme l'amphioxus. Puis apparurent les monorhinæ, ayant des mâchoires analogues à celles de la lamproie, les ichthyodæ, et enfin les amniotes, c'est-à-dire les animaux dont le germe est enveloppé de l'amnios. Ces derniers furent d'abord des protamniotes, et, après eux, des promammalia, genre des monotremata. Les promammalia donnèrent naissance aux animaux à besace (marsupiaux); ceux-ci se transformèrent successivement en demi-singes (prosimiæ), puis en singes (simiæ). Les aïeux immédiats de l'homme furent, en premier lieu, les singes de l'ancien continent (simiæ catarhinæ), pourvus d'une queue, ensuite le singe acaude, que notre auteur appelle *anthropoïde*.

Telle est, dans ses grandes lignes, la filiation généalogique de l'homme. Ajoutons que, non content de signaler les traits caractéristiques généraux de tous ces prétendus ancêtres de l'humanité, Haeckel décrit minutieusement leurs particularités anatomiques et physiologiques, sans oublier aucune forme transitoire, fixe l'époque géologique où ils ont vécu, et, de plus, joint à ses descriptions des dessins anatomiques très détaillés.

Voyons maintenant quelles preuves sont invoquées en faveur de cette généalogie si complète. Évidemment, il aurait fallu, avant tout, établir l'existence réelle de ces différents animaux aux époques géologiques désignées. Une pareille démonstration ne pourrait être faite que si l'on découvrait leurs débris dans les couches correspondantes de la croûte terrestre. Encore les fossiles mêmes de ces animaux ne seraient-ils pas une preuve que les uns descendent des autres. Pour rendre probable le *lien de parenté* entre les diverses espèces, il faudrait en outre trouver des traces de formes marquant le passage d'une espèce à une autre. Et surtout, pour avoir le droit d'en parler comme de nos ancêtres, il serait indispensable de découvrir les restes d'un véritable *anthropoïde* et de quelques formes intermédiaires entre lui et l'homme.

Disons tout de suite que non seulement rien de semblable à ces formes de transition n'a été découvert jusqu'ici, mais que la plupart des animaux, dont Haeckel prétend faire nos arrière-grands-pères, ont disparu sans songer à nous léguer aucun vestige de leur existence terrestre. Haeckel lui-même reconnaît l'absence de documents paléontologiques qui

pourraient confirmer l'exactitude de son arbre généalogique :
« Pour une espèce que nous trouvons, dit-il, il y en a cent
ou mille qui n'ont pas laissé la moindre trace[1]. »

Aussi est-il forcé d'avouer que les espèces animales, créées
par lui sur de simples conjectures, ne peuvent prétendre
à une bien grande autorité scientifique. Il croit, néanmoins,
qu'elles méritent d'être prises en considération; car, dit-il, la
linguistique n'a pas non plus d'autres preuves de la réalité
des idiomes éteints que les traces laissées par eux dans les langues encore parlées aujourd'hui, et cependant elle admet
l'existence d'une forme commune de langage, souche primitive de tous les idiomes connus.

C'est méconnaître étrangement la véritable nature des
sciences naturelles exactes que de vouloir se contenter ici des
preuves approximatives qui peuvent suffire aux philologues.
Du reste, Haeckel a beau faire une application abusive de la
paléontologie, il sent lui-même que cette science ne fournit
aucun point d'appui solide à son système. Nous verrons, à
la fin de ce chapitre, qu'au contraire les découvertes paléontologiques les plus récentes témoignent clairement contre la
descendance simienne de l'homme.

Haeckel s'efforce donc de construire sa thèse sur les données
de l'embryologie. Il s'autorise d'un prétendu principe d'histoire naturelle, adopté par lui, *suivant lequel le développement
des germes des diverses espèces devrait reproduire les principaux traits des changements que l'espèce même aurait subis
dans son développement, à partir de sa forme la plus simple
jusqu'à sa forme actuelle.* Cette *loi biogénétique,* comme il l'appelle, constitue tout le fondement de son anthropogénie :
l'*ontogénie,* ou développement de l'individu, ne serait que la
répétition abrégée de la phylogénie, c'est-à-dire du développement de l'espèce. En conséquence, durant les neuf mois de
la vie utérine nous passerions rapidement par les vingt et une

1. *Anthropogénie,* 5ᵉ édit., p. 322. Toutes nos citations de l'ouvrage de
Haeckel sont empruntées à la cinquième édition allemande.

formes principales que nos ancêtres, à commencer par la monère, auraient parcourues durant les millions d'années qui leur étaient censément nécessaires pour se transformer enfin en organisme humain.

Le lecteur comprend maintenant ce qui a guidé Haeckel dans la construction de son échelle généalogique. Prenant son hypothèse biogénétique pour l'expression incontestablement vraie de la loi qui régit la formation du monde organique, il a choisi une vingtaine de formes par où passe le germe humain dans les premières phases de son développement, et il nous a créé une génération d'ancêtres correspondant à chacune d'elles. Réciproquement, quand les êtres existants lui ont paru de nature à constituer les chaînons de sa généalogie fictive, il leur a attribué des ressemblances avec telle ou telle forme du fœtus humain.

De même que le germe passe d'une forme plus simple à une forme plus complexe, de même aussi les prétendus ancêtres de l'homme, à partir de la primitive et informe monère imaginaire, auraient toujours été en se perfectionnant, jusqu'à ce qu'ils fussent arrivés à l'anthropoïde problématique. L'œuf humain, avant sa fécondation, ne serait, suivant Haeckel, qu'un globule à peine ébauché de protoplasme : par conséquent, notre premier ancêtre serait la monère. L'œuf fécondé correspondrait à l'amibe. Après la segmentation, l'œuf se compose d'une couche de cellules, et Haeckel nous crée un nouvel ancêtre, descendant immédiat de l'amibe, qu'il appelle synamibe. A la cavité segmentée correspond la planæa. Notre généalogie arrive ainsi à la gastræa, intéressant animal qui consiste en un tube digestif. Ce cinquième ancêtre nous est assigné lorsque le germe est parvenu à ce stade du développement où se forment en lui deux feuillets germinatifs : le feuillet intestino-glandulaire, source des principaux organes de la vie végétative, et le feuillet neuro-corné, d'où procèdent tous nos autres organes.

Nous avons déjà signalé l'importance considérable que présente, dans le système de Haeckel, cette gastræa comme souche des divers animaux. Conformément à sa loi biogénétique, tous ceux-ci, au cours de leur développement, devraient passer par la forme de la gastræa ou, pour employer l'expression de Haeckel, consister en une gastrula, c'est-à-dire en un canal intestinal ayant deux orifices, l'un pour recevoir la nourriture, l'autre pour l'expulser [1]. Notons d'ailleurs que cette théorie gastréenne est repoussée par la presque totalité des zoologistes et des embryologistes, comme étant en désaccord avec les faits les plus incontestables. Notre auteur n'obéit donc qu'à un caprice de sa fantaisie personnelle, quand il suppose qu'un animal semblable, composé seulement d'un canal intestinal, aurait existé il y a quelques millions d'années.

Dans son développement ultérieur, la gastrula de Haeckel se transformerait en ver et deviendrait une ascidie. Par conséquent, à un certain stade de notre développement, nous devons aussi être un ver. Ensuite, nous passons à l'état d'amphioxus, animal qui, comme on le verra, n'a ni crâne, ni cœur, ni extrémités. Cet amphioxus, soi-disant descendant direct des ascidies, serait en même temps l'origine de tous les animaux vertébrés. Les métamorphoses subséquentes, qu'en l'honneur de nos ancêtres Haeckel nous fait accomplir dans le sein maternel, ne sont que des jeux d'enfant en comparaison des difficultés que présente la transformation de la monère en amphioxus.

Au huitième stade, nous sommes une lamproie de mer; au neuvième, un vulgaire poisson; au dixième, nous devenons d'emblée un animal vertébré supérieur, pourvu d'une enveloppe embryonnaire, un amniote. Comme on vient de le voir, nous devons nous transformer tour à tour en monotrème, en mammifère d'une espèce disparue, en animal du genre des marsupiaux, en demi-singe, en véritable singe pourvu d'une queue,

---

1. La théorie dite gastréenne s'est fait jour pour la première fois dans une monographie de Haeckel « Sur les éponges calcaires. »

en singe acaude, jusqu'à ce que nous ayons enfin l'honneur de devenir homme.

Le lecteur me dispensera d'exposer avec plus de détails cette promotion hiérarchique du germe. Pour notre but, il suffit de retenir que nous devons, d'après Haeckel, passer par toutes ces transformations successives, car son inflexible loi biogénétique nous oblige à suivre exactement le bon exemple qui nous a été donné, il y a quelques millions d'années, par notre premier ancêtre, la monère.

D'ailleurs, s'il en faut croire l'auteur, ce n'est pas une ambition frivole qui a décidé la monère à échanger sa modeste mais insouciante existence au fond de la mer contre la vie humaine, si remplie d'agitations. Elle y a été amenée par des raisons bien plus respectables et tout à fait indépendantes de sa volonté. Parmi ces causes, figurent en première ligne la lutte pour l'existence et la sélection; viennent ensuite l'adaptation au milieu extérieur et la transmission héréditaire. Ajoutons-y les catastrophes géologiques, telles que les déplacements des blocs de glace, le desséchement du sol, les tremblements de terre, les inondations, etc., et le misanthrope le plus endurci devra reconnaître qu'il était difficile à la pauvre monère de tenir contre toutes ces calamités et de ne pas se transformer en gastræa, en ascidie, en amphioxus, en lamproie et en homme! Dans ces conditions, évidemment, elle n'avait pas le choix. Haeckel en est si convaincu qu'il juge parfaitement inutile de nous expliquer la relation existant entre les prétendues catastrophes géologiques ou météorologiques et les changements produits dans l'organisme des animaux et des plantes. Ici nous devons tout accepter comme article de foi; tant pis pour nous si notre curiosité exige des éclaircissements et si le lien dont on nous parle reste énigmatique à nos yeux

§ 3. — LES PROCÉDÉS MÉTHODIQUES DE HAECKEL.

Dans les lignes précédentes, nous avons cherché, autant que possible, à présenter le squelette nu de la doctrine haeckélienne qui, au dire de ses partisans, doit faire époque dans l'histoire des conceptions cosmogoniques. L'auteur de l'*Anthropogénie* ne s'applique, dans le reste de son volumineux ouvrage, qu'à masquer, sans le moindre succès d'ailleurs, tout ce que son système a de forcé et de choquant pour un esprit logique. Revêtir d'apparences pseudo-scientifiques des idées dont l'inconsistance saute aux yeux, voilà surtout ce à quoi s'ingénie Haeckel. Il développe d'autant plus abondamment son argumentation que les preuves lui font entièrement défaut. Sa théorie manquant de bases, il s'efforce d'y suppléer par la fatigante prolixité des descriptions.

Après avoir lu avec quelque attention l'*Anthropogénie*, un esprit non prévenu emporte nécessairement de cette lecture la conviction que, quand Haeckel se met de but en blanc à prod guer l'injure et le sarcasme à ses adversaires, autant dire au monde savant tout entier, c'est qu'il ne leur pardonne pas des critiques qui l'obligent à chercher des preuves là où il se contenterait bien plus volontiers d'une simple affirmation. Parfois pourtant, la faiblesse du raisonnement de Haeckel ne résulte pas du seul désir de donner le change au lecteur; elle révèle chez l'auteur le manque absolu de cette intelligence sévèrement scientifique, sans laquelle aucun naturaliste ne peut servir utilement la science.

Et d'abord, quelles sont les vues générales de Haeckel sur l'importance des questions qu'il traite et sur les méthodes qu'il juge les plus utiles pour ses travaux? Dans cet examen, nous rencontrerons des hérésies scientifiques si criantes, que les citations textuelles deviennent plus que jamais nécessaires. Elles auront aussi l'avantage de faire connaître au lecteur l'écrivain. Le mot connu « le style c'est l'homme », n'a jamais été plus juste que dans son application à Haeckel.

Le but direct que poursuit celui-ci par ses travaux scientifiques est avoué hautement dans la préface de l'*Anthropogénie* (1ʳᵉ édit.), écrite en plein *Kulturkampf*. « Dans cette guerre intellectuelle qui agite toute l'humanité pensante, dit-il, on voit d'un côté, sous l'éclatante bannière de la science, l'affranchissement de l'esprit et la vérité, la raison, la civilisation, le développement et le progrès ; de l'autre, sous le noir drapeau de la hiérarchie, se rangent la servitude intellectuelle et l'erreur, l'illogisme et la grossièreté, la superstition et la réaction... Dans cette grande lutte historique pour la culture, à laquelle nous avons le bonheur de prendre part personnellement, nous ne pouvons désirer une alliée meilleure que l'*Anthropogénie*. » Comme toute cette phraséologie paraît ridicule vingt ans après que le malencontreux *Kulturkampf* s'est terminé par un voyage à Canossa !

Ainsi, d'après Haeckel, son *Anthropogénie* devait être une arme dans la lutte contre la hiérarchie catholique. La recherche impartiale de la vérité qui, jusqu'à présent, avait été considérée comme le principal objet de la science, est par conséquent reléguée à l'arrière-plan. Si la vérité ne peut nous servir d'arme de combat, il faut la courber ou lui faire violence. Malheur au savant qui ose formuler une proposition pouvant obtenir l'approbation de l'« *Ecclesia militans* ». Haeckel, en pareil cas, recourt immédiatement à ses procédés habituels : il accable ce savant d'injures.

Les objections, d'ailleurs, ne l'arrêtent pas : il s'y dérobe par une pirouette. Voici, par exemple, comment, dans la préface citée plus haut, il croit répondre à l'« *Ignorabimus* » de du Bois-Reymond. « Si, durant l'antique époque laurentienne, nous avions voulu faire comprendre aux amibes, nos aïeux monocellulaires, qu'un jour, pendant la période cambrienne, leur postérité deviendrait un ver polycellulaire, pourvu d'une peau et d'un intestin, de muscles et de nerfs, de reins et de vaisseaux sanguins, ils ne l'auraient pas pu croire. A leur

tour, les vers n'auraient jamais admis que leurs descendants
pussent devenir des vertébrés acrâniotes, de même que ces
derniers ne se seraient jamais attendus à ce que leurs lointains
épigones devinssent des crâniotes, etc. Tous se seraient écriés
à l'envi : Nous ne changerons jamais ; jamais nous ne connaîtrons l'histoire de notre développement. *Nunquam mutabi-
mur! Semper ignorabimus !*»

Les partisans de Haeckel citent triomphalement ces phrases boursouflées comme une éclatante réfutation de ceux qui
admettent des limites à notre entendement. Et pourtant,
quoi de plus vide que cette argumentation ? Si les amibes, les
vers et les amphioxus avaient pu comprendre les paroles
de Haeckel et y répondre, ils auraient été bien plus fondés à
lui dire que, si flatteuses que fussent pour eux ses assertions,
elles étaient malheureusement fausses. L'amibe aurait assuré à
Haeckel qu'il serait encore amibe dans la seconde moitié
du XIXe siècle, le ver en aurait dit autant pour ce qui le concerne, et l'amphioxus aurait ajouté que jamais il ne serait
aussi dépourvu de tête que dans le siècle de Haeckel.
En admettant même l'exactitude de la généalogie haeckélienne, est-ce que tous ces animaux n'auraient pas été pleinement autorisés à déclarer : Jamais nous ne connaîtrons
l'histoire de notre développement ? En effet, à moins de
supposer que l'*Anthropogénie* de Haeckel constitue la
lecture favorite de l'amphioxus après déjeuner, comment
pourrait-il savoir aujourd'hui que parmi ses parents
honnêtes mais pauvres se trouvaient la gastrula et l'ascidie,
et qu'il a l'honneur de compter au nombre de ses descendants un professeur de l'Université d'Iéna ?

Nous avons déjà dit que tout le système de Haeckel
repose sur deux bases principales : la prétendue loi biogénétique, en vertu de laquelle le développement du germe
d'un animal n'est que la répétition abrégée du développement de toute l'espèce, et la théorie dite des *gastræas*,
d'après laquelle les six types supérieurs d'animaux, à un

certain stade de leur développement, doivent tous se composer d'un canal intestinal, muni de deux ouvertures, la bouche et l'anus.

Dans un ouvrage capital, *Histoire du développement des animaux et des hommes*, Koelliker examine en détail la loi biogénétique, aussi bien que l'hypothèse des gastræas, et, se fondant sur une multitude de faits d'embryologie et d'anatomie comparée, il prouve sans peine qu'elles sont l'une et l'autre en opposition évidente avec la vérité scientifique. Nous aurons plus loin l'occasion de signaler plusieurs de ces faits; bornons-nous pour le moment à un seul : chez les mammifères et les oiseaux, il n'existe rien de semblable à la gastrula haeckélienne. Vu l'importance de ces deux classes d'animaux, ce fait est plus que suffisant pour renverser tous les châteaux de cartes édifiés par Haeckel. Koelliker a donc parfaitement le droit de terminer sa démonstration en disant que la phylogénie haeckélienne ne peut être admise par la science, attendu qu'elle ne répond pas à la réalité. A ces objections si fortes, fondées sur l'absence de la gastrula chez les mammifères et chez les oiseaux, Haeckel réplique : « Cela est en contr diction avec les recherches récentes de Van Beneden et de Reuter : ils ont trouvé, le premier chez le lapin, le second chez le poulet, une forme cénogénétique de la gastrula, qui, en vertu de la théorie des gastræas, peut facilement être ramenée à la gastrula palingénétique de l'amphioxus (p. 24). »

A première vue, la réponse a l'air, en effet, d'un argument : Haeckel invoque le nom autorisé de Van Beneden; il se sert d'expressions scientifiques comme « cénogénétique » et « palingénétique ». Que peut-on désirer de mieux? Au fond, pourtant, il se trouve que les observations de Van Beneden ne réfutent nullement Koelliker. Tout se réduit aux deux expressions citées et au sens qu'y attache Haeckel. On va voir sur quelle base fragile il s'efforce d'étayer l'une des propositions les plus fondamentales de son système.

§ 4. — LES FALSIFICATIONS DE LA NATURE
SELON HAECKEL.

Partant de sa loi biogénétique et s'aidant de données empruntées à l'histoire du développement du germe, Haeckel s'efforce de créer les vingt et un types d'animaux qui auraient servi de degrés intermédiaires depuis la monère jusqu'à l'homme. La plupart de ces types n'ont laissé après eux aucune trace, par cette simple raison qu'ils n'ont jamais existé que dans l'imagination de l'auteur.

Pour les décrire, il utilise d'une part les traits saillants des germes aux différents stades de leur développement, d'autre part il met à contribution l'anatomie comparée des animaux, contemporains ou fossiles, qui lui paraissent se rapprocher le plus de nos prétendus aïeux. Dans l'accomplissement de cette double tâche, il lui faut sans cesse, d'abord effacer le plus possible les évidentes *différences qui existent entre les germes des divers animaux*, ensuite trouver de grandes analogies dans la structure, ou du moins dans l'aspect extérieur de ces germes et des types d'animaux correspondants. Malgré l'extrême adresse avec laquelle il sait découvrir des ressemblances là où il ne s'en rencontre aucune, malgré les libertés dont il use à l'égard des données les plus incontestables de l'embryologie, à chaque pas néanmoins Haeckel se heurte à des faits qui, en dépit de tous ses efforts, refusent absolument de se plier à sa loi biogénétique.

Or, ces faits *concernent, sans exception, toutes les plus importantes particularités morphologiques* : ils constituent donc, en réalité, la meilleure preuve de la fausseté de la loi. Mais Haeckel ne l'entend pas ainsi. Pour lui, ces faits s'expliquent par les *falsifications* (*Fälschungen*) *que la nature s'est permis d'introduire peu à peu durant des millions d'années* ; elle a de la sorte effacé les traces de parenté entre les différentes espèces. En un mot, *c'est la nature elle-même qui a constamment falsifié sa loi biogénétique!* Une fois admise cette étrange mais commode explication, Haeckel y recourt, dans le développement ultérieur de son système, chaque fois que les faits osent s'insurger ouvertement contre ses théories.

« Naturellement, dit-il, étant donnée l'interprétation phylogénétique des processus ontogénétiques, il importe, avant tout, de distinguer avec netteté et précision les processus de développement primitifs et palingénétiques de ceux qui sont postérieurs et cénogénétiques. Nous appelons *processus palingénétiques* les phénomènes qui, dans l'histoire du développement de l'individu, se transmettent, par hérédité conservatrice, de génération en génération, et qui, par suite, permettent de conclure directement à des processus correspondants dans l'histoire du développement des ancêtres. Nous appelons *processus cénogénétiques*, ou falsifications des processus du développement, les phénomènes qui, dans l'évolution du germe, ne peuvent pas être considérés comme un legs de l'ancienne forme originelle (*Stammform*), mais ont pour cause l'adaptation des rudiments des germes ou des jeunes formes à certaines conditions du développement des germes. Ces phénomènes cénogénétiques sont des additions étrangères, qui ne permettent, en aucun cas, de conclure directement à des processus correspondants dans la série généalogique, mais qui, au contraire, dérobent ou faussent l'intelligence de ces derniers... »

« A proprement parler, cette distinction entre la palingénèse et la cénogénèse, ou développement avec falsifications (*Fälschungsentwickelung*), n'a encore été honorée d'aucune attention de la part des naturalistes. Je la considère pourtant comme la première condition pour bien comprendre l'histoire du développement, et j'estime en conséquence qu'il y a lieu de distinguer, dans l'histoire du développement, la palingénèse et la cénogénèse... »

Après avoir énuméré plusieurs processus de développement chez l'homme et les vertébrés supérieurs, Haeckel ajoute : « Tous ces importants phénomènes et beaucoup d'autres sont *évidemment* un héritage transmis par leurs antiques aïeux mammifères et *doivent être* rapportés à des phénomènes de développement palingénétiques correspondants dans l'histoire de leur race. Mais il ne peut en être ainsi pour les processus. de développement suivants, qui *doivent être* considérés comme des processus cénogénétiques : la formation de la vésicule vitellaire (*Dottersack*), de l'allantoïde, des secondines, de l'amnios et du chorion, en général celle des diverses enveloppes de l'œuf et des ramifications correspondantes des vaisseaux sanguins, la séparation momentanée des lamelles vertébrales primitives et des lamelles latérales, l'occlusion successive des parois ventrales et des intestins, la formation du cordon ombilical, etc... Tous ces phénomènes résultent plutôt des conditions particulières de la vie du germe dans l'œuf (en dedans des enveloppes de l'œuf). Les falsifications cénogénétiques, qui altèrent le cours primitif et palingénétique du développement, sont, dues pour la plupart, à une perturbation constante des phénomènes, perturbation occasionnée par l'adaptation, durant des millions d'années, à de nouvelles conditions d'existence embryonnaire. Cette perturbation peut modifier le *lieu* ou le *temps* du phénomène. Nous appelons la première hétérotopie; la seconde, hétérochronie (pp. 9-11). »

Il faut noter cette manière naïve d'expliquer le développement des enveloppes de l'œuf par ce fait que le germe s'adapte à la vie « en dedans des enveloppes ». Plus curieuse. encore est cette cénogénèse qui, durant des millions d'années, modifie les conditions de temps et de lieu, donne naissance tantôt à l'allantoïde, tantôt à l'amnios ou aux secondines (sans doute elle en produit un petit morceau tous les mille ans,) sépare les lamelles vertébrales, ferme les parois intestinales, etc. Qui plus est, tous ces phénomènes sont présentés comme parfaitement « naturels » ou « évidents », et, pour mieux éblouir le lecteur, on crée, à l'aide du dictionnaire grec, des

dénominations barbares qui n'ont aucun sens. Où les concepts
manquent, on les remplace par des mots, a dit Gœthe.
Personne ne recourt aussi souvent que Haeckel à ce procédé.

C'est un zoologiste allemand, Fritz Müller, qui émit le premier, en termes généraux, la pensée que le développement historique d'une espèce devait se refléter dans l'histoire
du développement de chaque individu de l'espèce; que, par
suite, l'évolution des descendants reproduisait en abrégé
celle de leurs ancêtres successifs. Müller risque cette idée
comme une simple conjecture qui, dit-il, *ne peut pas être
maintenant vérifiée dans le développement des individus distincts*. Il a soin, d'ailleurs, de limiter son hypothèse en ajoutant : « Les documents historiques, conservés dans l'évolution
individuelle, s'altèrent peu à peu à mesure que le développement suit une voie de plus en plus directe, de l'œuf à l'animal
complet. C'est ainsi que ces documents sont arrivés jusqu'à
nous notablement modifiés et, pour ainsi dire, falsifiés [1]. »

Au fond, cette réserve n'a pour but que d'expliquer pourquoi il est actuellement impossible de vérifier la conjecture
suivant laquelle l'ontogénie serait seulement la répétition de
la phylogénie. C'est donc l'aveu que la loi biogénétique,
même présentée sous forme de simple hypothèse, manque
totalement de preuves.

Haeckel s'est approprié à la fois la supposition de Fritz
Müller et la réserve qui l'accompagne : de la première, il a fait
la loi fondamentale de la formation du monde organique, et,
de la seconde, une exception très importante, qui fournit la
meilleure confirmation de cette loi. Pour tout naturaliste de
sens rassis, dès qu'on est forcé d'admettre que la nature
falsifie constamment ses lois, c'est déjà la preuve que ces
prétendues lois n'existent pas. Et les dites falsifications se rencontrent, en effet, dans le système de Haeckel, non pas une fois
ou deux, mais presque à chaque page de son *Anthropogénie* et à

1. *Für Darwin*, p. 77. Leipzig, 1869.

propos des processus les plus importants dans le développement du germe. « Tous ces phénomènes et bien d'autres, observe l'auteur, doivent être considérés comme des contrefaçons. » Si l'on compte toutes les « contrefaçons » semblables qui se trouvent indiquées dans son livre, on verra que les trois quarts des formes de développement du germe sont des falsifications, en d'autres termes, contredisent formellement la fameuse loi biogénétique.

Citons un exemple. Après avoir décrit la segmentation de l'œuf chez certains animaux et expliqué, vaille que vaille, la prétendue similitude du phénomène dans diverses espèces, Haeckel conclut (p. 163) que le mode de segmentation désigné est la forme palingénétique de ce processus. Mais il ajoute : « *Chez la plupart des animaux pourtant la chose ne se passe pas ainsi.* Au cours de plusieurs millions d'années, la marche primitive de l'évolution s'est peu à peu modifiée et a subi des transformations par l'adaptation aux nouvelles conditions du développement. De même que la segmentation de l'œuf, la formation de la gastrula (gastrulation) a pris, par suite de cela, un aspect tout autre. *Ces différences, avec le temps, sont devenues si considérables* que, chez la plupart des animaux, la segmentation a été inexactement interprétée, et que la gastrula n'a pas été reconnue. »

« Dès qu'un phénomène quelconque ne cadre pas avec les tracés préconçus, dit très justement Karl Vogt[1], on l'accuse d'être falsifié et l'on passe outre. C'est ainsi que le développement ontogénique de l'homme, des mammifères en général, enfin de tous les animaux qui ne veulent pas se plier à la théorie de la gastrula, ou qui s'obstinent à user de l'orifice primitif de l'invagination intestinale comme d'anus, au lieu d'en faire la bouche, ne peut être que falsifié, dévié de sa direction normale par une cause inconnue. C'est très commode, mais ce n'est pas plus clair pour cela. »

1. *Revue scientifique*, 1877, n° 45.

DE CYON.   23

Haeckel lui-même sent très bien que sa méthode d'argumentation n'a rien de commun avec la science. Plus d'une fois, lorsqu'il expose des résultats par trop fantaisistes, il croit nécessaire de prévenir le lecteur que ses preuves n'ont pas un caractère scientifique. Il s'empresse d'ajouter, d'ailleurs, que dans l'anthropologie et l'embryologie une trop grande exactitude est non seulement impossible, mais même superflue.

Le fait est que les sciences sur lesquelles l'*Anthropogénie* est fondée, telles que la paléontologie, la géologie, l'embryologie et l'anatomie comparée, n'ont pas atteint, à beaucoup près, un développement identique; elles diffèrent profondément les unes des autres, aussi bien par les méthodes de recherches que par le degré d'exactitude où elles peuvent prétendre. L'erreur capitale de Haeckel, dans la construction de son système, tient précisément à ce qu'il n'a pas compris la valeur relative des conclusions puisées dans des sciences aussi différentes.

La paléontologie, qui étudie spécialement les plantes et les animaux fossiles, occupe dans les sciences naturelles une place particulière. Les restes plus ou moins heureusement conservés des espèces éteintes, qu'on découvre en fouillant les différentes couches de la croûte terrestre, peuvent à coup sûr fournir de précieuses indications sur la structure de ces plantes et de ces animaux disparus. Ce sont des matériaux susceptibles d'acquérir une grande importance quand ils sont mis en œuvre par un homme profondément versé dans l'anatomie comparée. Il suffit de se rappeler les cas où, avec quelques petits os recueillis, on a reconstitué tout le squelette d'un animal fossile (Cuvier et autres).

Mais il ne faut attribuer qu'une valeur très relative aux conclusions ultérieures déduites de semblables trouvailles et concernant l'ancienneté des fossiles, la détermination précise de l'époque géologique où se sont montrés tout d'abord ces animaux, de leur genre de vie, des particularités de la nature qui les entourait, etc. De telles conjectures sont plus ou moins vraisemblables suivant la richesse des matériaux sur lesquels on les appuie, suivant aussi l'intelligence et l'esprit scientifique du naturaliste qui utilise ces éléments d'information. Sous ce rapport, les végétaux et animaux fossiles peuvent être comparés aux documents archéologiques dont se sert l'historien pour étudier une époque quelconque.

Malheureusement, les paléontologistes sont trop souvent portés à compenser la pauvreté des pièces dont ils disposent par la richesse des conclusions qu'ils en tirent. Quelques fragments d'os, trouvés dans des cavernes d'Écosse ou de Suisse, à côté de certains instruments primitifs en pierre, suffisent pour leur faire admettre que ces cavernes servaient de salles de festin à nos ancêtres. Ont-ils cru remarquer des traces de dents sur les ossements, ils en infèrent volontiers que nos aïeux étaient anthropophages. Peu s'en faut qu'ils ne reconstituent le menu même de leurs banquets et n'assurent qu'on y mangeait surtout la moelle des os humains.

Que penser du naturaliste qui, pour appuyer des conclusions problématiques tirées de la paléontologie, s'arroge le droit d'user des mêmes libertés avec d'autres sciences, comme l'anatomie comparée et l'embryologie, dont l'exactitude n'admet pas une pareille élasticité d'interprétation? « On commet une erreur énorme, dit Haeckel dans sa préface (p. XXIV), si l'on veut considérer et étudier telle ou telle science naturelle historique comme une science exacte »; et il ajoute dans le même passage que l'embryologie est « au fond une science naturelle historique ». N'est-ce pas s'autoriser par avance à en prendre à son aise avec les faits de l'embryologie, toutes les fois que leur précision viendra démentir ses romans anthropogéniques?

Il est faux en effet de considérer l'embryologie comme une science historique. L'embryologiste prend un germe fécondé et, à l'aide des méthodes rigoureuses d'observation, il en suit pas à pas l'évolution progressive. D'un grand nombre d'observations, il induit certaines règles du développement, qu'il peut vérifier à son gré, soit dans les mêmes conditions, soit dans des conditions modifiées. Rien de semblable, évidemment, n'est possible à l'histoire, dont les règles ou les lois offrent toujours le caractère de vues subjectives.

Dans tous les volumineux ouvrages de Haeckel, on chercherait en vain une page où l'auteur essaie de donner des preuves quelconques qui permettraient d'attribuer quelque vraisemblance à sa prétendue loi biogénétique. Partout il la prend pour axiome, et tous ses efforts ne tendent qu'à faire plier les données de l'embryologie et de l'anatomie comparée aux exigences de cette loi imaginaire. Presque à chaque chapitre de son *Anthropogénie*, Haeckel se trouve mis en demeure de fournir des explications à l'appui de sa proposition fondamentale; mais, chaque fois qu'il semble sur le point de répondre, il se dérobe brusquement par une échappatoire.

Ici, il suppose que la théorie de l'évolution est incontestablement prouvée par voie d'induction, et il présente sa loi biogénétique comme un corollaire obligé du transformisme. Là, au contraire, de l'exactitude de sa loi il conclut à la justesse de la théorie darwinienne. Parfois même, il appuie son exposé sur de simples analogies : tantôt la loi biogénétique rappelle d'une façon extraordinaire quelque chimérique loi de formation des États; tantôt c'est d'une comparaison avec certains alphabets que découle à ses yeux la certitude de sa généalogie.

Il en est de même de la théorie évolutionniste en général, dont les preuves, souvent promises et toujours éludées, sont attendues en vain par le lecteur. Haeckel finit pourtant par mettre en avant un argument admirable, après lequel tout autre pourra paraître superflu.

«Tout récemment, écrit-il, la grande question théorique de l'espèce, qui est la pierre angulaire de toutes les polémiques sur la théorie de la descendance, a été définitivement résolue. Depuis plus d'un demi-siècle, cette question avait été abordée à tous les points de vue, sans aucun résultat satisfaisant. Pen-

dant ce laps de temps, des milliers de zoologistes et de botanistes se sont occupés chaque jour à classer et à décrire systématiquement les espèces, sans parvenir à se faire de l'espèce
une idée précise. Des centaines de milliers d'espèces animales et végétales ont été décrites.. Mais enfin, depuis
qu'en 1873 est descendu dans la tombe le dernier représentant spirituel de la théorie de la fixité des espèces et de
la création surnaturelle, Louis Agassiz, *le dogme de la fixité des
espèces et de la création surnaturelle est ruiné* (ces mots sont
soulignés dans l'original), et l'opinion contraire, qui fait
descendre d'ancêtres communs les différentes espèces, ne rencontre plus de difficultés (pp. 93-94). »

Après cela il faut tirer l'échelle ! La doctrine de la fixité
des espèces a vécu parce que le « spirituel » Agassiz est mort !
Seulement, de quel droit Haeckel appelle-t-il Agassiz le
dernier représentant de la fixité des espèces? Pour qui
donc compte-t-il Karl Ernst von Baer, qui vivait encore
lorsque parut l'*Anthropogénie*, et Quatrefages, et Milne-Edwards, et Claude Bernard, et cent autres illustres adversaires
de la théorie évolutionniste ?

§ 5. — LES FALSIFICATIONS DE LA NATURE PAR HAECKEL.

Nous n'avons eu affaire jusqu'ici, en fait de preuves de la
prétendue loi biogénétique et de la généalogie humaine dont
elle est le fondement, qu'à des arguments de fortune, auxquels,
on peut le dire, Haeckel recourt faute de mieux et sans s'il-
lusionner beaucoup sur leur valeur. Il nous reste maintenant
à parler d'un autre genre de démonstration, qui prend une
importance capitale aux yeux des darwinistes fanatiques :
les preuves tirées de la *ressemblance qu'offrent entre elles
les formes morphologiques des différents animaux.*

Aux diverses phases de la vie embryonnaire, les fœtus
de plusieurs mammifères présentent extérieurement des
traits communs. Sous quelques rapports, le corps développé

d'un homme rappelle, par sa structure, celui de certains singes.
Bien plus, avec une imagination un peu complaisante, on
peut découvrir une ressemblance lointaine entre les formes
embryonnaires des animaux supérieurs et certains animaux
inférieurs développés. Suivant Haeckel, les ressemblances de
ce genre prouvent incontestablement qu'il existe un *lien de
parenté* entre tous ces animaux; par suite, les fœtus des animaux supérieurs doivent, dans la vie intra-utérine, parcourir
toutes les formes intermédiaires de ces espèces. Ainsi, dans le
sein maternel, le fœtus humain doit être tour à tour une
monère, un amibe, une gastrula, un ver, un amphioxus,
un poisson, pour se transformer ensuite en un singe sans
queue et devenir enfin un homme.

Laissant de côté pour le moment la question de savoir
jusqu'à quel point de telles ressemblances existent en réalité, nous ferons remarquer, quant au principe même du
raisonnement, qu'on n'a nullement le droit de conclure, d'une
ressemblance morphologique apparente, à la parenté réelle des
formes correspondantes. Supposons qu'en effet l'œuf fécondé
du lapin ou du chien soit en apparence si semblable
à celui de l'homme que l'observation la plus attentive ne
puisse les distinguer l'un de l'autre. Comme nous savons,
d'autre part, que ces œufs dérivent d'organismes infiniment
différents l'un de l'autre, et aboutissent à la formation
d'espèces très différentes, nous ne sommes autorisés à tirer
de la ressemblance apparente qu'une seule conclusion, à
savoir que *la dite ressemblance est purement extérieure et que
nos méthodes d'observation sont insuffisantes pour découvrir
les différences profondes qui sont déjà données dans l'œuf.* Le
professeur Gegenbaur, une des premières autorités en embryologie, a vainement essayé de faire comprendre à son ami
Haeckel ces simples vérités.

Considérons que cet œuf, d'une dimension microscopique,
renferme déjà les éléments pour la future élaboration de tout
l'organisme ; que plusieurs particularités du père et de la

mère y sont déjà contenues à l'état latent, ou, pour mieux dire, que dans l'œuf se trouvent déjà toutes les conditions vitales en vertu desquelles plus tard, dans l'organisme développé, nous pourrons reconnaître certaines particularités des parents; qu'en un mot, dans l'œuf sont déjà données toutes les conditions pour la vie future du nouvel organisme, au dedans et au dehors du sein maternel. En regard de ces considérations, il suffit de placer le peu que généralement nous voyons dans l'œuf pour conclure que nous sommes encore infiniment loin de pouvoir juger des ressemblances ou des différences réelles des germes d'après ce qui en est visible à l'œil nu ou avec le secours du microscope.

En conséquence, nous avons seulement le droit d'apprécier les ressemblances ou les différences qu'offre *le résultat final du développement de l'œuf;* quant à l'œuf lui-même, nous en savons encore trop peu pour qu'il puisse être sérieusement question de comparaisons entre les divers animaux.

Prenons deux œufs fécondés d'une seule et même espèce, ou même provenant du même couple. Peut-on se figurer deux objets plus semblables l'un à l'autre en apparence? Pourtant, ils contiennent déjà tous les principes morphologiques des différences flagrantes par lesquelles se distingueront, extérieurement et intérieurement, les individus sortis de ces œufs.

Le fait est que *la millionnième partie d'un œuf ou d'un fœtus a parfois la même importance que la centième partie d'un corps développé.* Si, par exemple, à un certain degré de la vie embryonnaire, les têtes de deux fœtus diffèrent seulement par une protubérance du front insignifiante en apparence, et qu'en même temps nous sachions que, quand ces fœtus auront atteint leur plein développement, une de ces têtes aura l'aspect d'une tête humaine, et l'autre d'une tête de lapin, — cela prouve on ne peut mieux que la petite protubérance du fœtus avait une importance capitale. Mais, de cette différence, insignifiante *en apparence*, il est complètement faux de conclure à l'identité des têtes chez l'homme et chez le lapin à certains stades du développement.

En un mot, si les œufs et les fœtus de tous les animaux étaient tellement semblables les uns aux autres qu'il fût impossible, nonobstant l'observation la plus minutieuse, d'y découvrir aucune différence, si même ces ressemblances persistaient durant plusieurs stades du développement, il en faudrait seulement conclure que nos moyens d'observation nous renseignent très imparfaitement sur l'importance des formes embryonnaires. *La différence infinie des résultats définitifs prouve incontestablement qu'il existe des différences non moins considérables dans les principes premiers des organismes.*

D'ailleurs, dans cette question, Haeckel se place à un point de vue absolument faux. En cherchant, coûte que coûte, à découvrir des analogies entre les fœtus des différents animaux, il s'imagine qu'il *facilite* considérablement par là l'intelligence du développement organique. Et pourtant, il est clair que si l'on parvenait effectivement à démontrer la complète identité des différents fœtus, nous nous heurterions au mystère le plus impénétrable de la création. Pourrait-il, en effet, y avoir rien de plus extraordinaire que ce fait : deux fœtus, tout pareils, aboutissant l'un à l'amphioxus, l'autre à l'homme ?

Mais la vérité est que ces ressemblances n'existent nullement. Chaque fois que Haeckel s'efforce de les signaler, il est facile de voir que c'est en violentant les faits.

Citons d'abord un exemple de la légèreté extraordinaire avec laquelle, de la ressemblance la plus lointaine, notre auteur conclut aussitôt à la parenté de formes animales différentes. Après avoir exposé le fond de sa loi biogénétique, il dit : « De cette circonstance que l'œuf humain est une simple cellule, nous pouvons immédiatement tirer la conclusion que, dans les temps les plus anciens, l'ancêtre du genre humain a été une forme monocellulaire, semblable à l'amibe. De même aussi, de ce fait que le fœtus humain se compose primitivement de deux feuillets germinatifs, on peut immédiatement tirer la conclusion *certaine* que, parmi ses ancêtres, a figuré la gastrula bifoliée. La forme embryonnaire postérieure dénote positivement des ancêtres ayant l'aspect de vers, parents des ascidies actuelles. Quels animaux ont rempli l'intervalle entre l'amibe monocellulaire et la gastrula, entre la gastrula et l'ascidie? C'est ce qu'on ne peut déterminer qu'indirectement et avec une exactitude approximative, à l'aide de l'anatomie comparée et de l'ontologie. »

Ainsi, de ce que l'œuf de l'homme consiste en une cellule, ou de ce que le fœtus, à un certain stade de son développement, se compose de deux feuillets, Haeckel se croit en droit de conclure *positivement et immédiatement* que l'amibe et l'hypothétique gastrula ont été nos ancêtres ! Ses conclusions sur les autres formes imaginaires d'animaux, introduites dans notre généalogie, pour n'être qu'*indirectes*, n'en sont pas moins fantaisistes.

En effet, objectera-t-on, de ce que l'homme, pour arriver à l'âge de quatre-vingts ans, doit nécessairement avoir eu d'abord, un, deux, trois, quatre, cinq ans, etc., s'ensuit-il que tous les animaux qui ne vivent qu'un, deux, trois, quatre, cinq ans, soient ses ancêtres? La « conclusion immédiate » de Haeckel n'est pas mieux fondée que celle-là. A supposer même que la théorie de l'évolution fût vraie en principe, il ne serait pas permis d'en tirer des conséquences aussi absurdes. De la forme monocellulaire de l'œuf, nous n'avons nullement le droit de conclure que nos ancêtres ont dû absolument être des animaux monocellulaires, et, encore moins, de considérer une pareille conclusion comme une confirmation éclatante de la doctrine évolutionniste elle-même.

On voit combien est fragile la base sur laquelle repose le système de Haeckel. Toute sa généalogie n'a d'autre fondement rationnel que celui-ci : d'une ressemblance morphologique superficielle, il conclut à la parenté des différentes formes et à leur dérivation les unes des autres. En examinant ensuite les faits sur lesquels il s'appuie, on se convaincra facilement que cette soi-disant ressemblance n'existe même pas en réalité.

Commençons par le *Bathybius*, la prétendue souche de tout le règne végétal et animal. Cette masse informe et mucilagineuse, qui se trouve au fond de la mer, est, suivant Haeckel, le premier corps organique formé par génération spontanée. Des parcelles détachées du Bathybius ont produit les monères qui, le lecteur se le rappelle, sont données pour la forme ancestrale primitive de l'homme. Voici, d'après Haeckel, l'histoire du Bathybius : « Quand, pour la première fois, les corps vivants sont apparus sur notre planète, jusqu'alors inanimée, tout d'abord *a dû* se former chimiquement, aux dépens des composés carbonés inorganiques, cette substance très complexe, contenant à la fois de l'azote et du carbone, que nous appelons protoplasme ou mucilage primitif. Au fond de la mer, à d'énormes profondeurs, vit encore de nos jours un plasme homogène et informe, aussi simple que possible : c'est le Bathybius. Nous donnons le nom de monère à chacune des particules individuelles de cette masse amorphe. Les plus anciennes monères sont nées par génération spontanée dans la mer, de même que les cristaux salins naissent dans les eaux-mères (p. 400). »

Comme on le voit, ce Bathybius, qui joue un rôle si important dans notre généalogie, est effectivement une création très remarquable. Par malheur, à l'instar du fameux cheval de Roland, qui possédait aussi toutes les vertus possibles, le Bathybius a un défaut capital : il n'existe pas ! Les observations, faites depuis par les naturalistes à bord du *Challenger*, ont incontestablement prouvé que le Bathybius de Haeckel n'est pas autre chose qu'un dépôt de gypse, se formant dans l'eau de mer sous l'influence de l'alcool. Le pauvre Bathybius est par conséquent un simple produit inorganique, et il commettait tout bonnement une usurpation de titre quand il prétendait être l'ancêtre premier de tout le règne organique. Karl Vogt l'a nommé avec une justesse parfaite : *Sulfas Calcis Haeckelii*.

Non moins décevante est la comparaison instituée entre l'œuf et l'amibe. De ce rapprochement, auquel notre auteur consacre une leçon entière, il tire la preuve fondamentale que tous les organismes animaux descendent des amibes. Après avoir décrit les principales popriétés de ces organismes monocellulaires, qui sont capables de changer de place, qui allongent leurs appendices afin de saisir la nourriture, etc., Haeckel entreprend de démontrer pour quelle raison l'amibe doit être considéré comme notre ancêtre. « Chez nombre d'animaux inférieurs, dit-il, l'ovule reste à l'état primitif de cellule nue jusqu'au moment de la fécondation ; on n'y voit pas trace d'enveloppe, et il est souvent très difficile de le distinguer d'un amibe. » Des ovules semblables, selon Haeckel, se trouvent chez les éponges[1] et les méduses. « Si donc, continue-t-il, nous regardons l'amibe comme l'organisme monocellulaire le plus capable de nous donner une idée approximative des antiques formes monocellulaires, qui ont été les ancêtres communs de tous les organismes polycellulaires, *nous ne faisons pas une hypothèse hardie, nous nous bornons à tirer des faits une conclusion tout à fait légitime.* L'amibe nu a un caractère plus indifférent et plus immédiat que toutes les autres cellules. Il faut encore ajouter que des recherches récentes ont fait découvrir des formations amibiformes dans le corps adulte de tous les animaux polycellulaires. On en trouve, par exemple, dans le sang de l'homme, à côté des globules rouges ; on les y a nommés globules blancs. Il en existe aussi chez beaucoup d'autres vertébrés (p. 118). »

En d'autres termes, de ce que les ovules (ou les parasites) des éponges et des méduses « se distinguent difficilement des amibes », Haeckel tire la « conclusion légitime » que l'amibe est l'ancêtre de l'homme et de tous les organismes animaux ! Et il voit la confirmation de sa « légitime con-

---

1. D'autres naturalistes regardent ces cellules, non comme des ovules de 'éponge, mais comme des parasites qui vivent sur elle.

clusion » dans ce fait que le sang de l'homme et des animaux vertébrés contient des millions de globules blancs, aptes à produire des mouvements amibiformes. Pourtant, il est clair que, si de ce dernier fait on peut, d'une façon générale, tirer des conclusions se rapportant à la question présente, la première doit être que les ovules de ces animaux n'ont rien de commun avec les amibes. Autrement, il faudrait admettre que le sang de l'homme, chez un individu mâle, renferme des millions d'œufs : le processus compliqué de la préparation des œufs dans l'ovaire, ainsi que la femme elle-même, deviendrait inutile pour la conservation de l'espèce.

Puis, se fondant encore sur une ressemblance chimérique, Haeckel rabaisse l'œuf fécondé au rang de monère. Notons ici au passage une contradiction curieuse : la monère, comme organisme, est *au-dessous* de l'amibe et le précède dans la généalogie de l'homme; cependant la monère est identifiée par Haeckel à l'œuf *fécondé*, et l'amibe à l'œuf *non fécondé*. Il se trouve donc, de par la loi biogénétique, ou que l'ancêtre (la monère) est apparu *après* le descendant (l'amibe), ou que, dans le développement de l'œuf, l'état fécondé *précède* l'état de non fécondation !

Quoi qu'il en soit, l'œuf fécondé *doit*, suivant Haeckel, res-sembler à un informe petit fragment de protoplasme, à une monère; faute de quoi, la monère ne peut avoir l'honneur d'être la souche de notre espèce.

Les premiers processus qui s'opèrent dans l'œuf mûr après la fécondation sont, comme l'on sait, la disparition de la vési-cule germinative et la segmentation du jaune. Cette segmen-tation consiste dans la division du jaune en deux parties, dont chacune se scinde en deux autres, et ainsi de suite. Un seul jaune se subdivise de la sorte en une multitude de glo-bules, qui se composent d'un protoplasme granuleux et qui ont une petite tache germinative, dite noyau.

L'œuf a donc une structure assez complexe, et ne peut à coup sûr être comparé à la monère. Mais, pour Haeckel, il n'y a rien d'impossible. Tout d'abord, il propose d'appeler cytode (*Stammzelle*) l'œuf avec un noyau avant la segmentation du jaune, et de donner au noyau même le nom de cytococus (*Stammkern*). La proposition est inoffensive et, pour faire plaisir à Haeckel, on peut admettre ces dénominations barbares, Mais, sans aucune preuve, et à l'encontre de toutes les observations, il affirme qu'avant de passer à l'état de cytode l'œuf fécondé, déjà privé de la vésicule germinative, reste quelque temps encore *sans noyau!* A ce stade (qui n'existe pas), Haeckel appelle l'œuf *monécule*. Ensuite, frappé de l'extraordinaire analogie qui existe entre les noms de *monécule* et de *monère*, et décidé à nous convaincre définitivement, il met sous nos yeux, à la page 146, la représentation de cette monécule (fig. 19), et, à la page suivante, une figure de la monère (fig. 20). Où a-t-il pris sa représentation de la monécule? Il a bien soin de ne pas nous le dire et se contente d'assurer que c'est la monécule d'un lapin. Au fond, ce dessin représente un œuf fécondé ordinaire avec ses enveloppes, *mais dans le jaune on a omis le noyau.*

Même sous cet aspect, la monécule ne ressemble en rien à la monère. Le lecteur qui n'a pas sous la main l'*Anthropogénie* de Haeckel pourra s'en faire une idée s'il compare un disque découpé dans une orange avec une portion analogue de quelque pomme de terre difforme.

Après avoir inventé cette ressemblance frappante entre l'œuf fécondé et la monère, Haeckel s'écrie : « A notre avis, c'est un fait du plus haut intérêt que *l'homme* (la figure inventée de la monécule appartient, suivant Haeckel lui-même, à un *lapin!*), comme tout autre animal, présente, au premier stade de son existence individuelle, une sphère de protoplasme *privé* de noyau, un *véritable* cytode, un corps homogène, n'ayant ni structure, ni parties constitutives. »

« Dans cet état de monécule, le corps de l'animal et celui de l'homme ont la forme la plus simple qu'en général nous puissions nous représenter. Les plus simples des organismes

que nous connaissions et même que nous puissions connaître
sont les monères... Ces monères sont extrêmement intéressantes, car elles marquent sûrement le début de la vie à la
surface de notre globe... »

Suivez bien le raisonnement : L'œuf fécondé a « la forme la
plus simple que nous puissions nous représenter »; or, la monère est « l'organisme le plus simple que nous puissions connaître »; donc la monère est la souche de notre espèce. Cette
logique rappelle involontairement la boutade lancée aux so-
phistes par le célèbre mathématicien Bernouilli : « Les ânes
ont des oreilles, vous avez des oreilles, donc vous êtes des
ânes ! »

Convaincu par son argumentation fallacieuse, Haeckel continue : « Nous ne devons plus trouver étrange que l'enfant, formé
de *Stammzelle*, possède les particularités individuelles du père
et de la mère. » Haeckel simplifie en paroles, comme on le
voit, les phénomènes les plus complexes et les plus obscurs
du monde organique. Ce qui apparaît encore aux autres naturalistes comme un mystère impénétrable est très facile à
comprendre pour lui. L'acte même de la fécondation est « fort
simple et n'a rien de mystérieux; il consiste dans la rencontre de deux cellules différentes et dans la fusion de ces
cellules ».

Notre auteur abuse vraiment de ce sophisme de langage,
qui prétend expliquer un fait par un changement de mots.
Après avoir, tant bien que mal, décrit le sillonnement de
l'œuf, il termine en disant : « Les lignes de séparation des cellules qui se forment par suite du partage de l'œuf ressemblent
à des *sillons;* c'est pourquoi toute cette opération a été appelée *sillonnement*. En réalité, ce prétendu *sillonnement*, que
l'on considérait autrefois comme un phénomène des plus extraordinaires, n'est autre chose que la *bipartition* souvent
répétée des *cellules*. »

Le lecteur peu au courant de la question pourrait inférer
de ce passage que Haeckel est parvenu à donner l'explica-

tion d'un phénomène énigmatique en le ramenant à une opération parfaitement compréhensible. En réalité, les causes intimes de la bipartition des cellules sont aussi peu connues que celles du sillonnement de l'œuf. Le remplacement d'un mot par un autre ne contribue en rien à rendre plus claire l'opération même.

Mais revenons au fond de la question. Les exemples précédents ont déjà suffisamment montré combien sont fantaisistes les rapprochements institués par Haeckel entre les premières formes de la vie embryonnaire et les formes des animaux inférieurs. Dans le fait, *il n'existe pas de ressemblance, même lointaine, entre ces formes.*

Nous devrions maintenant poursuivre l'examen parallèle des formes embryonnaires et des types correspondants de la généalogie dont on veut nous doter. Mais, hélas! nous rencontrons ici un obstacle insurmontable : comme presque tous nos prétendus aïeux s'en sont allés dans l'éternité bien avant l'invention de la photographie et n'ont pas songé à nous laisser des portraits de famille, nous ne pouvons pas vérifier jusqu'à quel point sont justes les comparaisons de Haeckel. Celui-ci, il est vrai, pour parer à cette petite difficulté, nous donne les figures de nos ancêtres *en prenant pour modèles les formes embryonnaires!* Après quoi, lui-même est saisi de l'extraordinaire ressemblance que nos ancêtres ainsi figurés présentent avec les formes du fœtus, et il voit dans cette similitude la confirmation la plus éclatante de sa loi biogénétique! Au fond, le procédé de Haeckel revient au suivant : Nous désirons, je suppose, avoir le portrait d'un de nos aïeux qui vivait, par exemple, au x° siècle, et, *présumant* qu'il devait nous ressembler, nous *nous* faisons peindre dans le costume du x° siècle. Quand l'artiste a terminé son œuvre, nous trouvons si frappantes de la ressemblance de notre aïeul avec nous que nous nous faisons illusion sur l'authenticité du portrait : nous ne doutons plus qu'il soit réellement celui d'un de nos ancêtres et que les ressemblances de famille

puissent se transmettre à travers dix siècles! Bien plus,
ayant demandé à l'artiste de nous peindre en costume
de roi, nous inférons de la ressemblance du portrait avec
nous cette conséquence que nous descendons réellement d'une
famille royale!

Au fond, les conclusions de Haeckel sont encore plus
fantaisistes. Nous, du moins, nous pouvons être sûrs que
nous avons eu un ancêtre humain quelconque au Xe siècle.
Mais la gastrula, les planéades, les protamniotes, etc., où
les prendre? Tous ces prétendus aïeux de l'homme n'ont .
laissé après eux aucune trace, quoique nous ayons pu trouver
jusqu'à présent bien des restes fossiles d'espèces datant des
mêmes époques. Haeckel n'est pas embarrassé pour si peu :
« Si ces animaux n'ont pas laissé de traces, c'est parce qu'ils
se composaient d'une masse molle. » Et pourquoi les corps
mous ne peuvent-ils laisser ni traces, ni empreintes? Karl
Vogt notamment fait remarquer que nous avons des spé-
cimens de fossiles appartenant à des animaux mous, les asté-
ries par exemple.

Voici enfin une série de faits qui montrera on ne peut plus
clairement quelle confiance méritent ces comparaisons entre
les formes embryonnaires et des formes animales dont il ne
subsiste aucun vestige. La théorie de Haeckel exige que les
fœtus des différents animaux vertébrés, à un certain moment
de la vie embryonnaire, offrent entre eux une ressemblance
complète. C'est une nécessité absolue, en effet, s'ils descendent tous d'un commun type vertébré et si la loi biogénétique est exacte. Sentant très bien cette nécessité, Haeckel,
dans la première édition de son *Histoire de la création*, met
en regard (p. 242) trois figures qui sont censées représenter
l'œuf de l'homme, celui du singe et celui du chien, tous trois
cent fois plus grands que nature; plus loin (p. 248), il donne
encore trois dessins, grossis dans la même proportion, et représentant les fœtus du chien, de la poule et de la tortue.

Il serait difficile en effet d'imaginer une ressemblance plus frappante que celle qui existe entre les diverses figures de chaque groupe. C'est au point que toutes les dimensions des sujets, *uniformément grossis*, sont absolument égales entre elles : la tortue et le chien, à certains stades de la vie embryonnaire, nous apparaissent exactement de la même grandeur. Une égalité pareille, chez des fœtus d'un seul et même animal, serait déjà assez étrange; chez des animaux si divers, elle est positivement merveilleuse et devrait être une des plus éclatantes confirmations de la théorie haeckélienne. Mais cette fois le prodige s'explique d'une façon très simple : Haeckel s'est permis de *faire servir trois fois le même cliché, en mettant sous chaque figure le nom d'un animal différent!*

« La concordance des deux séries de figures, dit His, est parfaite, et il est difficile de se représenter quelque chose de plus convaincant que cette complète identité de formes chez des êtres différents. Cette concordance semble même s'étendre à des détails secondaires; là où les noyaux sont un peu plus gros dans l'œuf du chien, il en est de même dans les œufs de l'homme et du singe; si, dans un œuf, la zone est quelque part un peu plus claire, elle l'est aussi dans les deux autres, au même endroit. Les fœtus du chien, de la poule et de la tortue ont chacun dix vertèbres primitives de chaque côté et, chez tous, la première vertèbre du côté droit est un peu plus arrondie, tandis que la neuvième est un peu plus étroite. On doit considérer comme un hasard extraordinairement heureux pour la science que Haeckel ait rencontré trois fœtus si conformes les uns aux autres et qu'il ait de la sorte trouvé un fait si concluant à l'appui de ses démonstrations. La concordance apparaît plus remarquable encore quand on étudie avec soin les figures. L'identité absolue ne se limite pas aux œufs d'un groupe et aux fœtus de l'autre; elle s'étend aussi à la place et à la forme des lettres qui servent à désigner les différentes parties, elle se retrouve jusque dans le nombre et la longueur des petits traits qui relient ces lettres aux figures. En d'autres termes, *Haeckel nous a donné trois clichés du même des-*

sin, sous trois dénominations différentes[1]. » Un pareil procédé méritait d'être immédiatement blâmé comme contraire à l'honnêteté scientifique; ainsi en jugea l'éminent professeur Rütmeyer. En manière d'excuse, Haeckel, dans les éditions suivantes, accabla Rütmeyer d'injures aussi indignes qu'imméritées.

Le cas cité est loin d'être le seul où Haeckel se soit ainsi permis de faire à la nature des *corrections cénogénétiques*. Dans toutes les éditions de son *Histoire de la création* se trouvent deux grands tableaux représentant l'identité des formes, d'un côté, dans les fœtus de l'homme et du chien, de l'autre, dans ceux de la poule et de la tortue. « De ces dessins, écrit His, les uns sont des copies, les autres sont de pure invention. La figure qui est censée représenter le fœtus d'un chien à l'âge de quatre semaines a été prise dans Bischoff, (Tabl. XI, 42 B.); le fœtus humain de quatre semaines est emprunté à Ecker (*Icones physiol.* Tabl. XXX, 2). »

Encore, dans ces copies mêmes, Haeckel s'est-il permis des changements considérables par déférence pour sa loi biogénétique. Le fœtus du chien, chez Bischoff, n'a que vingt-cinq jours; chez Haeckel, il a quatre semaines. Ecker *n'indique nullement l'âge du fœtus humain;* Haeckel lui donne aussi quatre semaines. En réalité, ces fœtus diffèrent en des points essentiels; mais, à l'aide de certains arrangements, Haeckel s'est appliqué à faire disparaitre ces différences gênantes pour son système. Ainsi, par exemple, il a allongé de 3 millimètres 1/2 la petite fistule du chien et raccourci de 2 millimètres celle de l'homme. En même temps, il a rétréci de 5 millimètres le front de l'homme et notablement allongé sa queue.

Plus instructifs encore sont les exemples de falsifications que le professeur Semper, le célèbre zoologiste de Wurzbourg, a mentionnés dans sa brochure sous la forme d'une *Lettre*

1. His, *Unsere Körperform.* Leipzig, 1876.

ouverte à M. le professeur Haeckel à Iéna (Harnbourg, 1877).
Vingt pages sont consacrées à l'énumération des altérations de
dessins que Haeckel a commises dans son *Anthropogénie*. Sans
même parler des figures fantastiques et complètement imaginaires qu'il a si largement prodiguées dans son livre, pour
nous représenter les coupes des fabuleux *Urthiere*, nous
signalerons le fameux « ver supérieur », figuré dans le septième
dessin du quatrième tableau, et les six dessins servant à
démontrer l'opération du sillonnement chez l'homme (tableau II, fig. 12-17) : ils sont tous de pure invention. Et
comment qualifier les retouches qu'il s'est permis de faire
subir aux figures empruntées par lui à d'autres auteurs?

Un savant qui recourt à de tels procédés peut-il encore prétendre au titre de naturaliste sérieux? Comme His le fait
justement remarquer, se jouer ainsi des *faits* est bien plus
impardonnable encore que de jouer sur les *mots*. Tout
homme qui réfléchit finit par s'apercevoir du sophisme, tandis que la falsification des faits ne peut être reconnue que
par un spécialiste. Et Haeckel s'adresse précisément au public profane !

En présence d'accusations aussi précises, toute réfutation
directe était impossible. Aussi, comme à propos de ses falsifications plus récentes, relevées par le Dr Brass, Haeckel
essaie-t-il seulement de plaider les circonstances atténuantes.
C'est ainsi que, dans la préface de la troisième édition de son
Anthropogénie, il assure que les dessins en question sont purement schématiques.

Avant tout, il faut dire que, d'une façon générale, les dessins schématiques sont inadmissibles quand il s'agit de
démontrer l'*identité* des formes. Si l'on se contente de quelques lignes indiquant les contours, on peut facilement prouver
que la Vénus de Milo est d'une ressemblance frappante avec
quelque femme hottentote ou que le Louvre fut édifié sur
les plans d'une caserne quelconque. Haeckel répète à satiété
dans ses ouvrages que l'examen comparatif le plus minu-

tieuxne peut révéler aucune différence entre les fœtus de tels ou tels animaux, et il cherche à en administrer la preuve par des schémas ! Cela n'est pas digne d'un livre de science.

La vérité est que les dessins incriminés ne sont nullement schématiques. Tous, sans exception, représentent les rapports de forme des fœtus *dans les plus petits détails*, souvent avec l'indication précise de l'agrandissement adopté ! Est-ce donner des diagrammes que de servir un seul et même cliché sous trois dénominations différentes, en invitant les lecteurs à s'assurer par eux-mêmes de la ressemblance qu'offrent entre eux les fœtus de l'homme, du singe et du chien ? Peut-on parler de schématiser lorsque, dans un dessin emprunté, on se permet d'omettre certains détails, d'en ajouter d'autres, et de changer les dimensions des diverses parties ? Et les coupes transversales ou longitudinales d'animaux qui n'ont jamais existé, seraient-elles aussi de simples schémas ? Des schémas de fictions, alors ?

Haeckel admet que la nature altère sa loi biogénétique par des falsifications innombrables. On ne peut que regretter qu'il se soit cru autorisé à imiter les procédés qu'il prête à la nature.

« J'ai grandi dans la conviction, écrivait à ce propos l'honoré professeur His, qu'entre toutes les qualités nécessaires à un naturaliste, la droiture et le respect absolu de la vérité matérielle occupent la première place. Maintenant encore, je suis d'avis que toutes les autres qualités, même les plus brillantes, pâlissent, si celles-là font défaut. D'aucuns peuvent apprécier dans Haeckel un chef de parti actif et intrépide ; pour moi, j'estime que ses procédés de polémique lui ont enlevé le droit de compter au nombre des savants sérieux [1] » Tout récemment, le physiologiste Victor Hensen, qui est en même temps un savant morphologiste, a porté sur ces procédés de Haeckel un jugement bien plus sévère encore (*Unsere Welt*, 1909).

1. His, *Op. cit.*, p. 171.

Il nous parait superflu de poursuivre le relevé des objections qu'a soulevées l'*Anthropogénie*. Deux mots encore sur l'amphioxus, dont la prétendue parenté avec les vertébrés constitue la pierre angulaire du système haeckélien. D'après notre auteur, en effet, c'est entre l'amphioxus, du côté des vertébrés, et l'ascidie, du côté des invertébrés, qu'existerait la seule transition possible entre les deux grandes divisions zoologiques, « le seul pont capable de les relier ». Le débat sur cette question fut poursuivi de part et d'autre avec un acharnement dont il n'y avait pas eu encore d'exemple dans une science aussi paisible que la zoologie. Particularité caractéristique à noter : Haeckel n'avait jamais fait lui-même aucune observation sur le développement de l'amphioxus et s'appuyait uniquement, dans sa polémique, sur les remarquables travaux de Kowalewsky, dont il reproduisait les dessins tout en les modifiant avec son sans-gêne accoutumé. Par contre, le professeur Semper, son principal antagoniste, avait fait à ce sujet les recherches personnelles les plus minutieuses. Dans de pareilles conditions, la victoire ne pouvait être douteuse. Aujourd'hui, l'impossibilité de rattacher l'amphioxus à l'ascidie demeure hors de tout conteste. L'amphioxus, que Haeckel voudrait à toute force avoir pour ancêtre, afin de remonter ainsi à l'illustre famille des ascidies, reste donc jusqu'à nouvel ordre un orphelin sans postérité.

Pour quiconque, d'ailleurs, désire se faire une idée de la solidité du « seul pont capable de relier les deux grandes divisions zoologiques », il est instructif de comparer entre elles les diverses colonnes du dixième tableau de Haeckel.

Dans la seconde colonne sont dénombrés tous les caractères anatomiques de l'amphioxus; la troisième et la quatrième renferment ceux du poisson et de l'homme. Or, sur les vingt organes cités comme appartenant à ces derniers, *quatorze* font totalement défaut à l'amphioxus, et, parmi eux : le crâne, le cerveau, le cœur, les reins, la colonne vertébrale, les mâchoires

les extrémités, la rate, etc. Les six attributs restant diffèrent
entièrement chez l'amphioxus et ses prétendus descendants.
Ainsi, par exemple, le poisson et l'homme ont le sang rouge,
l'amphioxus l'a incolore; chez ce dernier l'épithélium du
canal intestinal est cilié, chez les premiers il ne l'est pas, etc.
Haeckel attribue à son favori des yeux « rudimentaires »,
quoique, en mettant les choses au mieux, on ne puisse parler
ici que d'*un seul* œil. Mais, en réalité, l'amphioxus n'a pas
d'yeux du tout, et ce à quoi notre auteur donne ce nom n'est
autre chose qu'une accumulation de pigment noir, sans
aucun rapport avec l'organe de la vue. En somme, la ressemblance n'existe que dans la disposition de l'organe res-
piratoire; pour tout le reste, ces animaux présentent des
différences essentielles.

Vouloir nous faire accepter un système aussi incohérent
comme le dernier mot de la science historico-naturelle,
c'est vraiment pousser l'audace du paradoxe un peu loin.

Karl Vogt a dit quelque part qu'après avoir lu Haeckel
pendant un certain temps il éprouvait le besoin irrésistible
de prendre, sur un rayon poudreux de sa bibliothèque, la *Logique* de Stuart Mill et d'en lire un chapitre. Le fait est
qu'il n'y a pas de meilleur antidote contre l'*Anthropogénie*
qu'un manuel de logique.

§ 6 — L'ÉTAT ACTUEL DU PROBLÈME DE LA DESCEN-DANCE DE L'HOMME. CONCLUSION GÉNÉRALE.

« L'idée que le genre humain descend d'une espèce simienne
quelconque est certainement la plus folle qui fut émise par un
homme sur l'histoire des hommes. Elle mérite de passer à la
postérité dans une nouvelle édition du Mémorial des bêtises
humaines. Jamais aucune preuve de cette idée baroque ne
pourra être donnée à l'aide des découvertes fossiles[1]. » Un

---

1. Fraas, dont nous citons les paroles, a consacré sa longue vie à l'étude
des animaux fossiles. La citation est empruntée à K. E. von Baer, « Ueber
Darwin's Lehre », dans *Reden*, etc., 1886, 2ᵉ édition, p. 413.

siècle s'est écoulé depuis que la paléontologie a été créée par
le génie de Cuvier, et ces paroles de Fraas sont tous les
jours justifiées par les observations des savants et par les
découvertes fossiles.

Dans son grand discours de 1878, que nous avons eu l'occasion de citer précédemment, le plus haut représentant de
l'anthropologie en Allemagne, l'illustre Virchow, soumettait
à une critique impitoyable la doctrine qui assigne à notre
espèce une origine simienne. Il affirmait sur ce point l'entière
conformité de ses vues avec celles du célèbre anthropo-
logiste de Quatrefages, exposées dans l'*Espèce humaine*,
en 1877.

« Je dois déclarer, ajoutait-il, que tous les progrès positifs,
accomplis dans le domaine de l'anthropologie préhistorique,
rendent de plus en plus improbable la prétendûe parenté de
l'homme avec le singe .. En étud ant l'homme fossile de l'é-
poque quaternaire, qui devrait le plus nous rapprocher de
notre ancêtre, nous trouvons un homme *absolument pareil
à nous*. Le crâne de tous les hommes fossiles démontre incontestablement qu'ils formaient une société très respectable.
*La grandeur de la tête est telle que beaucoup de nos contempo-
rains s'estimeraient heureux d'en avoir une semblable...* Et même
si nous comparons l'ensemble des hommes fossiles que nous
connaissons jusqu'ici avec ce que nous voyons de nos jours,
nous pouvons affirmer hardiment que les individus peu développés sont beaucoup plus nombreux relativement parmi les
hommes actuels que parmi ces fossiles. Je n'ose supposer
que, dans nos découvertes, nous ayons rencontré exclusivement les génies de l'époque quaternaire. Ordinairement, de
l'organisation d'un fossile on infère celle de la majorité de
ses congénères vivant à la même époque... Quoi qu'il en soit,
je dois dire qu'on n'a pas trouvé un eul crâne de singe qui
se rapprochât réellement du crâne humain... Entre les
hommes et les singes, il existe encore une ligne de démarcation tranchée. *Non seulement nous ne pouvons pas enseigner,*

mais nous ne pouvons même pas considérer comme un fait scientifique que l'homme descend du singe ou de quelque autre animal. »

Les découvertes récentes de la Chapelle-aux-Saints, en Corrèze, et du Moustiers, en Dordogne, viennent d'apporter une confirmation nouvelle à ce témoignage. Il n'est pas douteux que les restes fossiles trouvés par trois paléontologistes, les abbés I. et A. Bouyssonié et L. Bardon, dans les fouilles d'une grotte en Corrèze, appartenaient bien à un homme de l'époque quaternaire moyenne. L'étude de ces restes, faite par M. Boule, montre que le crâne présente tous les caractères des boîtes crâniennes de Neanderthal et de Spy, qui datent de la même époque. N'oublions pas à ce propos que les anthropologistes compétents étaient d'accord pour affirmer que le crâne de Neanderthal, malgré quelques traits rappelant l'espèce simienne, provient certainement d'une tête humaine. Mais, tandis que de Quatrefages le rapportait à un type de race d'hommes inférieurs, Virchow et Karl Vogt étaient plutôt d'avis qu'il s'agissait de la tête d'un monstre ou d'un idiot.

Dans sa communication à l'Académie des sciences, M. Boule écrit, il est vrai: « Le crâne de la Chapelle-aux-Saints, ainsi que celui de Neanderthal et de Spy, représente un type inférieur, se rapprochant morphologiquement plus des singes anthropoïdes qu'aucun autre groupe humain; il pourrait se placer entre le Pithécanthrope de Java et les races actuelles les plus inférieures, ce qui, je me hâte de le dire, n'implique pas dans mon esprit l'existence de liens génétiques directs[1]. » Mais, des renseignements complémentaires, communiqués ensuite à l'Académie par MM. I. et A. Bouyssonié et L. Bardon[2], il résulte clairement que ce sont bien les restes d'un homme, qui ne pouvait avoir aucun lien génétique, ni *direct* ni *indirect*, avec les singes.

1. *Comptes Rendus de l'Académie des sciences*, du 14 décembre 1908.
2. *Ibid.*, du 21 décembre 1908.

Plus caractéristique encore à ce point de vue est l'homme fossile, découvert par M. Hauser (de Bâle), le 10 août 1908, dans une grotte du village du Moustiers, en Dordogne, à plus de dix mètres de profondeur. Plusieurs notables anthropologistes allemands, siégeant alors au Congrès de Heidelberg, entre autres les professeurs Klaatsch (Breslau), Baelz (Stuttgart) et Hans Virchow, se rendirent sur place, recueillirent et examinèrent très minutieusement le crâne et les autres restes de ce fossile, bien mieux conservés que ceux de la Chapelle-aux-Saints. Les conclusions tirées de cet examen établissent que ces restes proviennent d'un homme ayant vécu dans la période quaternaire moyenne, peut-être même à la limite de la période tertiaire.

En étudiant les ossements fossiles qu'on soupçonne appartenir à des hommes, les paléontologistes prêtent d'abord une attention toute particulière aux dimensions du crâne, à sa forme et à sa capacité, à l'examen et à la structure de ses maxillaires, inférieur et supérieur, des alvéoles et des dents, etc. Les résultats de cette étude ne peuvent être décisifs par eux mêmes, pour l'attribution de ces ossements à l'homme, que dans les cas où la capacité du crâne adulte, de forme humaine, indique un volume de cerveau d'environ 1300 à 1400 cc. Le volume moyen du cerveau des plus grands singes est d'environ 800 cc. Lorsque les ossements fossiles recueillis présentent de nombreuses lacunes, et que les données sur la forme et les dimensions du crâne sont insuffisantes, une décision sur l'attribution des restes fossiles peut encore se baser sur les circonstances et le milieu où ils ont été découverts.

Ainsi, quand les ossements mis à jour dans une grotte se trouvent couchés dans une excavation creusée *ad hoc*, et que les restes du crâne reposent sur une pierre ou un autre objet surélevé, en un mot, quand il y a des indices que le corps *a été enseveli*, ses restes appartiennent à un homme. Ils ne sauraient provenir ni d'un singe, ni d'un être intermédiaire entre le singe et l'espèce humaine. En effet, l'ensevelissement des ossements révèle, chez l'être préhistorique auquel ils appartenaient, ainsi que chez ses contemporains, l'existence d'un culte des morts et d'une volonté réfléchie, les rudiments d'un sentiment religieux et l'espoir d'un au-delà : tous les traits caractéristiques qui distinguent l'homme des animaux. La présence, dans la grotte, de peintures murales, d'armes, d'objets sculptés, dénote en outre un certain goût esthétique, par conséquent un esprit inventeur.

D'après la communication de MM. Bouyssonié et Bardon [1], paléontologistes d'une compétence éprouvée, le squelette de la Chapelle-aux-Saints se trouvait dans une fosse rectangulaire, qui ressemblait à un cercueil et avait 1 m. 40 de longueur sur 0 m. 85 de largeur. La fosse était creusée dans un couloir de la grotte. Le squelette était orienté à E.-O., la tête à l'ouest, relevée contre le bord du fossé et calée par quelques pierres, le bras droit replié de manière à ramener la main vers la figure, le bras gauche à peu près étendu, les jambes repliées. « Au-dessus de la tête, il y avait plusieurs grands fragments d'os posés à plat et, au voisinage, l'extrémité d'une patte postérieure d'un grand Bovidé... L'outillage est du beau et pur Moustérien, les racloirs abondants, des pointes en nombre moindre et d'autres outils variés. » Il s'agissait donc d'un homme de l'époque moustérienne, enseveli dans une tombe *ad hoc*, après un repas funéraire de ses amis ou parents.

Non moins décisives sont les conclusions sur les restes fossiles trouvés par M. Hauser au Moustier. Le crâne, mieux conservé, a pu être rétabli en entier : il avait encore toutes ses dents. Le dessin de ce crâne reconstitué ressemble parfaitement à celui d'un homme [2].

Ces restes doivent avoir appartenu à un jeune adulte de seize ans environ, un chasseur Alchéen, selon M. Rheinhardt

---

1. *Comptes rendus de l'Académie des sciences*, du 21 décembre 1908.
2. Voir *Münchener medizinische Wochenschrift*, du 20 avril 1909, n° 16. La communication est du docteur Rheinhardt.

Les dents sont d'une parfaite blancheur, quoique la mâchoire inférieure rappelle celle que l'on attribue à l'anthropoïde. D'après la structure du palais et du maxillaire inférieur, M. Rheinhardt suppose que l'homme en question usait déjà de la parole. Le fossile humain, découvert en 1907 près de Heidelberg, avait une mâchoire inférieure ressemblant davantage à celle d'un singe. Aussi croyait-on devoir refuser la parole à cet homme primitif d'une époque plus ancienne.

L'homme fossile du Moustier connaissait l'usage du feu. Il fut enterré par ses amis après un repas funéraire plantureux, auquel furent servis des animaux sacrifiés, dont les débris étaient déposés soigneusement sur le corps du défunt, afin « que l'esprit de la mort lui fît un accueil favorable ». Nous omettons les autres exagérations habituelles aux paléontologistes à l'imagination vive, comme l'affirmation que le chasseur Alchéen était « un animiste prononcé ». M. Rheinhardt accorde sans hésiter à ce fossile l'âge de 400.000 ans (?), et le place dans la période pliocène. Très probablement il appartenait, comme tous les Neanderthaliens, au quaternaire moyen.

Ce qui est incontestable, c'est que cet homme fossile avait été enseveli de la même manière que celui de la Chapelle-aux-Saints, presque dans la même attitude des bras. A la place de la main gauche, en poussière, se trouvait une magnifique hache amygdaloïde (coup de poing) ; la tête reposait sur un amas de pierres à feu. Les contemporains avaient donc la foi dans une vie future et un culte des morts, comme l'indiquent le repas funéraire et la disposition, sur le corps, des ossements de nombreux animaux sacrifiés, qui étaient destinés à bien disposer l'esprit de la mort.

Le fameux *Pithecanthropus erectus* de Java, décrit par le Dr Dubois comme étant la forme transitoire entre le singe et l'homme, n'a jamais été pris au sérieux par le monde savant. Les fouilles faites depuis par M. Volz, et surtout les recherches qui ont été effectuées à Java, sous la direction de Mme Selenka, sur les ossements recueillis dans les premières couches volcaniques où le pithécanthrope a été trouvé, recherches publiées par M. Branca, démontrent avant tout qu'il n'appartenait pas à l'âge pliocène, mais au quaternaire moyen. Il ne pouvait donc pas être l'ancêtre de l'homme, étant son contemporain.

Les fouilles, d'après la description de M. Branca, ont amené la découverte de nombreuses traces d'industrie humaine, sous forme de charbon de bois brûlé et de débris de cuisine. Elles ont également mis à jour une petite faune de mollusques d'eau douce, dont toutes les espèces sont encore vivantes. Rappelons, à cette occasion, que Virchow, qui avait examiné les ossements du fameux pithécanthrope, a déclaré que le fémur appartenait sûrement à un homme atteint de syphilis, — et personne n'était plus compétent que le créateur de la pathologie cellulaire pour se prononcer à ce sujet; — quant à la boîte crânienne, elle provenait, selon lui, d'un grand singe. Dès le début, tout le groupement de Java était donc plus que suspect; aujourd'hui, la légende du docteur Dubois doit être considérée comme définitivement écartée.

La question de l'origine simienne de l'homme peut maintenant se résumer ainsi : les morphologistes sont à peu près tous d'accord sur l'impossibilité de jamais pouvoir démontrer cette origine. Ceux d'entre eux, qui, pendant toute leur vie, ont défendu la thèse d'une pareille descendance, se consolent par l'affirmation qu'on ne saurait non plus jamais prouver que l'homme ne descend pas du singe. *Mais, si tel était réellement le cas, cela suffirait pour enlever à la question posée toute portée scientifique.* Un problème, insoluble par sa nature même, ne peut servir d'objet à des recherches scientifiques. Le résultat négatif des recherches équivaut, en pareille matière, à la réfutation directe d'une hypothèse qui n'est basée sur rien.

Mais, si les découvertes paléontologiques n'ont fourni aucune preuve en faveur de l'origine simienne, elles ont mis en lumière, comme nous venons de le voir, des indications nom-

breuses, qui parlent très clairement contre cette origine. Les
vestiges d'un culte, la manifestation d'un espoir dans l'au-
delà chez un homme préhistorique d'il y a quarante mille ans,
témoignent nettement que le mur qui sépare l'homme du
reste des animaux était déjà aussi infranchissable dans les
âges lointains qu'il l'est de notre temps.

Non moins concluante dans le même sens est la nouvelle
orientation des études embryologiques vers les conceptions
développées, au début du siècle dernier, par von Baer. Ainsi,
la loi causale ontogénétique (*ontogenetisches Kausalgesetz*),
formulée par M. Oscar Hertwig à la suite de remarquables
études biologiques, est en opposition absolue avec les théories de l'évolution transformiste.

Cette loi est basée « sur les étroits rapports de cause entre
la cellule germinative et l'organisme qu'elle développe, ou
entre ses dispositions naturelles et son produit ». D'après cette
loi, la cellule germinative d'un animal quelconque, cette première phase de l'ontogénie, ne peut représenter ni le début
d'une phylogénie, ni la répétition d'une phase hypothétique
d'ancêtres monocellulaires. La cellule germinative d'une
espèce vivante ne saurait, par conséquent, engendrer qu'un
organisme de la même espèce. La loi de M. Hertwig parle-
rait donc plutôt en faveur de la constance des espèces. Et, si
l'on est partisan d'un développement successif et progres-
sif des organismes, on est obligé d'admettre que la cellule d'un
oiseau ou d'un mammifère a dû subir *elle-même*, pendant la
longue histoire de son développement *ontogénétique*, des modifications lentes et successives, qui ont considérablement
multiplié et enrichi ses dispositions premières. Cette cellule
serait donc, dans ce cas, plutôt *la phase finale phylogénétique*,
comme l'organisme qu'elle produit représenterait le point
culminant auquel son espèce est arrivée actuellement.

La conclusion générale de cette loi causale ontogénétique
est donc que les animaux diffèrent entre eux autant dans
leurs cellules germinatives que dans leurs organismes formés.

Cela rend improbable, sinon impossible, la descendance commune des animaux divers d'une même cellule, quelle que soit la dénomination qu'on lui donne. Il est à peine nécessaire de rappeler que M. Oscar Hertwig a toujours vivement combattu la loi biogénétique de Haeckel.

On ne saurait entrer ici dans le détail des remarquables études de M. Hertwig; contentons-nous de citer une de ses conclusions : « Le lamarckisme, le darwinisme, et toutes les autres théories évolutionnistes, désignées par le nom de leurs principaux représentants, ne font qu'indiquer des phases passagères de l'histoire de la science; elles n'offrent que des fragments de la vérité à rechercher. Présentées comme des théories dogmatiques, elles ne peuvent que faire obstacle à tout progrès ultérieur [1]. »

---

1. Oscar Hertwig. *Entwickelung der Biologie im neunzehnten Iahrhundert.* Iéna, 1908.

QUATRIÈME PARTIE

DIEU ET L'HOMME

CHAPITRE VI

SCIENCE, RELIGION, ET MORALE

§ I. — EXISTE-T-IL UN ANTAGONISME ENTRE LA SCIENCE
ET LA RELIGION?

Le problème des rapports entre la religion et la science [1] est,
à l'heure actuelle, le plus angoissant de ceux qui occupent les
penseurs. L'avenir prochain de l'humanité civilisée dépendra
de la solution que recevra cette question : existe-t-il un antagonisme ou une incompatibilité absolue entre ces deux
plus hautes manifestations de l'esprit humain?

Nous avons vu, dans les derniers chapitres, avec quelle
coupable légèreté plusieurs champions de l'évolution transformiste ont répondu à cette question négativement. Selon
eux, la création du monde organique s'étant opérée sans
l'intervention d'un créateur, par le seul jeu d'une sélection

---

1. Sous le nom de science, nous désignons, suivant l'usage, l'ensemble
des sciences de la nature et des sciences mathématiques.

produite par le hasard, le culte de Dieu n'a pas de raison d'être. La religion, qui considère l'enseignement des devoirs et des obligations envers le Créateur comme la base essentielle de l'éducation des hommes, ne serait donc que mensonge, superstition, et abus de la crédulité humaine. Il ne nous resterait plus qu'à élever des temples en l'honneur de Haeckel, l'auteur de la nouvelle histoire de la création destinée à remplacer celle qui fut donnée jadis par Moïse.

On a vu quelle est la valeur scientifique de cette histoire haeckélienne qui, selon l'heureuse expression de l'éminent sociologue H. ST. Chamberlain, n'est ni poésie, ni science, ni philosophie. Ce serait lui faire trop d'honneur que de vouloir lui opposer la Genèse de Moïse, l'un des plus grands génies humains. Libérateur d'une tribu esclave, créateur d'une religion dont la valeur est attestée par une expérience millénaire et qui fut l'origine de la religion chrétienne, la dominatrice du monde, auteur inspiré des dix commandements que l'humanité civilisée tient pour l'expression la plus élevée des obligations morales, législateur incomparable, qui a pu établir dans le Deutéronome les immuables bases de la suprême justice, hygiéniste savant et perspicace, dont les sages prescriptions font l'admiration des médecins modernes, capitaine conquérant toujours victorieux, Moïse fut, en outre, un psychologue d'une lucidité merveilleuse. Sa pensée de laisser expirer dans le désert deux générations de ses tribus, démoralisées par un long esclavage, avant de fonder avec leurs descendants un peuple et un État libres, sa disparition après avoir accompli son œuvre et désigné son successeur, afin d'empêcher que son tombeau ne devînt un lieu de culte idolâtre et n'arrêtât le peuple en route vers la terre promise, le prouvent surabondamment.

La Genèse de la Bible contient, il est vrai, des erreurs chronologiques, difficiles à concilier avec les données des sciences physiques ; mais ce sont là des questions de détail, tout à fait secondaires dans un ouvrage d'une telle antiquité.

D'ailleurs, Moïse n'avait nullement reçu la mission divine d'apprendre à ses tribus la géologie et la cosmogonie. Lui-même était pleinement au courant des connaissances égyptiennes et assyriennes de son temps; mais il eut la sagesse de n'en enseigner à ses tribus ignorantes et abruties par l'esclavage que les choses qui ne dépassaient pas leur entendement, et qui étaient indispensables pour leur inculquer le respect et l'obéissance aux commandements de Dieu. Ces prétendues erreurs font plutôt honneur à la perspicacité de ce grand psychologue des foules.

Dans le conflit artificiel entre la religion et la science, les fantaisies haeckéliennes ne sont qu'un épisode passager, funeste, il est vrai, puisqu'il a puissamment contribué au réveil des instincts bestiaux même chez les hommes cultivés [1]. La vraie science n'est pas responsable d'un système que, dès le début, elle a combattu sans relâche. Elle ne peut que déplorer la confusion qui s'est faite entre elle et les produits des vulgarisations de faux savants, qui ont abusé de son nom; confusion profondément ancrée dans l'esprit du public profane et même, hélas! dans celui de bien des philosophes. En raison de cette confusion, le devoir s'impose aux naturalistes d'intervenir avec énergie dans la discussion pendante sur les rapports entre la religion et la science.

Les grands philosophes chrétiens affirmaient que les problèmes de la religion ne peuvent être discutés avec autorité que par des hommes ayant la foi. Ce qu'on possède déjà avec la certitude de la foi doit être éclairé à la lumière de la raison, disait saint Augustin, l'un des plus profonds psychologues de la chrétienté. Dans le même ordre d'idées, saint Thomas d'Aquin, qui, mieux que les autres scolastiques, avait appris chez Aristote le langage précis de la pensée

1. La sauvagerie féroce de la révolution russe pendant les années 1905-06 est, en grande partie, l'œuvre du haeckélisme. Il y a plus de trente ans, j'ai été un témoin attristé des premiers effets de cette influence néfaste, et j'en ai prédit les conséquences en entamant une campagne contre la doctrine de la descendance de l'homme. (*Nihilisme et Anarchie.* Calmann-Lévy, 1891.)

et les méthodes de la discussion logique, conseillait, dans la controverse avec les adversaires de la révélation, de ne pas chercher à leur démontrer l'exactitude des propositions de la foi, qui n'admettent pas de preuves directes, mais de se borner à réfuter les arguments qu'on opposait à la foi. « Comme la foi repose sur la vérité infaillible et comme il est impossible de démontrer le contraire de la vérité, il s'ensuit que les arguments contre la foi ne sont pas des preuves et peuvent être réfutés par des arguments opposés [1]. »

Ce qui est vrai pour la discussion sur la valeur de la religion l'est encore davantage quand il s'agit de la science. Pour défendre avec autorité la valeur et la portée de la science, il faut l'avoir cultivée avec succès pendant de longues années Personne ne discutera sur les couleurs ou sur la valeur d'un tableau avec un aveugle-né, ni sur l'harmonie des sons ou la beauté d'une mélodie avec un sourd-muet de naissance. Pourquoi en est-il autrement dès que la religion et la science sont en jeu?

Les faits accessibles à notre connaissance sensorielle peuvent seuls être utilisés par le savant naturaliste comme preuves valables dans les discussions de ce genre et décider en dernier ressort de la valeur des arguments de la raison, tirés de notre connaissance spirituelle. A l'aide de pareils faits établis, nous essaierons d'éclairer d'abord l'origine psychologique de la religion, dès ses premières manifestations les plus rudimentaires chez l'homme préhistorique, et de la mettre en parallèle avec les conceptions religieuses les plus élevées chez les hommes de notre époque, célèbres par leur vaste intelligence. Pour faire ressortir avec plus de netteté la justesse des conclusions à tirer, nous choisirons de préférence, parmi ces derniers, les savants illustres qui se sont immortalisés dans la science par leur esprit créateur.

Nous venons d'exposer, à la fin du dernier chapitre, les

---

[1] Cité d'après Leibniz, qui adhère à cette méthode.

résultats des plus récentes découvertes paléontologiques en Corrèze et en Dordogne. Là, ces résultats furent examinés surtout par rapport au problème de l'origine simienne de l'homme. Ici, ils nous intéresseront par les précieuses indications qu'ils nous fournissent sur le premier éveil des sentiments religieux chez l'homme primitif du type le plus inférieur, par la structure et le volume de son crâne, qui nous soit connu à l'heure actuelle. Les restes fossiles découverts à la Chapelle-aux-Saints (Corrèze) et au Moustier (Dordogne) appartiennent à la période quaternaire moyenne; ceux du Moustier, d'après certains paléontologistes, remonteraient même à l'époque pliocène. Dans les deux cas, ces débris fossiles précèdent notre époque de dizaines de milliers d'années[1]. Ajoutons que, par les traits généraux de la structure anatomique de leurs ossements et par les circonstances dans lesquelles ils ont été trouvés, ces fossiles humains se rapprochent de tous ceux que l'on a recueillis dans la vallée de Neander, et plus récemment, en 1907, dans les environs de Heidelberg.

Les restes fossiles mis au jour en France avaient été ensevelis soigneusement dans des fosses appropriées; ces fosses sont situées dans des grottes rocheuses, à l'abri des bêtes féroces. La tête des cadavres était surélevée et couchée sur des pierres amoncelées. Autour de ces fosses, on a trouvé des vestiges de repas funéraire, des ossements d'animaux, immolés probablement aux esprits de la mort; plusieurs os de ces bêtes sacrifiées étaient disposés d'une manière régulière et identique, notamment à la tête et autour du corps des défunts; ces détails indiquent bien l'existence de rites accompagnant, à l'époque, la cérémonie de l'ensevelissement; rites évidemment destinés à honorer le mort. Ce qui augmente la valeur de cette documentation, c'est l'analogie, presque l'identité de toutes les dispositions constatées à des distances atteignant des centaines de kilomètres.

1. Plusieurs paléontologistes affirment même qu'ils datent de 3 à 400 mille ans. (Voir ch. V § 6.)

En laissant de côté les exagérations inévitables des anthropologistes, à juste titre fiers de leurs belles trouvailles, on
est néanmoins autorisé à conclure des faits relatés que
l'homme préhistorique possédait les rudiments d'un sentiment
religieux et l'espoir d'une autre vie. Les témoignages de
respect, dont ces ancêtres des Français d'aujourd'hui entouraient autrefois leurs parents défunts, rappellent par
certains traits le touchant culte des morts qui distingue
encore maintenant leurs descendants.

Non moins significatifs sont les outils et les armes soigneusement travaillés qu'on trouve dans les grottes avec les
ossements, ainsi que les vestiges de l'usage du feu (au village
du Moustier). Ces découvertes indiquent, chez les hommes de
cette époque, certain savoir-faire, germe de la science future.
L'art de produire le feu, l'une des plus utiles inventions
humaines, provient d'une certaine intuition de l'esprit; la réflexion n'était donc pas étrangère à nos ancêtres les plus
éloignés. L'expérience de leurs sens leur apprenait à rechercher les causes des phénomènes dont ils subissaient les influences, bonnes ou mauvaises; ils étaient à même de trouver
les moyens de les combattre, ou d'en écarter les périls. Leurs
pensées étaient rudimentaires; leur langage, composé probablement de monosyllabes, suffisait pour exprimer leurs désirs,
manifester leurs volontés, et provoquer une entente sur les
actions et les besoins communs. La conscience du moi, étant
le produit de l'ensemble de nos sensations du monde extérieur et de notre sensibilité intérieure, existait en eux sans
conteste. Pour que le sentiment d'un au-delà se manifeste
chez l'homme préhistorique, l'existence d'une conscience du
moi est indispensable, comme l'est également l'intuition
vague d'une divinité ou d'une force supérieure, qui décide
des destinées humaines.

Entre le premier éveil des sentiments religieux chez l'homme
préhistorique et les conceptions religieuses des plus illustres
représentants des sciences modernes, le passage semble trop

brusque; mais, plus saisissant est le contraste entre l'intelligence des hommes que des dizaines ou des centaines de milliers d'années séparent, plus éclatante apparaîtra la démonstration de l'identité d'origine de leur foi. Aussi choisirai-je,
parmi les savants, quelques-uns des plus illustres créateurs
des sciences biologiques et physiques au siècle dernier.

Il est essentiel de rappeler auparavant le souvenir des
hommes de génie qui, aux XVIe et XVIIe siècles, amenèrent la
renaissance de l'astronomie et des mathématiques, établirent
les lois fondamentales qui régissent le monde physique, et créè-
rent les méthodes expérimentales d'investigation, devenues
aujourd'hui classiques dans les sciences exactes. J'entends
parler ici de Copernic, de Tycho-Brahé, de Kepler, de Galilée, de Descartes, de Newton, et de Leibniz. Malgré la diversité de leurs cultes et de leurs conceptions philosophiques,
tous ces maîtres de la science furent des croyants et de fervents chrétiens; ils n'hésitèrent pas à faire montre de leur
profonde piété et de leur inébranlable attachement au
christianisme.

Descartes et Leibniz, tous les deux mathématiciens et
philosophes de génie, s'efforçaient de rattacher les nouvelles
conquêtes de notre connaissance à la philosophie traditionnelle
des Grecs et des scholastiques [1], et aux enseignements de la
religion. Nous possédons ainsi une riche documentation sur
leur foi dans l'existence de Dieu.

Descartes n'admettait, comme source unique de notre
savoir, que l'intuition : le raisonnement n'est pour lui qu'une
série d'intuitions de l'esprit. La science elle-même, Descartes
la constitue sur l'évidence intellectuelle, sans aucune intervention de la connaissance sensorielle. C'est un recul relativement à Kepler qui, lui, déclarait qu'il existe dans les
données des sens une similitude avec le type de l'harmonie
indubitablement vraie qui se trouve dans notre esprit, *cum*

---

1. Descartes, en apparence, faisait peu de cas des scholastiques; mais,
en réalité, il se rapprochait d'eux sur plusieurs points.

certo aliquo verissimæ harmoniæ archetypo qui intus est in animo (Kepler. Op. v, 216). L'existence de Dieu, Descartes en trouvait la certitude dans l'intuition de l'âme ou de l'esprit : Dieu est, je pense donc je suis. Les admirables principes de ses méthodes sont pour lui les lois de la pensée pure.

Leibniz reconnaissait avec raison toute l'importance de la confirmation par nos sens de nos intuitions spirituelles. C'est pourquoi, dans son admirable Théodicée, il n'hésite pas à recourir souvent aux preuves fournies par l'expérience pour démontrer l'existence de Dieu, ainsi que pour former son concept de Dieu. A ce point de vue, Leibniz se rapproche très étroitèment de saint Thomas d'Aquin, dont il utilise d'ailleurs les méthodes d'argumentation. On sait que Leibniz a, pendant des années, travaillé avec ardeur à une réconciliation de l'église catholique avec les églises protestantes, dans l'espoir que toutes les églises chrétiennes réunies pourraient endiguer la marée montante de l'athéisme qui, selon sa prédiction vraiment prophétique de 1705, devait mener infailliblement l'Europe à une révolution.

La renaissance des sciences de la nature date de la veille du XIXᵉ siècle; le trait dominant de cette renaissance fut l'entrée de la biologie dans les rangs des sciences exactes. Priestley et Lavoisier décomposent l'air en ses éléments et dévoilent en même temps leurs rapports mystérieux avec la vie organique. Ils créent ainsi un lien *chimique* d'une très haute portée entre le monde inorganique et le monde organique. Les découvertes de Galvani et de Volta y ajoutent un lien *physique* aussi important, surtout pour la vie animale. Cuvier, dont la vaste intelligence est comparée justement par Flourens à celle de Leibniz « qui menait de front toutes les sciences », était devenu, dès le début du XVIIIᵉ siècle, le maître dans toutes les sciences naturelles. Le règne animal et végétal actuel n'offrait pas un champ assez vaste à ses investigations; les restes fossiles qui, depuis des milliers d'années, reposaient dans les couches profondes de notre globe, il les faisait réapparaître à la lumière, afin de compléter ses larges conceptions du monde organique; ainsi fut créée la paléontologie. Quelque temps après, son émule et continuateur, d'une égale envergure intellectuelle, Karl von Baer, découvrait, dans l'ovaire d'un mammifère, l'existence de l'ovule non fécondé, pareil au jaune de l'œuf de l'oiseau : cette découverte devint la pierre angulaire sur laquelle il érigea l'embryologie.

A la même époque où les sciences morphologiques avançaient à pas de géant, Flourens s'attaquait au siège central de nos facultés vitales et psychiques, en soumettant le cerveau à l'épreuve de l'investigation expérimentale. C'était un coup de maître génial que d'inaugurer l'avènement de la physiologie comme science indépendante par le choix de l'organe le plus inaccessible à nos recherches, le plus merveilleux par sa structure, et le plus mystérieux par sa destination fonctionnelle. Les belles et multiples découvertes faites par Flourens sur les fonctions des grands hémisphères, du cervelet, de la moel'e allongée, et du labyrinthe de l'oreille, ouvrirent un vaste champ de travaux féconds qui, par leur portée illimitée, laissaient entrevoir la solution des plus hauts problèmes de la pensée humaine.

Tandis qu'en France Legallois, Magendie, Longet et surtout l'illustre Claude Bernard continuaient avec éclat les traditions de Flourens, en Allemagne Jean Müller, maître de toutes les branches morphologiques de la biologie, comme Cuvier et von Baer, transformait la physiologie expérimentale en une science exacte; il était puissamment aidé dans cette tâche par les deux frères Weber. En outre, il posa les bases de la physiologie des sens en établissant la loi de l'énergie spécifique. Ses deux élèves et collaborateurs, Schleiden et Schwann, firent la découverte biologique la plus féconde du siècle passé, celle de la cellule végétale et animale, considérée comme l'élément primitif de tout organisme vivant. C'est à la faveur de cette découverte que Rudolph Virchow créa la pathologie

cellulaire et transforma la médecine. Karl Ludwig construisit, en 1848, le premier kymographe et introduisit ainsi la
méthode graphique dans l'étude des phénomènes physiologiques. Il édifia ensuite sur la base des principes mécaniques
toute la physiologie humaine. Matteuci et surtout du Bois-
Reymond complétèrent l'œuvre de Galvani et de Nobili.

Les progrès des sciences physiques et chimiques sont trop
présents à la mémoire de tous pour qu'il soit besoin de les rappeler ; contentons-nous de mentionner ici les plus grands noms.
Depuis Gay-Lussac jusqu'à J. B. Dumas, la chimie a compté
en France toute une série de savants hors de pair. L'Allemagne avait Wöhler, Liebig, Bunsen, Pettenkofer, etc. En
Suède, il suffit de nommer Berzelius, le plus grand parmi les
grands; en Angleterre, Humphrey Davy. Comme physiciens
les plus illustres, citons, en électricité, Ampère, Faraday
et Wilhelm Weber; en physique générale, Robert Mayer,
qui établit les lois de la constance et de l'équivalence
mécanique de la chaleur; le grand Carnot, qui formula la
seconde proposition thermodynamique et montra ainsi à
Clausius le chemin pour découvrir la loi d'entropie, destinée
à devenir la loi dominante du monde physique. En astronomie, rappelons seulement sir William Herschel, Arago et Le
Verrier. Ne pouvant parler que des morts, notons encore
les noms glorieux de Pasteur, de Hertz et de lord Kelvin.

Il n'est pas aisé d'analyser les conceptions philosophiques
et religieuses des savants d'élite que nous venons d'énumérer. Les grands naturalistes, absorbés par leurs recherches
scientifiques, trouvent rarement l'occasion de développer
leurs conceptions philosophiques abstraites, à moins que
l'objet même de leurs études ne le comporte. La décadence
de la philosophie au XIXe siècle ne pouvait, d'ailleurs, qu'en
éloigner les naturalistes. On est donc réduit, pour connaître
leurs idées philosophiques et religieuses, à consulter leur correspondance et les souvenirs de leurs amis, ou à rechercher les
rares incidents de leur vie publique.

Commençons par le plus illustre des naturalistes, par Lavoisier, ce génie sans pareil, tombé victime de la Terreur à l'âge de cinquante ans, au moment où il consacrait tous ses efforts à la défense de la France contre l'invasion.

« Élevé dans une famille pieuse qui avait fourni plusieurs prêtres à l'église, Lavoisier en avait gardé les croyances; à un écrivain anglais, Edward King, qui lui avait envoyé un ouvrage de controverse, il écrivait: c'est une belle cause que vous entreprenez de défendre que celle de la révélation et de l'authenticité des Saintes Écritures, et, ce qui est remarquable, c'est que vous employez dans ce moment pour les défendre précisément les mêmes armes qu'on a employées bien des fois pour les attaquer. Lavoisier était patron laïque de la chapelle de son château de Fréchines, et à ce titre il nommait le chapelain, auquel il donnait annuellement 290 livres. »[1]

Les écrits théologiques du grand physicien et chimiste Priestley, le premier des savants nommés plus haut, sont aussi nombreux que ses ouvrages scientifiques. Ils nous éclairent d'une manière précise sur ses sentiments religieux. Priestley n'hésita pas à entrer en lutte, sur des questions de pure théologie chrétienne, contre les doctrines dominantes. C'est au cours de ces controverses qu'il manqua d'être écharpé par une foule fanatisée qui détruisit sa maison et son laboratoire avec tous ses instruments de travail, accumulés durant sa vie laborieuse. Forcé de s'expatrier en Amérique, il y finit paisiblement ses jours au milieu des siens. Voici en quels termes émouvants Cuvier décrit sa mort : « Ses derniers moments furent remplis par les épanchements de cette piété qui avait animé toute sa vie. Il se faisait lire les évangiles et remerciait Dieu de lui avoir donné une vie utile et une mort paisible. Je vais m'endormir comme vous, disait-il à ses petits-enfants qu'on emmenait, mais nous nous réveillerons tous ensemble pour un bonheur éternel, témoignant

1. Édouard Grimaux. *Lavoisier*, 3ᵉ édit., p. 53. Paris, Félix Alcan, 1899

ainsi dans quelle croyance il mourait. Ce furent ses dernières paroles[1]. »

Ces lignes, extraites de son éloge académique par Cuvier,
nous éclairent en même temps sur la noblesse des sentiments
religieux bien connus de l'illustre biologiste lui-même. Rappelons également, à cette occasion, les termes respectueux
avec lesquels Lamarck désigne Dieu (voir ch. iv). L'autre
adversaire des théories de Cuvier, Geoffroy-Saint-Hilaire,
était aussi un croyant et avait foi en la vie future. Ses dernières paroles à sa fille en sont la preuve : « Sois-en sûre, ma
fille, nous nous reverrons[2] ! »

Dans ses nombreux discours académiques et dans plusieurs
de ses ouvrages, K. E. von Baer eut l'occasion d'exposer ses
conceptions philosophiques du monde. Elles témoignent d'une
foi en Dieu très élevée et de convictions religieuses profondément enracinées. Spiritualiste convaincu, ce fut lui qui, par
ses études sur la finalité, rétablit dans la science moderne
la véritable portée de la téléologie comme puissant levier
de toute recherche des lois de la nature organique. Citons
quelques lignes de son ouvrage contre le darwinisme (voir plus
haut, p. 280). « Si l'on proclame hautement à présent qu'il
n'existe pas de finalité et que seules les nécessités aveugles
dominent le monde, je crois de mon devoir de faire connaître
ma conviction qu'au contraire toutes ces nécessités conduisent à des fins supérieures. L'orage de nos temps modernes
annonce plus qu'il ne pourrait tenir; ce que je considère
comme finalité dans la vie organique ne sera pas sacrifié à une
série de hasards. Quant au cri de détresse générale, que le darwinisme met en péril la religion, je préfère ne pas l'entendre,
assuré que je suis que le besoin religieux de l'homme, qui se
manifeste dès son premier éveil, est assez puissant pour le
forcer d'y satisfaire malgré tout. Mais une transformation
des convictions religieuses sera nécessairement accompagnée

1. G. Cuvier. *Éloges historiques*. Paris, p. 130
2. Flourens. *Recueil des Éloges historiques*, 1ʳᵉ série. Paris, 1856, p. 265.

de si terribles souffrances, que j'aime mieux ne pas vivre assez longtemps pour assister à la destruction de la religion et à sa réédification [1]. »

Pour le problème étudié ici, la connaissance des opinions philosophiques de l'illustre Flourens qui, le premier, a introduit l'investigation expérimentale dans l'étude du cerveau, est d'un intérêt essentiel. Ayant dédié aux mânes de Flourens mon dernier ouvrage, *Das Ohrlabyrinth*, je m'étais adressé à M. Émile Flourens, l'ancien ministre des affaires étrangères, fils du grand physiologiste, afin d'avoir à ce sujet des renseignements précis.

Voici la réponse qu'il voulut bien m'envoyer, en m'autorisant à la reproduire. « La question que vous me faites l'honneur de me poser rappelle en mon esprit des souvenirs bien tendres et bien vivants comme les plus précieux de mon existence. Mon père n'était pas seulement le plus tendre des pères, c'était aussi un observateur infatigable et perpétuellement en éveil. En élevant ses enfants, en les caressant, en jouant avec eux, il les observait et il notait dans des petits carnets de poche, dont j'ai la collection, les manifestations successives de l'éveil de leurs instincts et de leur intelligence. Aussi, dès que leur âge le lui permit, il mit ses trois fils au courant de ses recherches, de leurs progrès journaliers et des découvertes qu'elles lui permettaient de proclamer comme assises sur des bases désormais inébranlables. Il associait aussi notre mère, femme d'une très haute intelligence, à ses travaux, de sorte qu'ils formaient tout naturellement l'objet de nos conversations journalières. Voilà ce qui me permet de répondre en toute sécurité de conscience à la question. »

« Mon père débuta à Paris très jeune et sans fortune ; il n'avait d'autre ressource que de petites rentes, fort irrégulièrement payées et léguées par un grand-oncle, gouverneur de Pont-Saint-Esprit sur le Rhône, et chevalier de Saint-Louis... Sur

1. K. E. v. Baer. *Reden*, etc., vol. II, 2ᵉ édition, 1886, p. 240.

la recommandation de de Candolle, mon père fut admis à travailler au laboratoire de Georges Cuvier. Il y fit ses premières découvertes sur les *fonctions du cerveau*. Ce fut une révolution véritable dans le monde des savants et surtout dans le monde des penseurs et des philosophes (la physiologie n'était pas encore née comme science distincte). A ce moment, l'école matérialiste et voltairienne, les successeurs des Diderot, des d'Alembert, des Condillac, des Cabanis, etc., les Destutt de Tracy et autres, étaient les maîtres du jour, les arbitres de la réputation; à leur voix, les portes s'ouvraient ou se fermaient pour les jeunes gens. Ils étaient les dispensateurs de la gloire. Vous devinez avec quel enthousiasme les découvertes de mon père furent accueillies par ce clan de philosophes. Un jeune homme venait de découvrir la confirmation scientifique de leurs assertions, qu'ils avaient présentées au bon public comme des vérités intangibles, mais qui, ils le sentaient bien eux-mêmes, n'étaient que des hypothèses aventurées. Aussitôt ils entourèrent mon père de toutes les cajoleries, lui prodiguèrent leur enthousiasme, lui ouvrirent leurs Athénées. Ils voulaient l'amener à déclarer que, de ses découvertes, il résultait que la pensée était bien, comme l'avait affirmé Cabanis, une sécrétion du cerveau, que c'était la matière cérébrale qui nous faisait mouvoir, agir, vouloir et cogiter, que l'esprit était un mythe, enfant de l'ignorance de nos aïeux. Mon père demeura inflexible. Toujours il déclara que rien n'autorisait à tirer scientifiquement de ses découvertes de telles déductions, qu'elles n'excluaient pas, qu'elles impliquaient au contraire l'existence d'un esprit immatériel. Qui chasse le matérialisme de l'homme, le chasse du monde, et croire à l'âme humaine, c'est, *a fortiori*, croire à Dieu. Mon père est toujours resté inébranlablement attaché à ces principes. Ses écrits en font foi comme sa vie...»

Inutile d'insister sur la grande importance que doit avoir le témoignage du créateur de la physiologie du cerveau pour le problème capital de la psychologie humaine qui nous occupe ici. Dans son ouvrage, *Instinct et Intelligence*[1], Flourens s'exprime d'une façon magistrale sur les limites qui séparent la vie psychique de l'homme et celle des animaux; ses vues correspondent presque entièrement à celles que l'état actuel de l'anatomie et de la physiologie impose à la psychologie vraiment scientifique, et que j'ai résumées plus haut dans le chapitre III.

Pour être renseigné sur les conceptions philosophiques de Longet et de Claude Bernard, nul besoin pour moi de recourir aux témoignages d'autrui. Des relations personnelles, qui durèrent jusqu'à leur mort et furent entretenues par une correspondance suivie, me permettent d'en parler en toute connaissance de cause. Longet était catholique et pratiquant. Au cours du voyage que nous avons fait ensemble pendant l'été de 1869, en Hollande et en Allemagne, pour visiter les laboratoires de physiologie, j'ai eu mainte occasion de m'en convaincre. La foi était, chez lui, intimement liée à un amour ardent de la patrie. Aussi a-t-il cruellement souffert des désastres de la guerre en 1870; il mourut à Bordeaux d'une rupture du cœur, à la nouvelle de la capitulation de Paris.

Claude Bernard était déiste, très respectueux de la religion quoique ne pratiquant pas. On reconnaissait en lui un adversaire convaincu et ardent du darwinisme. Quand, en 1866, je lui exposai pour la première fois le merveilleux mécanisme, des nerfs cardiaques, surtout du dépresseur, ce nerf sensible qui transmet au cerveau toutes les émotions du cœur et veille en même temps sur son intégrité, en réglant son travail et en avertissant, au moindre danger, les centres vaso-moteurs du cerveau, ce qui les force à élargir toutes les artères du corps, les premières paroles de Claude Bernard furent: «Je voudrais bien savoir comment les darwinistes s'y prendront pour expliquer de si admirables mécanismes à l'aide de l'adaptation ou de la sélection.» (Voir, dans mes *Nerfs du Cœur*, la note de la p. 109.)

1. Flourens. *Instinct et Intelligence.*

Tout en reconnaissant le rôle des processus physico-chimiques dans les organismes vivants, il était loin de considérer ceux-ci comme de simples machines. Les conceptions de la vie organique étant d'une portée décisive pour la solution du problème qui nous occupe, je reproduis ici quelques passages de son dernier ouvrage [1].

« En admettant que les phénomènes vitaux se rattachent à des manifestations physico-chimiques, ce qui est vrai, la question, dans son essence, n'est pas résolue pour cela; car ce n'est pas une rencontre fortuite de phénomènes physico-chimiques qui construit chaque être sur un plan et suivant un dessein fixe et prévu d'avance et suscite l'admirable subordination et l'harmonieux concert des actes de la vie. Il y a, dans le corps, un arrangement, une sorte d'ordonnance que l'on ne saurait laisser dans l'ombre, parce qu'elle est véritablement le trait le plus saillant des êtres vivants. Les phénomènes vitaux ont bien leurs conditions physico-chimiques, rigoureusement déterminées, mais en même temps ils se subordonnent et se succèdent dans un enchaînement et suivant une loi fixée d'avance: ils se répètent éternellement, avec ordre, régularité, constance, et s'harmonisent en vue d'un résultat qui est l'organisation et l'accroissement de l'individu animal et végétal. »

« Il y a comme un dessein préétabli de chaque être et de chaque organe, en sorte que si, considéré isolément, chaque phénomène de l'économie est tributaire des forces générales de la nature, pris dans ses rapports avec les autres, il révèle un lien spécial, il semble dirigé par quelque guide invisible dans la route qu'il suit et amené dans la place qu'il occupe. La plus simple méditation nous fait apercevoir un caractère de premier ordre, un *quid proprium* de l'être vivant dans cette ordonnance vitale préétablie. Toutefois, l'observation ne nous apprend que cela; elle nous montre un plan organique, mais non une intervention

---

I. Claude Bernard. *Leçons sur les phénomènes de la vie commune aux animaux et aux végétaux*, 1878, pp. 50-51.

active d'un principe vital. La seule force vitale que nous pourrions admettre ne serait qu'une sorte de force législative, mais nullement exécutive. Pour résumer notre pensée, nous pourrions dire métaphoriquement : la force vitale dirige les phénomènes qu'elle ne produit pas; les agents physiques produisent des phénomènes qu'ils ne dirigent pas. »

Ces vues biologiques si admirablement précises de Claude Bernard concordent entièrement avec celles de la plupart des biologistes, notamment avec les idées du grand Johannes Müller; nommé à bon droit le Cuvier Allemand [1] pour ses vastes connaissances dans toutes les sciences naturelles, qu'il a cultivées et enseignées avec éclat. Il est le véritable fondateur de la physiologie des sens, cette partie la plus exacte de la biologie. Coïncidence étrange, de même que Cuvier était né dans une ville française pendant l'occupation allemande, Müller vit le jour à Coblentz, alors occupée par l'armée française. Élevé dans un collège de jésuites, il se montra fervent catholique; ce n'est qu'après de longues hésitations qu'il renonça à suivre sa vocation ecclésiastique et à se faire prêtre. La philosophie et la métaphysique le préoccupèrent d'ailleurs durant toute sa vie. Après un court entraînement vers la philosophie naturelle, dont l'influence de Berzelius le dégagea, J. Müller resta jusqu'à la fin spiritualiste et dualiste. Tout en reconnaissant la grande portée des lois physico-chimiques et leur influence sur les phénomènes de la vie organique, il constatait, dans ses œuvres physiologiques, l'action dominante de la force vitale.

En ce point spécial, il différait de son célèbre disciple et collaborateur Th. Schwann qui, en découvrant la cellule animale, fonda l'histologie moderne. Voici ce que m'écrit sur

---

1. « La grandiose figure de Cuvier avait sur Müller le même avantage que Galilée et Newton avaient sur Laplace et Gauss, ou Lavoisier sur Berzelius : ils ont accompli de plus grandes choses parce que ces grandes choses étaient encore à accomplir. » (Extrait de l'« Éloge académique de Johannes Müller », par du Bois-Reymond, *Op. cit.*, vol. II, 1886.)

ses idées son élève et successeur, l'éminent physiologiste
Léon Frédéricq : « Schwann était catholique fervent, prêt à
s'incliner en toute matière, y compris les questions scientifiques, devant l'autorité de l'église. Henle affirme que le manuscrit des *Recherches microscopiques* fut volontairement
présenté à l'archevêque de Malines, qui ne trouva heureuse-
ient rien à redire à la théorie cellulaire. Schwann était donc
un spiritualiste convaincu. Mais, en physiologie, il a toujours
combattu le vitalisme. Il professait que tous les phénomènes
vitaux doivent s'expliquer par la propriété des atomes et des
molécules. Pour lui, la cellule n'était qu'un agrégat d'atomes,
obéissant, comme les particules du cristal, aux lois inexo-
rables de la nature; les plantes et les animaux n'étaient que
des agrégats de cellules. »

Il est naturel que l'homme qui a découvert la cellule
animale ait cru à la possibilité d'expliquer, par sa structure,
les phénomènes de la vie. Bien des physiologistes sont revenus
de cette illusion. Schwann lui-même s'exprimait ainsi sur la
différence entre l'homme et les autres êtres du règne animal :
« L'homme diffère essentiellement des animaux, et il prend
son rang dans un monde supérieur au reste de la nature
L'homme est libre. Ce fait de la liberté humaine, que nous
constatons directement par la conscience du moi, étant admis, ·
il s'ensuit nécessairement que l'organisme humain est le siège
d'une force qui se distingue de toutes les forces de la nature
par sa liberté. Car une combinaison de forces non libres,
quelque compliquée qu'elle soit, ne peut engendrer une
liberté réelle[1]. »

La contradiction entre l'opposition de Schwann au vitalisme et le spiritualisme manifesté par ses écrits n'est
qu'apparente; au fond, elle est identique à celle qu'on ren-

---

1. Voir : *Bull. de l'Acad. des Sciences de Belgique*, 1870, t. XXIV;
Th. Schwann. Réponses à l'interpellation relative à la force vitale, et Notice
biographique de Schwann par Léon Frédéricq dans *Annuaire de l'Ac. des
Sc.*, 1885.

contre chez Descartes. La différenciation des fonctions de
l'âme, telle qu'elle est exposée au chapitre III, en excluant
l'esprit des fonctions purement psychiques, communes à
l'homme et aux animaux, explique cette contradiction. Ajoutons que le célèbre biologiste belge van Beneden, d'après les
renseignements que veut bien me donner le professeur Frédéricq, était « un catholique sincère, et par conséquent un spiritualiste convaincu ».

L'illustre créateur de la pathologie cellulaire, Rudolph
Virchow, fut également élève de J. Müller. Nous avons cité,
dans le chapitre précédent, plusieurs extraits de son discours
contre Haeckel, qui indiquent clairement ses opinions philosophiques et son respect pour la religion. Rappelons seulement
que Virchow, un libéral de 1848, est resté toute sa vie, dans
les parlements prussien et allemand, l'un des chefs du parti
progressiste avancé.

Un autre disciple de Johannes Müller, qui, lui, découvrit la
cellule végétale et régénéra la physiologie des végétaux, Schleiden, fut peut-être le premier à signaler le grand rôle que le
christianisme a joué dans le développement des sciences naturelles, en les émancipant de la mythologie physique des
anciens Grecs. Il a même prédit que les sciences chercheraient
à détruire les dogmes du christianisme à qui elles doivent
leur origine[1]. La pensée de Schleiden fut reprise et développée bien plus largement par du Bois-Reymond. Dans une
série de conférences, faites à Cologne sur l'histoire de la civilisation et des sciences naturelles, du Bois-Reymond a longuement examiné l'origine des sciences expérimentales. Il l'attribue aux religions monothéistes et, en première ligne, au
christianisme. L'expérimentation, comme moyen puissant
dans la recherche des causes des phénomènes naturels, était
inconnue des savants de l'antiquité. Le principe de causalité
les préoccupait peu ; pour expliquer les phénomènes les plus

1. Schleiden. *Grundzüge der wissenschaftlichen Botanik, Einleitung.*
Leipzig, 1844.

constants de la nature, ils se contentaient d'inventer une divinité nouvelle quelconque, spécialement chargée de les produire; le polythéisme était, à ce point de vue, un obstacle absolu à la recherche de la vérité. La dialectique n'était souvent, chez les Grecs, qu'un exercice intellectuel, destiné plutôt à aiguiser leurs facultés de rhéteurs, qu'à parvenir à la connaissance de la vérité. Seul le monothéisme, qui attribue la cause première de la création à un Dieu unique, source de tout savoir et de tout pouvoir, a habitué peu à peu l'esprit humain à rechercher également dans les sciences expérimentales l'absolue vérité. Du Bois-Reymond rappelle à ce propos l'entretien de Jésus et de Pilate : « Je suis venu au monde pour rendre témoignage à la vérité, dit Jésus. — Qu'est-ce que la vérité, répondit ironiquement le sceptique Romain, et Jésus monta sur la croix [1]. » L'idée de se sacrifier pour la vérité, en religion comme en science, est née au monde depuis ce jour.

Pour en finir avec les conceptions philosophiques et. religieuses des biologistes célèbres, quelques mots seulement sur mon vénéré maître en physiologie, Karl Ludwig. Pendant les années de mes études et de notre collaboration dans son laboratoire à Leipzig, j'ai eu maintes fois l'occasion d'apprécier ses idées philosophiques. Il avait Hegel en horreur; et, connaissant à fond ses ouvrages, il en citait souvent les hérésies scientifiques les plus saugrenues. Dans son traité de physiologie, dont la dernière édition date de 1858, il essayait d'expliquer les phénomènes de la vie organique par la seule action des lois physico-chimiques. Il en est revenu peu à peu, pendant le cours des innombrables recherches qu'il fit exécuter à Leipzig, par ses nombreux élèves, sur les phénomènes de la vie. C'est pourquoi il renonça à publier une nouvelle édition de son traité, trop mécaniste. Il ne cachait pas son profond mépris pour les conceptions matérialistes

1. E. du Bois-Reymond. *Reden*. Leipzig, 1886; 1er vol.

de Büchner, Moleschott et autres, en tant que doctrines scientifiques. Jamais le darwinisme ne fut considéré par lui comme une théorie sérieusement démontrée; quant au haeckélisme, il suffit de dire que Ludwig avait fortement encouragé son collègue et ami His à publier intégralement l'ouvrage embryologique dont nous avons cité, dans le chapitre précédent, quelques appréciations, si accablantes pour Haeckel.

Ayant participé pendant plusieurs années à la vie quotidienne de Ludwig, j'ai eu souvent l'occasion de constater chez lui un profond sentiment religieux, qu'il manifestait surtout quand, à la Thomaskirche, nous assistions aux concerts de musique religieuse. Aussi ne fus-je nullement surpris d'apprendre quelle vive impression le séjour à Rome, en 1877, avait produite sur son esprit. Le Jeudi-Saint, il était agenouillé sur la place Saint-Pierre, au moment où Pie IX donnait, pour la dernière fois, la bénédiction *Urbi et Orbi*; saisi d'un enthousiasme irrésistible, Ludwig se leva brusquement et se mit à crier : *Evviva il Papa infaillibile* ! Son compagnon de voyage, le professeur Kronecker, dont je tiens ce récit, eut quelque peine à le calmer, ses cris commençant à émouvoir l'entourage. N'oublions pas que Ludwig était protestant.

Les conceptions philosophiques et religieuses des illustres représentants des sciences physiques offrent, au point de vue qui nous occupe ici, un intérêt un peu moindre que celles des biologistes. Les conceptions des physiciens et des astronomes modernes se rattachent le plus souvent à celles des grands créateurs de ces sciences aux XVIe et XVIIe siècles. Si les croyances religieuses de plusieurs parmi eux ont subi de légères modifications, c'est surtout sous l'influence de certaines doctrines biologiques; en effet, la psychologie de la religion est avant tout dominée par l'idée qu'on se fait des phénomènes de la vie. Mais l'ébranlement des conceptions déistes, produit par la célèbre formule de Laplace, qui prétendait embrasser tous les phénomènes de l'univers, ceux du passé

comme ceux de l'avenir, ne fut pas de bien longue durée.
Sous l'influence des transformations successives des théories
scientifiques du dernier siècle, la vanité des efforts tentés
pour expliquer tous les mystères de l'univers par une équa-
tion mathématique quelconque est devenue évidente. Les
savants créateurs des sciences physiques et chimiques, qui
sont nommés plus haut, étaient connus comme des spiritualistes convaincus et des chrétiens sincères; je ne m'arrê-
terai qu'aux plus illustres, dont la psychologie présente, au
point de vue des conceptions religieuses, un intérêt tout particulier. A défaut d'une documentation publique, j'ai pu me
procurer, sur plusieurs d'entre eux, des renseignements
inédits et authentiques.

Commençons par le grand Ampère, le créateur de l'électro-
dynamique, l'un des plus profonds penseurs parmi les savants
du XIXᵉ siècle. Mathématicien de génie, il avait acquis, à l'âge
de treize ans, sans l'aide d'aucun professeur, les vastes connaissances mathématiques dont, plus tard, il sut faire un
usage si fécond en chimie et en physique. Expérimentateur
extrêmement ingénieux et audacieux, il prévoyait les résultats des expériences destinées à vérifier la justesse des lois
électro-magnétiques, qu'il avait d'abord découvertes à l'aide
des calculs de la pure analyse. Aussi a-t-il accompli en électro-dynamique une œuvre grandiose, comparable à celle qui
devait immortaliser deux physiciens de génie, Maxwell et
Hertz, à la fin du XIXᵉ siècle. Esprit intuitif par excellence,
Ampère a enrichi aussi bien la chimie que la physique
d'inoubliables recherches, dont il entrevoyait presque toujours la grande portée générale pour la philosophie des
sciences.

La philosophie et la métaphysique occupèrent, en effet,
dans sa vie une place aussi large à côté de ses travaux scientifiques. Il faisait, au Collège de France, un cours de philosophie parallèlement à son cours de physique. Son *Essai sur
la philosophie des sciences* restera un chef-d'œuvre impé-

rissable. Sa classification systématique de toutes les branches
du savoir humain témoigne en même temps de l'universalité
vraiment prodigieuse de ses connaissances et d'une puissance
d'esprit capable de saisir l'essence fondamentale des sciences
les plus diverses, afin d'en déterminer les véritables rapports
et d'établir les causes intimes de leur développement antérieur. Ainsi est-il arrivé à apprécier avec une justesse remarquable la véritable part qui revient à la psychologie de
l'homme dans l'entendement des phénomènes cosmogoniques.
Si Ampère avait vécu jusqu'à l'achèvement de son vaste
programme de classification de toutes les sciences, il aurait
accompli, en philosophie, une œuvre comparable seulement à
celles d'Aristote et de Leibniz.

Les convictions religieuses d'Ampère avaient été très vives
dès sa jeunesse. Après une courte période d'hésitations où il
vécut les tourments du doute, comme Pascal, Haller et bien
d'autres maîtres de la pensée, il revint entièrement à ses
premières croyances. Raffermi pour le reste de sa vie dans la
foi chrétienne, il composa à cette occasion une belle prière, dont
quelques lignes montreront l'élévation : « Mon Dieu, je vous
remercie de m'avoir créé, racheté, et éclairé de votre divine
lumière en me faisant naître dans le sein de l'église catholique. Je vous remercie de m'avoir rappelé à vous après mes
égarements, je sens que vous voulez que je ne vive que pour
vous et que tous mes moments vous soient consacrés. » La
prière finit par ces paroles : « O Seigneur, Dieu de miséricorde,
daignez me réunir dans le ciel à ce que vous m'avez permis
d'aimer sur la terre [1]. » A la fin du présent ouvrage, je reviendrai sur les conceptions religieuses de son âge mûr.

Particulièrement intéressantes sont les conceptions religieuses de Faraday. Comme son illustre maître Humphrey-
Davy, Faraday était profondément religieux ; mais leurs conceptions de l'esprit humain et de la religion différaient nota-

---

1. Voir la biographie d'Ampère par Sainte-Beuve dans le second volume
de son *Essai* etc., publié dix ans après sa mort.

blement. Celles de Faraday étaient étrangères à tout mysticisme ; elles n'avaient pas non plus les profondes racines philosophiques que nous rencontrons chez Ampère ; aussi évita-t-il de les exposer dans des écrits spéciaux.

Sa façon de concevoir l'esprit nous est connue surtout par une lettre écrite au moment où, épuisé par un travail surhumain, à la fin d'une série de découvertes effectuées dans la première période de son activité, il cherchait à se rendre compte des causes qui l'avaient forcé au repos. « La maturité de ma pensée, écrivait-il à une dame, je la sens augmenter de jour en jour ; mais, en même temps, j'éprouve une diminution de mes forces, je suis continuellement obligé de rétrécir le domaine de mes recherches et de réduire mon activité. Beaucoup de belles découvertes sont présentes à ma pensée, que je désirais et que je désire encore réaliser. Mais, quand je me mets au travail, je perds toute espérance en voyant combien lentement mon travail avance. Je sens comme un mur entre moi et les travaux que j'ai en vue, et je crains que ce travail ne soit le dernier que je puisse exécuter. Ne vous méprenez point sur mes paroles ; je ne dis pas que *mon esprit soit devenu impuissant ; ce sont seulement les fonctions psycho-physiques, reliant l'âme et le corps pour un travail commun, et surtout la mémoire, qui faiblissent.* » On voit avec quelle justesse ce physicien de génie était parvenu à *différencier l'esprit des fonctions psychiques du corps, en séparant l'esprit des fonctions de l'âme.*

Non moins instructives sont ses convictions religieuses. Son père, un pauvre forgeron de Londres, appartenait avec sa famille à une secte religieuse appelée les Sandemaniens et basée sur la fraternité de ses membres et sur un culte particulier de Jésus-Christ. Parvenu aux plus hautes fonctions et distinctions scientifiques, Faraday resta fidèle jusqu'à sa mort à son église ; il allait souvent, le dimanche, prêcher dans sa commune.

Voici en quels termes, dans la lettre que je viens de citer, l'illustre physicien formule ses conceptions religieuses : « Dans ma religion, il n'existe pas de science. J'appartiens à une petite secte de chrétiens, à peine connue et méprisée, celle des Sandemaniens. Notre espoir repose sur la foi en Jésus-Christ. Bien que les choses de la nature ne puissent jamais entrer en conflit avec les choses supérieures qui appartiennent à notre existence future, mais, au contraire, comme tout ce qui concerne le Christ ne peut servir qu'à sa gloire, je considère qu'il est inutile de relier les études des choses naturelles à celles de la religion [1]. »

La merveilleuse découverte de Robert Mayer, qui a fait époque dans l'histoire des sciences physiques, est peut-être l'exemple le plus éclatant d'une intuition subite. Tout jeune médecin au service des colonies hollandaises, dès son arrivée à Java il fait une saignée à un marin ; la couleur rouge du sang qui coule des veines le frappe si vivement qu'au premier instant il craint d'avoir ouvert une artère. A cette occasion, il apprend de son entourage que, sous les tropiques, la couleur du sang veineux ne diffère pas de celle du sang artériel. Alors lui apparut soudain l'intuition que ce phénomène dépend de la diminution des pertes de calories dans les pays chauds ; et, comme nous savons, depuis Lavoisier, que l'oxydation des aliments est la source principale de la chaleur animale, il en conclut immédiatement que l'oxydation, sous les tropiques, doit être considérablement réduite. Comme, d'autre part, le travail produit également de la chaleur, il entrevit des rapports constants, dans notre organisme, entre les phénomènes d'oxydation et ceux qui produisent le travail mécanique.

« Je me suis senti inspiré, écrivait-il à son ami Griesinger, comme jamais ni avant, ni après, cela ne m'est arrivé. Les quelques éclairs de pensée qui ont traversé mon esprit dans la rade de Surabaya furent suivis aussitôt et ne m'ont plus

---

1. Cité d'après l'Étude psychographique de M. Ostwald dans ses *Annales de philosophie naturelle*. Vol. VII, 1909.

quitté. » Cette soudaineté de l'inspiration est bien celle que j'ai signalée plus haut (chapitre III, § 9) comme constituant le trait le plus caractéristique de toute découverte géniale.

Dans la longue vie de lutte et de martyre qui fut celle de Robert Mayer, — lutte pour compléter ses connaissances en mathémathiques et en mécanique, afin d'achever sa grandiose découverte et d'en démontrer la justesse, lutte aussi pour défendre ses droits de priorité contre tous ceux qui, à l'étranger et même dans sa patrie, cherchaient à lui en dérober la gloire, — martyre infligé par son entourage et par ses conci-toyens stupides qui, ne pouvant pas admettre qu'un des leurs ait accompli un acte aussi glorieux, l'enfermèrent, comme atteint de la folie des grandeurs, dans une maison d'aliénés, où des médicastres bornés, convaincus qu'un homme de génie ne peut être qu'un fou, le soumirent à toutes les tortures de leur art, — dans cette vie de souffrances, la foi seule en l'origine divine de son inspiration et ses profonds sentiments religieux soutinrent son inébranlable courage et, malgré sa santé délicate, lui permirent de survivre à toutes ses tribulations pour voir enfin reconnue de tous la haute valeur de sa découverte.

Dégoûtés par les insanités métaphysiques de Hegel, par les folles divagations de la philosophie naturelle de Schelling et d'Oken, qui cherchaient à expliquer l'unité des phénomènes de la nature par des analogies dans ce genre : « l'architecture est de la musique congelée », beaucoup de naturalistes allemands s'étaient détournés entièrement de la philosophie et se méfiaient de toute métaphysique, même religieuse; c'est cette méfiance, plus encore que l'orgueil causé par les progrès gigantesques des sciences physiques, qui leur imposait une réserve absolue dans les manifestations de leurs conceptions religieuses; j'en ai recueilli de nombreuses preuves pendant mon enquête à ce sujet.

Voici ce que m'écrit le neveu de Justus von Liebig, l'éminent professeur de Strasbourg, M. Knapp : « Liebig évitait de parler de la religion; par contre, il déclarait hautement que les tendances matérialistes des années 1850-60 (Karl Vogt, Büchner et Moleschott) lui inspiraient le plus profond dégoût... Rétabli d'une grave maladie en 1869-70, Liebig disait dans ses lettres qu'il était préparé à la mort qui est un phénomène inévitable de la nature, laquelle était considérée par lui comme un édifice admirablement ordonné. Élevé dans la religion protestante, il était déiste ».

Berzelius, le plus illustre chimiste du siècle, n'a pas, lui non plus, laissé dans ses ouvrages des indications exactes sur ses sentiments religieux. L'excellent histologiste, Gustave Retzius, a bien voulu m'écrire à ce sujet que, d'après l'article nécrologique consacré par son père, le célèbre anatomiste et ethnographe, à Berzelius dont il était l'ami, celui-ci « avait une religion haute et profonde ».

Gustave Retzius ajoute que son père, Anders August, cette autre gloire de la Suède, « était profondément religieux depuis son enfance, mais que, dans ses écrits, il ne se prononce pas directement sur cette question. »

Le célèbre collaborateur de Liebig, Pettenkofer, qui, technicien, chimiste, et physiologiste, a enrichi ces sciences par de nombreuses découvertes et inventions, fut en outre un des principaux fondateurs de l'hygiène moderne. Dès son enfance, quand, petit pâtre, il menait une vie solitaire au bord du Danube, la contemplation de la nature lui inspira des croyances religieuses qu'il garda intactes pendant toute sa longue vie de savant. Il était catholique; sa foi dans la vie future ne manquait pas d'une certaine exaltation idéaliste, à en juger par son éloge très éloquent, prononcé en avril 1909, à l'inauguration de son monument à Munich, par le professeur von Gruber.

L'excellent physiologiste et fin psychologue von Uexküll me communique les détails suivants sur les conceptions philosophiques du célèbre Bunsen : « Je puis vous parler de l'attitude religieuse de Bunsen, l'ayant fréquenté pendant de longues années. Sa religion consistait en une confiance illimitée dans la haute sagesse de la nature. Interrogé sur l'immortalité de l'âme, il répondait qu'il arrive tant de choses extraordinaires qu'elle aussi était possible. Il s'abstenait complètement de considérations philosophiques; Hegel avait éteint en lui, comme en bien d'autres naturalistes, toute espèce de goût pour la philosophie. Avec son esprit large et son cœur simple, il vivait dans la certitude d'une connexité entre la nature et la personnalité, sans chercher à se rendre compte de l'Inconnaissable. »

Je ne citerai plus qu'un seul physicien, l'illustre Henrich Hertz, mort jeune, après avoir accompli la plus grande œuvre qui ait marqué la fin du siècle dernier dans les sciences physiques en démontrant expérimentalement la justesse des déductions mathématiques de Maxwell sur la théorie électromagnétique, et en découvrant les ondes hertziennes, qui ont permis d'établir la télégraphie sans fil. Voici, sur la question qui nous occupe, quelques extraits d'une lettre, écrite par Madame Hertz, sa veuve, à l'éminent physiologiste E. Pflüger.

«... Il était d'avis qu'un naturaliste a le devoir de faire l'impossible pour expliquer ce qui est accessible à ses recherches et de se borner, en attendant, à respecter en silence ce qui nous est inaccessible. Il considérait comme une perte de temps de discuter des questions qui ne peuvent pas aboutir à une solution exacte et, sous ce rapport, il se moquait de certains philosophes. Je me souviens très bien qu'il a été très mécontent quand Haeckel s'est permis de citer, dans un de ses ouvrages de polémique, les travaux de mon mari, en les interprétant dans un sens favorable à ses propres théories. Au cours d'un entretien sur les relations entre les choses sensibles et les choses transcendantes, il citait les paroles célèbres de Shakespeare : « Il existe plus de choses entre le ciel et la terre que notre savoir ne peut en rêver. » Sur la tombe de son jeune frère il a dit que celui-ci en savait à présent beaucoup plus que nous. En prévision de sa mort, il laissa aux siens ces paroles : « Dorénavant, je resterai toujours avec vous. »

Nous nous sommes abstenu de parler des convictions spirituelles et religieuses des grands mathématiciens. Leur science étant transcendantale par essence, tout mathématicien qui réfléchit reconnaît aisément l'esprit créateur comme l'instrument de son travail. Chez un mathématicien, les convictions matérialistes seraient un certificat de l'absence de pensée. Aussi, beaucoup de grands mathématiciens n'hésitaient-ils pas à professer leurs croyances. Citons au hasard Cauchy, Hermite, Joseph Bertrand parmi les contemporains.

Les grands astronomes du siècle passé, Herschel [1], Arago, Le Verrier, étaient des croyants. Celui-ci, le plus illustre, dont nous avons précédemment raconté la géniale intuition qui amena la découverte de la planète Neptune *au bout de sa plume* [2], était un catholique fervent. Comme s'il pressentait sa fin prochaine, il travailla avec une énergie extrême pour achever sa table monumentale des mouvements planétaires. La veille de sa mort, il corrigeait encore les épreuves de la dernière feuille. « *Nunc dimittis servum tuum, Domine* », furent ses dernières paroles après avoir écrit la dernière ligne [3].

Ses plus illustres collègues de l'Académie des sciences de Paris, qui, depuis le commencement du XIXe siècle, était le phare lumineux guidant le mouvement scientifique du monde entier, étaient presque tous spiritualistes et, en grande majorité, religieux. Rappelons seulement J.-B. Dumas, Élie de Beaumont, Milne-Edwards, de Quatrefages. Je consacrerai quelques lignes spéciales à l'illustre Pasteur, qui, lui, n'hésita pas à proclamer hautement, à plusieurs reprises, ses concep-

---

1. Sir John Herschel a laissé des œuvres de vulgarisation scientifique très remarquables par l'élévation des pensées.

2. Voir chapitre III, § 9.

3. Cité d'après une étude que je lui ai consacrée aussitôt après sa mort, étude réimprimée dans mes *Causeries scientifiques*. Saint-Pétersbourg, 1886.

tions très élevées de Dieu et de la religion. Chimiste de premier ordre, Pasteur réussit à résoudre définitivement l'un des plus ardus problèmes de la biologie, celui de la génération spontanée, et cela dans un sens négatif. C'est au moment où il exécutait ses vastes et féconds travaux sur les fermentations qu'embrassant par la pensée l'ordre de la nature il écrivait, en 1867 :« Le mouvement de la pomme qui se détache de l'arbre et qui tombe à la surface de la terre est régi par les lois qui gouvernent les mondes. Le premier regard de l'homme jeté sur l'univers n'y découvre que variété, diversité, multiplicité des phénomènes. Que ce regard soit illuminé par la science, — par la science qui rapproche l'homme de Dieu, — et la simplicité et l'unité brillent de toutes parts. »

Le discours de réception à l'Académie française, où Pasteur faisait l'éloge de Littré, lui donna l'occasion d'exposer plus longuement ses idées sur Dieu et sur la religion. Il s'étonnait que le positivisme enfermât l'esprit dans des limites déterminées et lui défendit de les franchir. « Ne sera-t-il pas toujours dans les destinées de l'homme de se demander : qu'y a-t-il au-delà de ce monde? Peut-il s'arrêter soit dans le temps soit dans l'espace?... La notion de l'infini dans le monde, j'en vois partout l'inévitable expression. L'idée de Dieu est une forme de l'idée de l'infini. Tant que le mystère de l'infini pèsera sur la pensée humaine, des temples seront élevés au culte de l'infini, que les dieux s'appellent Brahma, Allah, Jéhova ou Jésus. Et sur la dalle de ces temples vous verrez des hommes agenouillés, prosternés, abimés dans la pensée de l'infini... Heureux celui qui porte en soi un Dieu, un idéal de beauté, et qui lui obéit, idéal de l'art, idéal de la science, idéal de la patrie, idéal des vertus de l'Évangile[1]. » Pasteur est mort en chrétien bienheureux, tenant dans sa main un crucifix.

1. Toutes ces citations sont empruntées à la *Vie de Pasteur* par René Vallery-Radot; 12ᵉ édit., pp. 209 et 483-484. Paris, Hachette, 1909.

Nous arrêtons là l'invocation des grands créateurs des sciences modernes. Les conceptions religieuses des savants encore en vie ne peuvent être un objet de discussion. Par contre, la tentation serait grande de rappeler les convictions profondément religieuses des illustres savants du XVIIIᵉ siècle, comme Haller, Euler, Linné, l'abbé Spalanzani, de Jussieu, et tant d'autres. Mais l'énumération déjà donnée et les citations précédentes suffisent pour prouver qu'il n'a jamais existé la moindre incompatibilité entre la science et la religion. Ces deux plus sublimes manifestations de l'intelligence vivaient et vivent encore en harmonie parfaite ; bien plus, elles restaient inséparables dans l'esprit des véritables créateurs de la science, qui furent en même temps de profonds penseurs. Il en fut de même chez les plus illustres représentants de la philosophie ancienne et de leurs successeurs, les grands scholastiques et les philosophes des XVIᵉ et XVIIᵉ siècles, qui étaient pleinement au courant des sciences de leur temps. La science conduit à la connaissance de Dieu, disait Thomas d'Aquin, parce que toute science vient de Dieu.

Les lois des mouvements planétaires, ces lois qui ont donné la première impulsion à la renaissance scientifique moderne, sont sorties de l'esprit de Copernic, moine d'un couvent polonais. Les premières lois de la transmission héréditaire furent établies en 1865, après huit années d'expériences sur l'hybridation, par Georges Mendel, moine Augustin en Moravie. Dans les chapitres IV et V, la grande portée de ces lois est indiquée. « Heredity is to day the central problem of biology », disait récemment avec raison l'éminent biologiste E. G. Conklin.

L'harmonie entre les sciences naturelles et les enseignements de la religion ne repose nullement sur la diversité de leur origine ou sur la séparation de leurs domaines d'action. La religion, selon certains philosophes et théologiens modernes (Feuerbach, Schleiermacher et bien d'autres), n'aurait pour origine que le sentiment, en opposition avec le savoir humain, pur produit de l'intelligence, ou, comme ils disent à tort, de la raison humaine. En réalité, la véritable origine de la science comme de la religion se trouve dans l'esprit humain; cela est aussi vrai pour le premier éveil de l'espoir d'un au-delà, chez l'homme préhistorique, que pour les plus hautes conceptions religieuses des grands créateurs de la science, aussi bien pour l'intuition des premiers inventeurs de l'art de produire le feu, il y a des dizaines de milliers d'années, que pour la découverte des lois de l'attraction par Newton, des sources de la chaleur animale par Lavoisier, et de l'équivalence des forces par Robert Mayer.

· Plus haut, en exposant le mécanisme de l'intuition scientifique, nous en avons analysé les éléments caractéristiques : ces éléments sont les mêmes pour la révélation religieuse, la divination du prophète, l'inspiration du poète et de l'artiste, ou pour les prévisions de l'homme d'État (chapitre III, §§ 9, 10 et 11).

Toutes ces intuitions, inspirations ou révélations d'ordre spirituel ont la même origine divine que l'esprit lui-même. Mais, pour reconnaître la véritable valeur d'une intuition de ce genre et pour savoir si elle repose sur la vérité, le savant doit recourir à l'expérimentation sensorielle, ou, faute de pouvoir le faire, aux déductions logiques ou mathématiques.

Mais quelle preuve de son origine peut offrir la révélation religieuse? C'est là une question capitale. « Le point est d'être assuré que la révélation est divine et que nous en comprenons le véritable sens, autrement on s'expose au fanatisme et aux erreurs d'une fausse interprétation », déclarait Leibniz, dans ses célèbres dialogues avec Locke [1].

Pour la démonstration de l'existence du Créateur, la seule connaissance spirituelle peut suffire. L'esprit créateur se manifeste dans l'harmonie parfaite entre les lois obte-

---

1. Voir le volume V des *Œuvres philosophiques de Leibniz*, p. 456; édition de C. J. Gerhardt, Berlin, 1882.

nues par la connaissance spirituelle et les lois immuables qui régissent les phénomènes du monde réel; cette harmonie démontre et toutes les grandes découvertes des sciences naturelles confirment l'existence d'un Créateur, d'un Esprit suprême, qui a créé l'univers et qui veille sur le maintien continuel de ses lois (voir chap. III, § 11).

La valeur des preuves de l'existence de Dieu, puisées dans notre connaissance spirituelle et données par les grands philosophes grecs, par les scholastiques, tels que saint Thomas d'Aquin, et par leurs successeurs modernes, comme Descartes et Leibniz, ne fait que s'accroître avec chaque progrès des sciences exactes.

Mais en est-il de même pour les révélations de la religion en général et, ce qui nous intéresse particulièrement ici, pour la religion chrétienne? La crainte exprimée plus haut par Schleiden se réalisera-t-elle, et la science expérimentale arrivera-t-elle vraiment à détruire la partie dogmatique de la religion à laquelle elle doit l'existence? Les conceptions philosophiques des plus illustres représentants des sciences modernes, que nous venons d'exposer, montrent, dans tous les cas, que la crainte de Schleiden ne s'est pas réalisée jusqu'à présent. Ces savants étaient religieux, tout en appartenant aux diverses confessions chrétiennes. A peu d'exceptions près, ils ne craignaient pas de proclamer hautement leur admiration pour les évangiles et pour la mission divine de Jésus-Christ. Les quelques savants qui, par scrupule scientifique, hésitaient à professer ouvertement leurs intimes convictions religieuses, auraient considéré comme une injure grave le simple soupçon qu'ils pouvaient être hostiles à la religion chrétienne ou opposés à l'enseignement religieux dans les écoles. Les savants professionnels qui combattent la religion sont, comme les Haeckel et les Paul Bert, des savants douteux, en même temps que des sectaires fanatiques. « La religion et le savoir ne sont ennemis que dans leurs caricatures, disait récemment l'éminent philosophe L. Stein; la caricature de la religion est le fanatisme; la caricature de la pensée libre est l'athéisme[1]. »

Les vraies preuves de la vérité des révélations religieuses ne peuvent reposer que sur la connaissance *sensorielle*, c'est-à-dire qu'elles ne peuvent être fournies que par *l'expérience* et *l'observation*. Dans les sciences exactes, la décision sur la valeur d'une théorie, d'une hypothèse, ou d'une simple proposition, s'obtient à l'aide de l'expérimentation à laquelle elles sont soumises. Ceci est aussi vrai en physique qu'en psychologie expérimentale. En parlant, dans le chapitre III, des « véritables laboratoires de psychologie », nous avons invoqué les brillants résultats obtenus par les expériences psychologiques des grands prophètes et apôtres. Depuis plusieurs milliers d'années, ces résultats conservent, disions-nous, leur pleine valeur. Quelle expérience des laboratoires de psychologie peut être comparée, comme durée et comme résultat, à celle que Moïse poursuivit pendant les quarante années passées dans le désert? Depuis plus de deux mille ans, tous les effets prévus et prédits par lui se sont réalisés, même les prévisions sinistres qu'avant sa mort il signifia au peuple juif pour le cas où celui-ci oublierait les commandements de Dieu [2].

La mission de Moïse était limitée à quelques tribus d'Hébreux, auxquelles il enseigna les principes du gouvernement et les lois de la justice. Jésus-Christ reçut de Dieu la révélation pleine et entière de la vérité qui était destinée au genre humain tout entier. « A Jésus-Christ furent révélés immédiatement, sans paroles et sans visions, ces secrets de Dieu qui mènent l'homme au salut. Dieu se manifeste donc aux apôtres par l'âme de Jésus-Christ... C'est d'âme à âme que Jésus-Christ communiquait avec Dieu. » Ainsi s'exprime Spinosa [3], que des commentateurs comme Schelling et Hegel

1. L. Stein, *Philosophische Strömungen der Gegenwart*, p. 313. Stuttgart, 1908.

2. Deutéronome, ch. XXVIII et XXIX.

3. Texte cité d'après la très remarquable étude sur Spinosa de l'éminent

ont transformé à tort en panthéiste, travestissant en hymne
à la nature le sens de son Éthique où, à chaque page, il ne
parle que de Dieu. C'est la vérité divine qui impose à
l'homme ses devoirs envers Dieu et ses obligations de charité
et de pitié envers ses semblables et, avant tout, envers les
malheureux déshérités de la fortune ou les pauvres d'esprit.
Jésus avait prédit à l'apôtre Pierre que désormais il serait le
pêcheur d'hommes vivants, et à tous ses disciples qu'ils devaient, pour remplir leur mission divine, conquérir le monde.
L'expérience de deux mille ans ne nous enseigne-t-elle pas
qu'après avoir conquis Rome, saint Pierre et ses successeurs
ont dominé le monde depuis la chute de l'empire romain et le
dominent spirituellement encore de nos jours? Quoi de plus
sublime, comme psychologie expérimentale, que les épîtres
que saint Paul adressait aux divers peuples, parlant à chacun
le langage approprié à son entendement, à son état d'âme, à
ses goûts et à ses passions, mais toujours destiné à faire
pénétrer les sublimes vérités de l'Évangile dans les esprits
et les cœurs? Les effets de ces épîtres subsistent encore.

Quelle vérité psychologique ou quel fait historique ont
jamais été démontrés par des épreuves expérimentales appro-
chant, même de loin, celles qui prouvent l'origine divine des
révélations de l'Évangile? La culture du monde civilisé
tout entière et l'histoire des milliards d'hommes, tirés de
l'ignorance et de la sauvagerie et conduits vers la lumière de
la foi et de la science, répondent : AUCUN.

Des milliers de martyrs témoignent du caractère sublime de
ces vérités. Les grands penseurs et profonds psychologues

---

philosophe Brochard, publiée après sa mort dans la *Revue de Métaphysique et
de Morale* (1909). Il résulte de cette analyse lumineuse et d'une psychologie
très fine du *Traité de théologie et de politique* que Spinosa avait la foi
en Dieu et adorait Jésus-Christ. Il admettait même, dans un certain sens,
la vérité historique de sa résurrection. Telle a toujours été mon impression
personnelle à la lecture de l'Éthique de Spinosa. La troisième source de la
connaissance, pour Spinosa (5e chapitre), ne peut signifier autre chose que
l'intuition dans le sens, l'inspiration divine.

inspirés, comme les Pères de l'Église, saint Anselme et saint Augustin, ont éclairé leur origine. Les maîtres de la philosophie, depuis saint Thomas d'Aquin et Albert le Grand jusqu'à Descartes, Pascal et Leibniz, les développent, et les créateurs de la science moderne, depuis Priestley et Lavoisier jusqu'à Ampère, Faraday et Pasteur, en démontrent la réalité.

La science moderne découvre les vérités et les enseigne pour instruire les masses et pour améliorer les conditions matérielles de leur vie; les religions enseignent les vérités éternelles, révélées par les prophètes, et remplissent ainsi leur haute mission d'éducatrices morales des peuples.

Ce qui est vrai pour la révélation chrétienne l'est également pour les révélations des autres religions, comme le Boudhisme, le Confucianisme, le Brahmanisme, l'Islamisme, et, en général, pour toutes les religions qui, pendant leur durée à travers les siècles, ont instruit et éduqué les peuples qui les pratiquaient. La religion chrétienne, étant la mieux appropriée aux races humaines supérieures par leur entendement, a produit la civilisation moderne, grâce à la morale sublime de l'Homme-Dieu et à la science moderne qu'elle a créée. C'est pourquoi il ne saurait exister aucun antagonisme, aucune incompatibilité entre elle et la science.

§ 2. — LA GUERRE A DIEU ET LA MORALE LAÏQUE.

Sous ce titre, j'ai publié, le 21 septembre 1881, dans le *Gaulois* dont j'étais alors le directeur [1], une lettre ouverte à Paul Bert sur les questions capitales qui nous occupent ici. Au moment de sa publication, cette lettre ne fut pas sans produire quelque émotion; mais c'est dans les circonstances actuelles qu'elle acquiert toute sa portée, comme document

1. Je n'avais accepté la direction d'un journal politique qu'à titre provisoire, et dans le seul but de combattre la politique antireligieuse, alors en pleine vogue en France.

démontrant les funestes conséquences de l'enseignement sans
Dieu.

A la veille d'être nommé ministre de l'instruction publique
et des cultes dans le cabinet Gambetta, Paul Bert avait fait
une conférence, dans une réunion publique, sur l'instruction
religieuse donnée dans les écoles congréganistes; cette conférence pouvait être considérée comme l'exposé de son futur
programme ministériel. Ce programme était une véritable
déclaration de guerre à Dieu et à toutes les religions. La
morale religieuse y était sévèrement condamnée; elle devait
être dorénavant remplacée par une morale laïque, basée uniquement sur la science, dont Paul Bert, alors professeur de
physiologie à la Sorbonne, invoquait l'autorité pour proclamer
la déchéance de Dieu et de la religion.

Je connaissais Paul Bert comme physiologiste de valeur
médiocre depuis 1869. En 1878, j'exécutai, dans son laboratoire de physiologie à la Sorbonne, des recherches personnelles
avec des appareils qui lui avaient servi auparavant pour ses
travaux sur la pression barométrique. A cette occasion, je
dus examiner à fond la valeur exacte de ces appareils et je
constatai alors leur complète insuffisance, ainsi que les défec-
tuosités des méthodes d'expérimentation employées par
Paul Bert. En outre, les résultats des expériences, exposés
dans son ouvrage, *La pression barométrique*, étaient diamétra-
lement opposés aux conclusions[1] que l'auteur en avait tirées
ils réfutaient entièrement sa thèse étrange, soutenant que
l'oxygène était un poison mortel pour les animaux. En réalité,
les animaux soumis à ses expériences succombaient à l'as-
phyxie par l'acide carbonique, dont les quantités dans le
sang des animaux avaient triplé et même quadruplé, ou par

---

[1]. « Puisse, dit-il, cette sobriété dans le résumé (3 pages de conclusions)
me faire pardonner les 1.150 pages qui m'ont paru nécessaires pour y conduire le lecteur. » Il laisse à d'autres « le soin délicat de décider si cette antithèse prête à la critique ou à l'éloge ». La décision est aisée : les 4/5 de
l'ouvrage n'ont aucun rapport avec la science et ne sont destinés qu'à fati-
guer l'attention du lecteur.

suite de dépressions trop brusques. Les quantités d'oxygène dans le sang n'avaient presque pas varié; ce gaz était, par conséquent, innocent de la mort des animaux[1].

Si je rappelle ces faits, c'est afin de montrer que le fanatisme antireligieux de Paul Bert n'est nullement en contradiction avec mes démonstrations du paragraphe précédent : l'instigateur de la guerre à Dieu n'était pas un savant naturaliste, mais un simple politicien sectaire.

: La conférence de Paul Bert me donnait une excellente occasion d'entamer la campagne projetée par une lettre portant le titre de ce paragraphe. Le lendemain de son entrée comme ministre de l'instruction publique et des cultes dans le cabinet Gambetta, je fis appel au concours de Jules Simon, que j'invitais à prendre la direction politique du *Gaulois*, me réservant les fonctions de rédacteur en chef.

Je reproduis ici les passages essentiels de ma lettre, qui traite longuement des rapports entre l'homme et Dieu et de la grande portée sociale de la morale religieuse.

Mon cher confrère,

Vous avez fait dimanche, au Cirque d'hiver, une conférence qui a eu un grand retentissement; vous avez obtenu un succès digne de votre talent de parole. Me permettrez-vous de vous faire connaître les réflexions que cette conférence m'a inspirées? Oui, n'est-ce pas? D'autant plus que je ne me propose pas de discuter la portée politique des idées que vous y avez exprimées. Je ne veux même pas m'attarder à contester l'opportunité de ce réquisitoire violent qui serait, dit-on, votre profession de foi et comme votre programme de futur ministre de l'instruction publique.

Ce que je désire ici, c'est vous répondre sans passion,

---

1. Voir, pour les détails, la note sur l'*Action des hautes pressions*, etc., que, sur les instances de Vulpian, alors secrétaire perpétuel, j'ai lue à l'Académie des sciences, j'ai lue en Octobre 1881, et mon travail portant le même titre et publié en français dans *Archiv. l'Physiologie* de du Bois-Reymond, 1883.

sans emportement, en me plaçant sur le terrain scientifique. Et tout d'abord, afin de bien préciser la question qui nous divise, laissez-moi citer de votre discours le passage qui m'a principalement frappé. Après avoir exposé les raisons invoquées par vos adversaires pour défendre l'instruction religieuse, vous avez poursuivi :

« ...Ah ! il n'était pas bien difficile de répondre à ces arguments, et il n'y a pas eu grand mérite à cela. D'ailleurs, les réponses sont arrivées de tous les côtés de l'horizon : les philosophes spiritualistes d'abord se sont indignés, ils ont dit qu'ils n'avaient pas besoin de la grâce et qu'ils avaient, eux, la preuve suffisante de l'existence de Dieu et de l'existence de l'âme. Et puis, un bon nombre d'entre eux, escortés de la foule, trop nombreuse, hélas ! des indifférents en matière de métaphysique, ont dit que ce n'était pas la peine de croire à Dieu, à l'âme, pour avoir une morale ; ils ont dit que ce n'était pas créer une morale que de dire que tel acte sera récompensé et que tel acte sera puni ; que ce n'était pas distinguer le bien du mal que de dire qu'il était défendu de faire ce qui déplaisait à Dieu et ordonné de faire ce qui lui plaisait... »

« Et puis, il s'en est trouvé d'autres, et je suis obligé de dire que je suis de ceux-là et de me livrer à votre jugement, qui ont dit que la religion n'avait pas qualité pour parler de morale, qu'elle repose sur des bases fausses, sur des hypothèses injustifiables, sur des conceptions erronées de la nature de l'homme, de son rôle dans la société et dans le monde physique, et que, lorsqu'il arrivait qu'elle parlât juste de morale, c'est parce qu'elle en avait emprunté les sublimes et éternels préceptes à la conscience universelle de tous les temps et de tous les peuples. »

Je pourrais, certes, — ce serait bien mon droit, — faire ressortir combien il est étrange de voir un savant, investi de hautes fonctions universitaires, traiter avec aussi peu de gravité, avec autant de sans-gêne et de fantaisie, des sujets

de cette importance. Mais je passe. Je me contente de prendre
acte de ces deux déclarations, à savoir : La religion, étant
condamnée à disparaître, n'a pas le droit d'enseigner la morale ; la morale de l'avenir, la vraie, la seule digne de
ce nom, doit avoir pour base unique l'enseignement des
sciences.

Entre nous, il fallait vraiment que vous eussiez votre auditoire de l'autre jour en bien médiocre estime pour lui débiter
sans rire de telles monstruosités ! Comment ! vous en êtes
encore à considérer la religion comme un long tissu de men-
songes, imposés à l'humanité par quelques prêtres imposteurs !
Comment ! vous, professeur en Sorbonne, vous ignorez à ce
point l'histoire de la civilisation ! Vous vous imaginez qu'en
recherchant et en publiant les imbéciles grivoiseries qui se
glissent dans les ouvrages mystiques, qu'en persécutant la
religion par ces petits moyens on peut parvenir à l'arracher
du cœur d'un peuple !

Il n'y a pas que les gens qui pensent comme vous qui
aient des idées fausses sur ce qu'est la religion. Pour bien
d'autres, même pour certains défenseurs de l'Église, la religion n'est qu'un *instrumentum regni*, quelque chose comme
une annexe de la police ou de la Sûreté générale. Aux yeux de
ceux-là, toutes les religions sont bonnes, pourvu qu'elles servent les intérêts de l'État qui a leurs préférences. Enfin, pour
vous et vos amis, la religion est une lèpre hideuse : de là
cette idée que tous ceux qui s'efforcent de la supprimer travaillent à l'émancipation du genre humain.

Autant d'opinions, autant d'erreurs.

Quant à moi, je comprends la religion d'une tout autre
façon. Je la regarde simplement comme la plus magnifique manifestation de la pensée humaine, comme le suprême élan de l'âme vers l'idéal, comme l'expression dernière de ce besoin vague, mais irrésistible, qu'éprouve
notre être de se détacher de la vie matérielle pour s'envoler à
tire-d'aile vers les régions éthérées du rêve, découvertes

par notre imagination. De même que la musique, la poésie, et les beaux-arts, la religion élève et ravit l'esprit, elle communique au cœur l'enthousiasme qui le fortifie. Voyez ces chefs-d'œuvre dont s'enorgueillit l'humanité pensante : ils ont été inspirés, conçus par la foi, par une foi ardente, par une sublime aspiration du génie vers Dieu.

Bien avant de créer, bien avant de chanter, l'homme a prié. Et, le jour où il a murmuré sa première prière, le jour où le sentiment lui est venu de l'immortalité de son âme, ce jour-là, il s'est élevé au-dessus de toutes les créatures vivantes; ce jour-là, il a creusé entre lui et le reste du règne organique un abîme qu'aucun matérialisme ne saurait combler.

Quelle est celle des sciences, je vous prie, qui est la négation de la foi en Dieu, la négation de l'idée religieuse? Je vous défie bien de m'en indiquer une seule. Je vais plus loin: quelle science, même poussée jusqu'aux dernières limites du savoir humain, pourra jamais étancher cette soif d'infini qui dévore notre esprit avide? Quelle science sera jamais capable de nous faire connaître, je ne dis pas la cause finale et générale des choses et des êtres, mais seulement l'enchaînement complet des choses particulières?

Est-ce l'astronomie? — Mais n'aura-t-elle pas atteint son but suprême lorsqu'elle aura découvert tous les secrets de notre système planétaire, lorsqu'elle aura divulgué, dans tous ses détails, à l'aide des instruments les plus puissants et des calculs les plus compliqués, les mouvements merveilleux de la sphère céleste qui entoure notre misérable globe? Elle aura beau accomplir des prodiges d'analyse, il restera toujours une multitude de mondes inaccessibles à ses laborieuses investigations.

Est-ce la cosmogonie ? — Mais son pouvoir est aussi limité dans le temps que celui de l'astronomie est limité dans l'espace. Admettez, par exemple, comme prouvée la généalogie fantaisiste du règne animal, donnée par M. Haeckel, depuis le Bathybius (qui n'a jamais existé) jusqu'à l'homme ; admettez que la géologie, étendant davantage ses recherches, fasse la lumière sur des époques préhistoriques encore plus reculées que celles dont nous connaissons aujourd'hui les évolutions ; vous ferez-vous fort, même après tout cela, de soulever le voile qui dérobe à nos regards la naissance mystérieuse du monde ?

Est-ce la physique ? Est-ce la chimie ? — Mais ces deux sciences, quels que soient leurs progrès, ne pourront pas créer autre chose qu'une mécanique des atomes. Jamais elles ne nous fourniront une définition précise de la force, jamais une définition de la matière !... Enfin, est-ce la physiologie, notre science à tous deux ? — Mais si, un jour, au prix d'efforts incroyables, elle arrive à posséder une mécanique parfaite des fonctions cérébrales, si même elle parvient à faire toucher du doigt les mouvements moléculaires qui ont lieu dans l'encéphale pendant la création des plus hauts produits intellectuels, pourra-t-elle jamais se flatter de comprendre ce qu'est la conscience, et comment des combinaisons de molécules chimiques peuvent engendrer une pensée ou une sensation ?

L'étonnante hardiesse de vos négations vous fait tomber dans une contradiction manifeste. Vous avez la prétention de tout créer, de tout expliquer. Soit ! Or, sur quoi comptez-vous pour accomplir ces merveilles ? Sur le cerveau, sur cette masse de substance nerveuse, enchâssée dans notre crâne. Mais ne croyez-vous pas que, si grande que soit la perfection de nos cellules ganglionnaires, leur puissance, comme celle de tout autre mécanisme, doit avoir des bornes ? Je vous trouve, en ce point, bien inférieur aux spiritualistes. Eux, du moins, qui considèrent l'âme comme une émanation de Dieu même, sont logiques lorsqu'ils émettent la prétention de pénétrer ce qui est impénétrable.

Votre erreur, c'est de confondre les enseignements des

diverses églises avec la religion elle-même. Les églises, en voulant codifier, — si je puis me servir de ce mot, — les aspirations idéales de l'homme, peuvent se tromper quand elles s'ingénient à les formuler dans des dogmes immuables. Quant au sentiment religieux, il est et restera l'une des forces vives de l'homme, à moins qu'une évolution, — impossible, d'ailleurs, selon moi, — ne vienne transformer son cerveau et son système nerveux. Jusqu'à cette évolution, — que ne hâteront certainement pas vos conférences, soyez-en sûr, — l'humanité demeurera croyante, et toute la science humaine n'y changera rien, par cette simple raison que la religion n'est pas de son domaine. La science augmente la somme de nos connaissances, elle étend les horizons de notre pensée, elle élargit nos vues, mais elle n'a le pouvoir de modifier ni nos sentiments ni nos sensations. Or, c'est avant tout à nos sentiments et à nos sensations que la religion s'adresse.

Le malheur est qu'il existe des savants, — des savants de profession, — qui abusent de l'autorité que leur confère une position officielle pour persuader aux badauds que la science, chez ceux qui la possèdent (ou pensent la posséder), détruit nécessairement la foi religieuse. Ce préjugé court aujourd'hui les rues. Il a été accepté non seulement par la société laïque, mais encore par la société ecclésiastique, qui, affolée par la peur, jugeait le savoir moderne incapable de vivre tranquillement à côté de la religion. Elle espérait tuer la science par ses anathèmes; vous, mon cher confrère, vous voulez tuer la religion par la science. Rêves insensés! Les deux systèmes méconnaissent également l'essence de la religion et le véritable esprit de la science. Ah! si, en 1870, les docteurs de l'Église catholique, se conformant aux saines traditions de leurs devanciers, eussent suivi pas à pas les progrès de la science, que de luttes, que de catastrophes eussent été conjurées!... Des luttes, des catastrophes, voulez-vous donc en provoquer à votre tour, vous qui vous vantez de pouvoir déraciner la religion? La religion, sachez-le bien, est indestruc -

tible. Malgré ce que les cléricaux fanatiques de tous les temps
ont fait pour la rendre ridicule, malgré les excès sangui-
naires que le fanatisme a engendrés et dont elle a horreur,
elle survivra, je vous le jure, comme survivra la musique,
malgré les extravagances de Wagner, comme survivra la peinture, malgré les impressionnistes, comme survivra la poésie,
malgré les réalistes.

Quand vous méditez d'anéantir la religion, vous faites
preuve de naïveté, — j'ai essayé de vous le démontrer : un
tel dessein, en effet, ne repose que sur des illusions et des
chimères. Mais, lorsque vous ne parlez de rien moins que
d'imposer au pays une certaine morale, prenez garde; car
l'application de vos idées constituerait positivement un danger public. La morale de vos rêves serait une morale laïque
ou civile, — peu importe le terme, — autrement dit, une morale fondée sur toute autre chose que la notion de Dieu. Vous
en convenez hautement : c'est une justice à vous rendre.
Maintes fois, vous l'avez déclaré à la Chambre, dans cette
assemblée où, étant le seul naturaliste, vous n'aviez pas à re-
douter la contradiction, et vous l'avez encore déclaré non
moins franchement, dimanche dernier, devant des auditeurs
que vous ne connaissiez nullement. Quel courage !

Qu'eussiez-vous répondu, mon cher confrère, si, l'autre
jour, un savant, un vrai savant, vous eût interpellé en ces
termes ? Pardon ! monsieur le conférencier, sur quel principe
scientifique, dites-moi, sur quelle donnée physiologique fai-
tes-vous donc reposer cette morale que vous préconisez? Vous
eussiez été fort embarrassé de donner satisfaction à votre
interrupteur. Eh bien ! c'est précisément cette question
que je prends la liberté de vous adresser. Allons ! de grâce,
répondez-moi nettement, sans détours, sans faux-fuyant,
sans plus de cérémonie que si nous étions ensemble dans un
laboratoire de physiologie. Je n'appréhende point de vous
voir rétorquer l'argument. Vous savez, en effet, aussi bien
que moi, que la science est et sera toujours incapable de

fournir les bases d'une éthique. Mais alors, si vous le savez, pourquoi avez-vous été raconter toutes vos calembredaines à ces auditeurs inconscients, dont un grand nombre peut-être, à l'issue de votre conférence, ont été faire leurs dévotions dans la première église venue?

Il n'y a pas de morale sans sanction, vous le confessez vous-même. Or, où la prendriez-vous, cette sanction, si vous rejetez l'idée de Dieu?

Voici un enfant à qui son instituteur prêche le patriotisme. Supposez que le bambin fasse cette objection : — Quoi ! vous voulez que je sacrifie mon bien-être et ma vie pour voler au secours du pays en danger, pour protéger des hommes que je ne connais pas, pour défendre des provinces envahies où je n'ai aucun intérêt ! Pourquoi cela? — Quelle réponse lui donnera le maître, s'il lui est défendu de parler de Dieu à son élève?

Peut-on comprendre la vertu, — la vertu qui implique le sacrifice, — sans la conscience du devoir? Et peut-on comprendre le sentiment du devoir sans des obligations contractées, — par le fait seul de notre existence, — envers un sublime Inconnu ? Peut-on le comprendre sans l'espoir d'une récompense à obtenir dans un monde meilleur? — Non, et il n'est aucun esprit sensé qui puisse réprouver cet espoir et cette récompense.

Croyez-vous, par exemple, que les malheureux soldats turcs enfermés dans Plewna, sans nourriture, sans espérance de vaincre, qui couchaient dans des trous à moitié remplis de glace et de neige, auraient jamais consenti à se faire tuer sans gloire, — pour eux personnellement, s'entend, — s'ils n'avaient pas été soutenus par cette pensée qu'après leur mort ils seraient reçus dans le paradis de Mahomet, où ils goûteraient d'éternelles jouissances?

Vous me direz qu'on peut avoir perdu la foi et néanmoins brûler d'un ardent patriotisme et se prévaloir d'une honnê-teté à toute épreuve. J'ai moi-même, dans ma première jeunesse, pensé comme vous, que la foi, que la religion, que la croyance à l'immortalité de l'âme, que tout cela importait peu.

— Que me fait toute cette métaphysique? me disais-je à vingt ans. Je ne l'accepte plus, et cependant je ne me sens pas pire. Quoique sceptique, je place l'honneur au-dessus de tout, je m'enthousiasme de toutes les choses grandes et belles; prêt à me sacrifier pour toute cause juste, je méprise tout ce qui est vil. Tel était le raisonnement que je me tenais. Mais, à force de réfléchir et de vivre, j'ai trouvé le mot de l'énigme, et, ce mot, je veux vous l'apprendre: *Cela vient uniquement de ce que nous avons hérité de la morale de nos ancêtres, de cette morale qui leur avait été enseignée par la religion.*

Vous connaissez les lois de l'hérédité et leur influence fatale. Eh bien, mon cher confrère, si aujourd'hui vous donnez l'exemple des vertus privées, si vous aimez votre patrie, si vous êtes animé du désir de faire du bien à vos contemporains, c'est assurément parce que, pendant des siècles, la religion a imprégné le cerveau de vos aïeux de cette morale que vous voulez proscrire à présent. Cela est si vrai que les monstres de perversité et de méchanceté qui se rencontrent parmi nous ne sont que des produits ataviques de cette époque préhistorique où l'homme, à l'état sauvage, se passait de religion. Est-ce à cet état sauvage que vous désirez nous ramener [1]?

Voyons, mon cher confrère, avouez-le : si, au lieu de choisir l'arène du Cirque d'Hiver pour théâtre de vos exploits, vous aviez essayé d'exposer votre théorie de la morale fondée sur la science dans une réunion de savants, — de ces savants devant lesquels nous nous inclinons tous deux avec respect, de ces savants comme M. Helmholtz, sir William Thomson,

---

[1]. Je rappelais ici à Paul Bert l'incident Haeckel-Virchow au Congrès de Munich, en 1878, raconté plus haut, p. 332, et je finissais en citant l'affaire de Lebiez qui, deux jours après avoir fait une conférence sur le darwinisme, assassinait une laitière pour lui voler son argent.

MM. Pasteur, Kirchhoff, Milne-Edwards, J.-B. Dumas, du
Bois-Reymond, comme notre regretté maître et ami Claude
Bernard, — croyez-vous que vous eussiez obtenu le même succès? Non, en leur présence, vous n'auriez pas osé hasarder
les mêmes affirmations, vous n'auriez pas fait preuve de cette
audace que vous avez montrée. Vous auriez craint, n'est-ce
pas, de voir ces auditeurs d'élite hausser les épaules; pas un
d'eux n'eût même daigné discuter vos assertions gratuites.

Pourquoi donc alors avoir abusé de l'ignorance de cette foule
naïve? Pourquoi vous être efforcé de déchaîner encore davantage cette haine antireligieuse que vous ne pouvez plus maî-
triser?

Laissez-moi, en terminant, appeler votre attention sur
une expérience instructive à laquelle j'ai assisté et qui eut le
résultat que j'avais prévu. C'était en 1873. J'occupais alors
une chaire de physiologie et j'avais été chargé de prononcer,
à l'Académie de médecine de Saint-Pétersbourg, un discours
d'ouverture. Je choisis pour thème : *Le cœur et le cerveau*. Ce
discours, vous le savez, parut, la même année, dans la *Revue
scientifique.*

Mon sujet avait effarouché le haut clergé, à ce point que,
contrairement à l'usage, il s'était fait excuser de ne pas assister à la solennité. Par contre, dans une des tribunes de la
salle, se pressait cette partie de la jeunesse qu'avait empoi-
sonnée l'enseignement de mon prédécesseur, le grand-prêtre du
nihilisme, le héros du roman de Tchernichewsky : *Que faire?*
celui-là même qui se faisait fort de montrer l'âme humaine
sous le microscope et de communiquer aux lapins l'intelligence
de l'homme en leur faisant manger du phosphore. Ces auditeurs empressés, au milieu desquels se trouvaient des jeunes
filles, comptaient sans doute que j'abonderais dans le sens de
leur ancien professeur, et que je profiterais de mon sujet pour
flatter ce matérialisme grossier, qu'une littérature pseudo-
scientifique n'a que trop encouragé. Leur illusion fut courte.
Tant que je ne fis que parler science pure, ils m'écoutèrent

avec une attention très sympathique. Quelques allusions aux services rendus à la musique, à la poésie et à la peinture par la physiologie m'attirèrent seulement tout d'abord, de leur part, des murmures désapprobateurs.

Mais quand, arrivant à la fin de mon discours, je tombai d'accord avec les maîtres de notre science pour déclarer que le savoir humain a des limites, au delà desquelles tout reste et restera éternellement obscur, un véritable orage éclata. Il redoubla de violence lorsque je prononçai ces paroles : « La création de la mécanique des fonctions intellectuelles est, dans l'étude de la psychique, la limite extrême que ni les sciences naturelles ni aucune autre science ne dépasseront jamais. »

Tout en parlant, je portais les yeux vers la tribune d'où s'échappaient les protestations, et je lisais sur le visage de mes interrupteurs, en même temps que la colère, l'étonnement et la consternation. Ainsi cette jeunesse avait l'intelligence faussée à ce degré que non seulement elle poussait, comme vous, les hauts cris au seul nom de Dieu, mais qu'elle ne pouvait même pas entendre développer cette pensée, pourtant bien simple, que la science a des limites. Bien plus : une allusion à la musique, à la peinture, à la poésie, à toutes ces grandes choses qui d'ordinaire transportent les âmes jeunes et généreuses, lui paraissait une trahison !

Je descendis de la chaire, plein de sombres pressentiments sur l'avenir qu'une génération aussi troublée préparait à sa patrie. Pendant un entretien que j'eus à cette occasion avec le ministre de la guerre, le comte Milioutine, un des *leaders* du parti avancé russe, je ne lui cachai pas mes appréhensions. C'est à lui surtout qu'on doit cette direction matérialiste, imprimée à l'instruction secondaire en Russie[1]. Il se donnait

---

1. Les lycées militaires, qu'il organisa en Russie — à la place des anciens corps de cadets, — étaient devenus de véritables pépinières de propagande nihiliste. Il en était de même, hélas, pour l'Académie Nicolas, l'Académie d'Artillerie et celle de Médecine (militaire) dont j'étais

alors comme le défenseur juré de la jeunesse des écoles. Il poussait même la complaisance jusqu'à excuser ses moins excusables écarts.

— Monsieur le ministre, lui dis-je, avez-vous remarqué quel effet ont produit sur ces jeunes gens certains passages de mon discours? Pour moi, je suis profondément navré. Je ne me flatte pas d'être prophète, mais je vous prédis que, si vous n'enrayez pas le plus tôt possible la démoralisation de cette jeunesse en transformant du tout au tout son instruction, vous aurez, dans quinze ou vingt ans, une décomposition sociale complète en Russie.

Le ministre sourit d'un air incrédule.

— Vous exagérez, me répondit-il, et cela, parce que vous n'avez pas confiance dans la puissance moralisatrice des sciences naturelles.

— Oh! de confiance, repris-je, je n'en ai aucune. — L'histoire de la Russie, pendant les trente dernières années prouve, hélas, que je ne me trompais pas.

Paul Bert s'est bien gardé, et pour cause, de répondre à ma demande catégorique d'indiquer les bases de la morale scientifique qu'il se proposait d'introduire dans l'enseignement public. Quelques semaines après la publication de ma lettre, il présidait un banquet d'instituteurs et d'institutrices; c'était là, semblait-il, une excellente occasion de faire connaître enfin les principes de la morale nouvelle et d'initier ses auditeurs à la manière de l'imposer à la jeunesse des écoles. Il s'en abstint soigneusement. Dans un discours prononcé au dessert, il fit bien allusion à ma demande, qu'il trouvait indiscrète; mais,

un des professeurs. C'est au comte Milioutine et à ses disciples que la Russie doit les défaites subies au début de la guerre russo-turque et les désastres sans exemple de la guerre russo-japonaise. Voir mon étude, « *La guerre russo-turque* » (Nouvelle Revue, 1880), écrite en collaboration avec le Grand-Duc Nicolas Nicolaievitsch, chef de l'armée en 1877 ; *Les Russes devant Constantinople* (Revue de Paris, 1897) ; et ma brochure, « *Comment la Russie doit-elle être transformée en État constitutionnel?* », publiée en russe et en allemand, 1904-5. Paris, Librairie Eichler.

au lieu d'y répondre, il se contenta de renouveler ses attaques grossières contre la religion et la philosophie. « Il faut, avant tout, enseigner la morale dans les écoles primaires. Le reste importe peu. Les principes de cette morale découleront de l'enseignement même. » Voilà la seule indication qu'il daigna donner dans son discours aux instituteurs. C'était avouer clairement qu'il ignorait ces principes, et qu'il comptait sur les instituteurs primaires pour les découvrir. Je relevai, dans le *Gaulois* du 21 septembre, cet aveu comme il le méritait : « Comment un professeur de la Sorbonne peut-il confondre deux choses aussi essentiellement différentes : la recherche des vérités scientifiques et l'enseignement de ces vérités? »

D'ailleurs, au moment où l'enseignement obligatoire et gratuit fut introduit en France, il ne s'agissait nullement de découvrir les principes de la morale à enseigner; ces principes sont aussi vieux que la philosophie et la religion. Les dix commandements de Moïse en forment les fondements; les Évangiles les ont élevés à une hauteur sublime, en plaçant la vérité au sommet de la perfection idéale à atteindre par l'humanité. Alors, comme aujourd'hui, le véritable problème moral à résoudre était tout autre : l'enseignement des principes éternels de la morale suffit-il pour les imposer à la conscience humaine, sans la reconnaissance de leur origine divine, sans l'invocation des obligations que l'homme a contractées envers son Créateur, par le seul fait de son existence, en un mot, sans les sanctions de la religion?

Paul Bert eut l'audace de répondre, au nom de la science à laquelle il était étranger, que le simple enseignement des principes moraux suffisait. Dès lors, il n'était pas difficile de prédire qu'il s'engageait dans une voie pleine de périls pour le pays. L'expérience a promptement décidé contre son affirmation : les résultats de la guerre à Dieu, dont il était l'instigateur et qu'il n'a pas hésité à déchaîner jusque dans les écoles primaires, ont été désastreux. De ces résultats, il suffit

de rappeler ici le plus funeste : l'antipatriotisme et l'antimi-
litarisme ont pris racine parmi les instituteurs de ces écoles,
et cela, non à cause du caractère laïque de l'instruction donnée par l'État, mais parce que Paul Bert *leur a imposé l'enseignement d'une morale antireligieuse et hostile à Dieu.* La
leçon de choses, que l'expérience inexorable lui a infligée, est
d'autant plus instructive que Paul Bert était patriote et
même chauvin. La douleur d'assister à ces résultats, dont il
aurait cruellement souffert, lui fut épargnée.

En somme, l'expérience faite par Paul Bert sur la conscience
de millions d'enfants portait le même caractère de légèreté et
d'ignorance que ses expériences sur la pression barométrique.
En parlant d'une morale scientifique à enseigner dans les
écoles, il affirmait s'appuyer sur la philosophie d'Auguste
Comte. Une allusion, que je fis à ce sujet dans ma lettre, provoqua la protestation énergique d'un Comtiste autorisé,
qui repoussait toute solidarité entre la « morale prétendue
scientifique de Paul Bert » et celle qu'enseignait le maître
et que son disciple, Pierre Lafitte, avait développée dans de
nombreux volumes. Je déclinai alors toute discussion à ce
sujet, déclarant que je ne trouvais pas plus de bases, pouvant servir à la morale laïque, dans les doctrines extravagantes et mystiques d'Auguste Comte, que dans les discours de Paul Bert. En effet, si ce dernier réussit à imposer,
au nom de la science, la guerre à Dieu, c'est que la philosophie positiviste lui avait déjà largement préparé le terrain. La décadence de cette philosophie, survenue depuis,
présente ainsi, relativement au problème de la morale sans
religion, un intérêt considérable.

§ 3. — LA PHILOSOPHIE POSITIVISTE.
CONCLUSIONS GÉNÉRALES.

L'influence dominante, que le système d'Auguste Comte a
exercée sur les tendances philosophiques de la seconde moitié

du XIXᵉ siècle, est un des phénomènes les plus instructifs à
étudier pour le psychologue. L'illustre mathématicien Joseph
Bertrand, après avoir soumis à une analyse minutieuse la psychologie d'Auguste Comte, terminait un de ses articles,
parus dans la *Revue des Deux Mondes*, par ces mots: « Les
pensionnaires de Charenton sont nombreux, presque tous
sont plus fous qu'Auguste Comte; mais j'en ai connu qui
l'étaient moins. » Un aliéniste professionnel aurait peut-être
hésité à contresigner ce diagnostic; mais l'incohérence de la
pensée, les innombrables erreurs de logique et les contradictions perpétuelles, qui se rencontrent presque à chaque
page des ouvrages de Comte[1], le justifient. Donnons quelques
exemples. La sociologie, cette nouvelle science, Comte désire
la fonder sur les propriétés de la nature humaine; mais il
méconnaît entièrement les traits les plus caractéristiques de
celle-ci, ceux notamment qui distinguent l'homme de l'animal.
Les facultés intellectuelles, il les subordonne aux facultés
affectives, ce qui équivaut à considérer l'instinct de l'homme
comme le facteur dominant de l'organisation politique et
sociale. Comte n'est pas un intellectualiste; la raison, ou
plutôt le raisonnement lui sert de guide principal dans l'édification de son système philosophique. Or, il reconnaît lui-
même que la raison n'est que trop souvent l'esclave des
sentiments et des sensations.

D'après sa loi des trois états, la croyance en Dieu, l'ancienne religion révélée, c'est-à-dire le premier état est déjà
dépassé à notre époque; il remplace néanmoins Dieu par un
Êtresuprême métaphysique, et il crée une religion humaine,
qui aboutit au culte de Clotilde de Vaux, une femme très
médiocre, pour laquelle il conçut un amour mystique.

Auguste Comte prétend que son système de philosophie
positiviste est l'expression des sciences exactes, arrivées au
plus haut degré de leur développement actuel ; mais, en même

---

1. Sa *Philosophie des mathématiques* fait seule exception ; elle présente
un réel intérêt à plusieurs points de vue.

temps, il veut les renfermer dans la limite du réel et de l'utile. Effectivement, il transforme la philosophie positive en une métaphysique sans aucune base réelle et sans utilité aucune. Après avoir intercalé d'abord cette philosophie entre la science et la politique, il change subitement sa classification; son roman avec Clotilde de Vaux le décide à placer sa religion humaine, devenue le culte de son idole, entre la philosophie et la politique, et il ne se doute pas qu'il bouleverse ainsi sa fameuse loi des trois états et que sa classification nouvelle jure aussi bien avec la plus évidente réalité qu'avec le plus élémentaire bon sens.

On chercherait en vain, dans la philosophie d'Auguste Comte, une base saisissable pour la morale qui doit être imposée à l'homme. Il repousse la sanction religieuse, et n'admet pas non plus les devoirs et les obligations envers Dieu comme créateur de l'univers. Une fois que les facultés affectives sont considérées comme les moteurs prépondérants des actions humaines, la volonté libre n'existe plus, et la barrière entre l'homme et l'animal disparaît. Il est impossible d'établir les fondements efficaces d'une morale dans un système où l'instinct domine l'intelligence et où ne se rencontre nulle trace d'une intervention de l'esprit. La raison seule est un bien faible rempart contre les entraînements des passions ou contre les séductions des intérêts immédiats, quand c'est le cœur qui commande en maître. « Le cœur a des raisons que la raison ne connaît pas»; la justesse de ces paroles de Pascal, l'œuvre d'Auguste Comte ne la démontre que trop souvent. Les défauts principaux de son système proviennent justement de ce qu'il ignorait les éléments les plus essentiels de la psychologie humaine.

Tout récemment, la publication de plusieurs lettres, adressées par Comte à M. de Blignières[1], ont fait connaître ses conceptions personnelles de la morale, très élevées en réalité.

---

[1] Ces lettres furent publiées dans le journal *le Temps*, en 1908.

Dans une de ces lettres il recommande instamment à son
disciple la lecture quotidienne d'un chapitre de l'*Imitation
de Jésus-Christ*, qu'il déclare être le plus parfait livre de
morale. S'il avait eu le courage d'ajouter: *après l'Évangile*, il
aurait dévoilé encore davantage l'état intime de son âme, infiniment plus pieuse et plus noble que la lecture de ses œuvres
et la qualification de sa philosophie ne le faisaient deviner.

Comment expliquer l'influence exercée par Auguste Comte
sur tant de philosophes contemporains qui, comme Littré,
Herbert Spencer, Stuart Mill, Taine, le dépassaient, et de
beaucoup, aussi bien par l'ordonnance et l'équilibre de leurs
pensées que par leur puissance intellectuelle? La séduction
du mot *positivisme* y fut certainement pour une large part;
j'essaierai d'indiquer plusieurs autres raisons bien plus essentielles de ce phénomène psychologique.

La philosophie spiritualiste du XIXᵉ siècle, aiguillée dès le
début par Kant sur une voie fausse et sans issue, égarée
ensuite par les folies métaphysiques de Hegel, de Schelling
et d'autres, était, en outre, complètement désorientée par le
merveilleux développement des sciences naturelles, dont elle
se sentait impuissante à suivre la marche vertigineuse. Dans
son affolement, elle renonça à Dieu, sans ostentation il est
vrai, et rompit ouvertement avec la religion révélée. Pour
justifier quand même son droit à l'existence, elle s'arrogea
le rôle d'arbitre suprême, appelé à décider de la valeur des
sciences exactes. C'est ainsi que la philosophie perdit peu à peu
toute action sur les intellectuels profanes et se déconsidéra, en
outre, aux yeux des savants; nous en avons fourni plusieurs
preuves dans le précédent paragraphe. La supériorité des
grands scolastiques et des philosophes du XVIIᵉ siècle sur
leurs successeurs modernes tient justement à ce fait, que,
maîtres de la science de leur temps, ils trouvaient, dans leur
croyance en un Dieu créateur de l'univers, une base solide
pour leurs systèmes philosophiques, en même temps qu'un
puissant frein pour modérer les entraînements de leur rhéto-

rique et pour empêcher leurs conceptions du monde de sombrer dans le néant.

Dans cette situation critique, le positivisme apparut aux philosophes du XIXᵉ siècle comme la bonne parole d'un sauveur; il leur évitait l'humiliation d'un retour à Dieu, qu'ils avaient abandonné, et en même temps il leur inspirait l'espoir de pouvoir se réconcilier avec les sciences naturelles, sans avoir à s'imposer le rude labeur de les apprendre.

Ils firent donc bon accueil à la religion de l'humanité, si aisée à pratiquer, sans culte sérieux, sans devoirs, sans obligations morales. La sociologie, cette nouvelle branche de dialectique subtile, mais stérile, créée par Auguste Comte, ouvrait, en outre, un champ illimité à leur besoin d'exercices de rhétorique. De leur côté, les naturalistes étaient satisfaits de pouvoir, grâce au système positiviste, se poser en philosophes, et cela sans déroger et sans avoir besoin de s'empêtrer dans les broussailles de la métaphysique. La qualité de mathématicien appartenant de droit à l'auteur servait, aux uns et aux autres, de certificat d'origine, garantissant l'infaillible exactitude du système.

A quoi le mouvement positiviste a-t-il abouti en réalité[1]? Herbert Spencer, dans *Acts and Comments*, 1902, a fini par désavouer l'œuvre philosophique de sa vie, par abandonner son Inconnaissable nébuleux et par reconnaitre le néant de la sociologie; il s'est incliné respectueusement devant la valeur et la haute mission morale de la religion révélée. De

---

1. « Où en est la philosophie spiritualiste en cette fin de siècle ? écrivais-je en 1891. Les aberrations théosophiques, le charlatanisme des spirites et les superstitions de l'hypnotisme absorbent les intelligences, qui n'ont pas le courage de revenir franchement à la religion révélée, et que révolte à bon droit le plat matérialisme. Il y a plus de soixante ans que Jouffroy expliquait fièrement comment les dogmes finissent. Nous avons assisté depuis à la naissance de quelques dogmes nouveaux, et les anciens n'ont pas l'air de se porter trop mal, tandis que le spiritualisme (sans Dieu) de Jouffroy et d'autres est mort et bien mort. » *La Russie contemporaine* Paris, Calmann Lévy, p. 21.

son œuvre grandiose, il ne restera que le souvenir de sa vaste intelligence et de son talent de dialecticien hors ligne; on y ajoutera volontiers le mérite d'avoir porté un coup mortel au darwinisme, en démontrant l'*inadequacy* de la sélection naturelle. Après avoir mené une vie de chrétien, dans le sens le plus élevé de ce mot, sans jamais vouloir reconnaître la valeur de la religion, Littré mourut en vrai chrétien; l'œuvre capitale de son érudition universelle, son admirable dictionnaire, lui survivra, comme survivra la logique de Mill et l'œuvre de critique historique de Taine.

Par contre, il incombera toujours à la philosophie positiviste une large part de la responsabilité qui revient aux philosophes du siècle dernier dans le développement de l'anarchie intellectuelle, produit direct de l'athéisme[1], et dans l'ébranlement des traditions séculaires, sur lesquelles repose la civilisation moderne. Dans le magistral ouvrage, *Science et Religion*, d'un maître de la philosophie française contemporaine, M. Boutroux, cette responsabilité de la philosophie, surtout de celle qui prétendait s'appuyer sur la science, ressort avec évidence, malgré toutes les atténuations d'une minutieuse mais trop indulgente critique.

Au cours de ce chapitre, je crois avoir suffisamment établi que les sciences exactes modernes et leurs véritables créateurs sont restés entièrement étrangers à la guerre engagée contre Dieu et contre la morale religieuse. Je ne saurais mieux le terminer qu'en reproduisant quelques paroles d'un des plus illustres savants du siècle dernier, qui fut, en même temps, un philosophe de génie. Ampère, dont nous avons cité plus haut l'*Essai sur la philosophie des Sciences,* a formulé une nouvelle classification de toutes les branches du savoir humain, qui témoigne d'une étendue d'érudition, d'une profondeur d'es-

1. Déjà Robespierre, dans son discours enflammé contre les athées et les persécuteurs fanatiques de la religion, prononcé le 22 novembre 1793, déclarait que l'anarchie était le corollaire politique de l'athéisme. L. Blanc. *Histoire de la Révolution française,* t. II, p. 378.

prit analytique et d'une élévation de pensée vraiment
merveilleuses. Malheureusement, Ampère est mort avant
d'avoir pu achever son œuvre; mais, même inachevée, et
malgré une terminologie nouvelle par trop compliquée, elle
restera le plus beau monument de philosophie scientifique,
depuis les œuvres de Descartes et de Leibniz. Nous ne citerons de son ouvrage que quelques passages qui, en dehors de
leur grande valeur pour le fond même des problèmes discutés
ici, présentent encore cet intérêt qu'ils font connaître sa
méthode si lucide et si précise de classer les sciences. Le contraste avec les tentatives analogues faites depuis Ampère, ne
peut qu'augmenter le regret que son œuvre n'ait pas été prise
pour modèle et ne trouve pas de continuateurs dignes de la
mener à bonne fin.

Sur la classification de la théologie et de la philosophie, il
écrit, entre autres : « On a dit que, Dieu étant la première cause
de tout ce qui existe, les sciences religieuses devraient être
placées les premières. Mais l'homme peut-il connaître Dieu
avant de connaître le monde et sa propre pensée, qui se manifeste d'abord à lui par la sensibilité, l'activité, et la conscience? N'est-ce pas l'ordre admirable de l'univers qui lui
révèle l'intelligence et la puissance infinies? Deux routes le
mènent à Dieu; d'abord, cet ordre même, où tout est prévu,
et que n'ont pu prévoir les êtres qui lui doivent leur propre
conservation; la nécessité d'une cause à tout ce qui existe, et
d'une cause intelligente à l'existence d'un monde où l'intelligence est partout manifeste. Mais cette route ne pouvait
conduire l'homme qu'à une connaissance bien imparfaite
des attributs de son Créateur, des devoirs qu'il exigeait
de lui et de la fin pour laquelle il l'avait créé. Il a donc
fallu que Dieu suppléât à la faiblesse de l'esprit humain,
en lui ouvrant, par la révélation, une seconde route qui le
conduisît à lui. De là, deux objets d'étude tout à fait indépendants l'un de l'autre, et qu'il me paraît impossible de rapprocher dans l'ordre naturel des sciences. La théologie natu-

relle et la théodicée font évidemment partie des sciences philosophiques proprement dites. Que serait un cours ou un traité de philosophie, où il ne serait pas question de Dieu?... La révélation, au contraire, comme l'étude de toutes les religions qui l'ont méconnue, appartient aux sciences historiques[1]. »

A propos de l'exposé des rapports de la religion avec la politique, Ampère conclut : « Le législateur peut changer les lois, les constitutions des États; il ne dépend pas de lui que celui qui croit cesse de croire, ou croie autrement. C'est en vain que les empereurs romains, qui pouvaient, à leur gré, disposer des armées et changer les lois, ont employé toute leur puissance à anéantir la religion que prêchaient les apôtres. La religion d'un peuple, quand elle est profondément gravée dans les cœurs, est un fait au-dessus de la puissance qui décide du sort des États. J'aurais cru avilir ce qu'il y a de plus respectable sur la terre, si, en le plaçant dans l'embranchement des sciences politiques, je l'avais considéré comme un simple moyen d'ordre public[2]. »

1. A. M. Ampère. *Essai sur la philosophie des sciences.* Seconde partie, 1843, p. 153.
2. *Ibid.*, p. 118.

TABLE

CHAPITRE II

Le sens arithmétique : Nombre et temps.

DEUXIÈME PARTIE

CORPS, AME, ET ESPRIT

CHAPITRE III

La différenciation physiologique des fonctions psychiques.

ANNEXE AU CHAPITRE III

Les aberrations psychiques.

TROISIÈME PARTIE

ÉVOLUTION ET TRANSFORMISME

INTRODUCTION

CHAPITRE IV

Grandeur et décadence du darwinisme.

EXPLICATION DES PLANCHES[1]

Planche I

FIG. 1. — Modèle du labyrinthe de l'oreille de l'homme, considérablement agrandi, exécuté par M. Tramond : à droite, les trois canaux semi-circulaires, disposés dans trois plans perpendiculaires les uns aux autres qui correspondent au système des trois coordonnées de Descartes; ce système de canaux avec leurs ampoules forme l'organe du sens géométrique ; à gauche, le limaçon avec les fibres de Corti constitue l'organe du sens arithmétique. (Voir l'explication des diverses parties de ces deux organes à la figure 2.)

FIG. 2. — Schéma du labyrinthe membraneux de l'oreille de l'homme, d'après M. V. Hensen (*Physiologie des Gehörs* dans *Handbuch der Physiologie* de L. Hermann, vol. III). S canal sagittal; H canal horizontal ; V canal vertical ; *nn* crista acoustica avec ses nerfs vestibulaires; *a* aqueduc du vestibule avec ses deux embranchements pour les deux otocystes, *e* l'utriculus, *f* le sacculus ; *g* le canal conduisant du sacculus au canal *h* du limaçon, qui, s'élargissant, aboutit au cul-de-sac *i*; *k* le nerf cochléaire, dont les fibres se dirigent vers le bord central du canal spiroïdal; *x* la voie libre qui réunit les deux bouts du canal.

Planche II

La partie postérieure de la base du crâne de l'homme ; les trois canaux semi-circulaires, S sagittal, H horizontal, et V, vertical, sont dans leur position naturelle, réduits à la même échelle que le crâne.

1. Ces figures sont empruntées à mon ouvrage, *Das Ohrlabyrinth als Organ der mathematischen Sinne für Raum und Zeit.* Berlin, Julius Springer, 1903.

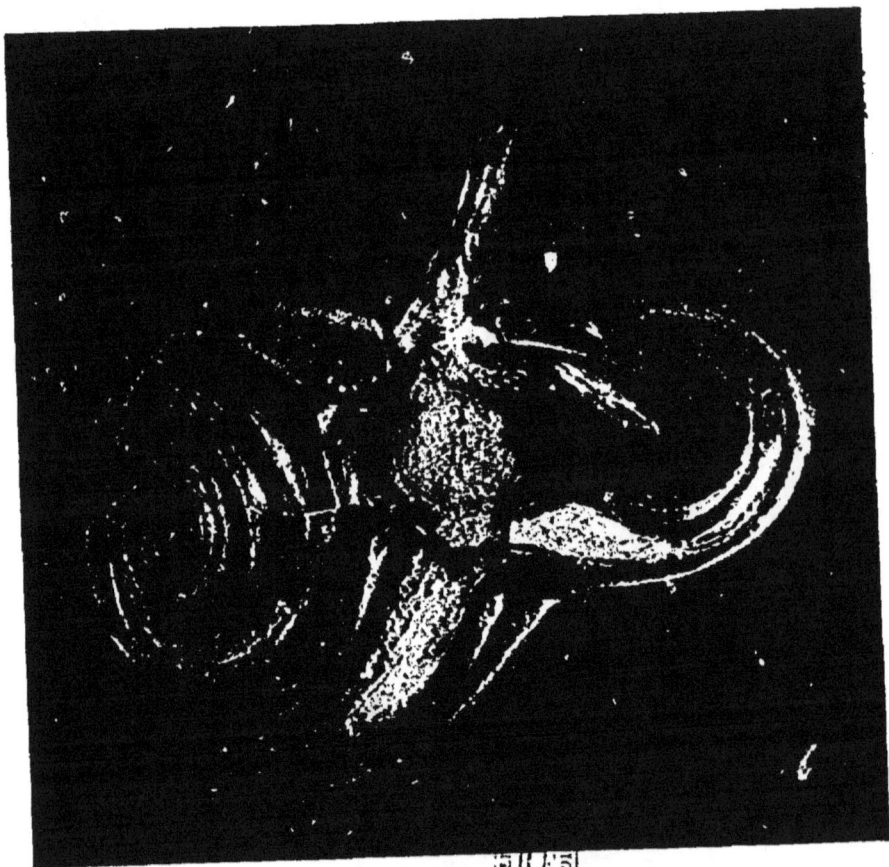

FIG. 1.

FIG. 2.

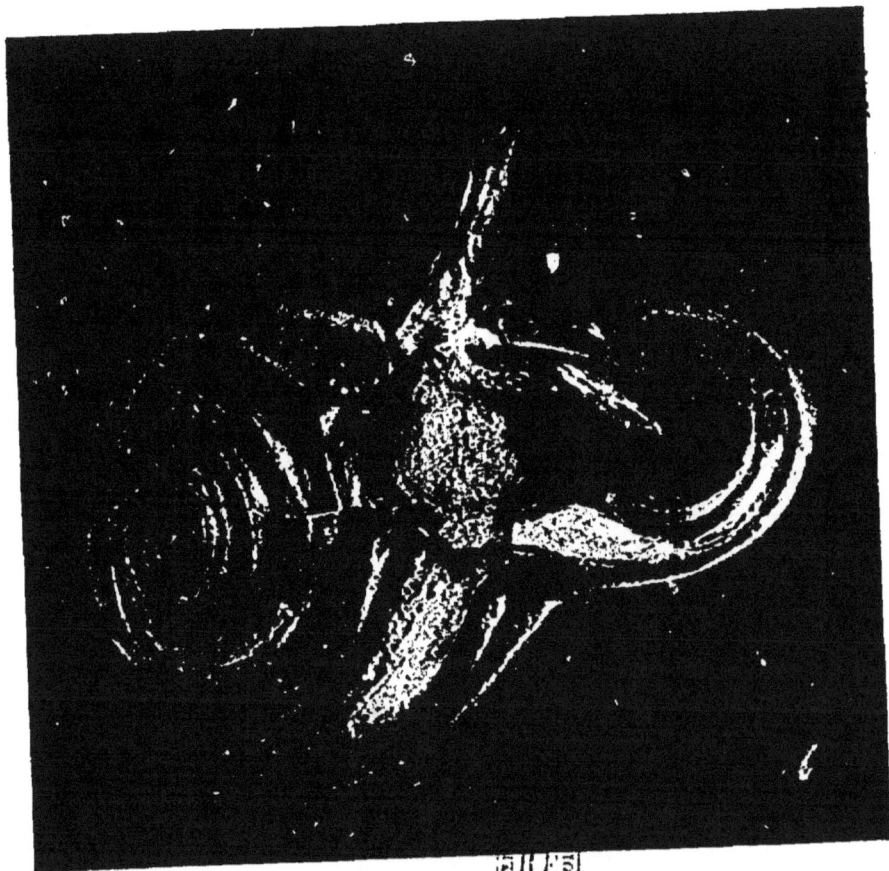

FIG. 1.

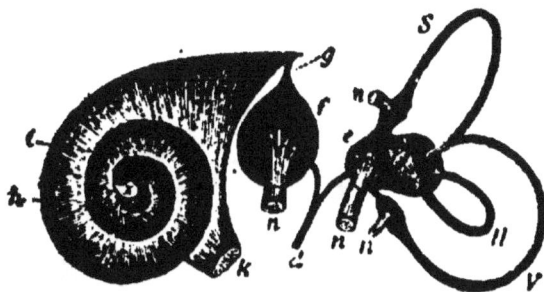

FIG. 2.

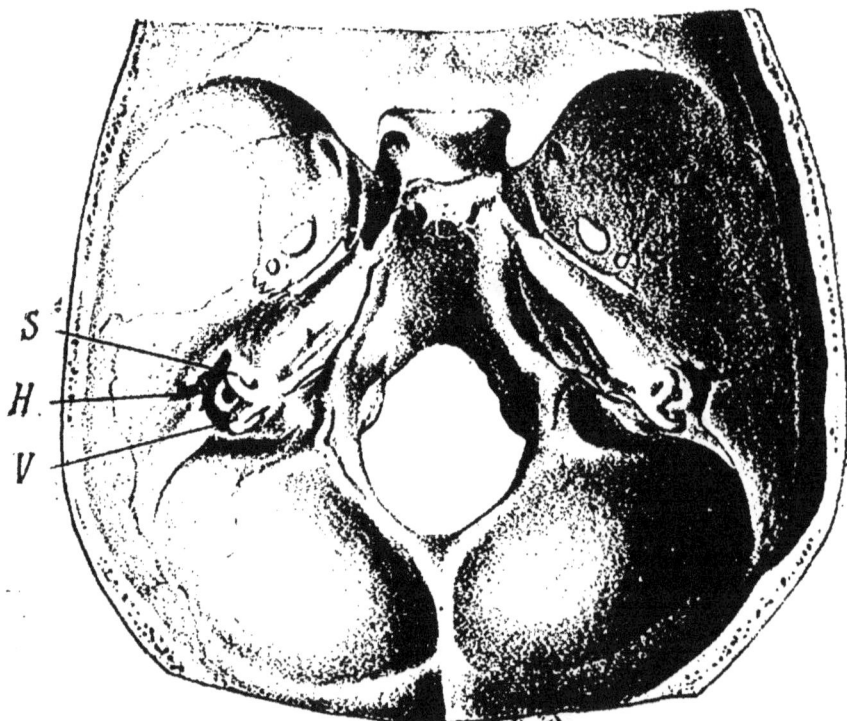

Fig. 3.

IMPRIMÉ

PAR

PHILIPPE RENOUARD

19, rue des Saints-Pères,

PARIS

www.ingramcontent.com/pod-product-compliance
Lightning Source LLC
Chambersburg PA
CBHW070714280326
41926CB00087B/2022